战国志

嵩阳云树 著

知识出版社

图书在版编目（CIP）数据

战国志/嵩阳云树著 . —北京：知识出版社，2010. 11

ISBN 978 - 7 - 5015 - 6128 - 5

Ⅰ.①战… Ⅱ.①嵩… Ⅲ.①中国—古代史—战国时代—通俗读物 Ⅳ.①K231. 09

中国版本图书馆 CIP 数据核字（2010）第 208801 号

选题策划　杨　静　方模启

执行策划　刘　伟　夏　云

责任编辑　杨　静　冯妙华

责任印制　张新民

封面设计　零三一五艺术设计

装帧设计　何翠楠

知识出版社出版发行

地　　址　北京市西城区阜成门北大街 17 号

邮政编码　100037

电　　话　010 - 88390732

网　　址　http：//www. ecph. com. cn

印 刷 厂　北京佳信达欣艺术印刷有限公司

开　　本　1/16

印　　张　20. 25

字　　数　350 千字

印　　次　2010 年 11 月第 1 版　2010 年 11 月第 1 次印刷

ISBN 978 - 7 - 5015 - 6128 - 5　定价：34. 00 元

本书如有印装质量问题，可与出版社联系调换。

目　录

第三章　二日奇观

第四章　群雄并峙

第五章 异军突起

第六章 雷霆万击

第七章 战略转型

第一章 战国云诡

造反有理

周威烈王二十三年（公元前403年），中国历史上发生了一件大事：周威烈王——升格赵籍、魏斯、韩虔三家为诸侯。

这就是著名的三家分晋事件。

这一年也成为战国的开篇之年，同时也开启了一个造反有理的时代。

为什么这么说呢？且听我慢慢道来。

三家瓜分晋国，其实是有一个过程的。

周贞定王十六年（公元前453年），赵、魏、韩灭智氏，三分智氏的领地，三家的格局自此成形。

周考王七年（公元前434年），晋幽公成了晋国的一把手。按通行的社会法则，下属拜访上级是合理的，上级拜访下属是不合理的，除非你是特困户。令人惊讶的是，富得流油的三家大佬非但不去朝见晋幽公，反倒是晋幽公提拎着大包小包亲自登门拜访三家大佬来了。

很明显，晋幽公只是名义上的领导，实权掌控在三家大佬的手里。

既然晋幽公如此客气，三家当然也要有所表示，否则未免显得不近人情。于是，极讲礼尚往来的赵魏韩三家动手瓜分了晋公室大部分土地，只留下可怜的绛（山西侯马市之新绛）与曲沃（山西省南部）二邑给晋幽公。周安王二十六年（公元前376年），三家废掉晋静公，彻底瓜分晋公室剩余的土地，晋国灭亡。

问题是，三家大佬这样做毕竟是违法的，因为没有得到朝廷的许可，其行为的性质属于目无王法、抢班夺权。

仅从周考王七年（公元前434年）算起，至三家大佬取得合法身份为止（公元前403年），在长达30多年的时间里，竟然没有一家诸侯出面替周天子主持公道。依照当时周朝宗法制度的规定，对于那些不服王命、肆意变更政治格局、搞分裂闹独立的人，有实力的诸侯国可以打着周天子的旗号实施打击，以维护安定和谐的大好局面，这就是"尊王"。

然而，不管有实力没实力，本应出面"兄弟维城"的诸侯一致摆出这样一副面孔——沉默。

这是一个造反有理的时代。

而下面做得不合法，身为领导人的周威烈王竟然公开承认三家大佬造反有理，这就不是默许，而是直接唆使了。周威烈王自动放弃最后的维权手段，其他人也就无话可说了。

三家大佬与周天子沆瀣一气，表面上是造了晋公室的反，实则是联手将周朝的立国之本宗法制度掀翻在地，并且踏上一万脚。其结果是，公道不在人心，现世秩序陷入一片混乱。其间虽然出现过士人的崛起与学术的自由，但更多的却是人谋鬼谋、杀声震天。也因此，《资治通鉴》（以下简称为《通鉴》）一书即以三家分晋为春秋与战国的分界线，后世称山西为"三晋"也肇始于此。

然而，造反为什么偏偏发生在三晋之地而不是其他地方？
想要弄清楚这个问题，殊非易事。

戎狄来袭

清人顾祖禹在论山西形势时说："山西之形势，最为完固。"（《读史方舆纪要·山西方舆纪要序》）

山西地处黄河中游，东有太行山屹立，西、南有黄河逶迤东流，北面则是绵延东西的阴山山脉。阴山之北是广阔无垠的大漠，阴山之南又有句注山和雁门山，南北有利地形与雄伟险峻的阴山山脉共同构成了抵御北方少数民族入侵的坚固防线。山西南面有首阳、底柱、析城、王屋诸山构成的天然屏障，诸山之南又有孟津和潼关二要塞作为门户。

整个三晋大地如同一座防御工事齐整完固的城池，确实是易守难攻之地。

然而，河山之险固然重要，但它只能挡外敌，却阻挡不了乱自内生。不幸的是，春秋之世的晋国，就遇到了这个令人十分难堪的问题。

当时，在黄河流域及西北地区杂居着一群狠角色。

他们曾经深刻地影响了中国历史的进程，竟连西周都死在他们手上。

这群狠角色就是戎狄。

春秋时居民中有华夏和戎、狄、蛮、夷的区分。各诸侯国经济文化上较先进而自称华夏，他们把较为落后的小国或部称之为戎、狄、蛮、夷。不少戎、狄、蛮、夷和华夏错杂在一起的。

以华夏居中，东夷、西戎、南蛮、北狄配合四方的说法便大致缘于战国。戎狄是先秦时对中国北方、西北等地少数民族的统称。

当年，晋国的周围都是戎狄人，所以《左传》说："晋居深山之中，戎狄与之邻。"他们人数众多、势力强大，终年出没在看似固若金汤的地方，终使山西的地理优势变成弱势。

这种情况就像抗战时期八路军与鬼子的关系，鬼子龟缩在城市或据点里不敢露面，而广大的农村地区却成了八路军驰骋的疆场。

甚至连威名赫赫的晋文公重耳也有大戎的血统，他的母亲就是戎女狐姬。晋室内乱的时候，重耳即出奔躲至外祖父家。重耳后来继续巩固并且扩大这种友好的双边关系，娶戎女季隗为妻。而曾经陪他亡命天涯、有生死之交的赵衰，娶了季隗的姐姐叔隗为妻。三家灭晋之赵籍，就是赵盾的六世孙，理当也有戎狄血统。

群狄之强悍如此，春秋五霸之头排二霸都出自齐国与晋国，也就是情理之中的事了。

孔子讲：“微管仲，吾其披发左衽矣。”

什么意思呢？就是说，如果没有管仲辅佐齐桓王，在御狄方面做出巨大功绩，他老人家怕是也要如狄人一样，披头散发，穿着衣襟左掩的衣服（汉服右衽），过没文化的一生了。

钱穆先生讲：“诸夏得齐桓、晋文之霸政而稍抑其凶焰，实为春秋时期华、戎交斗一极剧烈之战阵。”

形容词“剧烈”，道出当年生死存亡之情形。为了生存，晋国不得已自内而外首开改革之风，产生出有别于其他诸侯之政治新格局。改革主要表现在如下两点：

一是组建强力的政府来领导对狄作战。

政令畅通、令行禁止，这样才有利于集中国内所有的人力物力与群狄作最坚决的斗争。而单靠一国之力，显然无法支应纷繁复杂的局面，晋国需要得到其他诸侯国的支持。因此，自晋文公至晋平公，凡八世，晋国都是诸侯联盟之盟主。

二是大量启用人才。

相较于大量任用闲散宗室，唯才是举更能有效确保国家的安全。因此，晋国之大夫多用异姓，这大大区别于“肥水不流外人田”的周朝封建式制度，或者说，干脆就是造了封建制度的反。“英雄不问出处”之新风气自此发端。

晋国这两项改革，给中国历史以及晋国自身带来了深刻的影响。前者为强调中央集权的法家的产生提供了适宜的土壤；而后者则为韩、赵、魏、中行、范、智氏“六卿”坐大创造了条件。

由此看来，三家造反，肇始三晋，原本那块地皮就是出产是非的地方。

智果慧眼识智伯

如上文所说，晋国最初有韩、赵、魏、中行、范、智氏六家大佬。

对于晋公室来说，情势有点不妙。晋公室原本要攥紧拳头、团结一切可以团结的力量，以与群狄作最坚决的斗争。哪曾想到六家大佬却团结一致与晋公室斗了起来。

斗来斗去，当然是晋公室寡不敌众被斗倒在地。而当胜利到来的那一天，六家大佬又因为分赃不均，或者为了将各自的利益最大化，转而大打出手，互相火拼。

这就有点像黑社会了。

先是智氏、韩、赵、魏，火拼了范氏、中行氏，剩下四家。而后韩、赵、魏火拼了智氏，剩下三家。

话说六去二，剩下四家，而在四大家族中，智氏的人马最壮，晋国的实际权力掌握在智氏手中。

智氏的当家人叫智申（智宣子），膝下儿子众多，能看上眼的却只有两个。一是智襄子，名瑶，就是后来的智伯。之所以称他智伯，是因为韩、赵、魏三家公认智氏为老大。

一是智宵。

智宵是庶出，而智伯则是嫡子。在当年那个认死理"立嫡以长不以贤"的年代，正妻所生的儿子（所谓嫡出）天生就高人一等，诸如世袭权位、继承庞大的家产之类的好事全是他们的，而庶出只有干瞪眼的份，恐怕连基本的发言权都没有。

庶出要想出人头地，只能豁出老命去干一番轰轰烈烈的事业让人开眼，这样或许还有点希望。西汉时期的名将卫青、霍去病那么玩命地把匈奴往死里整，很可能跟他们的家奴出身有关——想建功立业，以此摆脱微贱的命运。

而且，在智申的眼里，智伯这个儿子比较行：读书读书行，打架打架行，模样长得也不错，可谓一表人才，相当"犀利"。最为重要的是，智伯做事雷厉风行，比较有魄力。

然而在这些扎堆的优点中，智申忽略了致命的一点：智伯这人天生一副好皮囊，实则一肚子草莽。天生喜欢被人恭维，听不得半句刺耳的话，眼里揉不进沙子，谁要敢得罪他，绝不会有好下场。

这就叫心胸狭窄。

智申想立阴险狠毒的智伯为继承人，找族人智果商量。

智果提出反对："智伯的才干是不容否定的，但他的性格缺陷也是明摆着的。万一智伯用他的才干去做坏事，必将给家族带来灭顶之灾。"

智果提议不如立智宵，但智申坚持己见。

智果也是暴脾气——不听拉倒，老子不沾你光就是——立即跑到太史处与智氏划清界限，改姓为辅。

不出智果所料，智申一蹬腿，智伯立即小人得志，气焰熏天。首先遭殃的就是郑国。

一次，智伯对不听招呼的郑国大为光火，于是打算和赵简子（名鞅，赵氏的当家人）联兵伐郑，给郑国点颜色看看。

这时，赵简子恰巧偶染风寒、贵体欠安，便以适子（法定继承人）赵无恤代替前往。

智伯相当不满：姓赵的这是藐视我啊。于是在当晚的饭局上一个劲地捉弄赵无恤，方法之一是灌酒。

赵无恤也知道智伯心里不痛快，心道现在还惹不起他，那就喝吧，权当赔罪。可智伯像疯了一样没完没了，赵无恤实在招架不住，不得不拱手说："饶了我吧，我认输还不成吗？"

"你说什么？"

"我是说我实在喝不下去了。"

"你是说你不喝吗？"

话音未落，智伯手上的酒杯就朝赵无恤砸了过来。赵无恤躲避不及，面伤出血，破了相了。

赵氏将士见赵无恤这副狼狈样，纷纷操家伙要把智伯做了。赵无恤拦住他们："小不忍则乱大谋啊。"

由此可见，赵无恤是一个懂得韬光养晦的人。

人生在世，要想做成大事，正如炒菜一样，火候是必得掌握的。不当出手的时候出手，那是鲁莽；当出手而不出手，那叫软蛋。只有审时度势，毕其功于一役，这才是智慧。事实证明，在智赵两家的火拼中，赵无恤之所以能笑到最后，正是掌握了火候之故。

智氏与赵氏的梁子就这样结下了。

智伯的小心眼从这件事情上就可以看出来。按理说，酒桌上的事不可当真，酒后固然吐真言，但多半是胡言，听过之后一笑了之就好。可是智伯却不依不饶，竟以命令的口气对赵简子说："你的儿子很没教养，废了他！"相当的盛气凌人。

可是赵简子没听他的，因为赵简子相当清楚智伯是什么人，而他的儿子又是什么人。

赵无恤是什么人？在赵简子的眼里，当然是理想的接班人。

赵简子二试赵无恤

赵简子选择赵无恤做接班人，是经过深思熟虑的，并不像智申一样聪明一世，糊涂一时，全以出身论英雄。

当初，赵简子也有很多儿子，长子叫赵伯鲁，嫡出，赵无恤仅为庶出的幼子。按当年的死脑筋理论，赵无恤理当不在赵简子的视线里面，赵伯鲁自然是法定继承人的不二人选。

当时有个叫姑布子卿的人，拿手绝活是看相，据说福禄寿考一看一个准。

于是，赵简子就让姑布子卿给嫡出的儿子们一一看相。结果很令人失望，姑布子卿直截了当地对赵简子说："你这几个儿子都难成大器（无为将军者）。"

赵简子毫不掩饰自己的沮丧："难道我赵氏命就该绝吗？"

"也不然，刚才我进门的时候，看见仆人们簇拥着一个年轻人出门，那年轻人是你儿子吧？"

"是我的小儿子赵无恤。"

"此人将来必成大器。"

赵简子先是一喜，接着是一惊，心里跟打翻了五味瓶似的。因为很明显，姑布子卿给他出了一道大难题。

一方面是顺理成章的法定继承人赵伯鲁，一方面却是贱婢所生的赵无恤。如果立赵无恤为后，众人不服，引起家江，怎生得了。可是，如果姑布子卿所言属实，赵伯鲁不堪大用，赵氏的命运也可堪忧虑。

经过几天的深思熟虑，赵简子终于作了一个决定。

正是这个决定，成为智伯命运的终结者。

赵简子的决定应是基于如下两点考虑的：

一、是金子就会闪光，他要亲自试试儿子们的才能，毕竟耳听为虚，眼见为实。况且这可是关系赵氏一门身家性命的大事，容不得半点马虎。

二、如果赵无恤确实是难得的人才，也可以借此压制杂音，谁叫你们嫡不如庶呢。

这个决定就是考核儿子们。

整个考核过程分为两场。第一场文考，比试功课掌握能力。结果赵简子惊喜地发现，这个小儿子果真厉害，有问必答，并且头头是道。

第二场武考，但比试的内容相当诡异。

赵简子对儿子们说：我在常山上藏了一个宝符，最先找到的重重有赏。

其实赵简子什么东西都没藏，可是这手没藏比藏了更厉害，因为赵简子要测试的是比死知识重要百倍的活智慧。

在拳头决定话语权的年代，要想成为一个成功的领导，这个活智慧是必备的基本素质。否则，没等你把领导的交椅捂热，脑袋早成为人家的夜壶了。

这个无比重要的活智慧，就是对时局的宏观判断能力和微观洞察力。

果不其然，嫡出的那些傻儿子们在常山上一通乱摸，然后气喘吁吁地回报：什么都没有啊。

赵简子的失望是意料中的，他将目光对准了赵无恤。

赵无恤果然没有让父亲失望，他说：我找到了。

赵简子一阵释然，虽然赵无恤还没告诉他找到了什么，但赵简子知道，他已经找到了答案。

这个"他"理当包括赵简子自己和小儿子赵无恤，因为聪明的赵简子和同样聪明的赵无恤心里都非常清楚，这个游戏背后的潜台词是什么。

"你找到了什么，说来听听？"

赵无恤说："要想得到代地，从常山出发，是一条便捷的路径。"

这就是高手，能于无声之处听到惊雷，不服不行啊。不仅赵简子服，赵无恤的几个傻哥哥们也服得五体投地。

以上史料见于《史记·赵世家》。但《通鉴》提供了另一个版本的说法，过程相对简单。

据说赵简子弄来两根竹简，将家训写在上面，要赵伯鲁和赵无恤用心记住，接着似乎就把这事给忘了。但是三年之后的某一天，赵简子突然问起此事，赵伯鲁一脸迷茫，那根可以决定他命运的竹简不知丢到哪里去了。可是赵无恤非但记住了上面的内容，且还当场将竹简掏了出来。于是赵简子相中赵无恤。

从史料的内容来看，姑且不论其真实与否，显然前者比后者要丰满得多，也更接近实际情况。因为前者更能反映出赵简子选择赵无恤是经过一番激烈的思想斗争的。而《通鉴》之所以选择后者，我认为，和司马光对材料的遴选态度有关。

司马光编撰《资治通鉴》有一个很重要的原则：但凡稀奇古怪的东西一律删去不载。在司马光看来，所谓的卜筮面相，就如嫦娥月宫一样只是传说，现实中并不存在。因此，理当质疑姑布子卿一说。

但不管怎么说，面对强大的竞争对手，赵简子果断地废掉赵伯鲁而立赵无恤为后，是为赵襄子。

往后的事实会证明，赵简子的这个决定是明智的。

晋阳之战（1）

然而，赵简子的良苦用心并不局限于此。赵简子非常清楚，在他的对立面伫立着怎样一个强大的对手。更为可虑的是，韩、魏两家此时显然站在智伯一边。赵简子不敢往下想了，因为事实明摆着，只要三打一，他赵氏就会死无葬身之地。

因此，对于赵简子来说，当务之急不是开疆扩土、做大产业，而是睁大眼睛时刻提防着那个最糟糕的情况出现。在生死存亡面前，其他一切都是次要的，只有生存才是第一要义。赵简子深深懂得下面这个道理：

留得青山在，不怕没柴烧。

为子孙们寻找最后的青山，这是这些年赵简子最纠结的事，只要青山尚在，就会有翻盘的机会。

功夫不负有心人，赵简子终于找到了。

这个最后的"青山"就是赵氏的根据地晋阳（山西太原）。

晋国的首府是曲沃，而曲沃至晋阳路途是六百里。这是赵简子的第一层深谋远虑：尽量远离智伯的势力范围。

紧接着赵简子派出两个人，苦心经营晋阳城。

这两个人果然不负众望，从硬件和软件两方面将晋阳城打造得铜墙铁壁、固若金汤。后来的赵襄子所以能反败为胜，正是依凭晋阳这个支点，撬动了三家灭智氏的杠杆。

第一个人叫董安于，赵简子的家臣。

提起董安于这个人，历史上并没有名气，但提起他的先祖，那可就鼎鼎有名了。此人就是被孔子称为"古之良史"的晋国太史董狐，秉笔直书的故事说的就是他。

董安于不愧是董狐的后人，不仅才干了得，而且深明大义。智伯十分顾忌董安于的才干，认为将他留在赵简子的身边对智氏是一大威胁。因此，不断给赵简子施压，想尽办法要除掉董安于。赵简子相当为难，既不愿自断手臂，也不愿过早与智氏决裂。董安于了解到赵简子的处境，毅然作出一个决定，正是这个决定保存了赵氏。

董安于对赵简子说："如果我的死能换来赵氏的生，我区区一贱命又何足惜哉。"于是自缢身亡。

董安于无疑是赵氏的第一功臣。

当然，这是董安于成功修建晋阳城之后的事。

话说董安于修建晋阳城，眼光那是相当的前卫。本来古代修建城池、高筑墙、深挖护城河，目的在于防御，而晋阳城修建得相当特别。

这个特别的地方就是：炼铜为柱而起宫城，伐荆木为支筋而起墙垣。

而董安于这样做，除了首创"荆木混凝土"建筑之外，还有一个更深远的战略意图在里面。

就是说，当城池受困、兵尽援绝之时，通过技术手段取出巧妙隐藏在墙城里的荆木，可以当武器使（发而为弓矢）。据说，荆木的韧度，"虽劲竹不能过也"。

箭杆有了，那箭头如何解决？

很简单，就是"炼铜为柱"的铜。

董安于果然把晋阳城修建成一座可靠的军事基地。

第二个有功于赵氏的人是尹铎。

尹铎原本是董安于的部下，董安于自杀后，赵简子任命他为晋阳的地方官。行前，尹铎来讨指示："是将晋阳城经营为搜刮财宝的开发区呢，还是经营为日后可靠的根据地？"

"废话，当然是可靠的根据地。"

于是，尹铎在晋阳城干了一件事：故意隐瞒晋阳城的实际人口户数，大力减免赋税。赵氏因此深得晋阳民心。

完成了这一系列重要的工作，赵简子依然不放心，他知道，智、赵之间终有一战，无法回避。于是，死前叮嘱赵无恤说："一旦发生变故，千万记住，不要嫌尹铎年轻，也不要怕晋阳路途遥远，一定要前往投奔。"

赵简子很不放心地死了，而事情的发展果然如他所料。

晋阳之战（2）

赵简子去世后，智伯成为晋国的实际领导人。

赵简子在世的时候，毕竟与其父智申是同辈人，在与晋公室作坚决之斗争的过程中，多少也结下些友谊。

尽管这个友谊就像共同围猎的狼群，为了争得一块好肉，也会大打出手，而且这样的事情经常发生。但不管怎么说，他的面子是要给点的。

现在好了，这个碍手碍脚的老头终于死了，谁的面子都不用给了，尽管随心所欲就是，谁叫咱是老大呢。

智伯拿出黑吃黑的架势，鸡蛋里挑骨头，没茬找茬，专门与韩、魏、赵三家过不去。

这个世界上的事情就是这么奇怪，越是亲近的人，越是容易上当受骗。道理很简单，有诈骗想法的人，只有在亲近的人身上才容易下手。

这事相当的不厚道，问题是，智伯恰恰就是这样一个不厚道的人。只要能达到目的，他是会不择手段的，诈骗算什么，没绑票算是烧高香了。

没有任何先兆，智伯直接要求韩康子（名虎，韩氏当家人）割一块地皮给他。

强盗，十足的强盗。韩康子气得发疯。可是家臣段规却献了一计。后来的事实表明，这一计等同于挖了一坑，将不知死活的智伯活埋在深坑里。

此一妙计就是坐观虎斗。

段规说："如果不答应智伯的要求，凭他的流氓脾气，一定会灭了我们。不如给他，食髓知味的智伯必定变本加厉，只要有一家敢说'不'，我们就有机会了。"

于是，韩康子就将万家之邑这样一块大肥肉拱手送给了智伯。

智伯非常高兴，一高兴就想喝酒，酒能助兴嘛。而喝酒得有气氛，陪酒的人是断断不能缺的。这倒霉的差使又落到了韩康子和段规的头上。

这两年，韩康子的生活实在很纠结。

我们在前面说过，智伯的酒品相当不好，喝昏了头竟然拿酒盅砸赵襄子的脸。这次他虽然没有再次拿起那该死的酒盅，但酒品不好的本质是不会变的。智伯竟然在酒席上把韩康子和段规当猴耍，出言戏侮他们。

智伯的手下有个叫智国的人警告他小心遭到报复。

智伯说："什么？他韩康子想报复我？我不卸了他一条腿算是客气了，他敢？"

智国说："您不要忘了，就是黄蜂蚂蚁也会害人，何况是拥有军事实力的对手。"

智伯一笑了之，并不以为意。

尝到甜头的智伯果如段规所料，再次向魏桓子（名驹，魏氏当家人）要地。魏桓子和家臣任章一合计，想法和段规如出一辙，也给了万户之邑。

上帝要毁灭一个人，必先让他发狂。

智伯果真发起狂来。由此可见，一个人铁了心要找死，拦是拦不住的。

智伯先前的诈骗，多少还算有所忌惮，数目不限，只要肯奉献就行。可是眼下，轮到赵襄子，情形就变了，由诈骗变成勒索，指定数目并且规定日期，不得通融。这就有点欺人太甚了。

智伯指名道姓要赵氏的皋狼（山西离石县）之地。

一而再，再而三，何日是个头啊？今天要皋狼，保不准明天就会要邯郸要晋阳，这小子太不知足了。忍无可忍的赵襄子实在不想再忍下去了，于是断然拒绝。

不要说眼里揉沙子，就是看着不顺眼，智伯都想让人破相，他能咽得下这口气？智、赵开打也就是情理之中的事情了。

晋阳之战（3）

韩、魏两家之所以参加智伯的军事行动，迫于淫威是重要原因。但不可否认他们也有自己的打算，这符合他们的渔利心理。因为智伯提出的条件是：灭了赵氏，三分其地。这可是大有甜头的。

于是，三家联军猛攻赵襄子在曲沃的住宅。

前门火热地打，后门火热地准备逃跑。眼下这架势，不跑，还坐着等死啊？问题是，往哪跑呢？

有人提出去长子（山西长子县），路最近。有人提出去邯郸（河北邯郸），府库充实，也是好地方。但赵襄子想起了老爹临死前的话，于是手脚麻利地跑回晋阳。

三家联军随后掩袭而来，兵临城下，将晋阳城围得铁桶一般。

可是，智伯惊讶地发现，任凭他使出浑身解数，晋阳城自岿然不动，就如一枚钉子般死死钉在太原盆地上。

智伯急得团团转，沿着晋阳城直转圈，一转就是三个月。令人惊奇的是，这一转，竟然转出地理大发现。

从地图上可知，晋阳，即现在的山西太原，四面环山，汾水自东北至西南绕城而过，灌溉条件十分便利，城市饮用水也很好解决。然而正是这个地理优势，差点给晋阳城带来灭顶之灾。因为智伯正是发现了这一点，只不过，这个地理优势在智伯的眼里成了致命的武器。

在冷兵器时代，没有炸药、大炮和轰炸机，要想攻克像保险柜一样安全的晋阳城，围困无疑是首选。首选中的首选，当然是水漫金山，大浪冲淘，软磨硬泡，保不准哪面城墙不禁泡轰然倒塌，这是智伯愿意看到的。

智伯遂命令部队掘开汾水引出一渠，水灌晋阳城。

于是，壮观的一幕出现了。

晋阳城外汪洋一片，兴许还有鱼儿在欢快地跳跃。水位最高时，浸至城墙三版（六尺）。

而城内的情况，比城外还糟。由于长时间泡水，居民的灶膛都成了青蛙的家了（沈灶产蛙），只好将做饭的铁锅悬在空中（悬釜而炊），人们也把家搬到了树上（巢居而处）。

长达三年的围困之后，最困难的时候到了，城内能吃的东西都吃光了，以至出现"易子而食"的惨况。

就是在这种艰难的情况下，晋阳人却铁心与赵氏站在一起（民无叛意），与智伯作殊死斗争。因为晋阳人懂得，滴水之恩当涌泉相报。

眼下，智伯是得意的，在他的眼里，此时夕阳下的晋阳城就跟熟透的果实一样，只要轻风一动就可以果熟蒂落，攥在手里。

于是，智伯来了雅兴，在魏桓子和韩康子的陪同下——魏桓子为他驾车，韩康

站在右边护卫——前去视察水势。其实，智伯是去领略即将成为他领地之一的晋阳城之风景。

胜利者的心情应该是愉悦的，起码在这个时候，智伯自认为是铁定的胜利者。因此，智伯的心情铁定也是愉悦的。

这个愉悦得近乎忘乎所以的心情，就从下面这句冒着傻气的话里体现出来。

圣人说过，一言兴邦，一言丧邦。其实，一言之机，不但关系着国家之兴废存亡，同样也关系着一个人的荣辱成败。也因此，走过的桥比我们走过的路还多的老人们，才这样告诫我们：逢人且说三分话，不可全掏一片心。鬼才知道，他人是自己的天堂还是地狱。

事实表明，魏桓子和韩康子恰恰是愚蠢的智伯的地狱。他掏了不该掏的心，而且是不止一次。由此可见，迷信拳头可以主宰一切的智伯，想干大事，但缺少干成大事的一个关键性因素：城府。从智伯身上，我们分明看到一个人的性格是如何深切地影响着他的命运的。

智伯找死的话是这么说的："吾乃今知水可以亡人国也。"

只要不出意外，魏桓子、韩康子两人的反应应该是这样的：两张不同的脸同样煞白煞白，两颗不同的心同样拔凉拔凉。因为魏桓子和韩康子非常清楚，汾水照样可以灌进魏氏老巢安邑（山西夏县），而绛水同样可以灌进韩氏老巢平阳（山西临汾）。

《通鉴》写这两人的反应很有意思：

"桓子肘康子，康子履桓子之跗。"

魏桓子用胳膊肘捅了一下韩康子，而韩康子则用脚尖踢了一下魏桓子。

就是这一肘一履决定了智伯的命运。

这时，智伯若肯听帐下谋士絺疵的意见，也还是有一成胜算的。然而智伯的刚愎和肤浅，使他再一次成为命运的弃儿。

絺疵通过研究面相发现了一个惊人的事实：魏桓子、韩康子必有不轨之心。因为眼看胜利在望，又有土地进账，可是这两个家伙非但不无喜色，反是愁容满面。

絺疵分析说，必是他们仨同病相怜，担心唇亡则齿寒，劝智伯早做提防。

智伯听不进去絺疵的正确意见也就算了，却将他的话和盘告诉了魏桓子和韩康子。

魏桓子和韩康子指天划地地发誓："绝无此事，您想，到口的肥肉不吃，却去干那掉脑袋的事，世界上有这么蠢的人么？这一定是赵氏的阴谋，想离间我们之间的兄弟感情，您千万别信。"

天可怜见这是什么样的兄弟感情，令人不解的是智伯竟然信了。絺疵知道，智伯必败无疑，遂找了一个借口出使齐国，脚底抹油保命去了。

事实证明，絺疵的担心不是多余的。

晋阳之战（4）

晋阳城号称固若金汤，依仗的是两个因素：一是死城池——铜墙铁壁，二是活人心——众志成城。

事到如今，赵襄子对董安于和尹铎这两个人的感激之情与日俱增。铁的事实再一次证明，当初董安于的工作是出色的，他的手艺活是可靠的。到目前为止，晋阳城依然傲然矗立，尽管饱经风霜，姿势却依然伟岸，智伯梦想的轰然倒塌并没有出现。

而尹铎的工作分明也是不朽的，劲敌围城之时，情况糟得不能再糟了，可是晋阳人民依然旗帜鲜明地站在赵氏一边。在赵襄子的眼里，这是一群天底下最可爱的人，最值得信赖的人，最可以同甘共苦的人。

在长达三年的艰难困苦的日子里，这是赵襄子唯一的心理慰藉，并且引为精神支柱的力量来源。正是凭借这一点，在这些孤独的日子里，赵襄子才不会感到孤苦伶仃；在这些吃糟糠咽烂菜叶的日子，赵襄子才会觉得比山珍海味还要有滋有味；在这些与死神较量的日子里，饱经苦楚的赵襄子才能如他的晋阳城一样，站直了，没趴下。因为他的子民给了他这样一个坚定的信念：

团结就是力量。

正当赵襄子心存感激地巡视他的部下的时候，一个意想不到的情况的出现，险些把赵襄子最后的心灵防线给摧毁了。

情况非常糟。赵襄子惊恐万分地发现，他引以为自豪的众志成城，此时此刻却出现了问题。

地震的征兆不必多，但由此带来的灾难是毁灭性的。此时的晋阳城就是这样。除了一个叫高共的人依然对赵襄子客气有加之外，其他群臣并不待见赵襄子，这分明就是地震前的征兆。

赵襄子的脑海中闪过一个不祥的念头：树倒猢狲散。

尽管在心底，赵襄子并不愿意承认这是事实。他无数次地对自己说，这不过是谎言，事实不会是这样，这些部下都是经过长征打拼过来，久经考验并且忠诚的有产阶级战士，一定是自己紧张过度，出现了幻觉。

可是，无数铁的事实又无情地告诉赵襄子：相信这是谎言的，恐怕只有自己了。在未来的某一时刻，或许就在当下，这种想都不敢想的情况一定会出现的。

对于赵襄子来说，生死存亡的时刻真的到了。

当初，赵襄子对即将来临的困难是有心理准备的，但他没有想到，竟会困难到如此地步。智伯这小子够毒，竟然置全城老少的性命于不顾，死缠烂打这么多年。敌人是进不来了，可是他也出不去了，再这样死守下去总归是一个死，不会有奇迹出现的。与其被人出卖，不如主动出降，或许这样对晋阳百姓才更有利。

灰心丧气的赵襄子想到了放弃。

然而接下来所发生的事情，完全验证了这样一句话：世事难料。

正当赵襄子备感绝望的时候，一个人的出现，带来了赵襄子做梦也想不到的奇迹。此人不但救了赵襄子一命，也救了未来的赵国一命，从而深深地影响了战国历史的进程。

历史的经验表明，要影响左邻右舍是容易的，要影响一城一邑，乃至封疆大地，也是容易的。但要影响历史的进程，就没那么容易了。而有能力做到这一点的人，一定是一个神奇的人。

他们的神奇之处在于：羽扇纶巾，谈笑间，樯橹灰飞烟灭。

在赵襄子的眼里，这个人的出现，无疑是上天的恩赐。

这个带来奇迹的神一样的人，就是赵襄子帐下谋士张孟谈。

关于张孟谈的身世，和他的厉害手段一样，同属神秘级别。时至今日，由于史料有限，我们已经无法弄清楚诸如籍贯和生卒年之类的基本户籍问题，只知道张孟谈主要活跃在春秋和战国之交。我们现在所能看到的有关张孟谈的零星事迹，主要留存于一本著名的书——《战国策》，本书也正是依据此书和《史记》而成。

赵襄子很无奈地对张孟谈说："情况就是这么一个情况，不如投降算了。"

张孟谈安慰赵襄子说："千万别这么想，还不至于到这个份上，我有招。"

张孟谈的招数就是策反韩、魏。

反正没辙了，死马权当活马医，赵襄子遂同意张孟谈的意见。

于是，张孟谈就去了。这一去，奇迹当真来了。

张孟谈经过巧妙化装，成功混进联军大营，找到魏桓子和韩康子。

张孟谈说："你们想必知道唇亡齿寒的道理吧？"

沉默。

"如果赵氏被灭，接下来轮到的一定是你们。"

韩康子和魏桓子显然坐不住了，因为他们最担心的事情终于被挑明了。可是他们依然显得顾虑重重："智伯的耳目众多，万一尚未举事，却走漏了风声，后果不堪设想。"

张孟谈说："这好办，除了在场的三个人，绝不能让第四个人知道这个秘密。"

魏桓子看了韩康子一眼，韩康子看了魏桓子一眼。

此时，水拍晋阳城的声音在静谧的夜晚不断传来，分明在不断地提醒韩康子和魏桓子：安邑城外有汾水，平阳城外有绛水。

于是，韩康子和魏桓子做出了一个相当艰难的决定：阵前倒戈，做掉智伯。

三方秘密约定了起事的日期，张孟谈连夜赶回晋阳城复命。

由此可见，这世上不会有永恒的敌人，但也不会有永恒的朋友。

刚愎自用的智伯就吃亏在这一点上。

晋阳之战（5）

然而正当张孟谈的如意算盘打得响的时候，意外又出现了。这个意外的出现再一次将赵襄子的命运推到了风口浪尖。

这一次，纵然张孟谈再神勇智算，显然也是无能为力，只能听天由命了。因为这个意外不出在赵氏阵营，也不出在韩、魏阵营，而是出在智伯阵营。

走漏消息了？事情与这同等严重。

话说张孟谈化装成智伯的军士，想混进联军大营，当走到辕门口时，碰到了一个原本可以决定这场战役结局的人。

此人就是辅果。

我们在前面说过，智果和智申在立嗣的问题上闹过矛盾，一赌气改姓为辅氏，因此称辅果。但毕竟是家族的事业，帮忙着照看一点，也是情理之中。因此辅果选择留在智伯身边。

辅果一见这个军士行色匆匆，又探头探脑，显得十分可疑，于是打算拦住问话。可是一眨眼，这个军士就神秘地消失在夜色里。

防人之心不可无的结果是，怀疑一切。辅果就是这样一个怀疑一切的人，何况在眼下这个关键的时刻，任何蛛丝马迹都足以引起辅果的警觉。

他越想越不对劲，立马找到智伯。

"我确定一定以及肯定，魏桓子和韩康子在搞古怪活动。"

"你怎么知道？"

"我刚才在辕门口碰到一个军士，鬼鬼祟祟，行迹极为可疑，一定是晋阳方面派出来的间谍。"

智伯说："不要说了，我知道你的意思。眼看晋阳就要被攻克，他俩有必要干那费力不讨好的事情么？"

见劝不动智伯，聪明的辅果想出了一招，直接去韩、魏大营探听虚实。果然，韩康子和魏桓子慌张的神色更加重了辅果的疑虑。

于是，辅果再次求见智伯，请求杀了这两个人以绝后患。

已经不耐烦的智伯断然拒绝。在智伯看来，这个已经与自己不同姓的叔父显然是没事找事。

可是，辅果对自己的判断却有十足的信心，他再次亮出秘密武器。

历史的经验表明，这是一个无往不胜的致命武器。无数英雄遇到它，就得变成狗熊；铜墙铁壁遇到它，就得变得不堪一击。智伯若肯听辅果的，我敢肯定胜利一定是属于智伯的，而不是赵襄子。

这个秘密武器就是：收买韩康子和魏桓子的手下。

韩康子的谋士叫段规，魏桓子的谋士叫赵葭，这二人是韩康子和魏桓子的左右臂膀，他们的意见可以影响甚至改变韩康子和魏桓子的任何决定。如果成功收买他们，等同于在韩康子和魏桓子身边安插了窃听器。

辅果的意思是，各封他们以万户之邑。

这本来是一个极好的分化瓦解策略，问题是智伯不这么想。

这个世界上的事情就这么奇怪，有挥金如土的人，有守财如命的人；有"粪土当年万户侯"的人，也有拔一毛以利天下而不为的人。在前者看来，金钱不过是手段，当花的就得花，千金散尽还复来；没得花的时候就不花，一箪食，一瓢饮，曲肱而枕之，别人觉得这日子也太清苦了，可他自以为乐。

而在后者看来，头可断，血可流，口袋里的银子不能丢。

他们的人生哲学是：人生最悲哀的事情莫过于人活着，金子却没了。

因此，葛朗台才会奋不顾身地扑向金子，就像饿虎扑向熟睡中的婴儿。

看见金子的，如果不是葛朗台而是智伯，我想他也是会做出这个勇敢举动的，因为智伯同样是一个贪得无厌的人。

本来三分赵地，这事就足够让智伯伤心的了，要能独吞多好，他就是晋国最大的"地王"。而辅果竟然一点都不体谅他的苦心，又要来挖他的心头肉。

想到这，智伯气鼓鼓地说："给他们万户之邑，这不等于我的土地越发少了么？不行！说不行就是不行。"

还有什么话好说呢？眼前这个蠢货竟然蠢到要钱不要命的地步，真是有其父必有其子。陪这样的主子去死，实在不值。于是，辅果也学絺疵，脚底抹油，溜号走人。

回头说张孟谈。辕门外的遭遇同样引起他的警觉，张孟谈知道，辅果不是一个好对付的人，他是不会善罢甘休的。

于是，回到晋阳城的张孟谈对赵襄子说："事不宜迟，今晚就动手，省得夜长梦多。我再走一遭，通知韩、魏两家提前行动。"

接下来的事情就简单了，有仇报仇、有冤报冤的时刻终于到了。

韩康子派人乘夜袭杀守堤之吏，决水倒灌智伯军。乘智伯忙于救水之机，韩康子和魏桓子从两翼，赵襄子大开城门，从正面将智伯军杀了个落花流水。

三家遂杀了智伯，族灭智氏，三分其地。可怜智伯到死也没弄明白这是怎么一回事。

意外之神（1）

笑也是有哲学的，能笑到最后的，才是笑得最好的。

赵襄子无疑笑到了最后。

在这个可以大摆庆功宴的时刻，论功行赏也是应该的。

对于张孟谈的贡献，没有人会提出异议，他理当是晋阳之战的第一功臣。可是出乎张孟谈意料的是，赵襄子并不这样认为，他眼中的第一功臣竟然是高共。

张孟谈非常郁闷，要换成其他人也就算了，可是偏偏就是这个高共，在这三年的困难时期，他除了拍马屁什么都不干，就这样也能捞到军功章，而且是金质勋章，真他妈邪门了。张孟谈决心找赵襄子评评理。

赵襄子心平气和地说："事情你是清楚的，这三年来，只有高共还当我是领导。"

赵襄子深邃的目光盯着张孟谈看，看得张孟谈大彻大悟。

张孟谈到底是聪明人，他明白赵襄子的意思，某种程度上，他也理解了赵襄子的心思。如果坐在上面的人不是赵襄子而是他张孟谈，估计也会这么做。因为事实明摆着，赵国不能再出现六卿、四卿或者眼下的三卿专政的局面。

赵襄子也不可能允许任何一个人功高震主，包括张孟谈。鉴于历史的经验，赵襄子需要的是忠诚，绝对的忠诚，而高共的完美表现，恰符合赵襄子这方面的需要。这个文章是可以做的，而且必须做。

这就是帝王的统御之术。记住这个历史原则，在往后的历史中，当我们看到那些居功至伟却不知收敛的功臣名将一一成为刀下之鬼的时候，我们也就不会觉得太震惊了。

于是，张孟谈毅然做出一个决定：夹起尾巴做人。

张孟谈对赵襄子说："晋阳之战后，大家都拿我当人物，这怕不好吧？我想我还是去乡间结个草庐算了，省得您难做。"

"不要有情绪嘛。"

"我真是这么想的。您想，君臣同享盛名而能相安无事的，古来无有。您也得替我想想啊。"

赵襄子坚决不同意。

张孟谈祭出耍无赖的一招：不同意我就辞职。

赵襄子拂袖而去。

这下把张孟谈吓得不轻，在床上躺了三天。

张孟谈到底不敢私自溜号，三天之后，他派人对赵襄子说："要不然这样，我辞去晋阳地方官的职务，您给我另外委派差使，如何？"

"什么话！"

这真是奇了怪了，在这个世界上，还真有逼人做官的。

张孟谈不得已求其次："那好吧，要我去晋阳也可以，您得答应我一个条件。"

"什么条件？"

"不管我以后做什么，您都不能怪罪我。当然，前提是为国家的长治久安着想，您放心我不会乱来。"

赵襄子想了想，毕竟人才难得，就同意了张孟谈的请求。

于是，张孟谈就去了。这一去，关于张孟谈的种种风言风语马上成为街谈巷议所深度追踪的热点话题。张孟谈也转瞬间从一个绝顶聪明的人变成一个不可理喻的人。

是什么原因造成了这种戏剧性的变化呢？

按常理，但凡是人，总是想方设法往自己脸上贴金，往自己头上戴光环，并且尽可能扩大化，扩大到光芒万丈最好。可奇怪的是，张孟谈却反其道而行之，往自己的头上扣屎盆子。

屎盆子是这样扣上去的：在张孟谈主政晋阳期间，他近乎疯狂地接受贿赂、四处

圈地。然后在他的地皮上搭起草庐，将政事全数托付给副手，自己不辞辛苦地当起了自耕农，做起看得见的隐士。

难怪张孟谈会成为时人议论的焦点。不过，有两个人知道张孟谈此举的用意，一是赵襄子，再就是张孟谈自己，彼此心照不宣。

意外之神（2）

这样的日子，平静地过了三年。张孟谈也逐渐淡出人们的视线，人们懒得再去议论他了，因为任何疯狂与怪异，只能保持一时的新鲜，一旦频频出镜，也就有了疲倦感。在时人的眼里，这个曾经风光的人，显然是过时的聪明人了。

然而一件事情的发生打破了张孟谈平静的生活，将他重新请回历史的漩涡中心，重新请进人们的议论焦点。

韩、魏、齐、燕对赵氏肥沃的地盘相当眼馋，联兵向赵氏发动进攻。

赵襄子慌忙来找张孟谈商议对策。

"你看，当初我不过比韩、魏两家多分了十城的地盘，他们就这样算计我，怎么办？"

"好办！"自耕农张孟谈相当自信。

什么叫高人？高人就如传说中的龙一样，只允许世人看到他的首或者尾，不允许看到他的全身，这就叫神龙见首不见尾。龙的所有身躯就隐藏在云雾里，这就叫高深莫测。

也就是说，要想成为高人，必须有如下两个特质：神秘莫测，深藏不露。古文高雅的称之为：藏器于身，待时而动。

张孟谈就是这样一个"藏器于身，待时而动"的高人。

张孟谈既然有本事将自己搞臭，当然也有本事将自己扶起来，再树牌坊。

高人张孟谈是这样炼成的：在夹道欢呼的人群中，赵襄子身配宝剑，亲自开车，把衣冠楚楚的张孟谈送到象征权力与威仪的中心——祖庙。然后又是授勋又是拍照，搞得相当隆重，十分热闹。

这无疑是在告诉世人：我，张孟谈，又回来了。

于是，重新打磨光鲜的张孟谈，带着他的一肚子鬼心思又上路了。这次同去的一共有四个人，全是他的家人。

张孟谈派长子前往韩氏（当时尚未正式策命为诸侯），次子前往魏氏，小儿子前往齐国。

关于张孟谈派使这三个人，是可以理解的，打仗亲兄弟，上阵父子兵嘛。问题是张孟谈派出的第四个人就相当令人费解了，因为他派使楚国的人，竟然是他的妻子。

尽管正史没有记载张孟谈妻子的尊姓大名，但可以肯定，这女人一定能力了得，否则张孟谈再搞怪，也断断不敢拿外交大事当儿戏。

虽然如此，但那毕竟是男尊女卑的时代，由此可见，张孟谈确实是一个思维奇特的人。他的不知名的妻子，也很荣幸地成为见载史册的第一位女大使，这是可以肯定的。

当然，我也有这样的疑问：张孟谈这是在做什么，全家齐上阵，搞得跟众叛亲离似的？

答案是，张孟谈组团忽悠来了，借以虚张声势，瓦解四国联盟。

果不其然，张孟谈四路出击，"四国疑而谋败"，一哄而散。

在往后的历史中，我们将会不断地看到这种极具戏剧性的一幕，它也如鬼魅一样不断在历史中重演。列国的军事联盟看似强大，其实不过是纸老虎，一有风吹草动迅即轰然倒塌，烟消云散。

面对并不算强大的对手，列国掉头逃跑的速度是不可想象的，动作之麻利，态度之坚决，实在令人诧异。然而我们在感到可笑的同时，分明有一种沉重感：一盘沙散。列国也正是在这些令人沉重的喜剧中一一趋于消灭。

从张孟谈身上，我们分明看到了后世纵横家的影子。影子纵横家张孟谈不仅精通权谋之术，而且深谙自存之道，他无疑是春秋进入战国之世第一个一等一的奇才。

应该承认，每一个时代都应该有属于那个时代的意外之神。他们意气风发，锋芒毕露，纵横捭阖，指点江山。各领风骚数百年也好，数十年也好，总之都属于那个时代的塔尖。而这些塔尖的组合，就是历史。

张孟谈理应是战国开篇那些年的意外之神。

而赵襄子无疑也是春秋进入战国之际第一个深切地懂得人才是兴国之本的君主。只是一个人的出现，打破了赵襄子的游戏规则，并且险些要了赵襄子的命。

此人名叫豫让。

悲情豫让（1）

三家灭智氏，将智氏家族杀得鸡犬不留，赵襄子犹不解恨，将智伯的脑袋瓜子切下来，制成酒器，天天拿着智伯的脑壳装酒喝。

可以设想一下这样一幕情景：在良辰美景的酒宴上，众卿面前摆的皆是精致典雅的酒器，独赵襄子拿着死人的头盖骨，在大家面前舞来舞去。这实在是够恐怖的，可是赵襄子觉得这样才解气。

玩得确实有点出格，如果从心理学的角度来说，赵襄子可能有点心理问题。

有一个人觉得赵襄子玩得太过分了。

这个人就是豫让。

豫让是晋国侠客毕阳的孙子，最初追随范氏、中行氏，不受重用，转而投身智伯门下，结果智伯很待见他（宠之）。豫让的感激之情是可以想见的，知遇之恩嘛。及智伯败灭，逃匿山中的豫让用实际行动诠释了下面这句话：

士为知己者死，女为悦己者容。

从后面发生的事实看，豫让应该算一个壮士。

什么是壮士？

虎口拔牙是他们常做的事，认准的事情火车也拉不回，刀山上得，火海下得，甚至是殒身殒命也在所不惜。

他们是这样的化身：胆量，勇敢，正直，正气，敢作敢当，直道而行。在他们的眼里，宝贵的生命之上还有一个无比尊贵的存在，那就是良心。

一句话，他们是一群不肯违背良心的人。

这就是壮士。

壮士豫让为了替故主智伯报仇，做好了所有最坏的打算。

一场灾难正悄悄向赵襄子逼近。

要搞恐怖暗杀活动，在冷兵器时代，"人体炸弹"是最有效的办法。就是说，得想方设法接近赵襄子，豫让才有下手的机会。

于是，豫让把自己打扮成"刑人"。

什么是"刑人"？这个词值得探究。

所谓"刑人"，就是受过刑的人，也就是罪犯。如果罪不致死，古人对罪犯的惩罚手段是相当搞怪的。挖膝盖、砍脚、砍手、割鼻子、割耳朵，这些都是常用的花样。堪称奇思妙想的是，男人有条件享受到宫刑，女人竟然也有这个条件，真有这事，学名叫"幽闭"（使用木槌猛击妇人腹部，人为造成子宫脱垂，是对犯淫罪者实施的一种酷刑）。

由此可见，古人对生理学是大有研究的。

但在这些常用的花样中，有一个最基础的惩罚办法——黥，即在犯人的脑门上刺字涂墨。这就等于直白地告诉世人，此人是罪犯，曾经糊涂过。其意义等同于时下的某位仁兄，一时不开窍干了坏事，吃了牢饭，他的档案里就会留下永不磨灭的一笔。自此之后，这位仁兄就得学会重新做人，特别在求职的时候，得学会忍受鄙夷与不信任。

豫让若要把戏演真，唯一的办法就是在自己的脑门上刻字，这样才能骗得别人的信任。

事实也正是如此，豫让成功混进了赵府。因为是刑人的缘故，从事的当然是最低贱的活——清洗厕所（涂厕）。

在平常人看来，七尺男儿从事这项工作很屈辱。但在豫让眼里，这是不重要的。重要的是，他苦苦寻找的机会终于来了，贴身隐藏的匕首即将派上致命的用场。

就在豫让深度潜伏，赵襄子命悬一线之时，奇迹出现了。

事实证明，命不该绝的人，无论怎么设计、怎么陷害、怎么打都是打不死、整不垮的。他们天生的好八字赋予他们一种来自冥冥之中的神奇力量：在看似不可能的地方出现可能，在没有任何一线希望的时候出现奇迹。

这就叫绝处逢生。

这不是在制造传说，也不是在写剧本，而是历史的真实。

这个世界上总有一些事科学也解释不通。说它是第六感觉也好，直觉也罢，总之生活中确实存在这样的事。

最明显的例子是，西汉刘邦过柏人（地名），本想在那里住宿一夜，可是刘邦突然有一种不祥的预感，他对"柏人"这个地名做了奇怪的解释。然而正是这个看似荒诞的解释，救了刘邦一命。他说："柏人者，迫于人也（被人逼迫）。"于是决定连夜赶路走人，结果是贯高刺杀刘邦的计划流产。

眼下，赵襄子之所以能躲过一劫，借助的正是神的力量。

赵襄子如厕，走到厕所门口，忽然心里一动，感觉好像有什么不好的事情要发生。于是，武装侍卫就彻底搜查了这一区域，结果从豫让的身上搜出一把匕首。

"你这是做什么？"赵襄子非常不解。

出人意料的是，豫让也真敢作敢当，直接承认要刺杀赵襄子为智伯报仇。

张牙舞爪的侍卫要把豫让拉出去砍了。

但赵襄子却说："放了他吧。"

赵襄子的解释在侍卫们看来相当不可理解：豫让是一个忠肝义胆的义士，我佩服这样的人。

赵襄子这是第二次在做"忠诚"方面的文章。

悲情豫让（2）

第一次行动宣告失败，但豫让依然不死心。他是王八吃秤砣——铁了心，决心在这条道上走到黑。

有死无二是为了舍生取义，眼下，豫让需要的正是这个"义"字。

人总得一死，死得其所，那才真叫快哉快哉。至于身后的事，豫让管不了，也没打算去管。

一万年太久，只争朝夕。

然而事实证明，只争朝夕的选择，却可以决定一万年之久的墓志铭，这就叫盖棺定论。其定论了历史上的人物，他们的死是光芒万丈，还是一塌糊涂。

豫让在铁心找死的时候，理当不会去考虑要否青史留名。可是他看似无心的举动，却在青史上留下了不朽的名字，忠诚。

此时，豫让已为赵氏人所认识，赵襄子也一定会加强安全警卫级别，只要不是存心送死，断然是没有再接近的机会了，一切似乎都山穷水尽了。

就在这时，报仇心切的豫让，凭借置之死地而不想生的玩命精神，愣是找到了突破口。

这个突破口的关键词是：死。

豫让决心以死来完成他一生中最后的壮举。

一个人如果真想寻死，那是很容易的，随便用什么方式，狠心把眼睛一闭，这辈子就算过去了。但要死得出彩而有价值，是不容易的，智伯的忠诚卫士豫让，决心出彩而有价值地死去。

如果拍成电影的话，此时出现在镜头前的豫让一定惨不忍睹：头发或许有一点，但从头发往下，什么都没有了，没有眉毛，没有胡须，满脸癞疮，浑身上下皆是癞疮。

简直是怪物。

是的，为了不让赵襄子认出来，豫让不惜将自己整成深度残废，他要的就是这个结果。

豫让很清楚，这是他仅有的资本，最后的机会，这次若再失手，他就得找棵树无声无息的死去。因此，在没有做好充分的准备之前，他不能贸然采取行动，否则一旦出现差错，一切真的全完了。

他得做一次"火力侦察"，他觉得有必要这样做。

事实证明，他的小心谨慎不是徒劳的。

豫让装扮成乞丐——其实不用装扮，就他现在那样，也没人当他是正常人——故意磨蹭到自家门前乞讨。

他的妻子在豫让面前停住脚步，端详了好一会，然而到底还是失望了，眼前的这个人不是她朝思暮想的那个人。

在移开脚步之前，这个伤心的女人自言自语了这样一句话："这个人长得并不像我的丈夫，可是他的声音怎么那么像我丈夫？"

无情未必真豪杰，怜子何尝不丈夫。

豫让努力控制住自己的情绪，面对妻子的离开，他只能将万千柔情化作铁石心肠，默默地对那个远去的背影说：等来生吧，一定陪你平安过一生。

对于豫让的妻子来说，她无论如何也想不到竟会在这样的场合与她魂牵梦挂的丈夫这般轻易地失之交臂。自此以后，她只有在梦中才能见到他的音容笑貌了。因为自此之后，属于豫让的那个密码般的声音，从此在这个世界上彻底消失了。豫让猛吞火炭，使声音变哑。

然而，令豫让大为震惊的是，就算是如此彻底地自残，竟然还有人认出他来，这着实吓了他一大跳。

这个人就是豫让交往密切的朋友，他凭直觉认出了豫让。

朋友见豫让弄成这个样子，非常伤心，也相当不理解："你这样做没用的，志气固然可嘉，手段极不高明。凭你的才气，在赵氏谋个差使是很容易的，先混个脸熟，再骗得赵襄子的信任，而后再下手，不就容易多了？你这样做只能白白送命。"

然而豫让的回答却让这位朋友很吃惊，豫让说："为了替故主报仇而去杀新主，这是典型的不仁不义。不仁不义的事，我豫让坚决不干。"

有情有义的豫让从此从人们的视线中彻底消失，他要深度潜伏，等待那最后的机会的到来。

这个机会具体为一座桥，豫让要在这里，毕其功于一击。

悲情豫让（3）

赵襄子出行的必经之路上有一座桥，豫让就潜伏在这座桥下面，等待着赵襄子的出现。

最后的时刻终于到了。经历了这么多事，豫让还真觉得有点累，这样的经历，有过一回就够了，不必再有第二回。如果能够重来的话，就老老实实回家，男耕女织，不能再辜负那个心碎的女人。可是事已至此，该来的总归要来，尽早结束这一切，不成功便成仁。这是豫让最后的决心。

豫让展眼看看这三晋大地，来年他的坟头上，也一定如这三晋大地一般草木葱茏，鸟儿啁啾。但他坚信，在这些宜人的景色之上，一定也还有另外一番的景色——月明中天。

这个明月就代表着他不朽的灵魂。

就在豫让焦急等待的关键时刻，让我们备感困惑的怪异事情再一次发生了。

赵襄子真是好命，他家祖坟一定是修对了地方，并且在关键时刻总能冒出一股青烟，保佑赵襄子逢凶化吉，遇难呈祥。这真应验了那句话：吉人自有天相。

当赵襄子快接近大桥时，他的坐骑突然腾跃起来，受了惊吓似的。经过搜查，侍卫们果然从桥底搜出一个乞丐，准确地说是刺客。

赵襄子知道，除了豫让，不会是别人。

这次赵襄子非常生气，指责豫让说："你曾经追随过范氏和中行氏，智伯灭范氏和中行氏，你非但不报仇，反而委身智伯。而眼下你却不依不饶地要替智伯报仇，这当中有什么说法吗？"

豫让接下来的回答在历史上很有名气，他说："臣事范、中行氏，范、中行氏以众人遇臣，臣故众人报之；智伯以国士遇臣，臣故国士报之。"

意思是说，范氏和中行氏以待一般人的方式待我，我也以一般人的方法回报他；而智伯认为我是不一般的人，我当然要以不一般的方法报答他。

所谓士为知己者死。这就是豫让之所以铁心自残、不好好陪老妻过安生日子的原因之所在。

赵襄子仰天长叹，非常佩服眼前这个忠肝义胆的人，他的手下缺的正是这样的人。眼前这个人如果能成为我的手下，那该多好啊，赵襄子想。可是，赵襄子知道，这不过是一个奢望，纵然他百般笼络，眼前这个一身傲骨的人也不会买账。

尽管替豫让感到惋惜，可是赵襄子也非常清楚，再放过这个不依不饶的人，死神就会对自己不依不饶了。

于是，赵襄子对豫让说："我已经放过你一次了，这次不能再放你走了。"

豫让毫无惧色，本来他就没打算活着回去。

不过，临死之前，豫让还有一个请求，这个请求说出来也相当骇人听闻：豫让要赵襄子借他一件衣服，他要"杀"了衣服，以此来替智伯报仇。

赵襄子佩服豫让的勇气，就成全他。

于是，豫让跳将起来，朝赵襄子的衣服连刺三刀，而后伏剑自杀。

豫让的故事讲完了。如果要为豫让立一座碑，上面应该有这样几行字：

他是一个勇敢的人，

一个热情和忠实的朋友，

为了他所信守的理想奉献了生命。

晋阳之战之遗响

在杀伐迭起的战国时代，晋阳之战并不属于经典战例，却是一个影响深远的战役。不仅三晋得以确立，且首开战国之际诸侯兼并之先河。

自此之后，生存还是死亡，不仅平头百姓需要考虑，高贵的王公将相们同样需要直面这个问题。因为最痛快的兼并当然是并人之国，而覆巢之下岂有完卵？

惨烈的你死我活、弱肉强食的局面，自此拉开序幕。

在这长达几百年的动荡与激变中，有无数的人头落地，也有无数的成功与惊喜；有无数的梦想归于破灭，也有无数的荣光冉冉升起；有无数高贵的头颅被漆成饮器；也有无数原本低贱的头颅由此声名鹊起，平步青云，在历史的轨迹中留下永不消失的一笔。

在这个过程中，有像豫让那样为报答智伯的知遇之恩，不惜将性命置之度外，二度行刺赵襄子的人；也有像李克、吴起、商鞅那样为理想不惜赴汤蹈火、殉身殒命的人。应该承认，他们的境界是阔大的，他们的视野有如一马平川一样辽远。

正是这种辽远而伟大的理想，开启了诸子百家的时代，奠定了中国重新走向统一的基础。

战国之际，正是交织着这种喧嚣与激荡走来。其间机遇与挑战齐飞，鲜花与陷阱同在。

在这个过程中，没有人会惊诧于阴险、狡诈、背叛、杀戮等等这些本该属于阴暗的词汇。他们不问手段，只问结果。而要实现这个结果却是如此的艰难，虽然这个结果仅仅是简单的两个字：生存。

在生存的底限面前，无数的人选择了卧倒的姿势。但应该承认，也还有一小部分人，他们拒绝趴下。尽管这样的人是如此之稀缺，但他们惊人的姿态，无疑在告诉我们什么是脊梁。

这个惊人的姿态就是仰起头颅，挺直腰杆，站着说话。

我想起英国作家狄更斯在其名著《双城记》里开头的那段话。每当我重读这段话，总有这样一个感觉：它的存在，似乎就是为战国之世量身定做的。

这句矛盾的话是这样说的：

这是最好的时代，这是最坏的时代；这是智慧的时代，这是愚蠢的时代；这是信仰的时期，这是怀疑的时期；这是光明的季节，这是黑暗的季节；这是希望的春天，这是失望的冬天；人们面前应有尽有，人们面前一无所有；人们正在直登天堂，人们正在直下地狱。

这个时代就由晋阳之战开启。

第二章 超级流星

西河势力（1）

我们在前面说过，周威烈王二十三年（公元前403年），周威烈王任命三家大佬为诸侯，是为魏文侯魏斯、赵烈侯赵籍、韩景侯韩虔。

那么他们分别与魏桓子魏驹、赵简子赵无恤、韩康子韩虎是什么关系呢？

魏、韩两家的情况比较简单，魏斯是魏驹的孙子，韩虔是韩虎的孙子。赵家的情况比较复杂，值得一说。

当初赵无恤和赵伯鲁兄弟感情极好，不是一般的好，而是"极好"。这不是空话，有事实为证。

根据立嫡以长的古训，赵无恤虽在公平竞争中取得合法继承权，但内心总感觉有些不安。因此，他作出一个大胆的决定。他决定放弃自己的五个亲生儿子，册立赵伯鲁的孙子赵浣为法定继承人。然而正是这个决定，引起了一场意想不到的萧墙之争。

赵无恤死后，坏事了，没人拿他的好心当好意，全当驴肝肺了。

赵无恤的弟弟赵嘉赶走赵浣，自立为侯，是为赵桓子。

一年之后，赵嘉死了。赵氏有地位的族人认为，赵嘉之立，并不是赵无恤的意思，属于违法。于是杀死赵嘉的儿子，重新迎立赵浣复位。

赵籍就是赵浣的儿子。

故事就从魏斯、赵籍、韩虔这三家大佬说起。

如前所述，战国之世，生存环境既然如此险恶，三家大佬台上握手台下踢脚，也是情理之中的事。

一次，韩景侯准备踢赵国一脚，于是约请魏文侯联兵攻打赵国，打算将三极玩成两极。

但魏文侯不同意，他说："魏国和赵国是兄弟，我不能这么做。"

赵国知悉韩国的阴谋，作为回报，也准备约同魏国进攻韩国，魏文侯也以同样的话答复赵国。

韩赵两国都非常生气，认为魏文侯不够可们，因此，拒绝再与魏国攀亲交友。可是当他们了解到事实真相后，非常感动，魏文侯的形象在他们的眼里突然高大起来，不再是蝙蝠了，而是凤凰——凤凰来仪不表示天下和平么？于是，相继朝于魏。

朝，字典的解释是：封建时代臣见君曰朝。

这就了不得了，也就是说，韩、赵两国自动承认魏国的盟主地位。

魏国自此脱颖而出，成为战国初期唯一的超级大国。《通鉴》如是说：诸侯莫能与之争。

当然，魏国之所以在战国初期能够实现一极独大，并不是韩、赵两国联手捧出来的。

实际上，在魏国做大的背后，有一股坚强的力量在撑台压阵、出谋划策。这股力量给了魏文侯以最大的情商支持和智商帮助，从而为魏国的做大做强提供了机会，创造了条件。

这股神秘的力量曾经深度潜伏，蓬头垢面，衣衫褴褛，志抱不伸。然而，他们还是一股不安分的力量，思维深邃、脚步坚实、目光刚毅、才华横溢，已然有凌云之志。

巧的是，历史给了他们不安分的机缘，正如岩浆终究要冲破地壳喷薄而出一样，他们的一飞冲天预示着一个时代的终结，也预示着一个新时代的开始。

他们终结的是子承父业的家族式制度，他们开启的是英雄不问出身的伟大时代。他们以义无反顾的姿态向世人宣告：数风流人物，还看今朝。

这股划时代的神秘力量，就是从民间崛起的伟大知识分子们，历史上称为"西河群体"。

我们即将看到，人才因素是如何决定性地左右着战国之局势的。

西河势力（2）

现在的山西省河津辛封村，战国时称为西河，属于魏国的地盘。这里有一座战国时期遗存下来的古墓，从外表上看非常普通，没有什么特别之处。但葬在里面的人实在不普通，甚至可以称得上伟大。

因为正是这个人继承了孔子的遗志，在西河这个地方兴办私学，广收门徒，培养了大量的人才，据说"授徒三百，育人无数"。这便是历史上著名的西河设教，后世称这种自由的学术风气为西河学风。

何谓西河学风？就是在研究枯燥无味的历史事件中，加入深刻的现实批判。

这种学术风气不仅深刻地影响过魏初的政治，将魏初政治深深地打上了儒学的烙印。某种意义上说，正是西河学风的发端，决定了战国的命运。

西河群体中，有几个著名的人物，他们在魏初政治舞台上的表现，让我们深切地感受到，什么叫知识就是力量，什么叫人才是兴国之本。他们分别是田子方、段干木、吴起、李克。

且说李克这个人，实在不简单。

李克是谁呢？李克就是历史上著名的李悝（史学家白寿彝就持这个见解，号称现代讲史第一人的黎东方先生认为，"悝"字念"克"）。这就相当了不得了。

熟知秦国历史的人都知道，大名鼎鼎的秦律即是在李克《法经》的基础上修订而成的。因此，李克向来被认为是法家的开山始祖。其重农与法治相结合的思想，直接促成了魏国的强大。司马迁对李克的评价是："魏用李克尽地力，为强君。"班固用了"富国强兵"一词。这是多少人梦想达到的境界啊，李克做到了。

李克的思想还深刻地影响过战国时期另一个重量级的人物，他就是商鞅。商鞅就带着这套思想去了秦国。

事实就很清楚了，直接促成秦之一统天下的著名的法家学派，即肇始于西河设教。

而李克正是墓中那个人的学生。

更为厉害的是，西河学风的影响源远流长，浸至秦汉，直达清末。

自孔子殁后，《春秋》形成三大流派：《春秋左氏传》、《春秋公羊传》、《春秋谷梁传》，这就是"春秋三传"。其中喜欢对政治品头评足的公羊学，即发轫于西河学派。公羊高（战国齐人，治《春秋》，世称其学为《春秋公羊传》）即是此人的弟子。而《风俗通》一书亦云，谷梁赤（战国鲁人，世称其学为《春秋谷梁传》）亦是此人的门人。

在汉武帝时期，有一个人搞了一场大地震——独尊儒术，此人名叫董仲舒。有趣的是，董仲舒也是公羊学派的传人。而清末风云际会的魏源、龚自珍、康有为诸名流，如果要寻找学术之根的话，也得把香案摆在那个普通的西河墓地。因为魏源、龚自珍、康有为同属公羊学派。

实在是够厉害的，以一人之力，当身时折冲万里，身殁之后泽及万世。因此，后人如是评价："二千年教泽长流，莽莽神州，道统固应在东鲁；七十二门墙并列，彬彬文学，师承今当说西河。"

这个绝顶厉害的人，就是大名鼎鼎的卜子夏。

卜子夏，姓卜，名商，字子夏，晋国温（河南温县西南）人。孔门七十二贤人之一。

他的另一个身份是魏文侯的老师，西河设教的掌门人。

子夏出生于公元前507年，卒年不详。他出身贫寒，而能跻身儒学大佬，当然是得益于孔子所推行的平民教育。孔子甚至称赞说，子夏对他本人的影响，不可低估（启予者商也）。由此可见子夏之才气。孔子死后，子夏即来到魏国的西河讲学。

孔子对这个弟子曾经有一个劝诫：千万记住，要做君子儒，不要做小人儒。

什么是君子儒，什么又是小人儒？

为治国平天下而学，以利天下人为己任，这就是君子儒；学为正心修身而已，这就是小人儒。

孔子对子夏劝诫，其实是一种担心，其透露出这样一个重要的信息：儒学至子夏，应时应世，孕育着一大变革。此一变革即是西河之学最著名的特点：经世致用。

事实证明，子夏的变革是成功的，他没有辜负老师的期望，做到了以天下为己任，而不仅仅是正心修身而已。

而魏文侯不仅尊子夏为师，而且对西河群体也相当尊崇，大胆起用，放心重用，子夏的三个弟子田子方、李克、吴起，就直接进入魏国的决策层，实际操作魏国的政治走向。

魏文侯每次坐车经过段干木的住宅，必定要站起来，以示礼敬。于是，广告效应就这样产生了：四方贤士多归之。

贤士之一的李克，继承晋国之遗续，对魏国进行大刀阔斧的改革，从而为魏国在战国初期的一国独大奠定了坚实基础。

西河势力（3）

魏文侯给予李克无限的信任，他得到了这样的回报：李克以他初具规模的法家思想对魏国的政治、经济和社会风俗进行了大刀阔斧的改革，这是一场真正意义上的法家改革。

自周平王东迁之后，历经春秋之世，进入战国初期，社会秩序相当混乱，周礼已无法对百姓进行约束，乃至肆意杀人、蓄意夺人财产之事时有发生。

因此，李克认为"王者之政，莫急于盗贼，故其律始于盗贼"。所谓"盗"，是指对私有财产的侵犯；所谓"贼"，是指对人身的侵犯，包括杀伤之类。

李克严厉打击任何侵犯个人私有财产和人身自由的行为，甚至是在街上白捡别人丢下的钱包也要受到挖膝盖（膑）、断足（刖）的严厉处罚。

杀人偿命，天经地义，但为了扼制显然有愈演愈烈之势的无法无天行径，李克不得不痛下重拳。

李克规定：杀一人者，除其本人处死以外，并籍没其家和妻家；杀二人者，还要籍没其母家。打击手段是相当重的，这就是所谓的"乱世需用重典"吧。

以上就是李克的重要著作《法经》中《盗法》与《贼法》的主要内容。《法经》共分为六篇，另四篇是《囚法》、《捕法》、《杂》、《具法》。

所谓《囚法》，讲的是"断狱"的法律，《捕法》讲的是"捕亡"的法律。《杂法》包括惩罚"轻狡，越城，博戏，假借，不廉，淫侈，逾制"等六种违法行为。"轻狡"是指轻狂的犯法行为，后来的商鞅具体为喝酒滋事、打架斗殴；"越城"是指偷越城墙；"博戏"是指赌博；"假借"是指坑蒙拐骗等欺诈行为；"廉"是指官员的贪污贿赂；"淫侈"是指荒淫奢侈行为；"逾制"是指应用器物超过了规定的等级制度。

值得一提的是《具法》——"以其律具其加减"，就是说，根据具体情况加重或减轻刑罚的规定。李克亦是很有人情味的，决不放过坏人，但也不能冤枉好人。

从六篇的内容来看，李克意在重新打造社会秩序，对固有社会秩序进行重新洗牌，以法来取代久已行之不通的周朝宗法制。其效用和影响是相当巨大的，不仅魏初政治清平，也直接影响了后来的商鞅。

商鞅在秦国所做的一切，坯子就是李克的坯子，只不过商鞅在这个基础上，走得

更远，做得更为彻底，更为冷酷无情而已。

与此同时，李克在政治上，也采取了一套有利于新兴势力崛起的政策措施。李克实行"食有劳而禄有功"，"夺淫民之禄，以来四方之士"的办法。

具体说来就是废除旧的世卿世禄制，改为按功劳大小和对国家贡献多寡授予职位和新的爵禄，对于那些对国家没有贡献，靠"富爸"享受到特权（世袭），过着奢侈生活的"淫民"，坚决一撸到底，哪凉快哪呆着去，将这些爵禄赏于有功于国家的四方贤士。

这就开启了战国之世招纳贤才的风气，对后世影响极其深远。

李克不仅卓越于法家思想，在经济方面，他能够设身处地为农民着想，着实不简单。

在经济上，李克推行平籴之法。所谓平籴之法，相当于现在的农产品保护价。就是说，年成好的时候，政府收购农民的余粮，等饥荒年再以公平价格卖给农民。

李克来自民间，深知这样的道理："籴甚贵伤民（士与工商），甚贱伤农。民伤则离散，农伤则国贫，故甚贵与甚贱其伤一也。善为国者，使民无伤，而农益劝。"

李克曾经算过这样一笔账：

一户人家五口人，耕种一百亩的土地，每亩一年收成一石半，这样，一百亩可打粮食一百五十石。刨去国家税收（十税一，称十一税）十五石，余百三十五石。每人每月消耗粮食一石半，五人一年要九十石，余四十五石。按当时的市价，每石粮食售价三十钱，四十五石共卖得一千三百五十钱。

这一千三百五十钱是这样开支的：每年社闾尝新（古代于孟秋以新收获的五谷祭祀祖先，然后尝食新谷），春秋之祠（祈求上天保祐五谷丰登），需用钱三百；每人每年置办必要的衣服行头，需钱三百，五人一年要用钱一千五。这样算下来还缺口四百五十钱，这还不包括不幸疾病死丧之费及国家的额外征收（上赋敛）。

农民一年忙到头却入不敷出，生活非但没法改善，反倒越来越穷困，他能把心思放在农业生产上吗？"民工潮"不就这样产生了么？这就是市场上的米价越来越贵的原因（此农夫所以常困，有不劝耕之心，而令籴至于甚贵者也）。

鉴于这种情况，李克主张"尽地利之教"，鼓励农民尽力开垦土地，发展农业生产。据他估计，方百里之地，除去三分之一的山泽、邑居，可有田地六百万亩。如果农民"治田勤谨，则亩益三斗"，这样，地方百里就可增产一百八十万斗，合一十八万石（十斗为一石）。而对于农户而言（一家五口耕种百亩地），一年就可以多收入三十石，得钱九百，除去上述所说的缺口四百五十钱，尚有四百五十钱盈余。

于是，魏国农民就爆发出空前的开荒种地的热情。

从政治到经济，已然做好充分准备的魏国，开始了短暂而风光的大国之旅。

魏国的崛起（1）

俗话说，屁股指挥脑袋。对于魏文侯来说，既然坐上老大的交椅就得想着老大的事。问题是，魏文侯这么一想，一个国家遭殃了。

它就是中山国。

我们在前面说过，三晋之地当时还活跃着另一股强劲的势力，曾经深刻地影响过中国历史的进程。很多对中国的历史产生深远影响的历史事件，比如周平王东迁，封建贵族的没落，平民知识分子的崛起，法家的显山露水等等，都与这股势力有着莫大的关系。

这股势力就是戎狄。

中山国就是北方狄族鲜虞部落所建立的一个小国，其所控制的势力范围大体在现在的河北省石家庄平山县一带。在晋国强壮得像头牛的时候，中山国被打得相当服帖，表现之一就是岁岁称臣，年年进贡。

可是眼下的形势不同了，先是晋国内部大打出手，接着分裂成三个国家。中山武公觉得机会来了，公元前414年，率部离开山区，向东部平原挺进，在顾（河北定州）建立新都。武公仿效中原礼制，初步建立起中山国的政治军事模式。

武公去世后，桓公即位。虽然现在他还不敢去招惹三晋，但落井下石、给已成为落水狗的晋君脸色看还是可以做到的。于是，中山君自此断了朝贡，过起不看人脸色的快活日子。

快活的日子没过几天，中山桓公立即换上了一副哭丧的脸。因为他惹恼了一个人，这个人就是三晋的老大魏文侯。

俗话说，打狗还得看主人。想欺侮老主顾晋君，现在还轮不到你中山君。魏文侯决心修理中山君。

战国之世，以大欺小、以强凌弱、欺软怕硬、尔虞我诈的兼并与被兼并自此拉开序幕。

眼下，魏文侯遇到一个棘手的问题。除非神兵天降，否则，魏文侯要想击打中山国，必得穿过赵国的领土。虽说韩、赵两国这会儿还当他魏文侯是老大，但外交照会还是要做的，避免引起不必要的误会嘛。

于是，魏文侯就向赵烈侯提出借道的请求。

表面上看，赵烈侯很配合，很给老大面子。其实私底下，赵烈侯有自己的算盘。

赵烈侯很清楚，魏国如果占领中山国对赵国到底意味着什么。眼下赵、魏两国是睦邻友好，亲如兄弟，不会有什么问题。可是谁能保证这种友谊能地老天荒？期间一旦出现友邦惊诧，势必对赵国的北部边境构成威胁，到那时哪去找后悔药啊！

左思右想，赵烈侯觉得这个面子不能给。给了魏老大面子，就是给赵国留下隐患。

但大臣赵利可不这样认为，他提出了一个两全之策，可以既给魏老大面子，又不损赵国之利，反倒有渔翁之利。

赵利说："不如让他们打去，总归是我们赵国有利。为什么这么说呢？您想，如果攻击中山失利，魏国的实力必将大大受损，我们便可以乘机崛起，坐上老大的位子。如果攻击得手，也不打紧，悬地千里，魏国的调兵、补给都相当困难，想守都没办法守，到时候这块肥肉还是我们的。"

赵利还耍了一个心眼，让赵烈侯不能太爽快地答应，免得让鬼精的魏文侯瞧出底牌。于是，赵烈侯就拖着办，磨磨蹭蹭，但到底还是答应了魏文侯的请求。

这个赵利也是相当厉害的，往后的事实会证明，中山之地终究是赵国的。

借道的问题解决了，但紧接着，魏文侯又遇到一个问题：谁是大将的合适人选？

这时，谋士翟璜举荐了一个人，乐羊。

魏国的崛起（2）

关于乐羊的身世，史书阙如。我们且来看些基本的史实：

大将乐羊率部跨境打击中山国，一路顺风顺水，中山国显然不堪一击。然而就在这时，不幸的事情发生了，乐羊不得不暂时延缓猛烈的进攻。

因为中山国城头出现了一个人，此人是乐羊的儿子，正就职于中山国。

被打得实在没辙的中山桓公，将乐羊的儿子五花大绑悬在城头上，逼迫乐羊后撤，从哪里来给我滚回哪里去，否则我杀了你儿子。

是前进还是后撤，这是一个值得考虑的问题。

乐羊最终选择了前进。

中山桓公也是狠人一个，一不做二不休，索性将乐羊的儿子给杀了，然后细火熬成羹。

中山桓公准备与乐羊分享这大快人心的时刻，遂派人给乐羊送去一杯他儿子的肉羹。中山桓公一定在心里设想了这样的情景：乐羊泪流满面，双手颤抖，几欲晕倒。

可是中山桓公失望了，此时，乐羊的内心钢铁般坚定，面无表情地做出了一个令人震惊的举动：平静地端起摆在面前的这杯肉羹，一口一口地全部啜尽。

中山桓公知道，城下的这个角色比他还狠，再不走，接下来被熬成羹的怕是他了。遂率领残部突围而去，学他们的老祖先，重新进入山区打游击去了，这为后来中山国的复国埋下了伏笔。

魏文侯听说此事，很有感触地对睹师赞说："乐羊为了国家，竟然把儿子的肉给吃了。"

从这句话里，我们分明听出，魏文侯对乐羊是有赞赏之意的：乐羊，好样的，我没有看错你。

问题是，有一个人认为魏文侯看错了乐羊。

此人正是睹师赞。

他对魏文侯说："他连儿子的肉都敢吃，还有什么事情做不出来呢？"

魏文侯的心里咯噔一下，就在这微妙的心理活动中，乐羊的命运被决定了。自此之后，乐羊在魏国乃至战国的历史中再没有出现过。乐羊正如后来的大魏国一样，在历史的长河中灵光一闪现，然后消失得无影无踪。

乐羊成名在这一战，也失败在这一战。

或许乐羊啜羹的本意，只是做出一个姿态，他要让中山桓公明白：灭你是铁定的，不要抱有任何幻想，任何外来干扰都改变不了我的决心。

然而，睹师赞从乐羊的举动中，读出了一个可怕的因素——残忍。这小子，为达到目的是会不择手段的，能放心将这样的人留在身边吗？

魏文侯以实际行动作出了回答：乐羊班师回国，魏文侯赏其功而疑其心。

魏文侯需要重新物色一个合适的人选去守住中山国。

魏国的崛起（3）

既然乐羊不可用，那谁合适呢？

魏文侯又去征求谋士翟璜的意见，翟璜举荐了一个人。他就是李克。

与此同时，魏文侯封儿子魏击为中山君。这个魏击就是后来的魏武侯。

魏击在出镇中山国的路上做过一件事，直接影响到后来魏国的国运。

俗话说，钦差出朝，地动山摇。何况是未来的国君出朝，那架势自然是没得说。那真是：锣鼓喧天，彩旗招展，鞭炮齐鸣，人山人海啊。就在这时，魏击碰到了田子方。

对于这位师爷级人物，魏击的举止还是很得体的：立即翻身下马，很老实地匍匐在路边，让田子方先过。

然而令魏击崩溃的是，在众目睽睽之下，这个老不死的竟然目不斜视，昂首挺胸，连一个招呼都不打，就这样大摇大摆地从魏击身边晃了过去。

魏击登时怒从心头起，蹭地就从地上跳将起来，径直追上前去，揪住田子方的后衣领不让他走。

魏击决心拿两句话给这个糟老头吃。

魏击问："在这个世界上，是有钱有势的人牛还是又贫又贱的人牛？"

田子方接下来的回答那才叫水平。由此可见，在这个世界上是有那么一种人，他们是不会以翻垃圾箱为耻，相反，他们会认为这样的日子很自在，是可以接受的幸福生活。

因为子曾经曰过：用不正当的手段取得高官厚禄，我看不起这样的人（不义而富且贵，于我如浮云）。

这些淡泊名利的人，有官做他就做，若要丢官弃职，也不觉得是什么大不了的事。这样的人尽管不多，但影响实在巨大，可以毫不客气地说，他们深切地影响了中国历史的进程。因为他们坚守了这样的人生底限：作为一个普通的人，坚守做人的基本道德良知；作为一个政治人，坚守为官的基本政治良知。

坚守基本的道德良知，使他们成为一个成功的普通人。

坚守基本的政治良知，使他们成为一个成功的政治家。

这就是完人。

田子方就是这样一个值得景仰的完人。

完人田子方说："当然是又贫又贱的人牛，有权有势有什么好牛的。有钱人他敢牛吗？国君牛，终会失去封国，大夫牛，终会失去采邑，而后他拿什么本钱牛呢？而像我这样的糟老头就不一样了，我说的话你们不听，我做的事你们不满意，穿上鞋子走人就是，到哪不是一样的贫贱呢？"

这就是传说中的"光脚的不怕穿鞋的"，田子方显然是这一行当的祖师爷。

正史是这样写魏击的反应的：

《史记》说："魏击不怿而去。"

《通鉴》说："魏击乃谢之。"

不怿，不高兴；谢，认错。

完全不同的两个态度。

其实我认为，这两者的综合才是魏击最完整的心态表现。也就是说，魏击当时的表现应该是这样：内心郁闷，满面堆笑。

换言之，魏击只是口头认错，其实内心并不认为自己有错，他的悔悟和谦卑都是做给人看的。正是由于魏击的这个态度，成为战国初期短暂的魏大国之分水岭。

魏国的崛起（4）

话说魏文侯自打灭了中山国，相当得意，于是摆酒设宴，款待群臣。其实魏文侯此举意在显摆自己的英明神武，就如暴发户穿金戴银以示自己的阔气一样。

酒过三巡，魏文侯不无得意地问群臣："你们看，我是怎样一个君主啊？"

群臣纷纷竖起拇指："仁君，仁君，大大的仁君"。

这时，不知趣的任座站出来说话了："您得到中山之地，不先紧着您的弟弟，却封给您的儿子，这能叫仁君吗？"

原来，按照当时通行的社会法则，有道德的人应该是这样的：奖赏有功的人，得先从关系不好的人开始；惩处有过错的人，得先从亲近的人开始。这才叫一碗水端平。

正是基于这一点，任座才有这个闲话。

这样的场合听到这样的话，让魏文侯觉得很没面子，当下怒形于色。任座一看苗头不对，立即提鞋走人。

《通鉴》用了一个"趋"字。

什么是趋？就是小步快跑。

由此可见，魏文侯那是相当生气。

余怒未消的魏文侯，察觉到身边的翟璜脸色也有点异样，转而刁难他："你认为呢？"

出人意料的是，翟璜轻描淡写的几句话，便使局面拨云见月，乾坤朗朗。

翟璜的第一答并不出彩，他说："当然是仁君了，事实明摆着嘛。"

魏文侯继续没好气地问："你怎么知道？"

翟璜接下来的回答就相当有彩头了，他说："俗话说，国君心地宽厚，大臣就敢据实直言。任座敢当面冒犯您的天威，这不就说明您的宅心大大的仁厚嘛。"

魏文侯大喜，即刻派翟璜去把任座请回来，亲自走下台阶迎接，待为上宾。

根据考据学的原理，孤证不立，只有两个或者两个以上的事实，才能构成有力的证据链。这也是时下法院判案的重要原则之一。

也就是说，要想证明魏文侯的胸襟像马路一样宽广，以上故事只是孤证，还不能形成有力的证据链。

那么好吧，这就来一个。

一次，魏文侯与田子方一边喝酒，一边闲聊，一边听着优雅的音乐——这个场面是很惬意的。

听着听着，魏文侯突然发现音声有点不对，当即向乐师指出问题所在。

对于魏文侯的这个举动，田子方笑而不语。

魏文侯有些纳闷，问田子方："先生笑什么？"

田子方说："音声不对，那是乐师不才，撤换他就是了，不必费心去了解音乐本身的具体事情。"

魏文侯点头称善。

其实我们更应该对魏文侯点头称善。因为以上的证据链有力地证明了魏文侯确实肚量很大。

历史的经验表明，这是任何想成事之人的成事法宝。

正是基于这一点，魏文侯才成功团结了一大批可以团结的人，而这些人都堪称是战国初期最顶尖的高手。他们紧密团结在以魏文侯为中心的魏中央周围，高举"做大魏国这块蛋糕"的伟大旗帜，解放思想，振奋精神，扎实工作，锐意进取，开拓创新，终于鼓捣出魏国初期百姓能吃饱饭、睡好觉的清平局面。

在杀伐迭起的战国时代，要做到这一点实属不易。

更为难能可贵的是，魏文侯精通用人之道。

事实证明，人才可用但不好用。用得好，坏事可以变好，好事可以锦上添花；用得不好，好事可以变坏，坏事可以变得越发不可收拾。

不要认为人才就一定干好事，正如不要误以为好人一定干好事，坏人一定干坏事一样，这显然是个误区。

这就是魏文侯弃乐羊不用的原因。

也因此，在当时的魏中央，有这样的一批人才：卜子夏、田子方和段干木。他们显然适合做参谋工作。

在地方上，有李克这样的法学家，又有邺令西门豹这样能干的地方官（邺城在今河南临漳）。他们更适合做一线的实际工作。

铁的事实再一次证明，魏国在战国初期独领风骚的局面，不是吹牛皮吹出来的，延续并且完善晋国以来不拘一格的用人新风气，才是魏文侯成功的决定性因素。

眼下，魏文侯又得为西部国境线物色一个合适的守卫者。

吴起的西部战线（1）

魏国当前的形势是，东临赵国，南与楚国接境，与这两个邻国目前基本上都相安无事，北边的戎狄也基本上构不成多大的威胁，因为他们的龙头老大中山国，已被打成土匪。

只有西境的秦国问题比较大。

这句话应该这样理解。并不是说秦国在当前强大到足以对魏国构成威胁，而是作为中原诸侯国老大哥的魏国，肩负着这样一个历史使命：想方设法扼制秦国的成长，最好是让其夭折，将其一次性扼杀在摇篮里。

中原诸国与秦国有仇吗？

有的，但不是杀人放火方面的仇恨，而是属于意识形态方面的问题。

在中原诸国的眼里，居处中原西鄙的秦国，等同于出没在中国北部边境线的戎狄，是一个野蛮的、未开化的国家。自诩文化底蕴深厚的中原人，自然看不上这些边夷人。因此，打压秦国，成为貌合神离的中原诸国达成的唯一共识，正如当年晋国打压戎狄一样。

当然了，为了这个意识形态方面的问题，中原诸国后来付出了极为惨重的代价。这且按下不表。

自北往南走向的黄河，在秦国与魏国之间形成一个天然不可逾越的屏障，黄河防线地势险要，战略意义十分重大。

对于魏国来说，守住这一战略要地，等于切断了秦国的生命线。此线一断，秦国休想再从中原得到任何政治、经济和文化上的交流与补给，也就达到了打压秦国的目的。

更为重要的是，从后来战局的发展来看，守住这一地区，也就等于守住了中原的门户。从地图上可知，如果秦国成功突破黄河防线，中原腹地从此就门户洞开，无险可守，再也没有任何力量可以阻挡住秦军的凌厉攻势。

因此，秦、魏两国为了争夺这一地区大打出手，是情理之中的事。

黄河西岸的这一地区，历史上称为西河（不是卜子夏讲学的那个西河），又称河西地区。未来还会有很多故事在这里上演。

精明的魏文侯自然知道其中的利害关系。因此，打算趁着自身国力强大、秦国实力尚弱的时候先发制人，逐步完成对西河地区的军事占领。

当然，魏文侯需要一个合适的人选去帮他完成这一重要的历史使命。

这个人就是战国时期著名的军事家吴起。

附：西河地形图

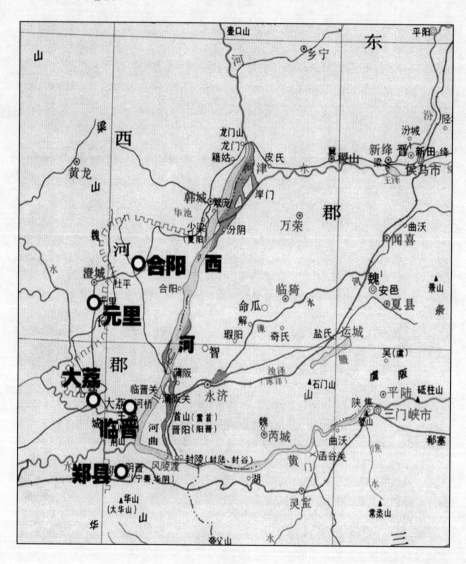

吴起的西部战线（2）

卫国人吴起是个很有争议的人。存在争议的不是他的军事才干，也不是他的政治才干，而是他的道德水平。

我们知道，战国之世，无用的贵族集团被摧毁了，继之而起的是有用的士人集团。在完整而科学的选才用人制度产生之前（比如西汉的举孝廉、唐宋的科举制），士人要想出人头地，只能靠两张嘴：靠别人的嘴举荐，靠自己的嘴游说。

但由此也带来一个很严重的问题，有些士人，为达目的不择手段，甚至到了恐怖与阴暗的地步。他们的所作所为，理当为后世所不齿。

据说吴起的童年还是比较幸福的，家累千金，是典型的富二代。只是好吃懒做的吴起一心想攀高枝，这里塞一点，那里塞一点，拿着金饭碗讨官做。结果官是没捞成，钱却全给塞光了。于是，在左邻右舍的眼里，吴起显然是个败家子。

连家都管不了，还想做官管天下？

乡党的耻笑，让吴起无地自容，也给他造成极大的压力。

忍无可忍的吴起有一天突然发起飙来，一口气连杀了三十多个诽谤者。自知闯下大祸的吴起回到家对母亲说："事已至此，我只得逃命去了，不混出人样绝不回来。"

据说吴起在自己的手臂上狠狠地咬了一口，以表明心迹。

吴起这一去，再也没有回来过。

吴起最初投身孔门高第曾子门下学儒学。可是不久之后，曾子把他赶走了，原因是吴起得知母亲去世的消息竟然不回去奔丧。

要换成其他人，比如变通的子夏，可能不会太过拔高这件事。可曾子不是其他人，他是出了名的大孝子，跻身中国历史上有名的十二孝之一，他的眼里要能容得下这样的沙子那才叫见鬼了。

这件事后来成为鲁国大夫攻击吴起的口实之一。

其实这事相当好理解：吴起杀了那么多人，有那么多的仇家正等着报仇雪恨，他回得去吗？

被赶出师门的吴起不得已，只好改换门庭学起兵法。

吴起师从哪位高人学得兵法，正史没有明确记载，但我们不妨做个有趣的猜想。

根据历史的记载，吴起是子夏的学生。而子夏门下有李克这样的法学家兼战将，我认为吴起极有可能是在子夏门下学得兵法的。当然这只是推测，至于在什么时间，什么地点，是在西河或者其他什么地方，那就不得而知了。

其实，历史的神秘与有趣，有时就在这不得而知里。

学成文武艺的吴起，自然要货与帝王家。他第一站去了鲁国，并且在那里成功找到了工作。但只是一个下级军官，与他心目中理想的卿相之位相距十万八千里。

这时发生的一件事给吴起的发迹带来了机会。

齐国大举进攻鲁国，打得鲁国渐渐招架不住。实在没辙了，鲁君遂想起吴起，这个人平常在耳边絮絮叨叨个不停，好像挺会打仗，不如让他试试，或许能扭转当前的局势。

可是鲁君在发现吴起军事才干的同时，也发现了另一个很严重的事实：吴妻是齐国人。于是，对吴起的忠诚度表示深度的担忧。

据说，吴起干了一件事——杀妻求将。

吴起的"病根"就这样落下了，后来成为鬼魅一样的把柄。

吴起的西部战线（3）

吴起一坐上大将的交椅，立即显示出超凡的军事天赋。

吴起带兵是很有一套的，而且具有几乎所有大将的共同特点，那就是爱兵如子。

空口无凭，有史实为证。

身为大将，吴起却把自己当作最普通的士兵，不单独开小灶，不在屁股底下垫个尊贵的老虎皮，也不骑马。而是和士兵一样，吃大锅饭，席地而坐，徒步翻山越岭，并且自带干粮。

总之一句话，大将吴起从不搞特殊。

不搞特殊的吴起允许士兵搞特殊。有一次，他就很特殊地替一个士兵吮去脓疮。

这个士兵的母亲听到消息后哭了。

不是喜极而泣，而是悲从中来。

旁人不解地问："吴将军对你的儿子这么好，你应该感激才对，怎么哭起来了？"

"你有所不知啊，当年吴将军也替他爹吮脓疮，可是没几天他爹就死在战场上了。我担心我儿子这次也活不长了。"

正是这种亲和力，吴起得到了丰厚的回报：战士的死力。

什么叫死力？就如那个士兵的爹一样，明知前面是地雷阵，也要往前冲，只有以死相搏，才能报答吴将军的恩德，这就是死力。

事实证明，吴起不是一个鲁莽的人。虽说他曾很鲁莽地杀了那么多乡里乡亲，可他是名人，名人那样做就是敢作敢为，凡人要那样做，那就是胡作非为了。

名人用过的东西，叫文物，凡人用过的的东西，叫废物；名人做错事，叫轶事，凡人做错，叫犯傻；名人强词夺理，叫雄辩，凡人强词夺理，叫狡辩；名人跟人握手，叫平易近人，凡人跟人握手，叫趋炎媚势；名人衣着邋遢，叫不修边幅，凡人衣着邋遢，叫流里流气。

这就是名人与凡人的区别，没办法，世道就是这样。

名人吴起知道，眼下士气是可用的，但是他更知道，这样宝贵的士气是不能乱用的，因为他就这点家当，输不起。

于是吴起仔细研究起齐军摆兵布阵的方法来。这一研究要命了，貌似强大的齐军在他的眼里一下子变得不堪一击。

据《吴子兵法》记载，吴起对齐军布阵的特点归纳为六个字：齐陈重而不坚。

什么意思呢？就是说，齐军阵势看似强大，实则不坚固。具体表现就是：齐将狂妄自大，士兵纪律松散。只要从齐军两翼发动突然攻击，齐阵必然崩溃。这就叫知己知彼，百战不殆。

尽管在政治上吴起无数次地被人击败过，但在战场上，天才吴起从没有找到过对手。

吴起之所以会在政治上失败，是因为这个世界信奉这样的原则：无能者无罪。

而吴起所以在战场能做到独孤求败，是因为战争自有战争的规矩，那就是无能者才是真正的有罪者。

吴起可不是一个无能者，他横扫千军如席卷，直卷进《史记》卷六十五，与孙子并列"列传第五"。这不只是一种荣耀，更是对其军事天赋的一种肯定。

我们在前面说过，每个时代都会有属于那个时代的意外的神，正如每一天都会有属于那一天的阳光一样。

天才吴起无疑是魏文侯时代那个意外的神。

吴起的西部战线（4）

当前，吴起最需要做的工作就是麻痹敌人，让他们继续狂妄自大。

于是，吴起派出和谈代表前往齐军大营，表示愿意和谈。

接着吴起派出老弱病幼去巡营，给齐军一个不堪一击的假象。

果不其然，吴起看到了他想看到的景象：齐军将骄兵惰。

吴起知道，咸鱼翻身的关键时刻到了。他派出精锐部队，对齐军的两翼发起最猛烈的攻击，遂大败齐师。

鲁君很高兴，这小子果然有点能耐。

领导一高兴，下属就发迹，这是一个普世法则。吴起从此过上了镁光灯聚焦下的幸福生活。

吴起的艰苦努力终于得到了回报。

然而就在这时，一件意想不到的事情发生了。

关于吴起杀妻求将的事，不仅是当时，时至今日也依然存在争议。不同的是，同样是争议吴起的为人，后世的争议和当时的争议却大不一样。

后世的争议，我们通常称为盖棺定论，大体是公允的，因为我们想要得到的是历史经验，并不是对某个历史人物抱有成见。可是当时的争议，情况就比校复杂了。复杂就复杂在它牵扯到"利益"二字。

历史的经验表明，所谓的争议一旦与"利益"二字挂上钩，厉害的衍生品也就要闪亮登场了，而且张着血盆大口，害人无数。

这就是与政治形同孪生的嫉贤妒能。

由此可见，所谓政治险恶，到底是人在作怪。

鲁国有些大臣实在见不得吴起的得势，而在号称周公之后的鲁国，要想扳倒吴起，最有效当然是拿道德做文章。

于是，他们对鲁君这样说："之前，吴起死了娘都不回去奔丧，曾子因此与他断绝关系。而眼下他为了能当上大将，竟然杀死自己的妻子，像这种既没良心又残忍的人能用吗？"

按常理来看，这个问题的答案当然是"不能用"。

然而事实果真是这样吗？

这里，我们先不忙做结论，等时机成熟再说。

正当吴起时刻担心招来杀身之祸的时候，魏文侯开始大规模的招兵买马。更为重要的是，吴起的几个同门师兄弟此时在魏国混得相当不错，关键时刻说不定能帮上忙。

于是，吴起决定出走魏国。

吴起的西部战线（5）

我们在前面说过，魏文侯此时正在物色一个合适的人选，以完成对西河地区的军事占领。

谋士翟璜遂举荐了吴起。

这个世界上向来有一个很糟糕的传统：好事不出门，但坏事一定可以如蒲公英一样随风飘啊飘，飘出千万里。

因为见不得别人的好，所以阴暗；因为阴暗，这个世界才风声乍起。

关于吴起的那些事，魏文侯自然有所耳闻，对要不要起用吴起之事一时拿不定主意，便去征求李克的意见。

吴起的判断没有错，同门师兄弟李克在关键时刻拉了他一把。

李克说："我知道吴起这个人确实有缺点，既贪财又好色。但我更知道，吴起这个人带兵打仗是一把好手，就是齐国曾经的名将田穰苴也未必比他强。"

说得魏文侯心里直痒痒，于是决定见见这个传说中的厉害人物。

参加过应聘的都知道，在隆重递交个人简历之前，给用人单位留下良好印象的唯一有效、也是最简便的办法便是一身得体的装扮。而很大程度上，第一印象往往可以决定事情的成败，这在心理学上有个说法，叫先入为主。

吴起也想给魏文侯留下美好的第一印象。

于是，他对自己进行了精心的包装：一身儒生的行头，一副儒生的派头。因为吴起很清楚，作为卜子夏的高徒，魏文侯一定喜欢文雅。

一番必要的寒暄之后，问题出现了：儒生打扮的吴起开口闭口间却是一通喊打喊杀，丝毫没有一点文雅可言。

魏文侯看了看吴起的"儒服"，说："我魏善人不喜欢喊打喊杀。喊打喊杀是要死人的。"

对于这个问题，吴起并不觉得有什么突兀之处，因为他知道魏文侯在试探自己。

为了证明这个判断是正确的，吴起进行了举证。

吴起说："您一年到头杀兽剥皮，在皮革上涂上红漆，绘上犀牛和大象的图案。想干什么，做衣服穿吗？这样的材质做衣服，显然冬天不保暖，夏天不凉快。

您的兵工厂制造出来的长戟达二丈四尺，短戟达一丈二尺。您的重车里三层外三层用皮革包裹起来，车轮车毂也加以特殊防护。想干什么，打猎吗？这样大动干戈地去打猎显然不够轻便。

您又是杀兽剥皮，又是长戟短枪，到底想干什么呢？我替您回答吧，分明是用来作战的嘛。"

吴起顿了顿接着说："如果您准备用来打仗却又不去寻求会使用它们的人，这就好比雏鸡去跟野猫搏斗，乳狗去跟老虎拼命，显然犯傻嘛。"

最后吴起抖出了他最想说的话："只有我，吴起，才能避免您犯傻。"

魏文侯跳将起来，喊了一句："就是你了！"

于是大摆筵席，魏文侯把老婆都喊出来替吴起斟酒，并把吴起拉到祖庙给魏祖宗磕了头，这就算是入伙了。

魏文侯遂以吴起为大将，目标直指西河地区。

眼下西河地区属于秦国的地盘。

对于秦国来说，野人就野人吧，你走你的儒雅道，我走我的野人桥，并不想招谁惹谁。周威烈王十七年（公元前409年），秦简公甚至下了一道命令，允许秦国百姓随身佩带宝剑。

按当时的风俗习惯，剑不仅是一种护身武器，更是身份显贵的标志，只有贵族才有佩剑的特权，平民则无权佩剑。

秦简公反其道而行之，无疑是向世人宣告：

我，秦国，决心野人到底！

秦国开始展露出反传统的魄力。

有一个人挑战了他的这种魄力，此人就是吴起。

吴起的西部战线（6）

在吴起隆重出场之前，为争夺西河地区，秦、魏两国已打得一塌糊涂，只是由于国力原因，秦国经常处于下风，老被魏国欺负而已。

周威烈王七年（公元前419年），魏军在北线发动攻击，占领少梁（陕西韩城西南），在黄河西岸建立起第一个滩头阵地。秦军迅即反扑，但被击溃。

周威烈王十三年（公元前413年），魏军在南线发动攻击，一直打到秦军的防御纵深——郑（陕西华县）。但秦军的这次反攻取得成功，魏国没有守住郑地。

周威烈王十四年(公元前412年)，魏文侯命儿子魏击率部攻克繁庞(陕西韩城东南)，把该地的秦民全部驱逐出境，遂占有其地。

以上就是吴起现身之前三次比较大的战役经过。

接下来就看吴起的了。

走马上任的吴起，经过仔细研究，决定毕其功于一役，直接打击秦国的纵深防御，彻底解决西河问题。

吴起以少梁为前哨基地，挥师南下，迅速攻占元里(陕西澄城南面)，而后一举攻克临晋(陕西大荔东面)，并在占领区修筑起坚固的军事堡垒。

吴起这一手是相当厉害的，可谓一子双关。

从地图上可知，临晋至秦国重镇栎阳（陕西西安市阎良区境内，公元前383年迁都于此）直线距离约八十多公里。也就是说，吴起攻占临晋可以有两个战略意图：退可守，守住西河防线；进可攻，对秦国重镇栎阳构成十足的威胁。而栎阳背后不远处就是秦国首都泾阳。

完全可以想见此时秦国的紧张与不安，然而对于秦国来说，噩梦才刚刚开始。

周威烈王十八年（公元前408年），吴起再次发动猛烈的攻势，这次吴起成功占领了郑县。这样，北起繁庞，南至郑地，魏国在原本秦国的领土上构筑起一道南北呼应的纵深防线。

而后吴起不费吹灰之力就荡平了秦国在包围圈内最后的两个据点洛阴（大荔东南）和合阳（陕西合阳），彻底完成了对西河地区的军事占领。

魏国为了占领该地，从公元前419年到公元前412年打了整整七年，却收效甚微。而吴起只用了两年就全面完成了魏文侯的整个作战意图。由此，我们不难明白什么叫做"千军易得一将难求"。

秦军自知打不过吴起，只得向西收缩，退守洛水一线。

吴起遂从郑县，过大荔，循洛河东岸北上，经蒲城、白水，折东历澄城、合阳、韩城，直抵黄河西岸，修筑起绵延数百里的长城，这就是著名的魏长城。

也就是说，秦国彻底被挤压在中国西境。

吴起的出色表现让魏文侯大为惊喜，于是，以吴起为西河守，担负起守卫西大门之重任。

不甘失败的秦国随即展开一系列的反扑行动。明知打不过也得打，事关生死存亡焉能不打？

周安王元年（公元前401年），秦国绕道从北境进攻魏国之阳孤（山西新绛县境）。秦军此举的作战意图也很明确，牵制魏国在西河一线的作战行动，如果能够成功占领阳孤，也等于是在魏都安邑的卧榻边上安一颗钉子。

问题是秦国这几年的运气比较糟，这一作战行动无功而返。

自此之后，秦军的反扑都相当微弱，简直可以忽略不计，直到一场大战的出现。

然而糟糕的是，秦国遇到了吴起，于是，秦军的反攻非但改变不了双方的作战态势，反倒给秦国招来灭顶之灾。

附：吴起的西河战线

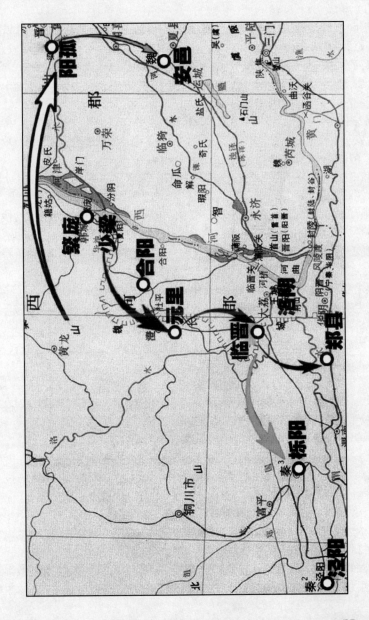

吴起的西部战线（7）

与秦国在西河地区较劲的同时，魏国也没闲着，继续群策群力做大事业。

周安王二年（公元前400年），魏国联合韩、赵对楚国发动进攻，进抵桑丘（山东滋阳）。

同年，三家分晋之韩景侯、赵烈侯逝世，韩国继位的是韩烈侯（韩景侯的儿子），赵烈侯之弟继位称赵武侯。

秦简公也在本年逝世，其子继位，是为秦惠公。

周安王六年（公元前396年），给吴起以无限信任的魏文侯去世（《通鉴》记载为公元前387年），继位的是他的儿子魏击，是为魏武侯。

周安王九年（公元前393年），魏国攻击郑国。

周安王十一年（公元前391年），一直窝囊的秦国从韩国那里得到补偿，攻占了韩国的六个村庄。

就在这一年，齐国权臣田和把姜太公的子孙齐康公赶出临淄，放逐到一个海边的小城，了此残生。

国际间对此事当然也是屁都不放一个，非但屁都不放，且还积极帮忙洗钱，将非法所得合法化。担任这一不光彩角色的人，当然非魏武侯莫属。

周安王十三年（公元前389年），齐大夫田和邀请魏武侯及楚国、卫国特使，在浊泽（河南临颖）召开洗钱会议。至于田和给魏武侯什么好处，不得而知。总之，魏武侯很乐意干这件缺德事，由魏武侯出面，提请周安王册封田和为诸侯。

老大发话了，周安王自然要照办，反正自己也没什么损失，他也乐得做个顺水人情。

齐太公田和就此诞生。

以上就是这几年国际上的大要情况。现在回头看西河地区，这里的局势实在紧张。

经过这几年的韬光养晦，秦惠公下定决心，排除万难，创造一切条件，没条件也要创造条件，夺回西河地区。

秦惠公的坚定决心可以从一件事情上体现出来。

为了打好这一仗，秦国政府投入了约五十万兵力。这是自战国开篇以来规模最大的一次兵力总动员，很可能也是到公元前389年为止，中国历史上交战双方投入兵力规模最大的一次。

在国力明显不如对手的情况下，秦惠公还是决定拼死一战，甚至在阴晋之战失败后，依然无视魏国之兵锋，将首都从泾阳推进至栎阳，由此可见秦惠公的大无畏精神，敢打敢拼，死缠烂打，决不服输。

秦国的历史也真奇怪，在其成长历程中，从不缺少像秦惠公这样敢打敢拼的人。比如长平之战，秦昭襄王也是不计后果，倾全国之力来打。这或许还真得感谢秦简公野蛮到底的政策，终究磨炼出秦人勇往直前、永不服输的强悍性格。

正是基于这个性格优势，秦国成了那个笑到最后的国家。

很可惜，《通鉴》没有记载这场生死攸关的大决战。

事实上，秦惠公拼尽全力来打这一仗，也是一步意义重大的"双关子"：西河地区夺得回就夺，要夺不回，秦国还有一步至关重要的妙招。

我们在前面说过，秦国要想从西河地区进入中原，眼下是没门了。秦国如果不想被困死，必然另辟蹊径，想尽一切办法在困难重重之中寻求突破，在看似不可能的地方创造可能，为秦国的生存开辟一条生命线。

经过仔细的研究，秦惠公发现，他还有一个机会。

这个机会就是攻占西河地区南端的要塞阴晋(陕西华阴东面)，将阴晋与另一个著名的军事要塞函谷关连接起来，不惜一切代价打通此线，日后通过函谷关就可以顺利进入中原腹地。

阴晋也就是现在的华阴，是中原通往西北的必经之地，自古有"三秦要道，八省通衢"之称。

这就是秦国悉全国之力来打这一仗的战略意图所在。

确实是很高妙的一步棋。

往后的历史会证明，为打通这条生命线，秦国与韩、魏、赵之间的交战，其激烈的程度不亚于西河拉锯战，甚至超过后者，以至引起整个中原的大混战。

而秦国后来进入中原，走的恰恰就是这条通道，并且由此南下，攻击楚国，终于完成一统中国的壮举。

只是眼下时机尚未成熟，或者说，秦国运气比较糟，秦惠公望眼欲穿的奇迹并没有出现。尚未做好充分准备是原因之一，遇到吴起这样的对手，也是秦国这几年走背运的另一原因。

吴起的西部战线（8）

吴起很清楚，眼下摆在他面前的尽管不是很强大的对手，但绝对是敢玩命的对手。秦简公给他的子民每个人都发放了武器，这等于是全民皆兵；秦简公决意野蛮到底，这等于是不要命。

全民皆兵加不要命，这就是吴起所遇到的对手。

吴起知道，依秦国这样不要命的性格，魏、秦之间必有一场大战，只是眼下还摸不清楚秦国会选择哪个点作为突破口。但可以肯定的是，吴起向来不打无准备之战，只要做好充足的准备，兵来将挡，水来土掩，必能克敌于城下。

吴起有这个信心。

事实证明，吴起不是狂妄自大，他的信心是建立在胸有成竹的基础上的。

这个基础就是敏锐而准确的敌情判断，以及另一个无往而不胜的法宝——士气。

　　魏武侯到底不放心，对吴起说："西部前线的黎明静得出奇，不是好兆头啊，我有点担心。"

　　吴起说："发号施令，人们乐于听从；出兵打仗，人们乐于参战；冲锋陷阵，人们乐于效死。您只要能做到这三点，就没什么好担心的了。"

　　"怎么做到呢？"

　　吴起说："对那些在战场上立过卓越功勋的革命军人，您不要吝惜，鲜花和掌声全往他们头上砸，还怕调动不起士气吗？"

　　于是，魏武侯在祖庙大摆筵席，也大做文章。

　　坐过火车的都知道，火车票价钱的高低取决于你选择的是软卧、硬卧还是站票。

　　魏武侯对国宴的座次也做了这样的精心安排。头等臣功坐头排，相当于软卧，用上等餐具吃上等酒席。这上等酒席有名堂，上全猪、全牛和全羊，俗称三牲，属于祭礼中的最高级别。魏武侯也真肯下心思，将上等功臣等同于祖宗对待。

　　二等功臣还好点，硬卧就硬卧，毕竟还在第二排，用中等餐具吃中等酒席。

　　最可怜的是坐后排的那些同志，他们惊讶地发现，今天不是来吃酒席的，而是来丢人现眼。

　　这些同志原本对革命工作贡献不大或者根本没有贡献，全仰仗死爹的威风才混了个官做，自然只有站票，摆在他们面前的自然是难看的餐具和难以下咽的酒菜。

　　魏武侯也真损，不要说肉，连肉汤都不给上，后排的同志只得巴巴地看着头排和二排的同志撑破肚皮。

　　总算熬到散席了，赶快溜吧，结束这难堪的局面。可是令后排的同志想不到的是，还有更难堪的事情等着他们。

　　魏武侯竟然将与宴者的父母妻儿，也召集到祖庙来，也按照软卧、硬卧、站票的标准给他们派发礼物。

　　魏武侯意犹未尽，当场作了热情洋溢的演讲：

　　二十七年以来（公元前403—公元前386年），在瓜分晋国的火拼战争中牺牲的魏国英雄们永垂不朽！

　　三十三年以来（公元前419首度用兵西河—公元前386年），在打压秦国的西河战争中牺牲的魏国英雄们永垂不朽！

　　由此上溯六十九年以来（公元前455晋阳之战—公元前386年），在扳倒晋国闹独立的立国战争中牺牲的魏国英雄们永垂不朽！

　　结束了这一番演讲，魏武侯走下台阶，与阵亡将士的家属一一握手，对他们表示亲切的慰问，并通过他们对因故未能到场的军烈属一并表示问候。魏武侯还许诺抚恤金一律从优，年年都会有。

　　整个活动到此圆满结束。

　　于是乎，意料之中的情况出现了。

　　所有在场的同志，眼含热泪，斗志昂扬，对魏武侯的亲切关怀表示感谢。坐软卧、硬卧的同志表示，一定不辜负魏武侯的栽培和厚望，百尺竿头更进一步，再接再厉,再立新功。那些只有站票的同志,那些围观的适龄入伍青年也纷纷表示,从此脱胎换骨,做一个不要命的人,不杀他个惨不忍睹决不回还。

这就是《吴子》一书所需要告诉我们的"励志"之本意。

吴起的西部战线(9)

吴起的全民总动员实施三年之后,他预料中的那一战终于来了。

周安王十三年(公元前389年),秦军对阴晋地区发起猛烈攻势。

得知这一消息,不待官府开口征兵,魏国主动请缨的将士就有数万之众。

然而让人震惊的是,面对大兵压境,吴起却只向魏武侯要了五万人,而且这五万人基本上都是没有实战经验的新兵蛋。

解放战争时期的中原战场上,六十万对八十万,毛伟人尚且称是夹生饭。而眼下,吴起竟然异想天开地想以五万对五十万,这根本就不是什么夹生饭,而是没法下口的生米。

吴起这是想干什么,想创造奇迹吗?

事实证明,吴起还真创造了奇迹。

在现实生活中我们经常会看到,一个杀人犯潜逃在山里,国家得动用成百上千倍的力量去围捕他。围捕他的人还得提高警惕,时刻提防他冷不丁从草丛里蹿出来,照着自己的胸膛就是致命的一刀。

吴起需要他的士兵成为那样的杀人犯,以一当千。

由此诞生了中国历史上号称天下单兵战斗力第一的精锐的魏武卒。

吴起是这样训练出他的魏武卒的:凡能身着全副甲胄、执十二石之弩(十二石指弩的拉力,一石约今三十公斤)、背负五十支箭、荷戈带剑、携三日口粮在半日内跑完百里者,即可入选为"武卒"。

也就是说,吴起所看中的士兵,既要有强健的体格,更要有玩命的精神,这就是魏武卒,在战国初期攻无不克、战无不胜的魏武卒。尽管吴起此后离开魏国,但魏武卒的遗风余韵还是帮大将公孙痤打了一场大胜仗,由此可见魏武卒之强悍,堪称当时步兵的精锐。

但魏武侯毕竟不放心,另给吴起增派了五百辆战车,三千名骑兵。

然而就是这五百辆战车、三千名骑兵,决定了吴起的命运,也最终决定了魏国的命运。

对于吴起来说,不派这些劳什子比派要好。因为作为一个手握重兵的战将,吴起现在需要得到的不是人力支持,而是与这些重兵同等重量的情感支持——信任。

信任是这样一种保证:手握重兵的战将可以放心大胆地在前方大展身手,不必担心受到掣肘,也不必担心后院起火。而猜忌,哪怕只是一丁点的猜疑,都可以引起致命的蝴蝶效应,毁掉一员大将,乃至毁掉一场战争。

这就是"疑人不用，用人不疑"的道理，很多仁君向来以它作为用人的基本原则。但很显然，魏武侯对吴起缺乏信心，这为后来所发生的一切埋下了致命的伏笔。

且不管这些，集中精力打好这一仗再说。吴起一定这样想。

军事上有一个术语：狭路相逢勇者胜。

问题是，如果双方都是武装到牙齿的亡命之徒呢？那结果只能是两败俱伤。

这不是吴起所需要的，他需要的是武装到头脑的亡命之徒，要的是确保完胜的智慧。

吴起心里跟明镜似的，只有智力而不是莽力，才能一招制敌，打败眼前这个强悍的对手。

于是，吴起跟多年前一样，研究起秦军的阵法来。

秦军的命运也被决定了。

因为吴起发现，秦军只是单兵作战能力比较强，一对一，真理可能在秦军那边（秦阵散而自斗）。但若要论协同作战，友情配合，真理显然在魏军这边。

因此，吴起的计策是：诱敌深入，分割包围，各个击破。

吴起决心给秦国人上一课，让他们见识一下什么叫歼灭战。

吴起对士兵们进行最后一次战前总动员时说：

"无论车兵、骑兵，还是步兵，如果车兵不能缴获敌人的战车，骑兵不能俘获敌人的骑兵，步兵不能俘获敌人的步兵，即使打败敌人，也不能算有战功。"

陷阱就这样神不知鬼不觉地掘成了。

当不知是计的五十万秦军齐头并进而又各自为阵时，壮观而又惨烈的一幕出现了：

那些立功心切、以一当千的魏国士兵，就像打进珠宝店的歹徒一样，见马就抢，见车就夺，见人就杀。秦军一战即溃，五十万家当输得精光。

事实证明，吴起不愧是那个时代不世出的神，只要他在战场上出现，就没有失手的时候。

别的战将在战场上能做的，他同样能做到，这没有什么稀奇的。可别的战将做不到的，他也能做到。

这就是吴起，一个传奇人物，一个名副其实的常胜将军。

有一组数字可以充分说明这个问题。吴起在魏国期间，与诸侯大战七十六，全胜六十四，"余则钧解"，最不济，也能打个平手。

魏国"辟土四面，拓地千里，皆起之功也"。

当然了，吴起在军事战线上威风八面，如鱼得水，并不等于他在另一个战场上也是如此。相反，在这个战场上，他屡屡受挫，败得极惨。

这个战场就是政治。

与狼共舞（1）

魏武侯这个人一半是海水，另一半却是火焰。继续做大魏国这块蛋糕，坐稳老大这个位子，使他激情燃烧。而耀武扬威的潜意识与不真诚、甚至称得上虚伪的性格特征，使他又摆出一副冷若冰霜的面孔，对谁都防一手。

魏文侯是信任西河集团的，回报是得到了西河集团的强力支持。而魏武侯犯了一个致命的错误，他挤走了西河集团的重要人物吴起。自此，齐聚在魏国门下、原本可以大有作为的知识分子不断流失，各奔东西，彻底终结了魏国的大国领袖地位。

才短短几年的时间，魏国在魏武侯的手上就成功完成了这样一个跳水动作：空中转体180度，然后直线向下。

周安王十五年（公元前387年），魏武侯乘御舟顺黄河而下，西河郡守吴起陪同视察。

一路上，心情愉悦的魏武侯饱览魏国形势之险要，感慨万千。他回头对吴起说："魏国河山真是壮观，依仗这些天然屏障，魏国可谓固若金汤。"

吴起如果认同魏武侯这个看法，那他就不是吴起了。其实，只要高贵的脑袋没有与坚硬的物质比如门缝亲密接触过，谁都清楚，不管是魏国的做大，还是阴晋之战的完胜，靠的不是死的河山之险，而是活的人才因素。

这么简单的道理，魏武侯竟然不懂，他的继任者们也不懂，魏国最终就败在这上面。

吴起决定给魏武侯上一课，告诉他什么才是真正的"至宝"。

吴起说："历史上的夏桀、商纣曾经统治中原，那些河山之险全在他们的手里，可谓固若金汤了，可是终归难逃失败的命运。这是为什么呢？原因很简单，夏桀和商纣胡作非为。由此来看，国家之安危，关键在于人君之品德，而不在于地势之险要。如果人君不懂得做人，即使现在同乘一条船的人，也可能变成敌国对手（舟中之人皆敌国也）。"

魏武侯说，我懂了。

事实上，魏武侯是似懂非懂，准确地说，他根本就不懂。和多年以前对田子方的道歉一样，这次魏武侯也只是嘴巴上这样说说，在思想上依然没有转过弯来，依然没有意识到人才的重要性。起码在眼下，他就不把吴起当宝贝，仿佛那阴晋之战，对西河地区的军事占领，全是固若金汤的屏障换来的似的。

魏武侯的愚蠢终于显山露水了，由此可见，多年前众目睽睽之下的那一跪，分明就是作秀。

于是，魏武侯任命田文为国相，吴起很不高兴，决定找田文比拼一下实力。

"将三军，使士卒乐死，敌国不敢谋，子孰与起？"

田文答："不如子。"

"治百官，亲万民，实府库，子孰与起？"

田文答："不如子。"

"守西河，秦兵不敢东向，韩、赵宾从，子孰与起？"

田文答："不如子。"

吴起生气了："这三条你都不如我，你凭什么做国相，还不识相一点让给我？"

田文慢条斯理地说："主上年少不更事，大臣各自争权猜忌，百姓担心变乱，心有疑惧，当此之时，国相之位是属于你呢，还是属于我？"

这就叫不比不知道，一比吓一跳。吴起默然良久，坦然承认国相之位非田文莫属。

应该承认，战国之世确实群英荟萃，人才济济。但这些人才良莠不齐、鱼目混珠也是不争的事实。

第一流士人尽管也存在利益之争，但他们争的有底线，以不危害国家利益为前提。这就是政治良知。

可是，等而下之的士人，他们为达目的往往会突破极限，什么良知不良知，在他们眼里保住自己的权势地位才是最大的良知。这就坏事了。

前者以吴起为代表，而后者，则以坏了魏国大事的公叔为代表。

其实从国相田文的话里，我们大体可以了然魏国当前的局面，一句话，比较糟。"主上年少不更事"不等于说魏武侯不懂事嘛，"大臣各自争权猜忌"则道出了这样一个更为糟的事实：魏国政局乌烟瘴气。对于一个国家来说，二者当中哪怕居其一，也足以坏事，更何况是两者全占。

古话说：执狐疑之心，来谗贼之口。

这不，"谗贼"公叔就应声出场了。

与狼共舞（2）

公叔继田文为国相，他的妻子是魏国的公主，这一层关系越发使公叔权倾一时。然而自打公叔当上相国之日起，日夜在心里盘算的只有一件事，那就是如何先发制人，趁早铲除吴起这棵大毒草，省得日后威胁到他相位的安全。

于是，一个针对吴起的阴谋渐渐浮出水面。

公叔有个绝顶聪明的手下，了解到公叔的心事，说："要排挤吴起其实很容易，只要这么这么办就可以了。"

公叔大喜过望：小鬼，人才啊。

于是，公叔就对魏武侯说："吴起确实是一位了不起的英雄，可是咱们魏国是小国，怕是留不住他，唯一的办法是招吴起为魏国的女婿。"

到目前为止，这些话都没什么问题，而且显得相当合情合理。出问题的是下面这句话："如果吴起肯尽心为魏国效力，一定接受这门亲事；如果吴起嫌魏国这座庙太小，别有什么想法，必定推辞。"

致命的套子就这样冠冕堂皇地设下了。

这就是阴谋诡计的可怕之处。

公叔非常清楚这样的逻辑关系：只要拆散这门亲事，等于吴起不给魏武侯面子，魏武侯下不来台，必然心有芥蒂，由此便会离间他们之间的关系。

按照这个既定方针，公叔明里撮合，暗里却是使劲拆台。

问题是，这台如何拆？

这难不倒鬼精的公叔，他知道吴起这人性格刚强，心直口快，说话从不过脑子。依吴起的脾气，他是不会接受河东狮吼型的女人做妻子的。

就在这时，一个关键的人物出场帮忙来了。

这个人就是公叔的夫人，魏国的公主，她与公叔演了一出必欲置吴起于死地的双簧戏。

公叔邀请吴起到家里做客，可是公主却当着吴起的面肆意辱骂公叔，什么难听骂什么，根本不把他当人看，更别提什么相国了。

吴起瞧瞧公主这副德性，当下就想：我在前线拼命，回到家里还得跟这样的人拼命，还怎么活？

于是断然拒绝了魏武侯的提亲。

当吴起事后一过脑子，发现这是一场阴谋时，一切都太晚了，魏武侯看他的目光显然过于遥远而深不可测。

周安王十五年（公元前387年），担心招来杀身之祸的吴起，决定尽弃前功，找一个有实力的老板从头开始。

这个有实力的老板就是南方的楚国。

与狼共舞（3）

此时，楚国在位的是楚悼王，早已久仰吴起之大名。吴起前脚刚到，楚悼王二话不话，即任命他为国相。

吴起终于拥有了一个可以大显身手的舞台。和很多年前在西河前线一样，吴起知道，在这个全新的领域里，他只有拼尽全力奋力拼杀，排除一切可能出现的干扰因素，才能实现他心中的理想。

这个理想就是以强硬的法律手段来统一国民的一切思想与行动，彻底摧毁显然已经是过时的、软弱无力的封建宗法制说教。

吴起决心追寻李克的足迹前进。

这是个有趣的现象。秦在西陲，被中原诸国目为蛮夷，而楚在南方，却自己承认"我蛮夷也，不与中国之号谥"，大有"我是流氓我怕谁"的蛮横。

按理说，楚国这样的风格，封建宗法之思想理当不如中原诸国深刻。也就是说，历史包袱并不那么沉重，推进改革应当相对较易。

可是事实恰恰与此相反。吴起在楚国推进的改革，却招致贵族势力最激烈的反对，结果当然是可想而知的了。

从鲁国到魏国再到楚国，吴起走了这样一条曲线：从封建宗法制的代表国家鲁国，到首倡改革新风气的代表国家魏国，再到野蛮习气的代表国家楚国。

吴起一路向空气稀薄的地方进发。可是他发现，不管走到哪里，那个致命的鬼魅总是如影相随，无时不在，无处不在。只要吴起稍有动作，那些人模人样的人物就会立地成鬼成魅，随时蹿将出来，在他面前张牙舞爪。那是一双要命的手，让吴起不能够有所作为，甚至最终不能活命。

这是因为，既得利益集团无处不在。

吴起的一生都在与狼共舞。

吴起在楚国所推行的改革，牵涉面极广，主要有如下四个方面：

一是颁布法律，严肃法纪，令行禁止。

二是裁撤闲散官员，罢黜血统疏远的一些贵族的爵位和俸禄（这正是要命的一条）。

三是加强部队训练，提高战斗力。

四是坚持独立自主的外交政策，不听任何"纵横家"的游说，不结盟，不拉帮结派，原则只有一个：看准了就打，打赢才是硬道理。

值得强调的一点是，战国之世风光无限、巧舌如簧的纵横家，在此时就出现了。

所谓合纵，是指六国依地理南北纵向结盟。同理，所谓连横，是指秦国横向与列国结盟。

由此透露出一个极为重要的信息：在军事上打不过中原诸国的秦人，转而在外交上动起脑子，意图通过结盟的方式，打破封锁，避免被绞杀。

往后的历史会证明，秦人玩弄这一手，那是相当厉害的，手法之娴熟，技艺之高超实在了得。

秦人在外交战线上所取得的成就，不亚于正面战场上的任何一场胜利。可以毫不夸张地说，活跃在外交战线上的资深"第五纵队"，甚至奠定了秦军事上势如破竹的基础。

只是很可惜，吴起显然没有意识到外交这一手的巨大潜力。然而在吴起的强硬政策下，楚国到底发生变化，数年之间，疆土向南扩张至百越，北部成功阻挡三晋的入侵，而向西则数度进攻秦国。

楚国自此全面加入争夺武林至尊之位的英雄会。

列国对楚国表现出来的强势大为震惊。要知道，楚国当时所占据的地盘实在广大，堪称第一。在列国的眼里，楚国原本就雄壮得像头牛，而现在，楚国又多了一个牛人吴起。

强势的吴起亲手带出强势的楚国，让列国集体感到恐慌。

可是，就在此时，一件意想不到的事情发生了。

列国的应对政策尚在研究阶段，被吴起革成无业游民的楚国贵族老爷们迫不及待，抢先下手了。

为了钱包的明天，为了子孙的未来，他们集体下手，要了吴起的命。

与狼共舞（4）

周安王二十一年（公元前381年），楚国那些失势的贵族老爷们一觉醒来立即笑出声来，因为他们发现报仇雪恨的时刻终于到了。

吴起的钢铁战友楚悼王死了。

这些大私无公的人，且不管楚悼王的尸骨寒了没有，心里只有一个念头：此时不发作，更待何时。于是手脚麻利，兴兵追杀吴起。

以上是正史的记载。

我认为，这些贵族老爷们的作乱，其实是一场阴谋，一次计划周密的恐怖暗杀活动。

事实证明，造反作乱不仅是体力活，更是脑力活。这些贵族老爷们不会蠢到当街撵着吴起到处跑，要能这样，他们早做了，何必等到现在？神秘出没的某个刺客，黑灯瞎火的一记闷棍，完全可以把吴起给办了。

问题是，他们没有这个机会。原因很简单，打家劫舍出身的吴起心里跟明镜似的，他动了人家的奶酪，这些人岂能善罢甘休？除非吴起一心找死，否则任何人都休想靠近他，这是情理之中的事。

从前两次的成功逃脱来看，吴起敏感得像老鼠似的，嗅觉灵敏，动作敏捷，一有风吹草动，立即开溜，他不会给对手留下任何可乘之机。

要对付这样一个敏感的人，这些贵族老爷们唯一成功的机会就是打他个猝不及防。楚悼王的追悼会当然是理想的场合，虽然地点不合适，但时机合适，吴起做梦也不会想到，这些人竟敢在先王的遗体告别仪式上动手。

这就叫智者千虑必有一失。

当这些贵族老爷们齐刷刷亮出兵器的时候，吴起知道，摆在他面前的有且只有一个机会，那就是来生。

被逼无奈的吴起，只得躲到楚悼王的遗体之下。

然而令他震惊的是，这些杀红了眼的家伙，竟然不顾先王的遗体，乱箭射杀，箭箭射穿楚悼王。

总算还有一点良心的楚肃王愤怒了，逮捕并族灭了作乱的宗室七十余家，算是给吴起平了反。

是时候了，该说一说吴起的那些事了。

吴起杀妻了吗？

关于这一点，我认为是千古冤案，原因如下。

我们在前面说过，河西学派最看重的门风是"微言大义"。

什么叫"微言大义"？

就是在叙述历史的过程中，加入深刻的批判意识。"随着历史批判精神的增强，这种学风必然带上政治的色彩。不仅是对历史，对现实的政治也投以批判的眼光。"（陈舜臣《鸦片战争实录》）。

依据这个门风，如果吴起杀妻求将的事实成立，子夏及其门人会轻饶得了吴起？此其一。

其二，李克的为人大家都很清楚。

魏国大臣翟璜曾有恩于李克，举荐他为中山地区的守将。魏文侯打算在弟弟魏成和翟璜之间，选一个合适的人做国相。翟璜满以为李克会在魏文侯面前替自己说好话，混个国相做。可是李克竟然这样说："子言（李）克于子之君者，岂将比周以求大官哉？"

意思是说，你是向魏文侯推荐了我，但怎么能据此而拉帮结派、互为利用呢？

由此可知，依李克的脾气，他会顾个人情面而替吴起打掩护？李克只承认一点，吴起这人贪财好色。

其三，如果吴起果真以杀妻来邀宠，那么公叔设计他的时候，吴起完成可以顺水推舟，娶魏国公主为妻。可是吴起没有。

事实证明，吴起之所以会背上那两个黑锅（不孝和杀妻求将），全是源于嫉贤妒能者的险恶用心。

因为既得利益无处不在，所以险恶用心也无处不在，这是历史事实。

吴起一生所碰到的对手，都是这样的险恶用心者。而这些险恶用心者也代表了一个铜墙铁壁般坚硬冰冷的时代。

吴起碰了那根高压线，他不得不死。

对于吴起个人来说，这无疑是悲剧，但对于前行中的历史来说，却又是幸事。因为吴起以大无畏的精神开了风气之先。

这个风气就是锐不可当的平民势力之崛起。

吴起成为战国之世第一个为理想而献身的人。

一个伟大的人。

第三章 二日奇观

压迫与反压迫（1）

周安王十五年（公元前387年），是个很不祥的年份，因为这一年接连死了三个大人物。

秦国的秦惠公死了，其子秦出公继位；赵国的赵武侯死了，其子赵敬侯继位；韩国的韩烈侯死了，其子韩文侯继位。

前两位大人物的去世，引起了一系列麻烦事。

先说赵国。

周安王十六年（公元前386年），赵国公子赵朝作乱，抢班夺权不得，出奔魏国。在魏国的协助下，攻击赵国的重镇邯郸，失败。

周安王十九年（公元前383年），打上瘾的魏国在兔台（地名不详）大败赵军。

魏文侯苦心经营的三晋友邦自此失和。

再说秦国，同样是政变，但问题远比赵国大。

秦出公继位两年后，秦国的一位中级官员（庶长），名改，发动政变，逮捕秦出公与其母亲，并将二人扔到河里喂了鱼。然后迎接流亡河西（甘肃省中部）的秦国贵族嬴师隰继位，是为秦献公。

这是一起复仇事件。

二十九年前，即公元前415年，秦灵公逝世，他的叔父夺得政权，是为秦简公，那个野蛮到底的人。秦灵公的儿子嬴师隰不得已流亡河西。公元前400年，秦简公逝世，秦惠公继位，之后就是秦出公，于是就有了开头那一幕。

秦、赵两国此时正忙着清理门户，腾不出手来走江湖，这让韩国捡了大便宜。韩国虽然也死了国君，但韩国人显然懂得化悲痛为力量，擦干眼泪，四处骚扰，抢了不少地盘。

周安王十七年（公元前385年），韩国攻击郑国，占领阳城（河南登封县告成镇）。紧接着进攻宋国，将堂堂宋国国君宋休公变成阶下之囚。

韩国的折腾显然没把曾经的魏老大放在眼里，这是因为魏武侯虽然没死，但活着比死了还糟糕，他逼走了牛人吴起，西河集团死的死散的散，也就没人再怕他。

老大的位子谁都想坐，韩国这才上蹿下跳。问题是韩国就算再使劲，也成不了气候，因为他遇到了一个强劲的对手。

这个对手就是远在东方的齐国。

压迫与反压迫（2）

周安王十七年（公元前385年），夺了姜姓齐国政权的齐太公田和死了，齐桓公继位。

以上是正史的记载。

根据出土的《竹书纪年》一书记载，田和死后，继位的是他的儿子齐废公田剡，周安王二十四年（公元前378年），齐国贵族田午杀了齐废公田剡，齐桓公这才继位。

其实齐废公田剡也不是低能儿，在他手上，齐国就展露出争雄中原武林盟主的头角。

周安王二十二年（公元前380年），齐国大举进攻燕国，占领燕长城南端的军事要地桑丘（河北徐水县）。

这招棋将三晋吓得不轻，因为如果听任齐国沿赵、燕之间的结合部继续北进，大有隔开赵、燕之势，不仅燕国危在旦夕，赵国的北境领土也朝不保夕。顶不济，齐国也可以从桑丘南下，席卷赵国在太行山东端的领土。

一箭三雕的绝妙好棋。

三晋不能眼睁睁地看着齐国穷折腾，更重要的是，三晋不能容忍齐国有任何做大的企图。于是摒弃前嫌，握手言和，组成强大的联合国军，对桑丘地区发起攻击。

没有任何悬念，桑丘落到了三晋联军的手里。

次年（公元前378年），联军乘势南下，一举攻克齐国之灵丘（山东高唐县），这样齐国的西进之路就被封住了。

由此可见，中原内部乱尽管乱，一致对外的头脑还是有的。他们凭借古老到盘古的悠久文化思想，在意识形态上搞起双重标准，归结起来就是"两个凡是"：凡是符合他们的思想定位的，就是文明人；凡是不符合的，就是野蛮人。大有在意识形态上压倒一切的姿态。

这就是华夷之辨。

在他们的眼里，西境的秦国、南境的楚国、东境的齐国，显然野蛮与未开化。他们注视秦、楚、齐的目光就如我们在动物园里看猴子一样。

于是，中原诸国向西围困秦国，向南阻击楚国，向东打压齐国。

他们的口号是：中原是中原人的事，决不允许四境边夷胡乱染指。

他们的目标是：飞上天，打下来；闹独立，摁下去。

秉承这个宗旨，往好听说他们是四处出击，说不好听一点就像苍蝇一样四处乱飞、疲于奔命。

而当秦、齐、楚对他们构不成威胁的时候，或者说他们自认为相当安全的时候，闲着也是闲着，于是中原内部又打将起来，拼个你死我活。

以上基本上就是战国时期的大势。

就在联军进攻灵丘的那一年，不甘寂寞的狄人乘虚而起，抄了魏国的后路，大败魏军于浍山（山西翼城）。

狄人这股势力到此时也依然不可小视。

同年，齐桓公杀齐废公田剡自立。

齐国历史上有两个齐桓公，一个是春秋五霸的齐桓公，一个就是眼下这位。

谥法，"辟土服远曰桓，克敬勤民曰桓，辟土兼国曰桓"。

就是说，凡能得"桓"之谥号者，一定是在打架斗殴方面表现突出，当玩命就敢玩命，当黑吃黑就敢黑吃黑，从此确立江湖老大之地位，保护费收得盆满钵满。

齐桓公姜小白是这样，齐桓公田午也是这样。

美国旧金山有一个地方，叫硅谷，这里是世界知名电子工业的集中地，如今已成为全球高新技术区的代名词。

生活在这里的人很奇特，高新技术产业、高素质人群、高时尚生活区，是为"三高"。

为了这"三高"，世界上无数顶尖高知人群都憧憬着汇聚到这里，一展身手，创造明天。

这就是著名的"硅谷效应"。

姜齐桓公之所以能坐上五霸的首席，自有他的硅谷——管仲。

而田齐桓公在中原老大缺席的情况下，异军突起，成功混得二老大做，自然也有他的硅谷。只不过不是一个，而是一大批才华横溢的高知人群。

这就是鼎鼎有名的稷下学派。

风水轮流转，眼下终于轮到齐国了。

正如当年西河集团帮了魏文侯大忙一样，稷下学派也帮了齐桓公不少忙，准确地说是帮了齐威王（齐桓公的儿子）大忙。三晋到底没将齐国封住，让他冒了尖儿。

从魏国的西河到齐国的稷下，再到不久之后秦国的咸阳，我们分明看到战国时期的硅谷走向。正是这股强劲的气流，推动着战国时期的顶尖高知人群，如候鸟般不断地迁徙，掉队的肯定是被淘汰的，留下来的肯定是最优秀的。在这些优秀的高知人群的舌尖和手底，七国逐鹿的局面终于形成，并且最终决定了战国的一切。

事实证明，人生在世，不服天是可以的，不服地是可以的，乃至不服领导都是可以的，但是，不服人才那是万万不可以的。

附：齐国进攻桑丘图

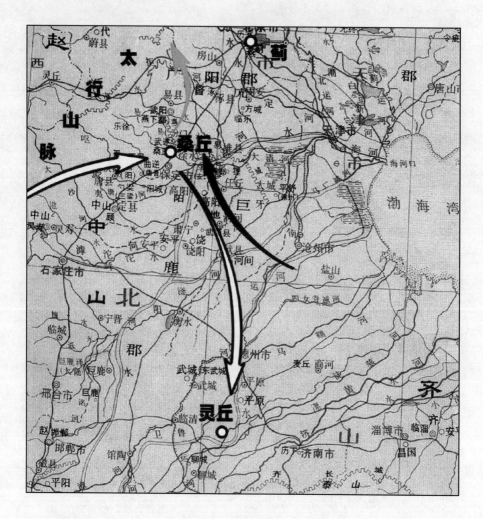

压迫与反压迫（3）

　　和魏国的做大不同，很大程度上来说，三晋是被狄人逼出来的。齐国本可以过上安生的日子，只要不惹事，别人也绝难惹着它。小事可能会有，边境线的小规模摩擦着实难免，但大麻烦决计没有，这也得益于齐国的地理优势。

　　并不像三晋糟糕的地理条件，处于四战之地，齐国远在中国的东端，背后是漫长的海岸线，而所谓的海盗一说在当年还远在火星。所以说只要守住西大门，就可以确保万无一失。

而齐国西面的形势是这样的：北部，黄河和济河形成两道天然的屏障；齐长城链接起南部的泰山和东部的琅琊山，形成一道坚不可摧的南方防线。只留正西面一个缺口与中原交通，典型的四塞之国，易守难攻。

更为重要的是，齐国富得流油，就像现在的海湾国家卖石油一样，仅依海煮盐这一块，就吃穿不愁。

政治学上有一个著名的理论，叫经济基础决定上层建筑。

一个人一旦有了经济基础，自然也想勇攀上层建筑，拥有一定的政治地位，这不显得咱更有能力更有面子么。

齐国也一样，光在齐国境内充老大，尘土飞扬，兴风作浪，显然不够爽。如果能在国际上发出点声音，乃至嗓门极粗，又着腰吆五喝六，这样那样的当世界警察，岂不爽极！

而要做到这一点，帮手显然是不可或缺的，起码抬轿的人手得足。

于是，齐桓公在齐都临淄的东门稷门不远处，面朝大海，建了一座学宫，专门收留来自世界各地、在学业上有一技之长的流浪汉。给房给车给钱给地位，甚至允许这些人游手好闲，不做实际的行政工作。但有一个前提条件，一旦政府遇到棘手问题，需要他们出手帮忙的时候，必须毫不含糊地提出有针对性和前瞻性的意见和建议。

这就是他们仅有的任务，事实上，却是至关重要的战略任务。很显然，齐桓公要把稷下学宫打造成他的政策咨询机构和智囊团。

齐桓公的这一手深远战略考虑，全面填补了西河集团之后孔雀没处飞的历史空白，自此各地五花八门的孔雀不断东飞，齐桓公亦以东海一般阔大的胸襟不断接纳，为齐国后来的称雄奠定了坚实的基础。

尽管稷下学宫在齐桓公时期尚处于草创阶段，直到齐威王时期，其威力才得以真正大放光芒，齐国真正坐上二大爷的交椅也是这个时期。但齐国锋芒毕露的思想倾向，还是让以三晋为代表的中原诸国深感不安。

在他们的行动口号和奋斗目标的感召下，新一轮打压行动在所难免。

在这之前，三晋还有几件大事要办，当然，这是他们闲得手痒的结果。

周安王二十六年（公元前376年），三晋废了晋国的最后一任国君晋靖公，把他贬为平民，彻底瓜分晋国最后一块象征性的国土——新田（山西曲沃），立国737年的晋国自此消失。

周烈王元年（公元前375年），韩国不声不响地又折腾出大动静，一举端掉郑国。郑国立国432年而亡。韩国遂将首都从阳翟（河南禹县）迁到原郑国的首都新郑（河南新郑）。

忙完这些活，他们终于想起了偷偷摸摸招兵买马的齐国。周烈王三年（公元前373年），燕国、魏国和鲁国在北、中、南形成三路进击之势。

北路燕国出兵林狐，击败齐国军队。

南路鲁国攻陷齐国之阳关（山东泰安）。

中路魏国的势头最猛，前锋直打到博陵（山东博平）。

三路大军的攻击成效虽不是很大，但声势极大，战略威胁力着实吓人。他们在警告齐国：再敢乱动，信不信灭了你！

齐桓公对此的反应是，手脚麻利地跑到洛阳，找周烈王诉苦：瞧瞧，三国合伙欺侮人！

周烈王气不打一处来：你被人欺侮算什么，老子那才真叫被人看扁了呢！说话当屁，批示作草纸，活着实在窝囊。

但齐桓公和周烈王到底是明白了，都没把这话说出口。你想，明摆着无能为力的事，说出来又有何用呢？

于是齐桓公和周烈王心照不宣地换了一个玩法。

齐桓公假装此行是给周烈王撑台来了——尊王。周烈王则假装很高兴，表扬齐桓公是个懂礼貌的好孩子。

虽然齐桓公得到的只是口头表扬，连个荣誉证书都没有，但人家周烈王是礼仪专家，他的话相当于央视《鉴宝》栏目里鉴宝专家的话：说是真的就是真的，假的成不了真的；说是假的就是假的，真的成不了假的。权威性那是不容置疑的。

也就是说，礼仪专家周烈王经过鉴定，确认一向被看扁的齐国人不是野蛮人。

这就是齐桓公此行的意外收获。

然而令人惊讶地是，不仅齐桓公想到了这一层，向来被号称文明之邦的中原诸国看扁了的秦献公，也想到了这一层。有所不同的是，齐桓公空手而归，秦献公则得到了他们梦寐以求的奖状。

附：三路攻齐

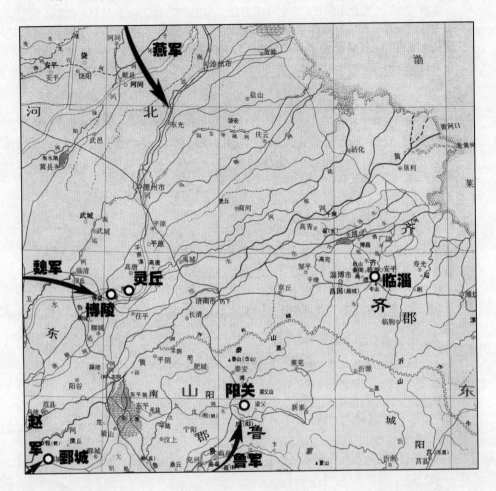

压迫与反压迫（4）

话说赵国新近死了国君（公元前375年，赵敬侯去世，赵成侯继位），不便出远门打家劫舍。反正前方有魏老大顶着，没他什么事，便私下盘算着搞点副业，韩国吞掉那一大块肉实在叫他眼馋。

于是，周烈王四年（公元前372年），刚好三年服孝期满，等于刑满释放，正好活动活动筋骨，赵国遂出兵袭击卫国，占领卫国首都帝丘（河南濮阳）附近七十三个村落。

魏武侯的第一反应是：反了你啊？于是在北蔺（山西离石）这个地方狠狠教训了一下赵国。

那好吧，老大既然不高兴，那就打齐国去，让老大高兴高兴，算是立功赎罪，将功补过。

周烈王六年（公元前370年），赵国攻占齐国之鄄城（山东濮县）。

从博陵到阳关再到鄄城，如果从战略态势的角度来说，齐国西进的路线基本上被卡死了。

赵国的这步棋也是相当有脑子的。

然而令赵成侯想不到的是，这原本是很好的军事配合，魏国人竟然又恼了，赵国的后防线怀县（河南武陟）又结结实实地挨了魏国一棍子。

左也不是右也不是，魏武侯难道是疯了？

事实是，魏武侯没疯，但没疯比疯了还严重——死了,在周烈王五年（公元前371年）。

魏武侯一生愚蠢，连死都是愚蠢的。魏武侯生前没有指定法定继承人，魏武侯的儿子魏罃与公子魏缓为争夺君位大打出手，致使国家陷入长达三年的大混乱。

在这三年的时间里，不待别人动手，魏国就自动分裂成两个国家。魏罃在大夫王错的帮助下，控制住以上党郡为中心的魏国东部地区，魏缓则以首都安邑（山西夏县）为中心，控制魏国西部领土。彼此刀兵相见，互不相让。

魏大夫王错见势不妙，于周烈王七年（公元前369年）亲往韩国搬救兵，打算借外力灭了魏缓。

可是韩国自有他的打算。

韩国大夫公孙颀对韩烈侯说："扶持魏罃，将魏国一分为二，这是削弱魏国的最好办法。"韩烈侯当即表示同意。

于是，韩烈侯与赵成侯一拍即合，充分发挥趁火打劫、落井下石的"优良传统"，联兵对魏国发动猛烈攻击，于浊泽（山西运城西南）一战击溃魏缓所部，进围魏国的首都安邑（山西夏县），大有一举灭之之势。

此时，曾经的魏老大真是叫天天不应，叫地地不灵——敌人已打到家门口了，家里却各怀鬼胎，分崩离析，人心涣散。

这基本上就是亡国之兆了，除非出现奇迹，否则三家灭智氏的历史就得重演。

然而就在这时，奇迹竟然出现了。从后来发生的事实来看，这还真是地道的奇迹，绝无夸饰的成分。朝不保夕的魏国能够成功躲过此劫，纯属侥幸。

和城里的各怀鬼胎一样，城外的韩、赵也各有各的算盘。

关于战后如何处置魏国的问题，韩烈侯与赵成侯之间闹起意见。赵成侯主张杀掉魏罃，扶持魏缓，乘机瓜分一部分土地也就算了。

而韩烈侯则主张，顺势将魏国一分为二，这样变小的两个魏国就无力再对韩、赵构成威胁。

应该说，韩烈侯的主张比较有杀伤力，对于整个战局来说，未尝不是削弱对手的

好办法。这个办法现在还在用。比如二战之后的国际局势，朝鲜半岛的朝鲜与大韩民国，欧洲的东德与西德，美国人甚至曾建议毛泽东与蒋介石划江而治，将中国一分为二，都是韩烈侯此类思维的体现。

这样看来，韩烈侯还真有超前意识。

而赵成侯的意见则代表了当时诸侯国的普遍心态，安于现状并且维持现状，坐稳自家土皇帝的位子足矣。至于一统河山之类，太遥远了嘛！相信子孙后代会有更高明的智慧来解决这个问题，对于我们来说，活在当下是关键。

他们的当下就是苟安现状。而正是这种苟安现状的思想在往后的日子里给山东六国带来了巨大灾难。积极进取的秦国利用山东六国的不思进取，各个击破，一统河山。

赵成侯与韩烈侯，都认为自己的意见最高明，都试图说服对方，但谁也说服不了谁。

于是，令人惊讶的一幕出现了：韩烈侯气呼呼地率先撤兵走人，赵成侯也气鼓鼓地跟着撤了。

魏罃乘机挥兵杀进城内，杀死魏缓，顺利当上魏国国君，是为魏惠王，《孟子》一书所说的梁惠王即是此人。

关于梁惠王其人，以后还会发生相当多的故事，愚蠢的故事，比他老爹魏武侯还蠢。

附：韩、赵围安邑

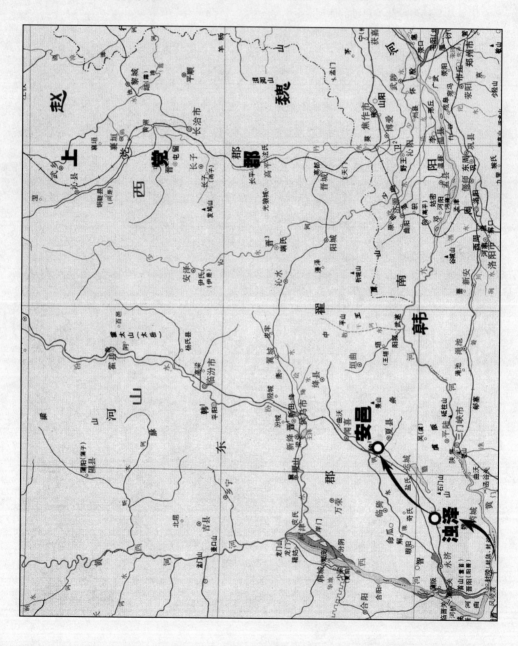

压迫与反压迫（5）

魏惠王继位的第二年（公元前368年），齐桓公即很客气地送来登基贺礼——派兵攻占魏国之观津（山东观城）。

要想进入中原，中路和南路显然没有机会了，齐国依然想从北路寻求突破。

可是，赵国迅速作出反应，一举攻入齐国中腹，占领长清县境的齐长城，将齐国的势力继续往东压缩。

由此来看，齐国目前的情况比较被动，火候未到，只要他胆敢出头，不由分说，迎面一定飞来一块板砖，他想动也动不了。

附：赵国攻占齐长城

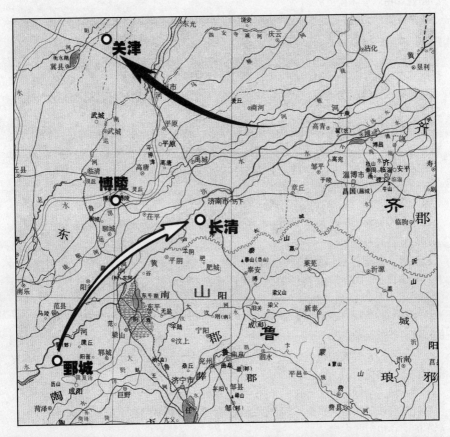

我们在前面说过，中原诸国基本上是三晋在胡搅，有个可笑的现象：外部不消停，内部就很幸运地暂得消停；而一旦外部消停，内部一定不消停。

这些年来都是这个样子，并且一直是这个样子，直至他们被彻底从地图上抹去。

周显王三年（公元前366年），魏、韩两国在宅阳（河南荥阳）举行高级首脑会议，会议的主题不得而知。但从他们后来的军事行动中我们大体可以推知，这次会谈的主题相当不厚道，魏、韩打算灭了已然奄奄一息的周王室。

这事换其他人决计做不出来，只有三晋会做得出来。因为他们连近亲老家长晋国都灭了，何况你个非亲非故的周王室？有亲有故那也是五百年前的事，谁还管得了这些。

最关键的一点是，有亲有故没有地盘值钱。

于是，魏、韩联军浩浩荡荡向洛阳进发。

就在这时，意外出现了。

中原诸国一向视作野蛮人的秦国，竟出其不意地挺身而出，誓死保卫周王室，在洛阳近郊将联军杀得大败。

秦国之所以力挺显然已衰败不堪的周王室，是大有深意的，其战略意义（政治影响）远大于战术意义（攻城掠地）。

秦国这几年一直被束于中国西境动弹不得，正如齐国被束于中国东境一样，要想打破这个包围圈，从军事的角度上，秦国显然占不了什么便宜。于是，秦国便在外交上耍起心眼，这就是连横。问题是中原诸国也有应对的办法——合纵。秦国依然没占到任何便宜。

当然其中也有例外，那就是秦国成功连横了周王室。尽管眼下的周王室如年久失修的老房子，一阵轻风即可吹倒。问题是周王室手上掌握着一个威力无比的武器，秦国要想脱掉野蛮人的帽子，周王室的支持显然是最便捷的方式。

这便是前文提到过的"鉴宝"。

齐国和秦国同时想到了这一层，也是有趣。

然而令秦献公吃惊的是，朝思暮想的嘉奖令没等到，却等来了一场大麻烦。

韩、魏对秦国的强力干预相当恼火，赵国也跟着恼火。

于是，周显王五年（公元前364年），三国加兵于秦，绕道从北部攻入秦国，一直打到秦国的后院石门（陕西三原县），兵锋直指秦国的首都栎阳（石门距栎阳仅四十公里）。

生死存亡之秋，秦献公决定拼了。再不拼，继中山国之后第二个窜入山林当土匪的国家可能就是他秦国了。

我们知道，秦国的特点是，人人有武器，个个敢玩命。再加上眼见国就要破、家就要亡了，更得玩命。

结果是，秦国大败三国联军于石门，斩杀六万多人。

这个消息着实令人兴奋，雪阴晋之战之耻是一，打破三晋不可战胜的神话是二，秦军的信心也自此大增。

更为重要的是，秦国眼巴巴等待的嘉奖令终于来了。不仅有口头嘉奖，且还有奖状，可以挂在墙上炫耀。

周显王赠送了一副行头给秦献公，学名叫"黼黻"，是天子专用的礼服之一。也就是说，周显王相当于给秦献公赏赐了黄马褂。

这就算平反了。

曙光开始出现在秦国的大地上。

附：秦军击败三晋联军

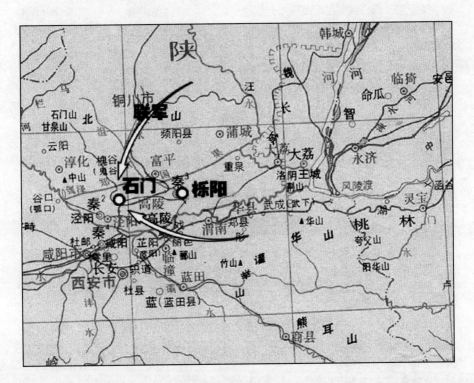

魏惠王的折腾（1）

石门惨败宣告了魏国时代的结束，魏惠王终于意识到在这个世界，圆的就是圆的，不再是他可以任意地将圆的发挥成扁的时代了。尽管他对那个远去的高大的背影充满着无限的留恋，可是该远去的终究是会远去的，正如该来的终究是会来的一样。

因为魏惠王是这样一个人：勤劳、肯干、遇事肯用脑子。问题是，魏惠王是一个不会脑筋急转拐的人，学术界的名称叫线性思维。

魏惠王知道眼下的魏国出了些问题，但他不知道造成这些问题的根子在哪里。于是胡乱折腾，而越折腾结果却越糟。

在魏惠王的眼里，失败既然发生在战场上，那就得用战争的办法去解决。这就好比赌徒既然在赌桌上输了钱，他就一门心思地想在赌桌上捞回老本一样。

这就是认死理。

魏惠王从来没有想到，战场上解决不了的事，可以换一个方式去解决，比如拿一张椭圆形的桌子，两个人坐下来慢慢谈。即使谈判像谈天，也可以消磨一个没有硝烟的下午。更何况，貌似谈天的谈判也可以解决很多用打架斗殴解决不了的棘手问题。

这就是纵横之术。

关于这一点，我们在前面略微介绍过一点，在今后的日子里，它还要不断地给我们带来刘谦般的惊喜。

只是直来直去的魏惠王，不会这样想，也不曾这样去想。关键的是，想不到这一层，却铆足了劲要在赌桌上翻回老本。

于是，一个很合适的人选就进入了他的视野。

这个人就是大将公叔痤。

关于公叔痤其人，背景资料极少，以至有很多人认为这个公叔痤就是挤走吴起的那个没良心的公叔。

其实公叔痤是公叔痤，公叔是公叔，是完全不同的两个人。要证明这个命题成立，在其他证据缺乏的情况下，我认为下面这一点是很重要的，那就是他们两个人性格完全不同，行事风格完全两样。

我们在前面说过，公叔是一个大私无公、心地狭窄的人，而往后的事实会证明，公叔痤这个人宅心仁厚，不说大公无私，起码是先公后私。

我想起某本书上说过这样一句话：人生就如走钢丝，要学会平衡。而能在国家与个人之间，大节与私欲之间，做出正确平衡的人，一定是一个了不起且值得称道的人。因为从古至今，有多少豪杰难过平衡关，在权力、欲望、亲情、友情面前败下阵来，坏了多少大事。

大私无公与大公无私同样是一种平衡，但历史的经验告诉我们，前者的平衡是愚蠢的，达到这种平衡的人十之八九是个小人；而后者无疑是睿智的，达到这种平衡的人一定是个品行高尚的人。

这就是小子与贤人之间的区别，记住这个相面原则，等同于为我们找到了一个在今后解读历史人物的过程中非常重要的砝码。

公叔痤就是这样一个品行高尚的人，他岂是公叔这样的小人之辈。

魏惠王的折腾（2）

周显王七年（公元前362年），三晋闲得发闷，在浍水流域（流经山西省翼城县境）打成一团。

大将公叔痤出手不凡，将韩、赵联军杀得大败，生擒赵将乐祚。

多少找回一点感觉的魏惠王龙心大悦，亲自到郊外迎接凯旋而归的勇士们。并且

当众宣布了一个惊人决定：赏赐公叔痤百万亩土地。

公叔痤接下来的反应虽然出人意料，但在情理之中。他到底不是一个利欲熏心的人。

面对巨额奖赏，公叔痤倒退了好几步，连称不敢当。

他说："我没有功劳，若论功劳，全是这四个人的——部队训练有素，这是吴起的功劳；前线指挥得当，这是副将巴宁、爨襄的功劳；赏罚分明，士气高涨，这是魏王您的功劳。我不过是在该进攻的时候在后方敲敲鼓而已（古代作战，击鼓表示前进），我哪有功劳可言。"

事实上，这正是身为大将所应做到的，士兵们只管往前冲，但什么时候往前冲，往哪里冲，却是大将的事。事实证明，坐镇中军，喝着小茶，却运筹帷幄，决胜千里，向来是名将的资本。如果一个大将也端着红缨枪，冲在最前线，勇则勇矣，问题是部队离溃散也就不远了。

因为只有四面楚歌之时，大将才不得已充当敢死队。比如后来的赵括，亲自组织最后的冲锋，结果是身死兵败，全线崩溃。

公叔痤不仅从吴起手上继承了一支训练有素的部队，还从吴起身上学到了一个重要本领，那就是善用头脑。

事到如今，魏惠王也不得不承认，吴起是个有头脑的人，可是此时，距吴起惨死楚国已整整二十年了。就凭三晋各怀鬼胎的烂部队都可以打到石门，要是吴起还在，胜利不可想象。

然而历史不容假设，于是，满怀遗憾的魏惠王做了一件事，寻找吴起的后人。经过多方打探，总算挖出几个，魏惠王赏给他们二十万亩土地，以表示国家没有忘记先烈吴起。与此同时，赏给巴宁、爨襄各十万亩，公叔痤一百四十万亩。另四十万亩是对公叔将军恢弘气量的奖赏。

不难发现，魏惠王的这次论功行赏相当夸张，不过是一场小规模的胜仗，有必要如此大张旗鼓吗？想当年，他的老祖宗魏桓子不过是被智伯勒索去十万亩土地，竟至反水要了智伯的命。魏惠王如今却大笔一挥，扔出去整整一百八十万亩土地，这到底意味着什么，仅仅是有功必赏吗？

面对这个疑问，我想起了魏文侯过段干木家门而起立的姿势，想起了魏武侯在祖庙前洋洋洒洒的唾沫。

在继位整整七年之后，深感危机四伏的魏惠王终于举起了复兴的大旗。人生难得几回搏，他要搏一回，将他以及他的魏国，送回塔尖，重新找回居高临下的感觉。

然而往后的事实证明，魏惠王的这一切努力，不过是穷折腾而已，基本上属于小偷夜进乞丐窝——摸错了门道。

在魏惠王的眼里，除了将军与士兵，这个世界上就再没有其他有价值的人了。这分明就是一竹篙打死一船人，说不好听一点就是狗眼看人低。就这样的见识，还想着所谓的复兴，我送他四个字——白日做梦。

于是，原本可以大有作为的魏惠王，终于错过了最后一次机会——他错过了一条大鱼，整个战国时期最大的一条大鱼。

正如吴起的出走终结了魏国军事上的辉煌一样，这条大鱼的出走，彻底终结了西河集团以来人才济济的局面。

这条大鱼的出走，在中国历史上具有划时代的意义，从此决定了山东六国的命运，而不仅仅是魏国的大国领袖地位。尽管这个过程还相当漫长，其间还要经历相当多的风雨，但毫无疑问，中原的一统即肇始于此。

这条大鱼就是给秦国的崛起创造历史新契机的商鞅。

商鞅的豪杰雄胆（1）

商鞅本不叫商鞅，原名公孙鞅，卫国某国君之后，又称卫鞅。之所以叫商鞅，是因为公元前340年，秦孝公封赏商于（陕西商县至河南内乡县）地区十五座城池给他，号商君，故称商鞅。

我们在前面说过，西河群体的巨大历史贡献就是捣鼓出法家这玩意，核心思想就是强调用拳头说话，用强硬手段重建世界新秩序。

应该承认，在当年个人品德修养和行事风范（礼）已无法影响或挽救社会秩序的情况下，能够救中国的只有法家。这也是当时那些高知人群能够想出来的最好办法，后世将之归纳为一句话：乱世宜用重典。简明扼要，一目了然。

尽管当时的各家学术领袖为了解决中国的问题，祭出各自不同的高招，形成了"百家争鸣"的活跃局面。但其中有很大一部分人是服膺法家思想的，因此，法家思想得以迅速传播。

从现有的资料来看，在吴起那个时代，法家的足迹就几乎遍及整个中国：三晋是源头，向南，吴起把它带到了楚国；向东，流浪的学者将它带到了齐国的稷下学宫。

正是在这样的背景下，年轻的商鞅在卫国接受了法家思想（少好刑、名之学，名学即逻辑学），深为这套思想所折服，并且成为李克的忠诚信徒。

在年轻的商鞅和当时的大多数人眼里，这个世界太乱了，"再这样乱下去，三十年后就会灭亡"（苏格拉底）。

事实是，被扫进历史垃圾堆的一定是过时和迂腐不堪的，学术上称为生产关系不适应生产力的发展。因此，不适应的人和制度注定会自动消亡。

而世界是向前的，生活还在继续，日子终究向前。中国人一向认为"沉舟侧畔千帆过，病树前头万木春"。在沉舟与病树之上，必有前进中的力量取而代之，把这个世界引向正轨，带给人们阳光和希望。

拥有这种信念并且果敢地付诸行动的人，堪称先知。

年轻的商鞅就是这样的先知。在众多救世良方中，他独独钟情法家这剂猛药，是因为他所看到的，是眼前这个乱成一团的世界，非用猛药不可。

此时，商鞅分明有一种"我不入地狱谁入地狱"的魄力和勇气，他渴望建功立业，渴望通过自己的双手，重建秩序井然的未来新世界，并且时刻准备着，为了实现这个新世界，生命不息，奋斗不止。

往后的事实会证明，商鞅是一个甘愿为了理想而献身的人，正如豫让甘愿为了信念而献身一样。

商鞅的时代就从这里开始。

商鞅当年所在的卫国，情形有点不妙，卫慎公是个不折不扣的废物。

孔子的孙子子思，眼下正在卫国。

子思就是写出《中庸》的那个人，据南宋大儒朱熹介绍，《中庸》这部书绍续了正宗的孔门心法，是严格意义上的儒家嫡派正传。子思之后，继承儒家衣钵的人是孟子。

子思与孟子，代表了战国时期儒家的主流学派，他们对中国历史的影响是不可估量的。

话说子思在卫国，向卫慎公举荐了一个可为大将的人，叫苟变。

卫慎公却认为此人不可用，人品方面有问题，此人在当地方官时，接受贿赂，吃了民家的两个鸡蛋。

就为这个而放弃一员大将不用？子思大为惊讶，他对卫慎公说："用人当用其所长，弃其所短。眼下世道这么乱，到处都在打仗，正是用人之际，可以让苟变发挥一技之长嘛。"

卫慎公认为有道理。可事实是，苟变还是那个吃了民家两个鸡蛋的苟变，并不是大将苟变。

更要命的是，卫慎公和他的大臣们都是半斤八两。卫慎公没脑子，他的那些大臣们没良心。

这些没良心的人从来没想过要把国家建设好。

在这一点上，卫国大臣们的表现着实可圈可点，他们统一思想，统一认识，自觉摒弃前嫌，消除隔阂，达成空前的共识：领导说的，都是对的。

于是奇怪的一幕出现了，不管卫慎公说什么、做什么，卫国的大臣们一致认为：主公圣明，臣等一定会认真领会讲话精神，积极消化讲话精神，努力贯彻讲话精神，决无二话，不再屁话。

于是一派助纣为虐的盛世景象。

对于卫国君臣的精彩表现，子思给予了高度评价：人不像人，鬼不像鬼，国君不像国君，臣下不像臣下，这样的国家必败无疑。

很显然，卫国不是商鞅理想中的舞台，他不可能在这样糟糕的国家里找到用武之地。

年轻而又想大有作为的商鞅，面临着他人生中的第一次艰难选择。

商鞅的豪杰雄胆（2）

家里肯定是呆不下了，摆在商鞅面前的只有两条路，一是去东面的齐国，一是去西面的魏国。

其实不用费多大的劲，商鞅就有了自己的答案。

因为很明显，魏国是他心目中的圣地，这里有著名的西河群体，而齐国的硅谷效应才刚刚萌芽。

经过慎重的考虑之后，商鞅出发了，出现在新长征的路上，从此再也没有回来过。

和当年不安分的大多数一样，就是因为不服气，商鞅才出现在路上，"埋着头，往前走"，自信，刚毅，坚决，激情。商鞅知道，他只有在路上，才能找到"我自己"。这就是历史在场。

所谓历史在场，就如"80后"、"90后"这些新潮名词，它是属于最时代的感觉。商鞅需要这样的感觉，正如酒鬼需要酒精一样。

这是一段激情燃烧的岁月。

与此同时，和不安分的大多数一样，商鞅能够引以为利器的，也只有赤手空拳。

当然，同样是手心手背，对于不同的群体，它的意义是不一样的。普通人的手心手背逃不出"都是肉"的物理范畴，但高人的手心手背则是属于哲学范围。因为这一群本事高强的人，他们拥有一个惊人的能力：只手乾坤。

商鞅有信心，凭借蕴含在他手掌心的巨大能量，开拓出一片属于他的根据地。

不过，在这些大有作为的情感中，商鞅还多了一份心情——朝圣。在那里，商鞅将进一步接受深造，不断完善心中的理想。

商鞅是什么时候来到魏国的，在魏国呆了多长时间，这些现在都成了历史疑案。但可以肯定的是，商鞅投身公叔痤的门下，大体在公元前362年到公元前361年之间。

因为魏惠王拜公叔痤为魏将是在公元前362年，紧接着公叔痤就打了那场大胜仗。只可惜公叔痤的运气比较糟，就在同一年，与秦军大战少梁（陕西韩城）地区，兵败被俘。

至于公叔痤是如何逃回魏国的，也不得而知。《史记》只记载了两个字：取宠。我估计公叔痤深谙左右逢源这一套，深得秦献公的信任。由此来看，公叔痤很可能是大摇大摆地回到魏国，而不是那个仓皇越狱的逃犯。

不管怎么说，总之公叔痤回来了。一年后，成功当上魏国国相。此时，商鞅是他手下的"中庶子"。

战国时期，"中庶子"是国君、太子、国相的侍从之臣。也就是说，"中庶子"的职位虽然比较低，但这个职位有一个巨大的优势：老在领导跟前晃来晃去，很有机会晃进领导的视野。

事实是，商鞅晃进了公叔痤的视野。

聪明的公孙痤知道，这个"中庶子"实在不是一个简单的人物。表面上看，此人似乎心无杂念，平淡无奇，一心做他的杂役。但他的内心，其实是一座火山，只要时机合适，此人一定会一鸣惊人，掀起大浪。于是打算找一个合适的机会向朝廷推荐。

这个机会终于来了。

周显王八年（公元前361年），公孙痤病得要死，魏惠王亲自前去探视。

魏惠王一脸悲伤地说："国相如果死了，国有大事我问谁？"

公孙痤乘机说："问商鞅，他虽然年轻，但胸有奇才，可以把国家交给他治理（举国以听之）"。

魏惠王相当吃惊，一个嘴上无毛的年轻人，如何担得起这样的重任？

公叔痤是相当清楚魏惠王的为人的，正如他相当清楚商鞅的本事一样。在公叔痤眼里，魏惠王是这样一个人：只对看得见的东西感兴趣，对于一时不可知的事物，完全丧失起码的判断能力。

公叔痤知道，魏惠王终究是不会用商鞅的，而商鞅这个人又是如此的可怕，不如……

公叔痤的脑海中迅即闪过一个想法，这个想法后来成为战国之世对待人才的通行法则。虽然公叔痤不是这一缺德行当的始作俑者——吴起就是惮于这一法则的威力才屡次逃跑。但毫无疑问，公叔痤是揭穿谜底的那个人，以至后来秦国的另一个重要人物李斯，将这一缺德法则发挥得淋漓尽致，给众多无辜的人带来无尽的灾难。

这个极缺德的法则就是：能用则用，能为我所用则为我所用，如不为我所用，利剑刺之，省得回头祸害本国。

公叔痤建议杀掉商鞅。

人之将死，魏惠王不愿让公叔痤带着遗憾离开人世，遂口头答应了他的请求。

魏惠王一出门，立即毫不掩饰自己的愚蠢。他对手下人说："国相确实是不行了，一会儿让我用商鞅，一会儿让我杀掉他，我估计连他自己都不知道在说什么。"

等魏惠王走后，公孙痤就叫来商鞅，对自己的举动表示歉意："我这也是没办法，我得先考虑国家利益，然后才能讲私人感情（先君后臣），你若想活命，赶快跑吧。"

令公叔痤大感意外的是，惊慌失措并没有出现在商鞅的脸上，商鞅没领他的情，也没有选择逃跑。因为商鞅不是魏惠王，他有他自己的判断。

商鞅对公孙痤说："魏惠王既然不肯听您的话用我，又怎肯听您的话杀我呢？"

事实证明，商鞅是一个绝顶聪明的人，他的判断是对的，魏惠王并没有要杀商鞅的意思，当然也没有要留下商鞅的意思。

魏惠王自此失掉了最后的机会，多年以后，愚蠢的魏惠王将要为自己的愚蠢付出惨重的代价。

商鞅的豪杰雄胆（3）

　　虽然商鞅去意已决，可是往哪去呢？连"问问天，问问地，还有多少里"的机会都没有，因为没有目标，去哪儿丈量里程？这才几年，豪情万丈就一落千丈，成了一潭死水，失望、沮丧、茫然、彷徨，总之，所有那些形容郁郁不得志的词汇，一时在商鞅的心头齐聚。

　　此时，商鞅的内心深处，有一座雄伟的建筑在若隐若现。

　　这座建筑曾经是他梦想的圣地，他曾经梦想在这个神圣的地方大显身手，做扶摇直上的鹏鸟。可他失望了，终于在一阵剧烈的失望之后，商鞅分明听到了一种不祥的声音，这声音源自于一个偶像的倒塌。

　　商鞅没有想到魏国竟会没落到这种地步，这难道是他此行所需要的答案吗？毫无疑问，这不是商鞅所需要的答案，可是他的答案又在哪里呢？

　　就在商鞅倍感绝望之时，一个历史性的机缘出现了。

　　周显王七年（公元前362年），秦献公去世，其子秦孝公继位，时年21岁。

　　当时，天下除七雄国之外，还有鲁国、宋国、卫国，加淮、泗之间小国十余——齐威王说是十二个，这样山东（崤山以东）共有大小二十一个诸侯国。

　　我们在前面讲过，山东二十一诸侯国一致的观点是，秦国是一个野蛮未开化的部落。因此，他们采取了两条歧视性的举动：

　　一、断绝与秦国往来之交通。

　　魏国在西河前线修筑有魏长城，完全切断秦国的东进之路。而阴晋之败后，秦国在南线的东进之路也被切断了。

　　南方的楚国本来可与秦国称兄道弟，但楚国竟然也瞧不起秦国，在楚、秦接境外，修有楚长城。因其整体轮廓略呈"∩"形，故称方城。

　　南北两条路都不通，秦国成为被隔离的麻风病人。

附：魏长城、楚方城图

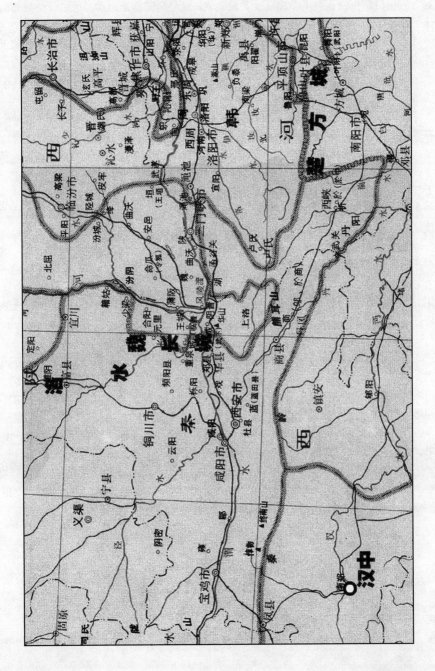

二，拒绝秦国列席国际会议。

意识形态上存在分歧，国际上不管召开什么会议，极道德的也好，极缺德的也好，列国自然不会让秦国参加。不要说邀请，就是秦国食宿自理，风尘仆仆打马前来，也一律闭门羹对待。

秦国想到的合纵一招效果极差，他只合到了衰败不堪的周王室。和军事上的陷于困境一样，列国在外交上也把秦国逼入绝境。

这个局面让年轻气盛的秦孝公大为光火，深以此为耻，决心发愤图强，做出样子给他们看看。于是，历史上的第一份招聘广告就此新鲜出炉。

其实秦孝公的这份招聘广告更像是"罪己诏"，虽然秦孝公刚继位，罪不在他而在他那些不争气的祖先们，但他代他的祖宗们作了深刻反省，情深意切，感人肺腑。

尽管列国把秦国逼成这个样子，但秦孝公并没有对列国咬牙切齿。在这一点上，秦孝公是相当明智的，现在还不是招惹列国的时候，搞不好打草惊蛇，后果相当严重。要怪只能怪自己无能，怪不得别人，谁叫自己不堪一击呢。

夫子说过一句话：知耻而后勇。看来秦孝公着实不简单，这才是成事者应有的态度。

秦孝公首先对历史作了回顾：想当年在秦穆公时，那是何等风光，称霸西戎，地广千里，天子瞩目，诸侯来贺，可如今……

秦孝公痛心疾首：秦厉公、秦躁公、秦简公、秦出公之流，将国家搞得衰败不堪，四邻交侵，西河丢失，颜面不存。我父亲秦献公为了收复西河失地，将首都迁到栎阳，可是壮志未酬身先死，每每想及此，我是万分痛心。

说到这，秦孝公流下眼泪了，尔后振臂一呼：

从现在开始，我要做一个大有作为的人；我要广招贤才，不管是本国人还是外国人，只要你们有本事把秦国做大做强，我一定给你们官做，给你们土地，决不食言。

可以想见，西去的土地上本没有路，但是有这么一群人，他们在秦孝公的真情感召下，生生踩出了一条路来，这就是硅谷效应。

在这些行色匆匆的行人中，有一个其貌不扬的年轻人，他那不多的行囊中有一本书，完全可以代表他的实力，这本书就是《法经》。

毫无疑问，这个最具实力的年轻人就是商鞅。

经过短暂的彷徨，商鞅决定再次上路。与上一次不同的是，这次商鞅找到了真正的归宿，并且很负责任地将山东诸国推向最终的结局。

商鞅的豪杰雄胆（4）

来到秦国的商鞅，在秦孝公的宠臣景监的举荐下，见到了秦孝公。他们这一见造就了一个神话：君臣配合默契的经典代表。

历史的定律里，有创业之君，必有与之相匹配的创业之臣，肝胆相照、同舟共

济、荣辱与共、相辅相成，谁也离不开谁，正如鱼离不开水一样。他们配合默契，呼吸与共，共同成就大事。历史上，但凡能够成就不世之功勋的君臣，无不是这个样子。

秦孝公就是这样的创业之君，商鞅就是这样的创业之臣。

尽管周显王十年（公元前359年），秦孝公给商鞅的官衔不高，只是一个是左庶长，即二十等爵位之第十级（秦国实行职爵一体制，按军功大小授予不同的爵位，而爵位等同于实际权力）。但秦孝公赋予了商鞅远远超越这个职位的实力，即信任。

可以肯定，如果没有秦孝公二十年如一日的铁心支持，商鞅断断完成不了他的伟大壮举。

商鞅终于等到了梦寐以求的大展宏图的机会。

人是有性格的，不同的人有不同的个性，国家也一样。商鞅最大的贡献便是确立了秦国的国家个性：由被逼做大（多少带有防御性质），到极具侵略性的主动出击。

这是一个了不得的转变。

而秦国的侵略性格是如何炼成的呢？

毋庸置疑，这当然得归功于商鞅彻底而成功的改革。

当然，改革从来就不是什么轻而易举的事。特别是商鞅，动了真格，把手伸进既得利益集团的口袋里掏奶酪，这无疑是与虎谋皮，稍有不慎就得粉身碎骨，吴起的例子就摆在那里。

但商鞅知道，要想实现心中的一系列计划，他只能继续保持在路上的状态：埋着头，往前走，义无反顾，绝不后退。

这就叫提着脑袋干革命。

商鞅明白这样一个道理：不破不立。只有破除旧的因循守旧，才能确立新的生龙活虎。

这就是商鞅的选择。这样，商鞅遇到吴起在楚国所遇到的问题就不足为奇了，那就是与狼共舞。

商鞅与大臣甘龙之间的辩论，某种意义上，可以看作是新锐之气与既得利益集团之间的博弈。只是由于同样是血气方刚的秦孝公的强力支持，商鞅暂时成了不败的一方。

这个暂时的概念是二十年。

商鞅对秦孝公说："您不是想做一个强者吗？真正的强者应该拒绝随波逐流，拒绝因循守旧，敢于打破常规，敢于藐视传统，这样才能建立不世之功勋。"

商鞅的意思其实是，不用我就算了，若要用我，我可是来真格的，就看你有没有这个胆量了。

商鞅焦急地等待秦孝公的反应，因为这个至关重要的反应将决定商鞅是否还要继续在路上。

然而没等秦孝公反应，甘龙就率先反应了。

甘龙说："不见得吧，依照约定俗成的规章制度办事，官员比较容易操作，百姓也比较容易接受。"

商鞅说："按部就班确实可以成事，但我可以肯定一定成不了大事。这个世界上有两种人，一种人从无到有，建章立制，开风气之先；一种人规规矩矩，按章办事，把第一种人所制定的政策加以贯彻落实。第一种人是聪明人，第二种人是庸碌之人。聪明人引领世界新潮流，庸碌之人随波逐流。"

年轻的秦孝公自然不甘心随波逐流，于是，决定站在商鞅一边。中国历史上最彻头彻尾的一场改革就此浮出水面。

商鞅的豪杰雄胆（5）

我认为，商鞅在秦国的改革可以用一个词来形容，那就是"大刀阔斧"。这是一场真正意义上的暴风雨，风狂雨骤，席卷了秦国的每一个角落，没有人可以幸免。上至王公贵族，下至平头百姓；大至中央高层的政治组织，小至民间风俗习惯，乃至家庭结构，全面干预，无孔不入，大破大立，推倒重来。

比李克和吴起更猛更彻底，商鞅以大无畏的勇气，果然打烂旧有的一切制度，全面贯彻法家的那一套，由此而确立了秦国的新型国家制度，即军国主义。

商鞅在秦国所推行的改革，大体可概括为"两点一线"：

一"点"在中央，重组政治权力，清除政治上的好吃懒做。

权力世袭，无疑是孳生腐败堕落的土壤，不把这块腐肉切除，新生力量就成长不起来。因此，崇尚铁腕的商鞅，将改革的刀首先架在了贵族的脖子上。

商鞅规定：不管你是哪门子皇亲国戚，若在战场上没有杀敌立功，一律除去属籍，降为平民。而平民子弟不问出身如何，只要能在战场上奋勇杀敌，建功立业，一律加官晋爵。

这就是著名的"尚首功"。

具体办法是：凡在战争中斩得敌人一个首级的，赏给爵位一级；要做官的，委任五十石俸禄的官。斩得两个首级的，赏给爵位两级；要做官的委任一百石俸禄的官。

这样，官爵的提升就和打仗紧密地结合在一起，就如现在的"绩效考核"和工资挂钩一样。

一"点"在基层，干预民间，清除生活上的好吃懒做。

在这一点上，商鞅的眼光确实惊人的超前，乃至超前了两千多年。我们现在习以为常的三口之家的小家庭社会结构，早在两千多年前商鞅就做到了，只不过是以强迫的方式做到的。好处当然是显而易见，为了生存，又不能啃老，只得男耕女织，起早贪黑，民间活力自此彻底被激活。

商鞅规定：但凡子女成年成家的，一律分出去单过，不得游手好闲。农夫农妇，凡能超额完成年生产任务的，即免除他们的赋税。好吃懒做而陷于贫困的，家产虽不多也得全部没收，连人也没收，男的当奴仆，女的当婢仆。

以上就是我所说的"两点"。而将这两点连成一条线、使秦国变成一个生机勃发之整体的，就是著名的法家思想。

商鞅重新划定境内民户，十家编成一组，一家有罪，九家连坐。不想连坐也可以，睁大眼睛告密，凡检举犯罪有功者，与阵前杀敌一样接受同等级的奖励（举报一人等于杀敌一人，赏爵一级）；知情不报者，和战场逃兵一样，拉出去腰斩。客舍留宿客人，必得验明正身，否则不得留宿。胆敢喝酒滋事、打架斗殴，从严从重处罚。

最为重要的一点是，法律面前人人平等，不管是谁，只要碰到法律这条高压线，都得受到严厉的处罚，决不辜息。

这就是我所说的"两点一线"，成效相当巨大，破坏力十足猛烈，堪称摧枯拉朽：政治这一点，彻底摧毁"权力世袭"制（国君除外）；民间这一点，彻底摧毁吃大锅饭的家族制；而法家思想的全面铺展，将周朝的礼乐制度连根拔起，扫地出局。

自打晋国首开改革之风气以来，历经李克的实践，吴起的完善，到了商鞅手上，这股改革新风气终于汇成锐不可当的历史大势，彻底摧毁周王朝的"三重大山"，以法律的形式确定了平民势力之崛起的不可阻挡。

商鞅在秦国的成功，正是建立在无数前辈的汗水与泪水之上，智慧与心血之上，建立在无数探索与实践之上的成功亮相。商鞅无疑是时势造就出来的英雄，他站在巨人的肩膀之上，看到了未来新世界。而商鞅也不负重望，以他的雷霆手笔，促成了这个历史大势，亲手迎接这个未来新世界的诞生。

一个崭新的、前所未有的国家模式就此形成。

商鞅的豪杰雄胆（6）

看来商鞅也是一个很世故的人，但世故得脱胎换骨，一尘不染，这才叫水平，用文艺理论上的一句话来说就是：源于生活而高于生活。

商鞅洞察人性，对人世有深刻的了解，但不世故，并没有被所谓的世俗捆住手脚，也不愤世嫉俗，愤世嫉俗往往会产生清高的颓废。而是想方设法去疏导这种人性，不管这种疏导在后世看来是好的也罢，坏的也罢，总之往好的方向去努力，这就是商鞅伟大的地方。

商鞅对两种人的归纳相当精辟，一针见血，这个世界上确实存在这样两种人，古今无别。

有一种人面对一项重大的改革，开始时他们是不会热心的，但等到卓越的成效显现出来时，他们就欢天喜地，心安理得地享受改革所带来的丰硕成果。

这种人是大多数，可以理解的大多数。

所幸的是，这个世界上也存在另一种人：思维敏锐，见地深刻，敢作敢当，拒绝随波逐流，绝不畏首畏尾。

这种人是少数。

我们知道，真理只掌握在少数人的手里。

问题是，这个世界上还存在这样一个不二法则：少数服从多数。

这有点像第二十二条军规了，相当滑稽，也相当不可调和。那好吧，就让商鞅以他的方式来解决。

变法推行一年之后，"人也多，嘴也多"的情况出现了，政府支持率严重下挫，群众情绪很不稳定。更令人难堪的是，情绪很不稳定的群众三五成群地集结起来，胆子很大，直接冲到首府栎阳（陕西临潼县）来上访，指责新法给他们的生活带来不便。

更为严重是，竟连太子嬴驷也出面阻挠新法的推行，以身试法。

商鞅知道，考验改革成败的关键时刻到了。

摆在商鞅面前的只有两条路：一是前进，义无反顾；二是后退，看人下菜。

如果商鞅选择了后者，可以肯定，商鞅完全可以避免后来的悲惨结局。但作为交换条件，他的改革大业休想做得彻底。你想，说一套做一套，谁会服？不服一旦蔓延，这局面谁能收拾？即使勉强维持下去，那也只是表面文章，大家打哈哈，能有实质性成效？这是商鞅所不愿意看到的。

于是商鞅选择了强硬。

商鞅对秦孝公说："新法所以推行不下去，权贵阶层居中阻挠是关键。如果您真想富国强兵，就必须拿太子开刀。当然，太子是国家未来的继承人，不可以受到处罚，但太子的老师难辞其咎。"

结果，公孙贾被处以黥刑。

商鞅这态度一亮出来，举国震惊，上访的也不再上访了，好吃懒做的也变勤快了，中央政令得到最彻底的贯彻执行。仅十年秦国就出现了一幕令人惊喜的景象：

官员奉公守法，恪尽职守，无人胆敢贪赃枉法，胡作非为；城镇村落秩序井然，耕种有时；连盗贼都自动从山林里消失，变成良民；民人勇于从军作战，却不敢喝酒滋事，打架斗殴。

一派清平的社会景象。

我们经常说战国之世非常糟，糟到什么程度呢？一个词：礼崩乐坏。

其实"礼"就是周朝的宪法，它起到维护社会秩序的作用；"乐"大体上是周朝的教育制度，起到统一思想、统一认识、凝聚人心的作用。而"礼崩乐坏"则使得社会无序，思想混乱，民心涣散。当时的情况确实是如此。

而商鞅在秦国所推行的那套，成效相当惊人，不但社会秩序得以重建，连极难收拾的民心也团成一团，同仇敌忾，一致对外，秦国上下俨然就是一座大兵营，好战的情绪就如当年秦简公给百姓发大砍刀一样，弥漫乡间地头。

这就是法家思想看得见的巨大功用，所以我才说，法家思想是当时那些想救世的精英士人的最佳选择。

当初那些攻击新法不便的人，调转舆论导向，起劲地唱起赞歌。商鞅也不客气给这些人贴上一个新标签：乱法小民。全部赶到荒远边境去做苦力。

秦国自此崭露头角。

稷下学派（1）

周显王十一年（公元前358年），秦国终于迫不及待地亮出他的宝剑，在西山地区跟韩国打了一架（河南宜阳境内有熊耳山，熊耳山以西就叫西山），并且占领该地。

秦孝公的这一手是相当厉害的，战略意图非常明显。

我们在前面说过，从西河一线，从"阴晋—函谷关"一线进入中原被堵死的情况下，秦国只得求其次，从韩、楚的结合部寻求突破，这就是秦孝公此举的目的。往后的事实证明，西山地区的"商县—武关"一线，也是秦国进入中原，乃至南下攻楚的重要通道，因此注定，这也是一块多事的地方。

韩、魏两国赶紧商议对策，结果不得而知。

正如西线的不太平一样，中原东线这几年也相当不太平。所不同的是，西线的秦国选择了主动出击，多少出了点这些年积郁在胸中的鸟气，而东线的齐国却依然受到打压，依然在受气。

令诸侯意想不到的是，正如他们对秦国的打压打出一个秦孝公一样，他们对齐国的打压也打出一个相当厉害的角色，即齐威王。

齐威王不堪受窝囊气，发誓报仇出气，经过一番拳打脚踢，齐国遂"强于天下"。这就是一头雾水的中原诸国两头打压、内部混战所带来的结果。

中国历史上终于出现了东边日出，西边也日出的壮观景象，我称之为二日齐辉。尽管齐国后来后继乏力，中途拐弯喝茶去了，不如秦国的一直保持高调，但他们的成长经历告诉我们：忍辱负重，向来是成事之本。

周显王十三年（公元前356年）继位的齐威王，最初相当公子哥，只顾吃喝玩乐看日出，国事全权交给大臣们去处理，结果是境外失地，境内不和，形势不妙。警觉起来的齐威王干了一件事：立地成佛。

齐威王是砍了一个人，赏了一个人才成佛的。

齐威王在首都临淄召开扩大会议，全国七十二个县令、县长悉数出席，中央各部委也出席，看来齐威王要有大动作。

倒霉的阿城（山东阳谷）大夫决计想不到今天会是他的末日，他或许还满心喜悦地等着被提拔呢。因为此人其他本事没有，拉帮结派搞公关却很在行，平日多在中央走动，跟齐威王的身边红人特别近乎。虽然治下一塌糊涂，百姓连饭都吃不饱饭（经其野民皆菜色），可是舆论对他却相当有利。

齐威王二话不说，当着大家的面，把阿城大夫扔进开水里煮了，连同那些平常帮腔搭话的近臣，也一并煮了。

而屡遭中伤的即墨（山东平渡）大夫，治下却是生产有序，人畜兴旺。齐威王因此赏他一万户的封邑。

于是齐国的官僚阶层大为震惊，一改欺上瞒下、阿谀奉承的作风，老老实实做好本职工作。

历史评价齐威的励精图治，只给出四个字：齐国称治。

很简单。如果过程也像结果那样简单就好了。事实上这是一个相当艰辛曲折的过程，多少人为此付出不懈的努力，其中就有一股势力给齐威王帮了大忙，那就是稷下学派。

附：西山地形图

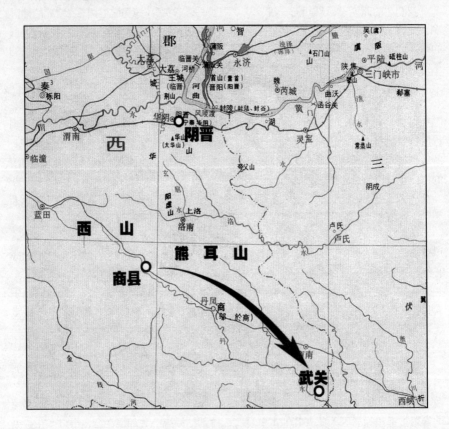

稷下学派（2）

我们在前面说过，稷下学派在齐桓公时期就是齐国政府的智囊团和咨询机构。齐威王在这个基础上，更进一步，就是广开言路，鼓励知识分子大胆抨击时政，指陈时

弊，胡说八道都可以。当然，如果有针对性和前瞻性的意见和建议，那就更好了。

齐威王给这些知识分子一个尊贵的名称，即稷下先生。介于亦师亦友之间，不全是部下，这样就好说话了，也能更好地保持思想自由。

于是，稷下学宫就成了名副其实的"百家讲坛"。游学之士可以自由来稷下寻师求学，老师也可以在稷下自由招生讲学。这种宽松的学术氛围之回报是，稷下学宫成为战国时期诸子百家荟萃的中心，儒家、道家、墨家、法家、名家、阴阳五行家、纵横家、兵家等各种学术流派，活跃一时。

这样，在当年的中国，就形成了两条蔚为壮观的硅谷洪流，一条去咸阳，一条去稷下。只不过，齐国的硅谷路线和秦的硅谷路大不一样，前者兼收并蓄，后者一根针插到底。孰优孰劣，任人评说罢了。

就中单表齐威王的两个重要智囊淳于髡和邹忌，正是这两个人，促成了齐国的日出东方。

淳于髡不是齐国人，他是齐国人的女婿，准确地说是倒插门。在当年这个身份是比较低的，但是不打紧，因为淳于髡有才。

淳于髡这个人心态比较好，为人风趣幽默（《史记》把他列入《滑稽列传》），口才也好，擅长外交，出访的事只要交给他，没有办不成的。

淳于髡还是稷下学派的前辈学者，威望相当高，据说门下"诸弟子三千人"，堪比孔夫子，由此也可见当年稷下学宫的规模。

话说齐威王继位之初，大事放手，小事撒手，沉湎长夜之饮，通宵达旦。其他人都不敢说，只有淳于髡敢说，因为他德高望重，而且懂得说法的技巧。

齐威王不是喜欢听故事吗，淳于髡就给他讲了一个故事。说："我们国家有一只大鸟，住在阔气的王宫里，三年里不飞也不叫，大王知道这是什么鸟吗？"

淳于髡的意思齐威王心知肚明，他说："这鸟，不飞则已，一旦亮翅必将直冲云霄；不叫则已，一旦开口叫，会吓死你。"

果不其然，一飞冲天的齐威王就干了一件我们前面说到过的一赏一杀之事，吏治由此得到整治。

这时，有一个人也想凑凑份子，帮帮场子。

此人就是邹忌。

稷下学派（3）

知音的故事现在成绝响了，想申遗也没处申去。但在古代，她就像中天明月，清鉴可人，给人很多念想。因为知人难，知名人难，知名人的心理更是难上加难，可见听琴可以读懂抚琴人的心事，相当了得。

空城计中，诸葛亮抚琴城头，兵临城下的司马懿捻着老须，想从诸葛亮的琴声中听出怯惧，可是得到的答案却是镇定自若。生性多疑的司马懿拨转马头立即撤兵，诸葛亮的假镇定救了真性命，琴音之威力如此。

邹忌也打算通过琴音，在他和齐威王之间架起一座知音的桥梁，这就是著名的琴谏，借说琴来旁敲侧击齐威王。由此看来，齐威王也是懂琴之人。

邹忌的出色琴技让齐威王很是欢喜，决定将他留在身边，方便切磋技艺。过了一会儿，齐威王独自在室内抚琴，并且沉醉其中。就在这时，邹忌却很唐突地推门进来，连声说好听好听。

齐威王勃然大怒，无视礼数是一，疑心邹忌在拍马屁是二。齐威王一扭头利剑在手，看这架势，邹忌今天要圆不过去，他就是阿城大夫第二。

没想到邹忌还真有两下子，一二三四点说得头头是道。

齐威王转怒为喜："原来你真懂啊？"

邹忌乘势说："其实管理国家的道理也和抚琴相通。"

这分明蹬鼻子上脸嘛，齐威王又恼了：这哪跟哪啊，扯得上关系嘛！

邹忌说："打个比方，大弦就像国君，小弦就像国相，大弦小弦错落有致，琴声才能和谐，这就像国君和国相配合默契，才能政令畅通，这就是所谓的琴音调而天下治，能说没关系吗？"

说得齐威王连连称是，三个月后遂以邹忌为相。

邹忌将政治比作抚琴，事实上他也是这么做的。这里有一个问题，如果琴的本身没有什么质量问题，是一把名琴，再由高手来演奏，自然琴声悦耳，这就好比好马配好鞍，自然相得益彰。齐威王就是这样的一把名琴，邹忌亦算出色的抚琴高手，于是齐国的声威就相当吓人。

问题是，如果这把名琴存在一些隐患，眼下看来似乎不打紧，高手也可以通过出色的演技来加以弥补。可是，如果换一个技不如人的平庸琴手来演奏，不是问题的问题就可能成为大问题，因为平庸的琴手无法用自身的演技来弥补琴身的缺陷。这把所谓的名琴在世人眼里也就成为破琴了。

齐国往后的情况正是如此。高手邹忌并没有意识到要去彻底解决琴身自身存在的问题，而是意图通过自己的演技来暂时"维和"。表面的风光之下，齐国自身的性格缺陷并没有得到有效的解决。当机缘巧合的时候，这些看似不是问题的问题就被无限放大，终于成为齐国衰弱的致命硬伤。

这就是商鞅与邹忌之间的区别。事实证明，商鞅是中国历史上最为彻底的改革家，他以他的一条道走到黑的顽强性格，彻底解决了秦国存在的痼疾，终于造就了秦国的强大。而邹忌，顶多算一个改良主义者。

稷下学派（4）

改良主义者邹忌对齐国的改良，缘于一件小事。

某一天清晨，风和日丽，邹忌在照镜子，他发现自己不但里外都是人，而且还光彩照人，当下高兴地扭头问妻子："我与城北的徐公（齐国美男子）相比，谁更漂亮？"

其妻不假思索地说："当然是你漂亮。"

邹忌不相信自己会比徐公漂亮，接着又去问他的妾和来访的客人，得到的是同样的答案。

可是当邹忌留心对徐公进行一番观察之后，他发现，他的耳朵骗了他，自己确实不如徐公漂亮，当下就有所触动。

于是邹忌对齐威王说："我明明不如徐公漂亮，可是我妻子偏爱我，我的妾害怕我，我的客人有求于我，都认为我比徐公漂亮，我差点被他们蒙蔽了。如今齐国方圆千里，大小城池一百二十座，您的妃子和近臣没有谁不偏爱您的，朝中的大臣没有谁不害怕您的，全国范围内的人没有谁不有求于您的，由此看来，您受到的蒙蔽比我大多了。"

齐威王恍然大悟，遂下了一道求言诏：如有人有勇气当面指责我的过错的，上赏；书面劝谏的，中赏；在公共场所批评议论我的过失，并能传到我的耳朵里的，下赏。

这回马蜂窝是捅定了，对于那些牢骚满腹的人来说，没事他们都要跳三跳，一天骂三回街，更何况有命令可以大放厥词，还有赏，哪找这么好的事！于是，专门来骂街的挤破门槛，宫门前一天到晚，来人不绝，就像集市一样。

这就是成语"门庭若市"的出处。

几个月之后，不时还有人来骂一回街，跳一回脚。可是一年之后，竟然出现了这样的景象：门可罗雀。

那些想领上赏的人也没得赏钱领了，因为他们实在想不出还有什么街好骂。

我不认为这些人单单是来骂齐威王的街，换言之，这些人连齐威王都敢骂，还有什么理由不把那些憋屈的事情捅出来？齐威王发动全民提意见，不等同于设立国家领导人公开接待日嘛！那些曾经作过孽、身上背有血债的达官贵人们，能躲得过被揭发？可以肯定的是，揭发的揭发，申诉的申诉，有冤的报冤，有仇的报仇，那是一定会有的。

于是在全面的高压与清洗之下，那些达官贵人们不得不让鬼心思暂时入库，换了一副面孔：清正廉明。

而另一群原本清正廉明而能力不凡的人，也就有了更大的施展空间。

大臣种首，全面负责综治工作，严厉打击作奸犯科、车匪路霸、拦路抢劫，齐国路不拾遗。

大臣檀子，镇守南部边城，楚国不敢来犯，泗水流域十二个小诸侯国尽皆来朝（公认齐国为老大）。

大臣田盼，镇守高唐（山东禹城县），赵国人再不敢到黄河来捕鱼。

大臣黔夫，镇守徐州（即薛县，现在的山东滕县），北部边界的燕人和西部边境的赵人争相移民，前后达七千余家。

　　檀子、田盼、黔夫分镇压齐国的战略要地，等于是控制住了齐国的门户，除了保境安民，更为重要的是，彻底扭转了之前四邻交侵的局面。

　　对于齐国突然之间表现出来的强势，列国大为震惊。震惊之余，他们干了一件更令人震惊的事：一反先前的喊打喊杀，步调一致地将先前所占领的齐国地盘，全部送还给齐国。

　　并且忙不迭地说：睦邻友好，睦邻友好。

　　中原诸国见风使舵的水平实在高妙，堪称一绝。

　　周显王十四年（公元前355年），求和心切的魏惠王在两国边境的某处见到了齐威王。

　　一个聪明人见到了一个糊涂人，由此拉开了一场大战的序幕。

附：齐国的防御态势

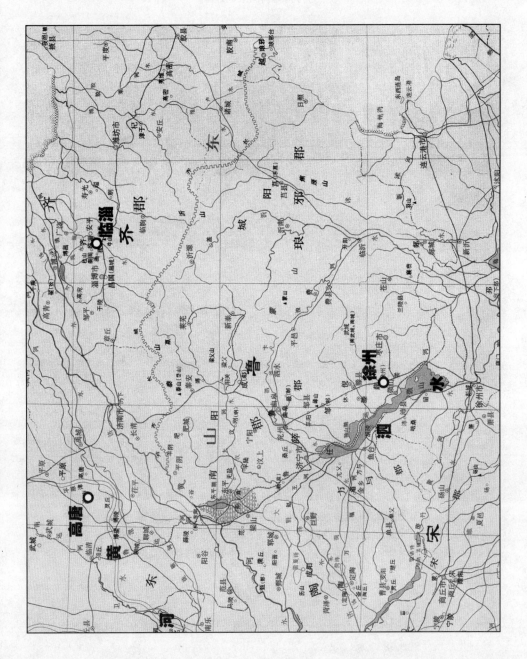

孙、庞斗法（1）

从魏文侯，到魏武侯，再到魏惠王，这祖孙三代，分明验证了这样一个生活真理：百斤老太，一代不如一代。

魏武侯尚且还以河山之险为宝，可是魏惠王比他老爹还实在，径直以珠宝为宝，跟葛朗台似的，眼里只有金子，容不得其他。魏国不江河日下，也就怪事了。

周显王十四年（公元前355年），齐威王与魏惠王在两国的边境打猎，并饶有兴致地讨论起宝物问题。

魏惠王说："我们魏国虽小，却也有直径一寸的珍珠十枚，可以照亮十二部车。齐国是大国，难道真的没有可以拿得出手的宝贝？"

对这个愚蠢的问题，齐威王明显不屑。他没想到，贵族出身的梁惠王竟会如此粗糙。

于是，齐威王说："我对宝贝的理解与您不一样。我们齐国有四位大臣：檀子、田盼、黔夫和种首，保得我们齐国国泰民安，我这四个宝贝光耀千里，岂止照亮十二部车而已。"

魏惠王面有愧色。这就叫丢丑丢到国际上。

看到魏惠王这个样子，我实在对他的父亲魏武侯生不起气来。虽说只是做做样子，但起码，魏武侯还装样子尊敬知识分子。可是，梁惠王却直接礼"金"。就这水平，还敢和齐威王斗？这个时节，最适合产生一种心理，即蔑视。

在齐威王的眼里，此时的魏国就像一盘上等佳肴。

就在这时，发生了一件，给齐威王提供了一个大快朵颐的机会。

经过漫长的等待与潜伏，齐国终于亮剑了。

周显王十五年（公元前354年），秦国也利剑出鞘，意图收复战略要地西河地区，打通通向中原之路。

秦军迅速攻克元里（陕西澄城县境），并且长驱直入，攻克吴起当年的前进基地少梁（陕西韩城）。

秦国达到了部分作战意图。

打不过秦国的魏惠王充分发挥"外战外行，内战内行"的光荣传统，与赵国打了起来。魏惠王的这个做法，从经济学的角度来看也很好理解，这头亏本那头补。

魏惠王派大将庞涓千里突击，长驱直入，一举包围赵国的重镇邯郸（河北邯郸），大有一口并吞赵国南部国土之势。

其实，魏惠王此举除了找补之外，还有一个更为重要的战略意图在里面，扼制赵国势力的南侵。

这几年，赵国一味南下发展，大有并吞卫国之势，如果得手，势必对魏国的东部领地构成严重威胁。

虽然力不从心，但为维护老大的体面，魏惠王依然在做最后的挣扎。

魏惠王最初的考虑是，重新夺回中山国的地盘（魏武侯回国继位，赵国乘机袭取之），在赵国北境安插一颗钉子，以牵制赵国势力的南侵。魏惠王的这个打法还是比较稳妥的。但大将庞涓认为，中山国距魏远而近赵，就是成功占领也很难守住，不如干脆直捣邯郸，占领它，迫使赵国往北收缩。由此可见，庞涓是一个敢打敢拼的人，天生喜欢冒险。

为什么这么说？

你想，魏军如果精锐尽出，有三个国家完全可以乘机打魏国一杆子：一是西边的秦国，一是东边的齐国，一是南边的楚国。

在战国之世任何一个国家的做大，都是对其他国家的潜在威胁，保不准什么时候这倒霉事就摊到咱头上了，因此，有实力进行干预的国家自然不会坐视不管。

事实也正是如此，正是由于庞涓的冒险轻进，魏国在之后的战局上完全陷入被动，不仅是两线作战，而是多线作战。

附：秦军攻占少梁

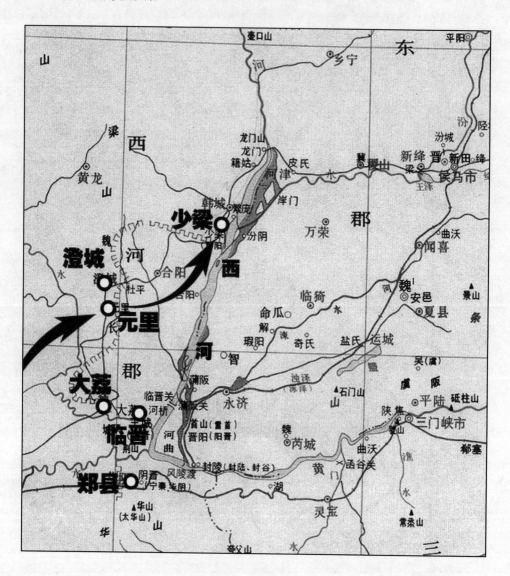

孙、庞斗法（2）

　　赵成侯的心里跟明镜似的，单打独斗断断不是魏国的对手，为今之计只得寻求外

援。于是分派使臣向楚国和齐国求救。赵成侯也是精明人，只要南方的楚国和东方的齐国肯出兵，就可以形成对魏军的三路夹击之势，魏军势必后撤。

然而赵成侯料想不到的是齐、楚两国虽然出兵了，但邯郸却没保住。

很显然，赵成侯忽略了一个致命的问题：战国之世就如商场，而商场自有商场的规矩，那就是谁都想成为赚钱的极少数而不是赔钱的大多数。

那么，齐、楚如何成为赚钱的极少数呢？我们肯定会想到一个词：趁火打劫。

确实是如此，但应该承认，这是最低级的方式。战国时期的那些商战高手们，才不会选择如此赤裸裸的下策，这无疑是明明白白地告诉世人，咱就是强盗。无故让别人提防自己，他们不会蠢到这个地步。他们的选择可谓机关算尽，天衣无缝，既赚了钱，又扮了红脸，顺手捞回无可置疑的道义。

也就是说，在确保一方不吃掉另一方的前提下，让他们打去，两虎相争必然两败俱伤，只要把他们的势力削弱，不对本国构成致命威胁，就算赚大了。

这才是那些商战高手们十足精明的上策。

战国之世，各怀鬼胎的诡异场景自此彰显无疑。

有两个人就做了如上选择，一个是楚国的景舍，一个是齐国的段干朋（《战国策》说是段干纶）。

昭奚恤对楚宣王说："不要救，让他们斗去，我们坐收渔利。"

看来昭奚恤不是一个顶级阴谋家，真正顶级的阴谋家应该是这样的：偷着乐，表面上还得装出悲天悯人的样子。

大将景舍就是这样一个顶级阴谋家。

他对楚昭王说："昭奚恤把问题想得太简单了。如果魏国成功并吞赵国，对我们有什么好处？退一步讲，魏国一下子吃不了赵国，但万一赵国对楚国的见死不救怀恨在心，由此倒向魏国一边，与魏联手对付楚国，这不是自找麻烦吗？"

景舍的办法是：要出兵，但只出工不出力，让他们打去，打到两败俱伤，我们再联合秦、齐，三路夹击魏国，必能破之。

事实证明，要想削弱魏国，没有比这更好的办法了。

这才叫老奸巨猾。

与此同时，老奸巨猾的段干朋也与景舍想到了一块。

齐国国相邹忌的主张和昭奚恤一样，让他们打去，不出兵，但段干朋支持齐威王出兵。

于是，就在魏军包围邯郸的同一年，楚昭王命景舍率兵施援赵国。

次年，齐威王命田忌为大将，孙膑为军师，也点将出兵。

一场大战迫在眉睫。

然而事情的发展出乎意料，魏、赵之战，最后竟然演变成齐、魏大战。而齐、魏大战的背后，其实质就是两个著名人物之间的智力决胜。

这两个人就是庞涓和孙膑。

附：魏围邯郸

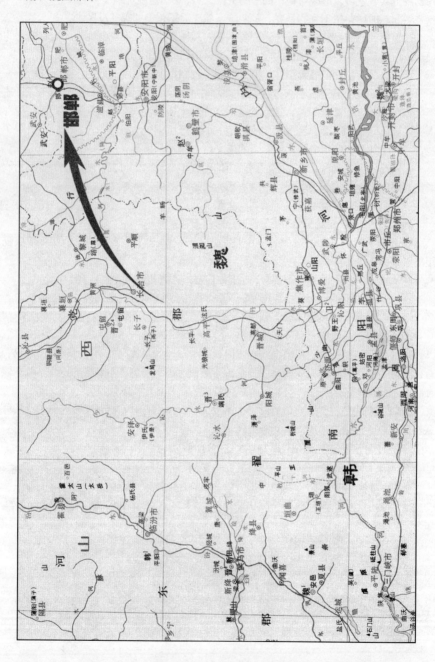

孙、庞斗法（3）

孙膑，齐国人，春秋时期著名军事家孙武的后代。

孙膑其原名已不可考，"膑"是使人致残的一种刑法：挖去膝盖骨。而挖去孙膑膝盖骨的人就是庞涓。

孙膑与庞涓据说是同门师兄弟，曾师事鬼谷子。

鬼谷子，姓王名诩，因隐居云梦山（在河南省鹤壁市淇县西南十五公里，属太行山脉）之鬼谷，故自称鬼谷先生。

鬼，原是归。鬼谷其实就是归谷。所以称为鬼者，是因为鬼谷先生的学问和他的号一样，相当"鬼，主修是心计，选修还是心计。所谓仁义道德，在生存第一的时代，统统靠边站。

鬼谷先生是那个特殊年代的特殊产物，当时，大多数人走的都是他这条路线，而他则算得上诸多阴谋家中的顶级人物，同时也是战国之世另一路主流学派——投机的代表人物。因此，鬼谷先生名不见重于后代也是可以理解的，毕竟打打杀杀、终日忙于算计不是生活的常态。

鬼谷先生有两项极重要的本事：

一是擅长外交，这就是名重当时的纵横之术，鬼谷先生也因此无限光荣地晋升为纵横家之鼻祖。门下得其衣钵的弟子是著名的张仪。

一是精通兵法。兵者，诡道也，能不鬼么！学成出师的是庞涓和孙膑。

这对师兄弟似乎是想在自己人身上试试老师的手艺到底灵不灵验似的，于是就打了起来，打到最后就是你死我活了。

当然，能够打起来也是有原因的，这个原因就是庞涓的自卑心理。

人是很奇怪的动物，夫子说：无友不如己者。但真正交到比自己强的朋友时，除了能从他身上得到些许教益之外，很自然也会产生一种微妙心理，这种心理可以有两种表述方式，两者带来的结果也是大不一样的。

一是争强好胜。不服输的心理使朋友之间形成这样的关系：暗暗较劲，又互相激励，其结果是相互超越并共同进步。实在超越不了也没关系，索性心甘情愿地认输，成为朋友的得力助手。历史上的管仲和鲍叔牙、马克思和恩格斯就是这样的关系。这当然是最理想的友谊状态，我想，夫子之本意也是如此的吧，所以有"益友"之说。

夫子说，正直的朋友，真诚而可信赖的朋友，博学而见多识广的朋友，可以让我们受益良多。而喜欢谄媚逢迎、溜须拍马，表面一套、背里一套的朋友，只会让自己受到伤害，这就是所谓的"损者三友"。

不幸的是，孙膑交到的就是这样的损友。面对远强过自己、无论如何努力都无法超越的孙膑，庞涓的心理很阴暗。而阴暗向来会让人缺失理智，这就是嫉妒。

无数的历史与现实都证明，这是一种很要命的心理。

在鬼谷门下的时候，孙膑就是庞涓无法超越的塔尖，而鬼谷先生也从来高看孙膑，低看庞涓，这让庞涓很郁闷。一气之下，魏国人庞涓先期下山，在魏国找到了将军的工作。

可是他终究放不下这块心病，如果孙膑出山，不管是来魏国，还是回到齐国，无疑都是他未来仕途的最大障碍。妒火攻心的庞涓不可能坐视这个障碍不管，对于庞涓来说，最好的办法当然是把这位能力不群的孙同窗控制在手里，让他施展不开手脚。

于是，庞涓就把孙同窗骗到了魏国，接下来的事情就简单了，有一个成语用在这里很合适：人为刀俎，我为鱼肉。

庞涓很轻易就罗织一个罪名，安在孙同窗头上。这样，孙同窗就成了名副其实的孙"膑"——膝盖骨没了，从此不能直立行走。另据1972年山东省临沂银雀山出土的《孙膑兵法》残简说，孙膑不是被挖去膝盖骨，而是被砍去双脚。总之，孙膑从此成了废人。

此时，庞涓终于可以狠狠地出一口长期郁阿在心里的恶气了：当初在鬼谷门下的时候你不是很风光吗？老子现在让你生不如死。

上帝明鉴，这才是传说中的心理变态。

然而一心想看孙膑笑话的庞涓，并没有及时地一刀结果孙膑的性命。他无论如何也想不到，正是这个残忍而阴暗的心理，为日后自己的不得好死埋下了致命的祸根。

庞涓没看错，孙膑确实比他聪明。

孙膑利用齐国使者来访的机会，假扮成刑徒求见。于是，在齐国使者的帮助下，孙膑成功逃回齐国。

齐国大夫田忌，通过那场在历史上留下智慧美名的著名赛马会，发现孙膑确实是个人才，而齐威王也同意田忌的观点。废人孙膑就此摇身一变，成为齐国的军师。

孙膑与庞涓之间的生死较量，自此开始。

孙、庞斗法（4）

周显王十六年（公元前353年），齐威王着手调兵点将。

齐威王本来打算让孙膑担任本次军事行动的司令官，但孙膑考虑到自己是刑余之人，怕难以服众。于是齐威王以田忌为统帅，孙膑做军师。

《三国演义》里，诸葛先生有这样一种酷毙了的形象：一身书生装束，坐在两轮车子里，手里捏着一把羽毛扇徐徐扇动，不时抬起扇子指这指那，敌人就在这轻风徐来之中灰飞烟灭。

诸葛先生的指挥如意，后来成为智慧的象征。

其实诸葛先生这种潇洒的形象，是从一个人身上学来的，他就是孙膑。

孙膑既不能走路，也不能骑马，那就只好坐在车子上指挥战斗了。这种车学名叫"辎车"。《释名·释车》说：载辎重卧息其中之车也。前后都有东西遮蔽，可以在里面睡觉。

由此可知，装酷，其实是一种无奈。

田忌考虑事情比较简单，既然要打，那就得真打，直接入赵参战算了。但孙膑棋高一招，他认为，如今魏国精锐尽出，应乘机剑指防守空虚的魏国陪都大梁（河南开封，公元前340年才真正迁都至此），魏军必然回救，这样不但可以解邯郸之围，还可以趁机捞上一笔。

《孙子兵法·虚实篇》有过一句话，大意说：前进而使敌人无法抵御的，是由于袭击敌人懈怠空虚的地方；撤退而使敌人不能追击的，是因为行动迅速而使敌人追赶不及。所以我军要交战时，敌人即使高垒深沟也不得不出来与我交锋，这是因为我们攻击了敌人所必救的地方。我军不想交战时，即使是画地防守，敌人也无法同我交锋，这是因为我们诱使敌人改变了进攻方向。

这就是著名的"攻其所必救"之军事思想的出处，孙膑所使用的就是这个思想。

历史上作为智慧化身的"围魏救赵"就此拉开序幕。

然而经过仔细地研究，我发现孙膑围魏只是战术佯动，其真正的战略意图，是寻找机会与庞涓决一死战。

为什么这么说呢？

周显王二十八年（公元前341年)，魏国进攻韩国，齐国也出手相救。孙膑依然沿用"批亢捣虚"、"攻其所必救"的战略思想，齐军在短短三天时间内，竟直逼大梁近郊的外黄，可见齐军推进的速度。

依据这样的行军速度，孙膑完全有机会打大梁一下，完成即计的战略动作。可是，孙膑没有这样做，磨磨蹭蹭的齐军同楚军一样，其推进速度更像是在郊游而不是来救火的，并没有对大梁构成实质性的威胁。

于是，庞涓遂放心大胆地围攻邯郸，周显王十六年（公元前353年）十月，邯郸陷落。庞涓这才率大军回防。

根据《孙膑兵法》一书的记载，此时，交战双方的兵力配置是这样：魏国八万人，齐军也是八万人。是书"擒庞涓"一节将马陵之战写得相当精彩，本文便据此来叙述。

但一个值得注意的细节是，据史书记载，桂陵一役，孙膑即擒得庞涓。《孙膑兵法》是出土文物，其权威性不容置疑。那么问题就来了，如果此战庞涓被擒，后来的马陵之战就没法打了。

我苦想了很久，猛然想起解放战争时期淮海大战的事。

国民党第十二兵团司令官黄维兵败被俘，很不服气，要求解放军有种就放了他，接着打。毛泽东当然不会听他的，战争岂是儿戏。问题是，这种情况在战国之世却真实地出现过。还记得公孙痤吧？公元前362年，公孙痤与秦军大战于少梁（陕西韩城）地区，兵败被俘，秦献公就放了他。

也就是说，最大的可能是，桂陵一役，庞涓确实是被俘了，但孙膑放了他。不服气那好，打到你服气为止，看到底谁才是真英雄。于是两人接着斗智斗勇。

我认为在没有更有力的证据出现之前，这当是最好的解释。

孙、庞斗法（5）

回到正题。

庞涓统领八万大军到达卫国的茬丘（地名不详）。

此时，孙膑正着手实施他的卖拐计划，一步一步将庞涓拐到他的圈子里。

围棋里有一个手法叫送子，故意露出破绽，送一个子给对方吃，目的当然是为了吃对方更多的子。

送子，正是孙膑卖拐计划的核心思想。

魏国有一个地方叫平陵，此地现在哪里，已无法考证。但据史书记载，平陵南面是宋国，北面是卫国，平陵城池虽小，但管辖的地区很大，人口众多，是魏国东部地区的战略要地，驻有重兵把守。

孙膑打算分一部兵力从齐城（地名不详）、高唐（山东高唐、禹城之间）两路进攻平陵。而齐军进攻途中，必要经过魏国的市丘（地名不详），这样就很容易被魏军切断后勤被给线。然而，孙膑要的就是这个破绽，好引诱庞涓上钩。

于是，二路齐军按计划进兵平陵，但齐军主力却按兵不动。果不其然，庞涓成功切断齐军的后勤线，从平陵与市丘方向两路夹击，齐军大败。庞涓乘胜攻占齐城和高唐。

此时，庞涓应当是得意的，他自认为打败了孙膑。然而庞涓决计想不到，这竟是孙膑布下的局。孙膑正是借此来消磨魏国的战斗力。

魏军围攻邯郸一年多，体力本来就消耗得差不多了，眼下又被孙膑牵着鼻子走，疲于奔命，显然疲惫不堪。

孙膑见庞涓中计，紧接着，他还有一招更大胆的棋，继续调动魏军在路上玩命。此时，战场主动权完全控制在孙膑的手里，孙膑处处抢得"先手"，胜败之分已定。

孙膑派出轻骑兵突然袭击大梁，这才是真正的"攻其所必救"。庞涓果然丢掉辎重，昼夜兼程回救大梁。

当庞涓风尘仆仆赶到桂陵（山东菏泽东北，属魏）时，意想不到的事情发生了，孙膑带领吃饱喝足的齐军主力，已在这里等候多时。

双方就此展开激战，魏军溃败，庞涓被俘。

然而对于魏国来说，这只是噩梦的开始。

周显王十七年（公元前352年），大良造商鞅迫不及待地在西线发动进攻。同年，以楚国为首的诸侯联军在东线兵围魏国之襄陵（河南睢县），与齐国进行了很好的战术配合。

周显王十八年（公元前351年），商鞅继续向北推进，占领魏国之固阳（内蒙古包头附近）。

果然不出景舍所料，魏国的穷折腾，换来的是三面夹击，在战场上完全陷入被动。列国在打压魏国上，步调出奇地一致。

　　一向自以为很淡定的魏惠王，此时除了六神无主，别无良策，不得已只能将辛苦占领来的邯郸拱手送还赵国。两国在漳水缔结条约，重修旧好。

　　就这样，庞涓、孙膑的第一次正面交锋以庞涓的全面败北而告终，其郁闷的心情是可以想见的。庞涓一定很后悔当初一念之差没有杀了孙膑，以至搞成如今这个局面。然而，令庞涓意想不到的是，更大的苦头还在后面等着他。

　　因为孙膑这次虽然放了心高气傲的庞涓，但多年之后，他还将给昔日的同窗好友送上最后的礼物，为他们之间旷日持久的生死较量作个了结。

　　这个最后的礼物就是死神。

附：围魏救赵

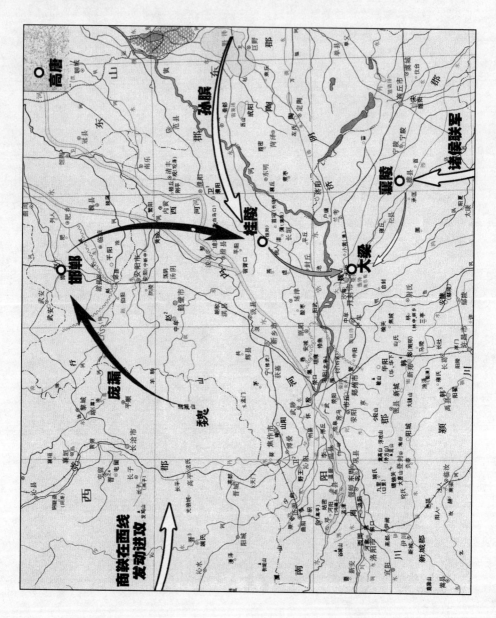

商鞅的"二次革命"

在庞涓和孙膑作出最后的了结之前，秦国在这几年当中是相当顺风顺水的，商鞅在秦国的改革到底显现出应有的威力来。

周显王十九年（公元前350年），商鞅将秦国首都从栎阳回迁至关中沃野咸阳，自此，秦国一直定都于此，直到灭亡。

同年，商鞅的改革进入扫尾阶段：将全国重新划分为三十一个县，每一县只设县令或县长一名，县丞一名，行政机构大为精简，并初步在全国统一度量衡。

商鞅的这两项工作后来成为秦始皇建立秦帝国的范本。

两年后（公元前348年），商鞅完成了他最后的改革，即废井田，开阡陌，实行全盘新式的赋税制度。

由此可见，商鞅的改革并不是急于一时，而是脚踏实地、循序渐进，由政治而后经济，最终全面完成了对秦国的改造。

商鞅的这一经济举措意义非凡，其对后世的影响不亚于政治改革。也就是说，商鞅彻底颠覆了周王朝的朝贡制度。

我们知道，周王朝实行八家农户共养一家王田，这就是井田制。它的弊端显而易见：弊端之一，春秋以后土地大部分为贵族所掠夺，农民实际上已成为宗室贵族的农奴；弊端之二，为了将原本连成一片的田地分割成井字形，二纵二横的田埂虽然占地不多，但举国加起来不是一个小数目。

商鞅的改革将这种制度彻底推翻：土地收归国家，在多年前重新登记户籍的基础上，按户授田，以亩起科，向国家缴纳租赋。这样不但可以使农田连成一片，易于耕作，也可以最大限度地调动农户的积极性，多收三五斗都是咱自己的，谁能不卖力气！

商鞅严禁侵犯土地权，不管是谁，胆敢私自移动田界，都被看作是"盗"的行为，要处以"剃去鬃发"的处罚。偷盗耕牛的，一律处死。

商鞅甚至规定，无故弃灰于道的，将受到严厉的处罚。对大多数现代人而言，灰等于废物。但在当年，那可是上好的肥料。

商鞅这是在充分保护国家的第一产业，即农业。

事实证明商鞅的这一手是相当厉害的。在坐拥关中沃野的基础上，秦国后来又相继占领了四川盆地及汉中平原，为支应连年的统一战争奠定了坚实的经济基础。

周显王二十六年（公元前343年），秦孝公终于等到了这一天，他可以在祖庙中很自豪地对祖先们说：我，嬴渠梁，没有辜负你们的厚望，我无愧为你们的子孙。

因为就在这一年，周显王封秦孝公为西部诸国的盟长，这是秦孝公心中的英雄祖先秦穆公曾经做到的事：称霸西戎。经过将近二十年的努力，秦孝公也做到了这一点。

作为回报，秦孝公命儿子前往朝谨周显王，算是皆大欢喜，大家都得了面子。

不过在这几年中，赵国的情况比较糟。赵国一直以来都很糟，可眼下又遇到了一个令人头疼的坎儿：周显王十九年（公元前350年），赵成侯死了，有两个儿子为争夺国君之位大打出手，结果是太子赵语取得胜利，是为赵肃侯。

三年后（公元前347年），贵族赵范发动叛乱，袭击邯郸不克，被杀。

周显王二十三年（公元前346年），卫国很知趣，见打不过就主动投降，自动降为三晋的附庸国。这样也好，虽然没了面子，倒也省得兵戈迭起。

值得一提的是，周显王十九年（公元前350年），不甘寂寞的韩国也推行了一场改革，只是这场改革不怎么彻底而已。

因为推行这场改革的人，他虽是法家出身，但法家之上，他崇尚黄老之学。

什么是黄老之学？可以用一句话来概括，那就是：不得罪人。因此，韩国的这场改革注定不会彻底。

推行这场不彻底改革的人就是申不害。

申不害的改革

申不害，郑国平民出身的低级官员，周显王十九年（公元前350年），韩昭侯任命他为国相。

申不害在后世非常有名，我们常说的"申韩之学"，"申"即是指申不害，"韩"是法家另一巨子韩非子，地道的韩国贵族。由此可见，申不害可以看作是法家一系的人物。

不过我认为，申不害因为黄老的思想，他应该代表法家的折中主义，或者说修正主义，并不如吴起或者商鞅那样的正宗（严刻），这就是法家在传播过程之中的流变，正如卜子夏是儒家的流变一样。

当年魏国包围赵之邯郸时，国际上除了楚、齐、秦作出激烈反应之外，韩国也作出了反应。然而令人失望的是，韩国的反应很不厚道。

而促使韩昭侯作出如此不厚道反应的人，就是申不害。

其时，赵、魏两国打得不可开交，申不害本想瞧准了赌一把，联合其中一方，混水摸一点鱼。可又不知道韩昭侯的想法，便不敢开口，怕忤逆了韩昭侯的意思。

韩昭侯见群臣都不开口，不得已只得自个儿开口。他问申不害："我帮哪一方好呢？"

申不害说："此事关系重大，请允许我好好考虑一下再回答你。"实质是申不害还摸不清韩昭侯的底牌，不敢贸然开口。

不能不开口，又不能随便开口，那怎么办？不急，鬼精的申不害早已想好了招数。他要先找两个愣头青去试探一下韩昭侯的火力，试出了名堂他顺着说，万一试出火药味，挨骂的自然是那两个愣头青，他正好偷着改弦易辙。

这就是著名的炮灰理论。

于是，申不害煞有介事地对赵卓和韩晁说："你们都是国家的栋梁之才（辩士，相当于政策顾问），当此非常时期，你们得拿出态度来，大王用不用在其次，关键的是我们作为臣子，要做到尽忠的本分。"

说得赵卓和韩晁情绪亢奋，于是这两个炮灰就屁颠屁颠地去了。韩昭侯的意见果然出来了，申不害顺势巧舌如簧一番，韩昭侯也果然愈发看重申不害。

虽然正史没有交代韩国到底是联合赵国还是魏国，但接下来所发生的事实，却给出了明确的答案。

楚、齐出兵援赵的同一年（公元前353年），韩国派兵攻占东周政府（周王室下面的一个小封国）的陵观（地名不详）和廪丘（山东范县东南）。

这就是申不害迎合韩昭侯的馊主意，后来韩国被庞涓打得鼻青脸肿，赵国袖手旁观，齐国借机坑一把，说来也是韩国自作孽，纯属活该。

申不害担任韩国的国相长达十五年之久，他的主要工作基本上谄媚取宠。

有一次，申不害想推荐他的堂兄出来做官，遭到韩昭侯的拒绝。申不害很不高兴。

韩昭侯说："你曾经教导我，要严格地执行赏罚制度，用人要按一定的程序，可是你却带头破坏你自己所制定的原则。我是接受你的请托而破坏你的原则呢，还是遵守你的原则而拒绝你的请托？"

申不害吓得不轻，但到底学过"黄老"，遂冒出一句："您果然是英明之主。"

从这件事情来看，韩昭侯还算不糊涂，但申不害有点糊涂。

《史记》和《通鉴》这样评价申不害这些年的政绩。《史记》说："终申子之身,国治兵强,无侵韩者"。《通鉴》说："终申子之身,国治兵强。"

显然，《史记》有溢美之嫌，申不害在周显王三十二年（公元前337年）去世之前，韩国至少被狠狠地揍过一次，焉能说"无侵韩者"？倒是《通鉴》的评价多少还算中肯，韩国毕竟有过一些变动，我认为这很大程度上应该得益于韩昭侯的不糊涂。

有一个有趣的现象是，到此时为止，战国之世的五大改革，其中四次明明白白都是法家牵头引起的（李克、吴起、商鞅、申不害）。

虽然我不敢肯定邹忌的学术思想来源，史料也并无相关记载。但可以肯定的一点是，齐威王在齐国励精图治，奉行的便是"修法督奸"，也与法家脱不开干系。再加上稷下学派兼收并蓄的学风特点，我想，邹忌理应受到过法家思想的影响。

由此可见法家思想在当年的巨大影响力，其对政治干预之深，超乎想象。

清算（1）

周显王二十八年（公元前341年），时隔十三年之后，孙膑与庞涓这两个师兄弟最后清算的时刻终于到了。

这一年，庞涓率大军包围韩国首都新郑，志欲灭之而后快，韩国火速向齐国请求增援。

对于齐威王来说，救是肯定要救的，他不可能坐视韩国被吞并而不管。但早救还是晚救？齐威王拿不定主意。于是召开御前会议，商讨对策。

国相邹忌还是以前的老调：见死不救。

大将田忌典型的军人性格，比较爽直。他认为，既然要救，晚救不如早救，这样可以争取主动。

但孙膑却认为早救不如晚救，让他们斗去吧，我们坐收渔人之利。

孙膑与景舍想到了一块。或者说，这一套思路是当时国际社会公开的秘密，属于阳谋，只是看谁的手法更为圆润，更为不露声色而已。

齐威王采纳了孙膑的意见，答复韩使者一定出兵。

这样，韩国就如十三年前的邯郸一样，坚定抵抗之决心，可是却零比五惨败，看来庞涓此人是有一定的作战能力的。

情势危急，韩国不得已再派使者赴齐，这次带来的条件比较优厚，韩国自动降格为齐国的附庸国。

战国七雄之实力自此开始出现实质上的分野。

于是，齐国军队这才磨磨蹭蹭地出发，采用的策略依然同十三年前一样直趋大梁，作战术佯动，寻找机会，歼灭魏军主力。

这次愚蠢的魏惠王成全了孙膑。

被搅起肝火的魏惠王决心让齐国长点记性，于是下令全国总动员，坚决、彻底地要将齐国打趴下，省得它老在背后捣鬼，顺带告诉齐国：我魏国不是那么好惹的！

然而事实是，齐国才是不好惹的，孙膑才是不好惹的，而魏惠王是好惹的，庞涓也是好惹的。

齐军的统帅依然是田忌，田婴、田盼做副手，孙膑依然做他的军师；魏军统帅是上将军太子魏申，庞涓做前敌总指挥。

然而对于魏惠王这个决定，魏国国内有点脑子的人都不看好。因为魏申不习兵旅，庞涓又过于冒险，就这两个家伙岂是田忌与孙膑的对手？此战必败，太子魏申必不得全身而还，这就是他们的判断。

魏惠王鬼迷心窍地举全国之力来打这一仗，可令人惊讶的是，在这个决定国家危亡的非常时刻，竟然没有一个人站出来当面给魏惠王敲敲警钟。他们都团结一致地在全力以赴做另外一件事：争权夺利。这就是魏国的大势，还有什么话好说。

于是，奇怪的一幕出现了：志大才疏的魏惠王，在前廷紧锣密鼓地准备战斗，后院一场看不见硝烟的战斗也在悄然打响。太子魏申还活着，争抢太子之位的打闹声却已甚嚣尘上。

有个谋士给魏理（魏申的弟弟）的老师出了一个主意：如果魏理想当太子，眼下是最好的时机。办法是让魏理去王太后面前劝阻魏申率兵攻齐，如果劝阻成功，魏理就可以借此树立威信，如果不成，将来的太子之位一定是他的。

这位不知名的谋士，其识见是高明的，只不过他高明了一半，另一半失算了。

魏军果然全军覆没，太子魏申被俘。但继承太子之位的不是魏理，而是魏嗣（一名赫），即后来的魏襄王。但不管怎么说，这位不知名的谋士还算厉害，可惜只是个神机妙算的小人。

清算（2）

在齐、魏决战之前，不仅是魏国统帅部下定决心要决一死战，孙膑也是暗下决心要打一场歼灭战的。

孙膑的过人之处在于他利用了魏国急于求战的心理，先是虚晃一招，把魏军带进坑里，聚而歼之。

田忌问孙膑如何战胜"众且武"的敌人，孙膑回答说："面对兵力和战斗力都明显占有优势的敌人，最好的办法就是避其兵锋，示假隐真以麻痹敌军，让其产生骄傲轻敌的心理，接着想方设法消耗敌军的士气和战斗力。然后乘其不备，突然反击，定可一举歼灭之。"

这就是孙膑在战役初期的战略方针。

事实证明，孙膑的这个战法是相当厉害的。解放战争时期，胡宗南部几十万大军却被彭大将军几万部队屯兵于陕北地区，所使用的就是这个战略思想。老彭"害"得堂堂陆军一级上将、黄埔一期生胡宗南被黄埔同仁戏称为："胡宗南，也就是一个团长。"而孙膑则害得庞涓命丧黄泉。当然，要怪只能怪他们学艺不精，技不如人。

于是，孙膑建议田忌说："三晋素来号称骁勇，常看不起齐国人，认为齐国人胆小怕死。一个优秀的指挥官就是要顺着敌人的心思，引诱他们犯错误。《孙子兵法》说：以日行百里的速度急行军，会全军覆没；以日行五十里的速度急行军，士兵会死伤或者逃亡过半。我们要让庞涓跳进这个陷阱。"

为配合这个挖坑思想，孙膑一改十三年前磨磨蹭蹭的战法，以玩命的速度迅即向魏国推进，仅三天时间就逼近大梁近郊的外黄，对大梁造成十足的威胁。

此一招数还是十三年前的攻其所必救。

庞涓果然释新郑之围，拨转马头，立即回防。

孙膑知道，是时候了，该与这位昔日的同窗练练把式了，是骡是马总得拉出来遛遛。

为了麻痹庞涓，示之以弱，进而牵住他的鼻子，孙膑想到了著名的一计：减灶。

齐军第一天造十万灶做饭，第二天就剩下五万灶。到了第三天，更惨，只剩两万。

其实孙膑玩的就是心跳，他要让庞涓的心跳加速，从而造成脑缺氧，出现判断失误。

果然，大脑极度缺氧的庞涓不知是计，自以为捕捉到了天大的战机，仰天发出一连串得意的笑声：我料到齐国人怯懦，没想到竟会怯懦到这种地步。

于是，庞涓让魏申率大军殿后，自率轻骑孤军深入，"倍日"急进，朝齐军猛扑过来。

什么是"倍日"？两天的路程一天走完就叫"倍日"。

"倍日"这个词非常关键，其反映了当时交战双方的这种态势：孙膑玩命地撤退，庞涓玩命地追击。

套子就这样下成了。

此时，有一个人察觉到这似乎是圈套，打算劝太子魏申鸣金收兵。

此人叫徐子。姓徐，"子"是春秋战国时期对有学问之人的通称，也就是徐先生。

这个徐先生看来脑瓜子很好用，他对魏申说："我有百战百胜之术，不知您有兴趣听吗？"

魏申说："说来听听。"

徐先生说："您这次亲率大军出征，即使打赢了，也不过是照样当魏王，而如果打了败战，那就惨了，魏国会陷于万劫不复之境地。"

魏申觉得有道理，打算就此撤兵。

问题是，魏军此时一路高歌猛进、斗志昂扬，不仅是庞涓，大多数人都持这样一种乐观看法：齐军不堪一击。因此积极主战，想借此捞点好处，混口汤喝。这也是促成庞涓无视风险、冒险轻进的重要推手。

魏申的司机就是这大多数人中的一分子。

他对魏申说："就这样灰溜溜地回去，跟打败仗有什么区别？"

魏申也觉得有道理，兴师动众地出来，却无功而返，脸面往哪儿搁？于是下定决心，决一死战。

清算（3）

今山东濮县北三十里处有一个地方叫马陵，此地山高林密，涧谷深峻，道路逼仄，是一个理想的伏击地点。而孙膑生于山东鄄城，距此地不远，对马陵的地形地貌他应该是非常熟悉的。更为重要的是，十三年前的桂陵一役，孙膑走的也是这条路线，这样就不会引起庞涓的怀疑。这就是孙膑选择向马陵方向撤退，而不是直插齐国本土的原因。

一头雾水的庞涓并没有意识到这是一个圈套，仍然高歌猛进，大踏步往陷阱里跳。

孙膑盘算，按庞涓的行进速度，当在日暮时分到达马陵地区。于是，在周匝茂密的丛林里，一万多名弓弩手潜伏待命，专候庞涓的到来。

孙膑决心让庞涓死两次，先是活活气他个半死死，然后乱箭将其射死。他选中密林中某棵显眼的树，漆成白色，上书：庞涓死此树下。并命令部队，但见火光即万弩齐发，不要客气。

关于这件事情，确实相当神怪，孙膑如何料得庞涓就当在日暮时分到达马陵地区？如果时间提前呢？比如傍晚，天光尚明，举火为号不就破产了？因为马陵之役太过神奇，后人据此而怀疑是否真有此战。

其实这事也相当好理解，庞涓求战心切，决计不肯让孙膑溜了，必然紧追不舍，不管白天与黑夜。而孙膑恰恰利用了这一点。也就是说，孙膑当时的心理应该是这样的：不管庞涓什么时间到达，孙膑下定决心在马陵地区歼灭之。

换言之，"庞涓死此树下"这六个字，完全可以看作是孙膑的一个决心，就此歼灭庞涓的决心。

关于这一点，我有如下解读：

成功牵住庞涓鼻子的孙膑，完全可以有两手打算：

首先，如果庞涓提前到达，势必要通过马陵涧谷追击齐军，这时，万弩齐发，照样可以要庞涓的命。

其次，如果庞涓果真日暮时分或者之后到达——如果当年也习惯打夜战的话，火光当然是发起攻击的最好信号。

事实是，庞涓果于日暮时分到达马陵地区。当他举火查看明显得就如路标一样的那六个字之时，惊心动魄的一幕出现了：他甚至连这六个字都没来得及读完，要命的乱箭即铺天盖地而来，将部队杀得四散逃命，失去有效的抵抗。

火光熄灭的那一瞬间，庞涓终于清醒了，尽管他的内心是十万个不情愿，但却无法回避这个事实：他竟然自觉地配合孙同窗完成了一场动作漂亮的狩猎，充当了孙同窗的狩猎对象。

庞涓知道，他到底不是那个厉害的孙同窗的对手，再修炼一万年也不是。无法再次面对失败之屈辱的庞涓，想到了最后的出路——死。

在自杀前庞涓留下这样一句话：我这一死，没想到成全了孙膑这小子（遂使竖子成名）！

很多人都认为，庞涓是自知难逃一死才选择自杀的。

果真是这样的吗？我以为不然。

事实上，在马陵地区的魏军当时并没有全军覆没。《通鉴》的说法是：魏师大乱相失。

什么是"相失"？就是四散逃命，部队失去有效的联络。也就是说，庞涓的这支先头骑兵部队并没有全部被歼灭，手脚麻利的也都有机会捡漏。

作为一军统帅的庞涓，也应该有机会"相失"在乱兵里，黑灯瞎火的，谁也认不出他来。但庞涓到底是个有血性的人，他还真是被孙膑气死的。自知斗不过孙膑，也难以接受再次兵败之辱，这才引颈自刎。

齐军乘胜进击，十万魏军全军覆没，太子魏申果然当了俘虏。

孙庞之争就此落幕。应该承认，庞涓是一个有一定作战能力的人，两次大规模的军事行动都剑指敌方的要害部位，胆量够大，出手够狠。但此人太过阴险，最终搬起石头砸了自己的脚，也坏了魏国的大事。

孙庞斗法，其实就是齐魏争雄的缩影，庞涓之死，也就意味着魏国时代的彻底终结，魏国顺利降级，从此再也没有缓过劲儿来。而齐国也借此而确立了称雄东方的地位。

对于魏惠王来说，这无疑是一场大灾难，然而令他想不到的是，根据"落井下石"的战国原则，一场更大的灾难还在后头等着他。

这就叫福无双至，祸不单行。

附：马陵之战

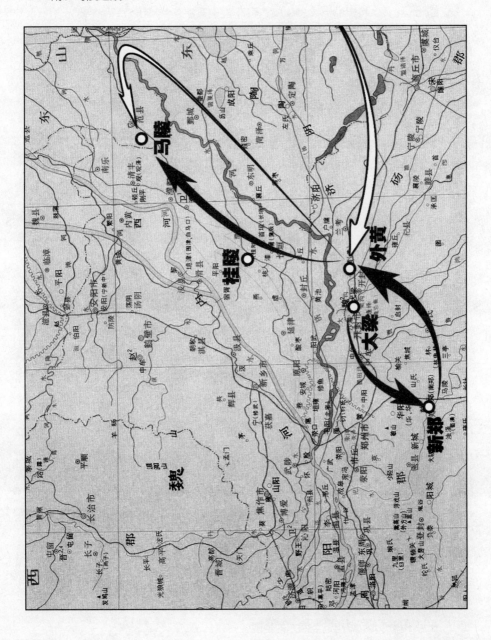

寻找孙膑（1）

经此一役，大将田忌声威远震，声望日隆。

然而这时却有一双眼睛盯住了他，目光冷得犹如一把寒气逼人的利剑，直奔田忌的项上人头而来。

投出如此冰冷目光的人就是国相邹忌。

战国时代比拼的是实力，而实力与官位之间，常常可以成正比。邹忌分明感觉到了有巨大的威胁正一步步朝他逼近，他不可能坐视不管。而要想保住相位，最好的办法当然是搞掉田忌。

精明的孙膑敏锐地觉察到这一点，他正愁找不到机会报答田忌，眼下正是时候。因为孙膑很清楚，田忌于他有知遇之恩，如果没有田忌的引荐，他是得不到齐威王的赏识的，也就谈不上报仇雪恨了。

孙膑不愧是鬼谷子的得意门生，为了报恩，一个大胆的计划在他的脑海中酝酿成型。

孙膑对田忌说："将军敢乘势做一番大事业吗？"

田忌说："此话怎讲？"

孙膑说："将军与邹忌之间水火不容，这是明摆着的事。而邹忌深得齐威王信任，将军如果想安然无恙地在齐国立足，唯一的办法就是利用我们手头的部队，直击临淄，制服齐威王，生擒邹忌，这才是您的未来。"

如果田忌肯听孙膑的，我敢肯定，以田忌的军事才干，佐以孙膑的人谋鬼谋，打齐威王一个措手不及，胜算在九成以上，齐国的历史真得改写。可是，田忌不愿这样做，或许他认为事情还不至于糟到这个地步。

实际上，事情还真这么糟。田忌不做，不等于邹忌就不做。

子曾经曰过，这个世界上有一种人，既得之患得之，既失之患失之，这就是成语"患得患失"的出处。而这种要命的心理一旦产生，为了保住既得利益，什么手段都使得出来，什么事都做得出来。这就叫"无所不用其极"。

邹忌就是这样一个患得患失，然后无所不用其极的人。他想到了极其阴毒的一招：栽赃陷害。

邹忌命手下人拿上二百两黄金到街上去请人卜卦，自称是田忌的随从，求测："我家将军名震天下，想做一件大事，不知吉凶如何？"算卦的结果还没出来，邹忌即命人逮捕了这位算卦先生。邹忌要的只是口实，至于真假他不管，这叫罗织。这样，图谋造反的铁帽子就扣在了田忌头上。

眼看就要掀起大狱，田忌有口难辩，这才想起孙膑的话，于是发兵攻击临淄。田忌的本意是想活抓邹忌，澄清此事。可惜，邹忌早有准备，临淄没攻下来，田忌却以实际行动证明他在造反。

田忌不得已，只得出逃至南方的楚国。

然而田忌想不到事情并没有就此结束，邹忌依然在远距离遥控他。

鬼精的邹忌很清楚，不甘失败的田忌，如果借楚国的势力来打压齐国，以此来逼走他，他的日子会很难过。

于是，他派出一个叫杜赫的人，前去游说楚宣王，毋必想办法把田忌留在楚国，并且不再有其他任何想法。

杜赫对楚宣王说："邹忌之所以不同楚国亲善的原因，是因为邹忌担心田忌借助楚国的势力重返齐国。大王不如将田忌派到江南去，这样做有两个好处：一是向邹忌表明，田忌不可以再回到齐国了，保住相位的邹忌必定善待楚国；二是田忌是逃命之人，突然就得了土地，当起地主，必然对大王感恩戴德，日后田忌要真回到齐国，也一定与楚国交善。大王您这是双赢，何乐而不为呢？"

楚宣王果然把田忌远远地支到江南去了。

田忌是安顿好了，此时，军师孙膑在哪里呢？

答案一定很让你意外，孙膑人间蒸发了。

寻找孙膑（2）

随着田忌的亡命天涯，孙膑也跟我们玩起迷藏，自此消失在历史的丛林里，不再露面，生死未知。

孙膑此后的去处成了一个永远的谜。

当然要解开这个谜也还是有办法的，因为所谓的谜，就如多解方程式存在多个答案，我们不敢肯定哪个答案是正解，因此才显得扑朔迷离。虽然如此，只要我们的推理符合事情的发展逻辑，也符合人物本身的性格特征，那么即是合情合理。我想，建立在这个基础之上的假设，虽不敢说可以做到八九不离十，但最起码可以得出大体的轮廓概貌，这就像刑侦专家通过受害者的描述而给犯罪嫌疑人画像一样。

这就是著名的"大胆假设，小心求证"，十分管用的解谜方法。

那么好吧，我们就用这个方法，试试能否寻找到深度失踪的孙膑先生。

当田忌亡命天涯的时候，孙膑有三种选择：

一是随田忌出逃；

二是回到齐国，继续做他的军师；

三是选择离开。

第一种选择可以排除，就孙膑那个样子，跑不了多远就得被抓回牢里呆着，孙膑不可能这样蠢。第二种情况也可以排除，清除异己向来是连其党羽一并清除干净，邹忌不可能在自己的身边留下一个"豫让"，孙膑也不会蠢到回去送死。

唯一的可能是第三种，选择离开。

那么孙膑离开田忌的最佳时机是什么时候呢？

答案明摆着，那就是劝不动田忌之时。孙膑的心里跟明镜似的，邹、田之间必有一场火拼，而以田忌的直肠子，断然不会是邹忌的对手。这是孙膑选择离开的第一个理由。

第二个理由是，孙膑冒着身家性命和盘托出造反一事来，他还有留下来的理由吗？万一田忌某一天酒后失言，他孙膑必定死无葬身之地。

综合以上考虑，于是某一天，趁着朦胧的夜色，孙膑上路了，带着他的几个贴身随从和他的辎车，从此消失在世人的视线里。

孙膑一定会和他的老师鬼谷先生一样，找一个风景优美的地方，随便搭一个草庐，很自在过起他的自耕农生活。

晨曦理荒秽，带月荷锄归。这样的日子是很舒坦的，远离政治，远离喧嚣，远离阴谋诡计、尔虞我诈，在风云变幻的天空下静观潮起潮落，坐看云卷风舒。

无聊的时候，孙膑可以教授几个弟子，收点"束修"换点酒喝。他也可以写写自传之类，回忆回忆并不平静的前世今生。有孩子的话，还可以讲讲曾经的苦难与辉煌。

这才是聪明的孙膑为自己安排的结局。

现在的山东省日照市九仙山，有一处掩映在竹林深处的名胜古迹叫九仙书院，又称为孙膑书院。据说此地就是孙膑当年选择离开之后，最后落脚的地方。

九仙山风景之盛，宋代文学家苏轼用一句诗概括："九仙今已压京东"。孙膑便在这个风景如画的地方，自己动手修筑石屋三间，聚徒讲学，研读兵法，这才有了千古不朽的军事巨著《孙膑兵法》。

清康熙年间文人李澄中登临此地，曾赋诗曰："孙子何年去?空余此讲堂。云深丹灶冷，竹覆石坛荒。"

孙膑的一生好像专为与庞涓过不去而存在的一样，当初被庞涓折磨得要死，后来他也把庞涓折磨得要死。这分明就是不是冤家不聚头，庞涓一死，孙膑也就解甲归田，无声无息了。

当然他的无声无息，相当有智慧。

先于诸葛孔明，孙膑成为中国历史上智慧的化身。

附：九仙山

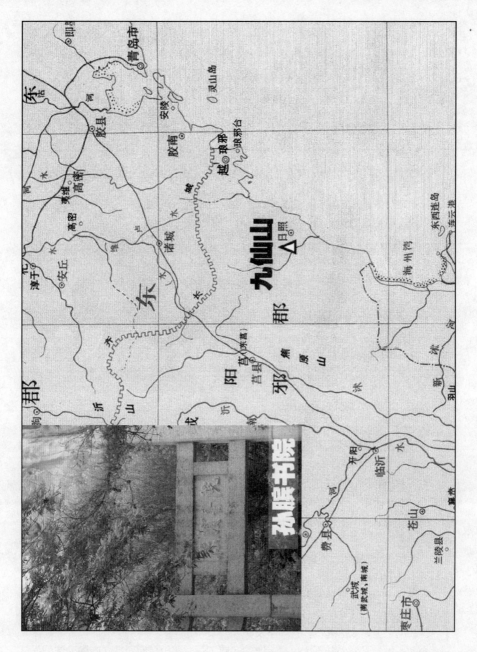

第四章 群雄并峙

商鞅之死（1）

我们之前说过，马陵之战魏国完败，十万精锐损失殆尽，大将庞涓身死，太子魏申被俘，举国震惊。

然而雪上加霜的是，有一个人及时抓住了这个战机，进一步将魏国打残打惨，惨到什么地步呢？魏国全线崩溃。

如果此时齐威王够聪明，乘势剑指大梁，两相合击，魏国决不会有好日子过，而且极有可能被扫地出局，如曾经的晋国一样彻底成为过去式。

然而令人惊奇的是，面对这样一个千载难寻的战机，齐国却后院起火，田忌和邹忌打了起来。经过这么一闹，大将田忌出走，军师孙膑失踪，齐国自顾不暇，也就错失了进一步打压魏国的最佳时期。

这就是历史的戏剧性，魏国又侥幸躲过一劫。

而将魏国进一步打残的人是商鞅。

商鞅的战略意图是：乘魏国新败之余，彻底收复西河地区（黄河西岸，陕西省东部），这样秦国就可以打通东进之路，从而从容控制东方诸国；而魏国一旦丢失黄河天险，腹地无险可守，首都安邑（山西夏县）就完全暴露在秦军的兵锋之下，必然选择迁都。

商鞅对秦孝公说："机不可失，时不再来。此帝王之业也。"

秦孝公怦然心动，当即同意商鞅的作战计划。

在诸侯国中，第一个有明确的一统天下之意识，而不只是停留在称雄称霸阶段的人，就是商鞅。

爷爷曾经告诉我说：一个优秀的猎手不能只一味傻等猎物出现在眼前。寻觅猎物的踪迹、主动出击，这才是作为一个优秀猎手的基本品质。

商鞅就是这样一个优秀的猎手。他总是站在战略的制高点看问题，思维敏捷，眼光超前，既有"战略突变"的应对能力，撞到树上的兔子也捡；又有长远战略的构建能力，跟踪足迹找猎物，将短期利益与长远目标有机的结合在一起，并且为了实现最终目标前进前进再前进。

某种意义上说，商鞅是秦国历史上最伟大的人，后面没有"之一"。这是因为秦孝公初见商鞅时，曾这样表态：我只想在有生之年作威作福（及其身显名天下），至于一统江山之类，太遥远了，我等不及。

由此可见，秦孝公并不比见好就收的齐威王强过多少。问题是，商鞅比邹忌强，在他的帮助和引导之下，秦孝公逐步提高了思想认识，认清了前进方向，深切意识到秦国是可以大有作为的。

换言之，聪明的商鞅成功地将秦孝公的思想统一到他商鞅的旗帜之下，而不是如申不害一样，将思想统一到韩昭侯的旗帜之下。

心理学上有一个概念，叫价值观内化。商鞅的这种一统天下的意识，恰恰被后来的秦王们内化为自身的价值观，坚持不懈，勇往直前，直到获取最后的胜利。这就是商鞅的伟大之处。

正是在商鞅的带领下，秦国经过二十多年的养精蓄锐，终于厚积薄发，成功地显露出锐利锋芒，山东诸国的噩梦自此开始。

周显王二十九年（公元前340年），大良造商鞅率精锐部队进攻魏国之西河地区。魏国派公子魏卬率军抵御。

双方拉开架式，看样子一场恶斗不可避免。

然而意外出现了。

商鞅在魏国的时候，和魏卬的关系非常好。他灵机一动，想在这方面做点文章。

从私人的情感上讲，商鞅利用友情来做文章很缺德，很不讲江湖道义。但从全局来看，似乎又无可指责，因为公孙痤就是这样教他的：先国家而后私情。

学成出师的商鞅于是给魏卬写了一封信，大意是说：我们过去是好朋友，现在依然是好朋友，好朋友相见的地方应该是酒桌而不是战场，那么你来吧，在酒桌上我们把事情办了。

商鞅吃定魏卬了。

为什么这么说呢？

商鞅了解魏卬的脾气是其一；最为关键的是其二：魏国新败于马陵，元气大伤，已没有足够的力量再次发起大规模作战行动。

事实上，魏卬也正是这样考虑的，能不打则不打，打了也没有多少胜算。而商鞅竟然主动提出和平解决领土纠纷问题，对于魏卬来说，这当然是求之不得的事。

这就是商鞅吃定魏卬的地方。

魏卬的部下提出一点担心：万一商鞅使诈，而主帅又轻离指挥位置，后果同样不堪设想。

事实证明魏卬部下的担心是有道理的。

问题是此时魏卬的侥幸心理完全控制了理智，而并不全是出于对商鞅的信任。于是，力排众议，决意一行。

可是，这一去，真的坏事了。

酒桌上，商鞅并没有为难魏卬，而是聊得很开心，回忆回忆过去，展望展望未来。

这个未来就是不开战的未来，双方代表各自的政府签订了互不侵犯条约，并表示要世世睦邻友好。戏演得相当足，话说得相当好听，或许还歃血以盟，喝了"鸡血酒"呢！魏卬也一定暗自庆幸此行来对了，替魏国化解了一场危机。

然而，酒酣耳热的魏卬决计想不到，此时的商鞅不再是当年那个他所熟知的商鞅了，他的轻率带给魏国的不是福音而是灾难。

酒席刚撤，商鞅立即端出另一副陌生的面孔。早已埋下的伏兵，三下两下就解除了魏卬侍卫的武装，还没等酒醒，魏卬就已成为商鞅的人质了。

结果再明白不过了，群龙无首的魏军，在秦军的猛烈攻击之下，迅即崩溃。

赵、齐两国也懂得见机行事，乘机出兵，在东线发起攻击。

听闻惨败的消息，面对糟糕的局面，魏惠王捶胸顿足，后悔当初没听公叔痤的话。可惜一切都晚了。唯今之计只得满足秦国的要求，才能暂时平息西线的攻势，腾出手来收拾糟糕的残局。

于是魏惠王被迫割让西河地区请和，吴起一世的功业就这样毁于一旦。

战国之世委曲求全的割地求和之风，自此开始。

自是，黄河天险成为秦、魏两国的共同军事缓冲区，首都安邑完全暴露在秦军的兵锋之下，魏惠王权衡在三，不得已将首都长途迁徙至黄河以南的大梁（河南开封），这就是历史上魏惠王又称为梁惠王的原因，以深切纪念他在魏国历史上的"卓越"表现。

商鞅如愿以偿地完成了他的作战意图。同年，秦孝公封商鞅为"商君"。

自此，商鞅的事业登上了他一生中最为辉煌的顶点。

附：魏国迁都大梁图

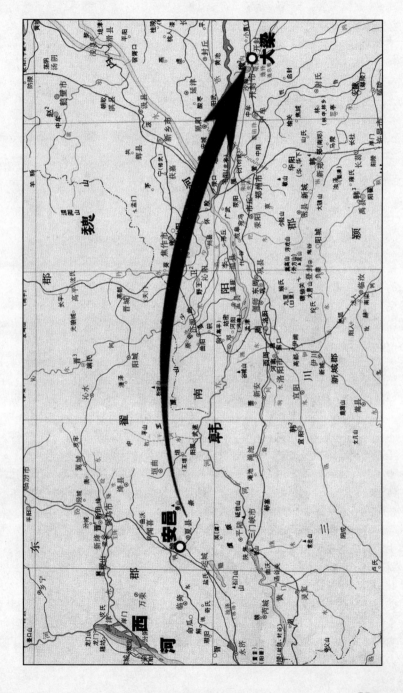

商鞅之死（2）

经过二十多年的打拼，商鞅终于成为一个成功人士。房子有了，车子有了，票子也有了，人的一生中该有的奢侈品，他都有了。更为重要的是，商鞅实现了自己的理想。

应该承认，在商鞅的心目中，后者比前者更为重要。商鞅不是一个为了票子而献身的人。他实在是一个地地道道为了理想而献身的人，一个伟大的人。

为什么这么讲呢？

试想，如果商鞅一门心思只想保住荣华福贵，他完全有多种选择的机会，最厉害的手段有两种：

一是规避风险，挑软柿子来捏，而不必得罪太子，即后来的秦惠文王；

二是既然得罪了太子，他也还有选择的机会，那就是如西汉江充一般，扳倒太子，另择中意的人选。

但他没有。

为了实现自己的理想，义无反顾是商鞅的必然选择。他甚至不惜利用友情，端的就是一副冷血无情、刻薄寡恩的面孔。与其说这是商鞅的性格缺陷，倒不如说这是由法家的学术性格所决定的，为达到中央集权的目的，必要剑无情人也无情。

商鞅做到了这一点，当然他也为此而付出了惨重的代价。

自得秦孝公的信任二十年来，该不该得罪的人都被商鞅得罪光了。他除了喜欢在别人的脸上刻字（黥刑），还喜欢割别人的鼻子（劓刑）。在贯彻执行统一度量衡的过程中，公子嬴虔顶风犯禁，商鞅也毫不客气地割了他的鼻子。嬴虔羞愧难当，杜门不出整整八年。

商鞅曾经亲临渭河处决犯人，杀人杀到什么程度呢？河水尽赤。好家伙，水都染红了，那就不是一个两个地杀，而是砍柴一样成片地杀。

于是，举国上下一片怨望。不再有人念他的好，只惦记着他的坏。

难道商鞅就从未想过得罪人是要付出代价的吗？

事实上商鞅深知自己的铁面带来的后果，所以每次出门，必然戒备森严，孔武有力的侍卫贴身在侧，持矛挥戟的武士在车旁疾驰，后面尾随大批全副武装的战车。如果这些保卫工作没做周全，商鞅就坚决不出门。

与其说商鞅这是在享受权利带给他的荣耀，倒不如说他是在时刻提防不可知风险的发生。商鞅是清楚自己的处境的，他不想成为吴起第二。

就在这时，一个人的出现似乎给商鞅的命运带来了转机。

此人名叫赵良。

如果商鞅肯听赵良的一番劝，我想，商鞅或许能规避后来的悲惨结局。可惜商鞅是一个铁石心肠的人。铁人商鞅不可能选择低头，这是商鞅的命，也是法家的宿命。

商鞅对自己的事业很上心，不无得意地问赵良："你看我治理秦国，与当年的五羖大夫百里奚相比，谁更高明啊？"

应该承认，商鞅是有资格与百里奚相提并论的，因为商鞅帮秦孝公取得了西部诸国盟长之高位，正如百里奚帮助秦穆公称霸西戎一样。

赵良说："俗话说，一千个人俯首听命，不如一个人敢于表示异议。如果您承诺不杀了我，我就说说我的想法，可以吗？"

商鞅说："好。"

赵良直言："百里奚做国相才六七年，即向东讨伐郑国，取得胜利；三次拥立晋国国君，一次拯救楚国于危难之中。有功劳如此，百里奚也从不敢坐"安车"（古人乘车，是站在车上，只有贵族才能使用可以坐的安车）；盛夏酷暑也从不打伞；去地方视察，从来不搞前呼后拥的那一套。百里奚死的时候，秦国上下，不管男女老少，都像死了亲人一样悲伤痛哭。而你，打上台以来，欺凌贵族，残害百姓，连公孙贾和嬴虔这样的大人物你都敢碰。'得人者兴，失人者崩'。你干的这些事，可不能算是得人心。一旦秦孝公有什么三长两短，到时你怎么办呢？"

商鞅不听。

结果是，大祸真的临头了。

商鞅之死（3）

周显王三十一年（公元前338年），商鞅定居秦国的第二十三个年头，决定命运的关键时刻终于到了。

就在这一年，商鞅在秦国立足的最大靠山秦孝公死了，继位的是曾被商鞅深深伤害过的秦惠文王。

即使不曾伤害秦惠文王，也有三个因素决定了商鞅不得不死：

秦惠文王刚继位，巩固权力是他的当务之急，而拉拢人心的最好办法当然是拿商鞅开刀。因为商鞅得罪的人实在太多，俨然成了过街老鼠。杀掉商鞅，可以最大限度地争取人心，消散划一根火柴就可能点燃的怨气。换言之，杀掉商鞅，可以让久已发酵的积怨找到一个合理的发泄口，不致引起更为严重的后果。

此为商鞅不得不死之其一。

商鞅权势过重，大有功高震主之势。当时的秦国境内，国人只认商鞅，不认秦王，只知道商君之法，不知道秦之法。也就是说，商鞅反成了主角，秦王反降为配角，这是秦惠文王不能容忍的。

此为商鞅不得不死之其二。

商鞅以欺诈的手段诱骗好友魏卬，我们似乎在其身上看到了乐羊的影子。果不其然，秦惠文王很不放心商鞅的为人，担心商鞅还会干出什么出格的事情来，早就想收拾商鞅了。

此为商鞅不得不死之其三。

秦惠文王心里是清楚的，商鞅有大功于秦国。事实证明，秦惠文王是认可商鞅这一套做法的，因为秦惠文王杀的只是商鞅这个人，并没有全盘否定或者更改商鞅和秦孝公所制定下来的国策。

也就是说，秦惠文王并没有为了迎合那些失势的贵族们而开历史倒车。秦惠文王只是在做历代帝王都会做的一件事，就是平衡各股政治势力之间的利益，使矛盾不至于太过激化。

这个手段不能算高明，但秦惠文王必须高明地去做。不管秦惠文王是于心不忍，还是认为商鞅死有余辜，商鞅都不得不死。这是商鞅亲手为自己种下的果实。

眼下的商鞅，在秦惠文王的眼里，是一枚意义重大的棋子。留下商鞅，等于全盘接手商鞅的宿敌；杀掉商鞅，则可以团结一切可以团结的力量。秦惠文王没有理由不选择后者。

当然，杀人也得有杀人的法子，不能如李逵一样，朝人多的地方猛砍，那是匹夫。秦惠文王深知如果这样做，他必将引来一片"过河拆桥、卸磨杀驴"的指责声，今后谁还敢替秦国效力？魏武侯逼走吴起进而导致人才流散的局面，将在秦国上演。他不会愚蠢到这种程度。

秦惠文王需要一个合适的人，提出一个合适的理由，让有大功于秦国的商鞅死得合情合理。公孙贾显然不合适，用心太过明显。幸运的是，一个人的出现，替秦惠文王解决了这个难题。

此人就是没鼻子的公子嬴虔。嬴虔上书告发商鞅图谋造反，这是置人死地的惯用伎俩，其臭名昭著的程度等同于"莫须有"，却也是秦惠文王等待已久的伎俩。

秦惠文王当即下令逮捕商鞅。

当此之时，商鞅的内心，一定是凄凉多于绝望：没想到我商鞅一辈子为秦国谋划设计，到头来却被别人谋划与设计。我如此辛苦地起早贪黑到底为了什么？为我自己？王位我坐？还不是为了秦国嘛！

可是，此时的商鞅只能自吞苦果，已经没有人愿意再听他絮絮叨叨了。仇恨吞噬了所有人的理智，已没有人想到商鞅的好处，也没有人想到要为商鞅开脱，哪怕只是一句公道话也好。他们唯一的心思就是：去死吧商鞅！

商鞅终于后悔了，这颗多年来一直高昂的头颅，不得不放弃曾经的高傲，耷拉了下来。如果当初乖乖听了赵良的话，也不至于沦落到如今这个地步。可是世上没有后悔药可吃，商鞅这次终于明白了什么叫众怒不可犯，什么叫树倒猢狲散。

没有了树，猢狲还不如狗。那就赶紧逃吧。

商鞅之死（4）

商鞅打算就近逃往魏国，毕竟他在魏国还有一点人脉。在人生的最后时刻，商鞅也终于意识到友情的重要性。可惜一切都晚了，因为不该伤害的，商鞅成片地伤害过。由此来看，公孙痤教会他的不是真理，而是假命题。

商鞅想起了二十多年前那个在路上风尘仆仆的年轻人，是那样的豪情万丈，充满自信。可是仿佛是坐了一回过山车，眨眼之间，二十多年过去了，他竟然又在路上。所不同的是，此时的他已垂垂老矣，不再有激情，不再怀揣梦想，有的只是失望、悲伤和沮丧。

日暮乡关何处是，烟波江上使人愁。

比乡愁更棘手的问题是今夜何处入眠。于是商鞅走进了一家旅店，他向小二要房间，小二向他要介绍信。

"介绍信？没有。"

"那就对不起了，商君规定，留宿没有介绍信的人是要坐牢的。"

店小二哪里知道，面前站着的这个人就是传闻中的"商君"。商鞅当年搬起的一块大石头到如今狠狠地砸了自己的脚。

被赶出旅店的商鞅，站在凄凉的晚风中，再次反省了平生的所作所为：没想到，我自以为高明的法律竟会有如此大的副作用（嗟呼，为法之弊一至此哉）。

后人送给商鞅一个词：作法自毙。

然而，商鞅毕竟是聪明的，他成功地越过边境线，逃到魏国。可是，迎接他的不是"寒夜客来茶当酒"的笑脸，而是再一次的打击。魏国对这个忘恩负义的偷渡客相当不感冒，拒绝商鞅入境，并且送佛送到西天，把商鞅遣送了回去。

走逃无路的商鞅，不得已折回自己的封地商、於地区。

眼下，商鞅分明听到了死神不断逼近的脚步声，那么好吧，反正都是死，不如鱼死网破。于是商鞅作出了最后的抉择，这个抉择完全符合他强势的性格特点，那就是造反。

商鞅率领他的党徒和商、於地区的民兵，北上攻击郑县（陕西华县）。

这是一个极具危险性的动作。郑县是魏长城的起点，公元前340年那一战，魏长城及西河地区悉数落入秦国手中，中原自此门户洞开。商鞅的意图非常明显：重新夺回西河地区，一者可以堵住秦国的东进之路，打乱由他亲自制定的秦国东进之战略部署，再者也可以为投奔魏国提供政治资本。到那时，成败也就未可知了。

商鞅不愧是天才，在人生最危急的关头，头脑依然是清醒的，至死都没有忘记他的理想。基于此而言，商鞅完全称得上是一个为理想而献身的人。然而令他失望的是，命运不再垂青于他，上帝已然弃他而去。商鞅亲手训练出来的秦国大军果然战斗力十分了得，一战击溃商军，生擒商鞅。

关于商鞅最后就义的地方，仅《史记》本身就有两种说法：一说"杀之于郑黾池"（《史记·商君列传》），一说"商鞅反，死彤地"（《史记·六国年表》）。

黾池，古水名，现在叫渑池，位于河南省渑池县。战国时属郑国，韩国灭郑，归韩国。彤，地名，在陕西省华县境内，而华县战国时称为郑县。

秦惠文王处死商鞅定的罪名就是"造反"，并借此警告国人：莫如商鞅反者。

对于秦惠文王来说，最好的警示基地当然是在郑县，因为商鞅的造反部队第一站就到达这里。

据此，我基本厘清了《史记》中的矛盾记载，并试图还原出商鞅在其人生中最后阶段的活动，事实应该是这样的：

攻击郑县失败后，不甘就毙的商鞅再次选择了向东逃跑，秦军尾随追击，在黾池生擒商鞅，然后押回郑县，在彤地被处决。

商鞅就这样死了，死得相当惨烈，即五马分尸，家族老少也一并被处死。

对于商鞅的死，秦人不怜。

附：商鞅最后的人生路线图

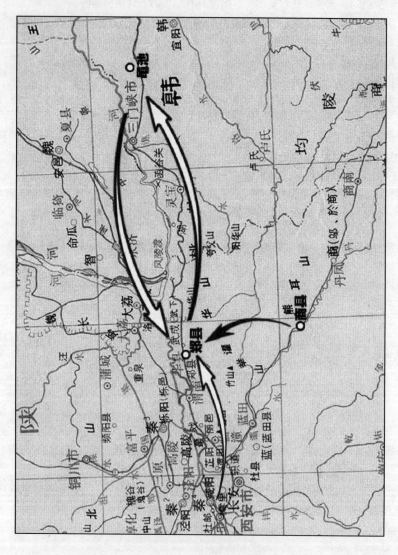

商鞅之死（5）

明人张燧在《千百年眼》一书中这样评价商鞅："（商）鞅一切不顾，直是有豪杰雄胆。"

这句话非常中肯。这说明，张燧是懂得商鞅的。

商鞅原本赤手空拳，而他需要面对的却是群狼，成为拼命三郎是他唯一的出路。

然而，猛打猛杀不是商鞅悲剧结局的根源之所在，悲剧的总根源在于商鞅打杀了群狼背后的那个制度。

这个我们必须牢记的制度是这样的：在任何国家推行一种新秩序都是最难于着手、最险于进行，甚至是最少把握成功的一件事。因为推行新秩序的改革家无疑将自己置身于这样一个位置：一切从旧秩序中获得利益之人的敌人。而一切有希望从新制度中得到好处的人，却都只是些不甚热心的保卫者。这种淡漠心情之所以会产生，一部分因为他们害怕那些受既存法律之惠的人，另一部分则由于人类不肯轻信的天性，对于任何新事物人们往往都不会轻易相信，除非它为现实所证明。因此，每当可以向改革家攻击的机会来临之时，反对者们总是以偏激的热情向他进攻，而另一些人只是敷衍了事，给他以象征性的保卫。处在这二者之间的改革者，无疑是冒着大险的（《君王论》）。

商鞅是冒了大险了，踩着地雷阵了，并且被炸得粉身碎骨。问题是，这事总得有人去做，正如碉堡总得有人去炸一样。不是董存瑞就是刘存瑞，而我们的商存瑞挺身而出炸了这个巨大无比的碉堡，为后继部队开辟了一条坦途。

商鞅不是那个端着长戟、与风车奋力厮杀的可怜虫，而是十足的敢于直面惨淡人生、直面淋漓鲜血的真勇士。商鞅以他"横眉冷对千夫指"的大无畏精神，在"城头变换大王旗"的年代，生生开辟出一条通向未来之路。

商鞅初见秦孝公，端出三套方案：一是帝道（三皇五帝之道），二是王道（夏商周三代之道），三是霸道（春秋五霸之道）。秦孝公最终选择了做环球霸主。

太史公这样评价商鞅：商君以帝王之术游说秦孝公，这是商君的信口胡言，其实他并不想这么干。

我认为，这话值得讨论。

学逻辑出身的商鞅当然非常清楚，战国之世，是靠拳头逻辑发言的时代，舌头逻辑明显处于弱势。试想，当兵临城下的时候，当山东二十一诸侯国联合打压秦国的时候，当魏、楚修长城、阻断交通的时候，秦孝公站在城楼上，振臂一呼：寡人有德，你们退吧。

这样能行得通吗？很明显是个疯狂的举动吧？毕竟这已不是禹站在台阶上跳舞，少数民族三苗就乖乖放下武器的时代了。

商鞅所选择的霸道，我认为是诸子百家在苦苦思索中国出路之时所能选择的最佳方案。除此之外，别无他法。

关于这一点，我们在前面已经说过，有无数的高知人群曾在这条道路上奋力拼杀过：西河群体、吴起、邹忌和申不害等，之后还会有无数人走上这条路。但毫无疑问，商鞅拼杀得最为彻底、最为不顾一切。

基于此言，商鞅之死，死得其所。正如百战将军死在战场上一样，荣光是属于他的。因为商鞅的死，不是逆历史潮流而动，而是顺应了历史潮流。

戊戌变法失败后，甘当就戮的谭嗣同刑前提绝命诗于壁，其中有这样两句：手掷欧刀仰天笑，留将公罪后人论。选择亡命天涯的梁启超看到这句诗，将其改为：我自横刀向天笑，去留肝胆两昆仑。

梁启超的意思是，不管是选择去死还是选择逃亡，此心苍天可鉴，同样是伟大的。

借梁启超这句话来形容商鞅的"去留"，其心同样是苍天可鉴，肝胆皆昆仑。

商鞅是一个不折不扣的虎胆英雄。

魏惠王的维稳（1）

商鞅之后，秦国并没有开倒车，而是继续向前。

周显王三十四年（公元前335年），秦惠文王派大军长驱直入，攻占韩国之宜阳（河南宜阳）。

秦惠文王此举有两个战略目的：

一是攻占宜阳，可以对韩国首都新郑构成威胁；

二是希望能够借此将韩国国土一分为二，一口并吞宜阳以南、商於地区以北、楚方城以西的韩国国土。

秦国初步展露了它的勃勃雄心。而关于宜阳，多年之后，秦、韩之间还会有一场大战。

且不说此时韩国是否惊恐，事实是韩昭侯并不惊恐，反倒还没心肝地自得其乐。宜阳新败，国内又大旱连年，他却在大兴土木。楚国大夫屈宜此时在韩国，劝韩昭侯不要胡搞，这样会亡国的，但韩昭侯不听，魏惠王就相当惊恐，恐得睡不着觉。

这几年，魏国一直在折腾，却把自己折腾了个够呛。魏惠王这个眼里只有真金白银的蠢货终于意识到，再这样折腾下去，他的真金白银很可能要白白流金别人的口袋了。

时至今日，魏惠王不得不承认，齐威王的观点是正确的，打仗还得靠活宝贝而不是躺在库房里的死宝贝。于是，继秦孝公之后，被打得极惨的魏惠王，终于走出极为关键的一步棋，即纳贤。

魏惠王态度诚恳地承诺：老子不惜贴出棺材本，只要有人肯来，老子给房、给车和给票子。总之一句话，所有的条件都会大大地满足。这回他是打算大出血了，《史记》表述为：卑礼厚币以招贤者。

这一番狠话砸下去，其他人且不说，首先就把齐威王砸得傻了眼。因为稷下学派中大名鼎鼎的三个人物，被这番狠话给生生拉到魏国去了。

他们分别是淳于髡、孟轲和邹衍。

淳于髡是稷下学派的元老级人物，关于这个人，我们在前面介绍过，此处不再赘述。

孟轲即孟子，轲是他的名字，邹（山东邹县）人，子思的再传弟子，是继孔夫子之后，儒家最纯粹的大佬。

孟子的老师并不出名，据他自己说，"予未得为孔子徒也，予私淑诸人也"。就是说，他是照着孔门学派的教科书自学成材的。相当了不得。这多少应该得益于三次搬家的孟母的良好家教，近人周作人先生对孟母很推崇，认为中国如果多一些这样的母亲，万事就好办了。

孟子年青时游历过很多地方，时间长达二十多年，在齐威王年间到达稷下，但并不怎么得志，齐威王送给他上好黄金一百镒。一镒二十两，相当于两千两黄金，按现在的市值计算，孟子就是百万富翁。可是孟子却不要，又一路游山玩水去了。在路上，他听说了魏惠王的招聘广告，于是就到了魏国。

孔孟思想在汉武帝之后，统治了中国整整两千多年，至今也没有迹象表明它现在就不统治了。但在当年，周显王三十三年（公元前336年），孟子的思想竟然统治不了小小的魏惠王，这事令孟夫子相当苦恼，正如他苦恼齐威王只送他黄金却不给他用武之地一样。

为什么会这样呢？

原因很简单。桂陵、马陵及西河三次大败让魏惠王寝食难安，国都也被人撵着跑，魏惠王要有心思听孟子胡扯什么以德服人，那就奇怪了。在那个拳头享有最高发言权的时代，孟子的那一套显然不合时宜。以德服人？恐怕还没等魏惠王把别人服了，别人就先把他服了。

魏惠王对孟子说："老先生不远千里来到魏国，有什么办法使我们魏国转危为安呢？"

孟子的答案非常奇特，先是洋洋洒洒地说了一番施仁政于民的大道理，然后说：这样，就是用木棒也可以抗击拥有坚甲利兵的敌国部队。

魏惠王问的是如何企稳行将崩溃的股市，孟子却要他用木棒对抗坚甲利兵。魏惠王气得扭过头去，从此不再拿正眼瞧这个该死的老头。

孟子不顶事，邹衍那一套更不顶事，但邹衍那一套功夫在后世的影响力实在也很大。

魏惠王的维稳（2）

邹衍的那一套思想非常复杂，归纳起来就是一句话：阴阳五行学说。

　　阴阳与五行本是先民观察自然的办法，很有朴素唯物主义的意思。至邹衍出山，却将它附会到人事上，这就是"五德"说，邹衍因此晋升为诸子百家之阴阳五行学说的集大成者。西汉的董仲舒将邹衍的阴阳五行学说与儒学相结合，开汉代儒学阴阳五行化的先河，影响不可谓不大。

　　所谓五德说，就是邹衍研究历代王朝兴衰的心得体会。邹衍认为，凡天地间的事都是有定数的，一个人的生或死，都是有命的，王朝也一样。金德的王朝气数已尽了，必然是火德代之（火克金）；火德的王朝气数尽了，必然是水德代之（水克火）……以此类推。

　　研究来研究去，邹衍发现，周朝是火德，眼下气数将尽，必有水德之国取而代之。

　　邹衍的这个理论一出来，普天下的诸侯们情绪亢奋，仿佛打了兴奋剂一样。因为他们终于找到一个合理的借口来痛打周王朝而不必遭受良心的谴责。反正周王朝注定得死，不打白不打。邹衍这么一闹，令本来就不安定的局面越发的鸡飞狗跳了。

　　于是，不管走到哪里，邹衍受到的都是明星般的待遇。到魏国，魏惠王亲自出城到郊外迎接；到赵国，平原君（战国四公子之一）不敢走正道，走在路旁，还亲自为他擦去座位上的尘土；到燕国，燕昭王亲自拿着扫把为他扫路，请求拜他为师，并在碣石为他建造了一所宫殿，亲自去听他讲课。

　　当然，笑到最后的是秦国，统一六国之后，秦始皇根据邹衍"水德代周而行"的论断，以秦文公出猎获黑龙作为水德兴起的符瑞，进行了一系列符合水德要求的改革，以证明其政权的合法性，遂成为五德终始说的第一个实践者。

　　因为邹衍张口闭口谈的是人见人不懂的天象理论，因此后人称他为"谈天衍"，我们习惯上所说的"谈天"，就是从这里来的。

　　尽管魏惠王亲自到郊外去迎接邹衍，对他的理论也很服膺，恨不能一口就并了周王室，第二天称起王来。可是眼下，秦、齐两国下手实在太狠，魏国有点虚弱，起码是肿起的地方老半天都消不下去。魏惠王很清楚，天命显然救不了他。

　　那么，问题就来了，魏惠王在当前这么糟糕的情况下，是如何实现企稳的？列国真的良心发现，见好就收了吗？既然淳于髡、孟轲和邹衍都不可用，难道真是天命救了魏惠王？

　　事实是，就在这时，一个人的出现，救了魏国一命。

　　此人就是惠施。

附：秦军攻占宜阳

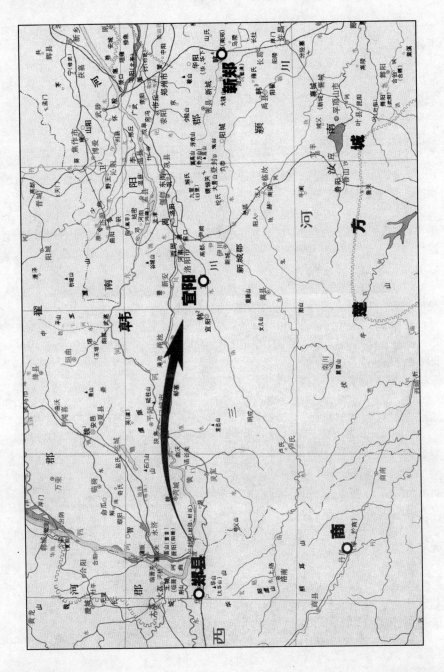

魏惠王的维稳（3）

惠施，宋国人，诸子百家之名家（逻辑学）的代表人物，其人学贯儒、墨、杨朱几家学派，肚子里相当有墨水。

惠施与道家的另一个代表人物庄子生活在同一时代，并且交情甚笃。

一次，庄子和惠子在濠水（安徽凤阳县境）的桥上游玩。但见河水波澜不兴，清澈见底，鱼儿成群，自由自在。

庄子颇有感触地说："鱼儿从容出游，多快活呀。"

惠施问："你不是鱼，怎么知道鱼快活？"

庄子回答说："你不是我，怎么知道我不晓得鱼快活？"

惠子说："我不是你，固然不知道你。问题是，你也不是鱼，你自然不知道鱼的快活，这是很明显的道理。"

好友二人似乎是在抬杠，当然他们的目的不是为了怄气，而是意图辨清这样一个事实：是自由自在一个人独享快活好呢，还是积极侧身这个乱糟糟的局势，做点事情好？

看来谁也说服不了谁。

不过，庄子对惠施是相当敬重与推崇的。庄子后来途经惠施的墓地，回头对跟从他的人说："自从惠施死后，我就再也找不到辩论的对手了。"

对故人的怀念溢于言表。由此可见，惠施在当年也是相当有影响力的。

话说来到魏国的惠施，并不主张用木棒对抗坚甲利兵，他端出的是商鞅那一套，即为惠王法。

魏惠王相当高兴，三言二语下来，即拜惠施为国相。

俗话说，冤有头，债有主。想当年，要不是齐国出死力打压魏国，也不会有秦国乘机袭取其后，魏国就不会丢西河要地。一想到这，魏惠王就恨得咬牙切齿。

魏惠王对惠施说："齐国是我的死敌，我要报仇，我打算再与齐国决一死战，你看如何？"

然而，惠施的回答令魏惠王大感意外，他居然建议主动求和于齐，而且是"变服折节而朝齐"。就是说，主动承认齐国是老大。

魏惠王惊奇地睁大眼睛："有没有搞错？"

惠施说："您不要激动，请听我说。魏国经过那三次惨败之后，有能力再次发起大规模攻击吗？"

魏惠王默然。

惠施说："最好的办法就是，我们假意求和于齐，楚国必然担心魏、齐联盟，不利楚国。我们乘机派人游说楚国，让楚国去进攻齐国，让他们拼死拼活去，我们坐收渔利，这就叫借刀杀人。"

魏惠王大喜。这个蠢货终于意识到，赌桌上解决不了的问题，可以用赌桌外的办法来解决。

惠施一面派人睦邻友好于齐，一面派人睦邻友好于韩，对前者是装腔作势，对后者则是实打实地要找一个得力的帮手。

惠施很精明，他派人先摆平田婴，再由田婴出面，摆平齐威王。

这个田婴就是马陵之战时大将田忌的副手，齐威王的小儿子，战国四公子之孟尝君的父亲。此时为齐国的国相。

有了田婴出面，这就算和了，当然是面和心不和。

周显王三十五年（公元前334年），魏惠王和齐威王在徐州（山东腾县）会晤，互相承认对方是国王。自此，齐、魏两国率先在诸侯国中建立王国，彻底不拿正眼瞧周王室。

魏惠王相当高兴，没想到惠施这小子能啊，一套乌龙阵摆下来，小面子虽然丢了一点，却换回大面子，当起"王"来了。

问题是，有一个人不高兴了，此人就是楚威王。

果不出惠施所料，楚威王担心魏、齐将有不利于楚国的举动，于是联合同样心存担忧的赵国，向齐国发动攻击。

双方在徐州大战，结果齐国大败。

齐威王提出和解，楚威王说，要和也可以，但有一个前提条件，你把田婴驱逐出境。齐威王不同意。

不同意，那就再打。

田婴大为惊恐，计无所出。有个叫张丑的人安慰他说："不急，山人自有妙计。"

于是他就去了楚国。

张丑对楚威王说："齐国所以失败，是因为田婴不会打仗，这样的人放在齐国当国相，对于您不是很有利的事情吗？如果您执意要赶走田婴，大将田盼必然取而代之，不是我吓唬你，到时有你好看。"

田盼就是齐威王的四宝之一，马陵之战的时候，与田婴一起，是田忌的副将，很能打仗此人。

楚威王信以为真，当下撤兵。

魏惠王用惠施的计策，成功实现企稳。

由此可见，惠施是将外交艺术演化成诈术的第一人，之后的秦国，将这一诈术修炼得炉火纯青、所向披靡。而且，惠施还是将合纵做得风声水起的第一人。

只是此时，出现了一个人，完全抢了惠施的风头。

此人名叫公孙衍。

关于苏秦

在说公孙衍之前，有必要将战国这几年的历史作个厘清，战国这几年的历史实在太乱了，乱得没法看。《通鉴》的记载又太过简单，所以有很多事情没办法理清。

而要将这些年的史实理出个头绪，首先必须说清楚下面这几个人之间的关系。

他们便是大名鼎鼎的苏秦、张仪和公孙衍。

据《史记》记载，洛阳人苏秦撮合山东六国以抵抗西方的强秦，策略相当成功。苏秦身配六国副国相之印玺，每次出行，后面大车小车跟着十几部，随从一大堆，招摇过市，连他嫂子都不敢正眼看他，那是相当的风光。

但擅长从字里读出字来的后世史学家们，发现了这样一个事实：历史上有些事情是不可靠的，正如眼见并不一定为实一样，历史同样存在被浮夸被伪造被篡改的可能。

对于赫赫有名的纵横家苏秦也不例外。

并不是说历史上没有苏秦这个人，而是苏秦的那些破事，被吹过头了。准确地说，是被人为伪造了。

持这种观点的人是大史学家钱穆，他认为是后世纵横家集中拼凑了神奇的苏秦。而他们之所以这样做，并不是想认苏秦做干爹，而是苏秦身上承载了太多成功的希望，即位高多金，车骑辎重，拟于王者。

因此，无限扩张苏秦的能力，说苏秦"既约六国从亲"，"秦兵不敢窥函谷关十五年"。宋朝的司马光对这一点就提出质疑，他在《通鉴考异》中说根本没有这回事，"此出于游谈之士夸大苏秦而云尔"。

我也认为没这回事。

从周显王三十六年（公元前333年）合纵成功，到周慎靓王四年（公元前317年），苏秦被刺身亡，这十几年的时间里，其他且不说，单是秦国与近邻魏国，就打得一塌糊涂。

焉能说天下无战事？

事实上，苏秦只是张仪的小字辈，在张仪风光无限的后期才在政坛上崭露头角。据近人杨宽考证，苏秦的活动时间至少被提前了三十年（《史记》说苏秦死于公元前317年，《战国纵横家书》说他死于公元前284年）。

但不管怎么说，钱穆先生也承认，"苏秦、张仪的故事虽不可信，其编造故事的心理背景则可信，苏秦在东方，张仪在西方，各为国相，互相默契，而保持禄位"（《国史大纲》）。

也就是说，苏、张二人很可以作为当时纵横家的杰出代表。当时确实存在那样的人、那样的事，只是苏秦或者赵秦之不同而已。

而那样的人又是谁呢？我认为，很可能就是战国中期另一位著名的纵横家公孙衍。

公孙衍，魏之阴晋人。曾仕魏，任"犀首"，"犀首"后来成为公孙衍的代号。《史记集解》引司马彪曰："犀首，魏官名，今虎牙将军。"这样来看，犀首当是武职。

不过，犀首到底是公孙衍的官职还是他的雅号，历来有争论，我个人倾向于后者。民国时期的学者黎东方给出了一个很有趣的解释：公孙衍的头，长得跟犀牛一样，因此称犀首。

可以想见，这说法基本上是奇谈怪论：人如果长得跟犀牛一样，能看么？

结合后来的事实来看，我认为可能是公孙衍的性格跟犀牛似的，外表文弱，其实极具攻击性与危险性。往后所发生的事实将会证明这一点。

关于公孙衍合纵之事，在历史上确实存在。他与张仪为秦国相国之位争得不可开交，张仪主张连横，他就搞了一个合纵，要把张仪搞倒。《史记·张仪陈轸犀首列传》记载，公孙衍"尝配五国之相印，为约长"，大概指的就是这时期的事。而公孙衍与张仪之争，与《史记》中苏秦假意激怒张仪逼他入秦，师兄弟二人一纵一横，拿捏天下十来年的故事极其相似。

由此我认为，所谓苏秦身配五国相印之事，很可能是公孙衍所为——苏秦也搞合纵，但是在战国中后期。

那么好吧，我们且来看基本的历史事实。

公孙衍与张仪（1）

自商鞅败亡，公孙衍蠢蠢欲动，瞄准了那个肥缺，于是西入秦国。

公孙衍知道，眼下的秦国要的不是商鞅，而是肥肉，只有让秦国得到实实在在的好处，他公孙衍才有可能当上大良造（秦国的国相）。当下计上心来，想出了一招极为高妙的连环计，成功为自己捞得大良造之位。

此计的主导思想就是没事惹事，浑水摸鱼。

我们在前面说过，楚国攻打齐国的时候，赵国不是成为帮凶吗？公孙衍利用了这一点，成功说动田盼，联合魏、齐之兵进攻赵国。

公孙衍为什么能说动田盼？

原因很简单，正如公孙衍一样，田盼也有政治野心，要想当上齐国国相，只有建立军功，才能取代打败仗的田婴。

公孙衍对田盼说："只要齐、魏两国各出五万精兵，不出五个月，就可以打败赵国。"

田盼有点心悸："这样做会不会有危险？不要惹来麻烦。"

公孙衍对田盼的游移不决相当不满："本来魏惠王和齐威王态度就不坚决，你再这态度，我们的计划就得破产。只要我们先把战事挑起，魏惠王和齐威王担心我们战败，一定会派来援兵。"

田盼认为有理，就去鼓动魏惠王和齐威王听从公孙衍的意见。

果不其然，周显王三十七年（公元前332年），公孙衍和田盼率十万精兵浩浩荡荡地出发，他们还未走出国境，魏惠王和齐威王即派出大批援军尾随而来（悉起兵从之）。

三国在黄河一线摆开阵式，结果是赵国全线溃败。

赵肃侯吃惊不小，连忙与燕国结成统一战线，让燕文公派兵南下攻击齐国，以牵制齐国，减轻赵国战场的压力。

然而，令赵肃侯意想不到的是，燕国竟然如此不堪一击，牵制的目的没达到，反被齐国揍了一顿，接连丢失十座边境城市。虽然事后齐国采取息事宁人的态度，又将所占领的城池归还燕国。但燕国搅入中原战事，自此开始。

没办法了，赵肃侯只得靠自己。

就像当年的智伯围着晋阳城绕圈圈，竟然绕出地理大发现一样，赵肃侯也发现黄河水原来那么可爱，于是果断地掘开河堤，水淹齐魏联军，迫使联军撤退。

虽然如此，此一战，齐、魏两国毕竟达到了教训赵国之目的，公孙衍因此感觉相当好，自认为是有功于魏国的。

于是，怀揣着不可告人目的的公孙衍，却装出一副全心全意为魏国服务的样子，对魏惠王说："要想办法与秦国和解，这样才能避免两线作战，两头受气。"

魏惠王问："什么办法？"

公孙衍说："割让一块地皮给秦国。"

"那割哪里好呢？"

"阴晋（陕西华阴县）。"公孙衍不假思索地说。

秦国东境有一个进可攻、退可守的要塞门户，这就是著名的函谷关。

函谷关在今河南省灵宝县南十一里，建于夹河之岸，边上有一条洪溜涧水，北流入黄河。秦国首置关于此。据顾祖禹《读史方舆纪》卷四十六记载："洛阳西至新安（河南渑池），道路平旷。自新安西至潼关，殆四百里，重冈叠阜，连绵不绝，终日走硖中，无方轨列骑处，其间硖石及灵宝、阌乡，尤为险要。古之崤函在此，真所谓百二重关也。"

重关指潼关和函谷关，崤指崤山，函谷关所在的山脉。我们通称的山东六国，即以崤山为界。

战国时，荀卿西入秦国，途经此地，称之为"松柏之塞"。什么意思呢？就是说，用两根木头就可以塞住。东汉初年，隗嚣割据陇右，手下战将王元吹牛皮："请以一丸泥为大王东封函谷关"。隗嚣遂铁了心造反。虽然那丸泥没搓成，陇右割据势力终被刘秀消灭，由此可知，函谷关确实险要。

而从地图上可知，阴晋其实是秦国通往函谷关要塞的必经之路。函谷关地势固然险要，但魏国如楔子般的地形，使函谷关的险要地势形同虚设。公孙衍如果行骗成功，无疑是兵不血刃地替秦国打通了这一要道，使函谷关真正成为秦国天然不可逾越的屏障，也使后来秦国阻击六国来犯成为可能。

更为重要的是，"阴晋—函谷关"顺利连成一线，为日后秦国从中腹开辟第二战线，进入中原，打下坚实的基础。还记得当年阴晋那一战吧？秦国发动五十万部队来夺取阴晋，结果惨遭吴起重创。

由此可见，阴晋这个地方，其战略地位极其重要。对于魏国来说，守住阴晋，不仅可以扼住秦国势力东进，更为重要的是，等于在秦国的卧榻之侧安了一颗钉子，让秦国没办法睡安稳。

可是愚蠢的魏惠王，在拱手让出西河地区之后，竟然还将这个战略要地拱手让出来，吴起留给秦国的战略遗产自此丢得精光。

秦惠文王欣喜之余，给阴晋改了一个名字，从这个名字上也可以看出来秦国对阴晋一地的重视。

这个名字就是宁秦。

得到阴晋，表示秦国从此获得安宁。

这才是公孙衍出力搅和的真正目的，眼光相当尖、手段相当毒辣，魏惠王被骗得要死要活却浑然不知。

被人卖了还替人数钱，估计说的就是魏惠王这种人。

附：阴晋地形

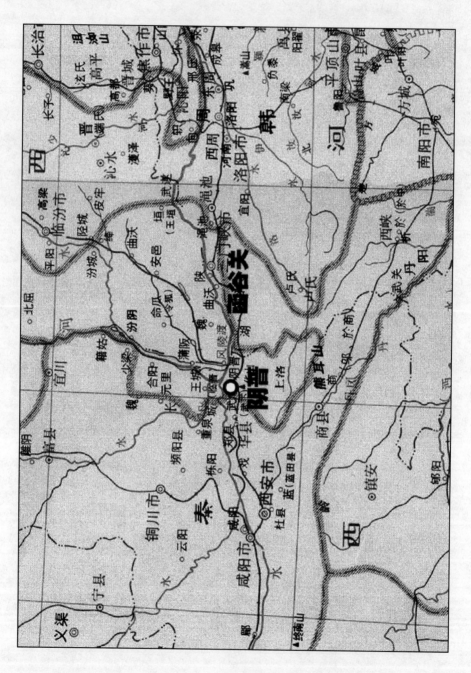

公孙衍与张仪（2）

周显王三十七年（公元前332年），鉴于公孙衍的突出贡献，秦惠文王任其为大良造。公孙衍终于达到了他曲线救国的目的。

而想以绥靖政策换和平的魏惠王，还没来得及放飞和平的白鸽，新一轮的灾难就带着硝烟扑面而来。

周显王三十九年（公元前330年），秦国大举攻入魏国腹地，兵围焦城（河南陕县）、曲沃（山西闻喜县）两座城池。

魏国不得已，再次献出少梁（陕西韩城县）、西河（黄河以西，陕西省东部）地区给秦国，以交换上述被围的纵深国土。

河西之地本来在公元前340年已被秦国占领，魏都据此而东迁至大梁。这就怪了，魏国什么时候又得到西河地区？

音注《通鉴》的胡三省（元朝人）认为，十年前，魏国只是献地图，眼下才实质性割让。也就是说，经过这么多年的艰苦努力，秦军终于完成了对西河地区的全面军事占领。

对于秦人来说，这是一个值得庆贺的时刻。自此之后，魏长城被秦国彻底甩在身后，黄河成为双方共有的军事缓冲区，魏武侯所赞叹的魏国之宝也就没了。广阔的中原腹地从此门户洞开，无险可守，再也无法挡住秦国的东进之路。秦国想止步也止不住了，宝藏之门一旦打开，里面的金砖银砖一览无余，唾手可得，傻子才不拿呢。

果不其然，周显王四十年（公元前329年），秦兵作两翼攻击。北线渡过黄河，攻占黄河东岸的汾阴（山西荣河）、皮氏（山西河津），在黄河东岸占有了一块滩头阵地。

南线沿函谷关要塞北上，攻占焦城（河南陕县）。

战国志

附：秦国在公元前229、228年的攻势

魏国并不因为献出西河之地就得到太平，铁的事实再一次证明，绥靖政策着实是蠢政策。

然而，正当公孙衍暗自庆幸前途一片光明时，一个人的出现给他送来了一件意想不到的礼物——当头一棒。

此人像传说中的侠客，但他闯荡江湖依仗的不是剑，而是柔弱无骨的舌头，不仅搅了公孙衍的好事，也把本来就不太平的国际局势搅得越发鸡犬不宁，同时也将所谓的纵横之术推向白热化。此人无疑是战国时期诸子百家之纵横家的代表人物。

如果能将此一段历史搬上荧幕，我想，此人在列国间穿梭往来、巧舌如簧的情

形，其精彩程度绝不亚于军事上的冲锋陷阵、喊打喊杀。战场上的血腥固然可怖，但智力上的角胜却让人害怕，因为它在暗处，防不胜防。往好听了说是运筹帷幄、决胜千里，说不好听一点就是乖嘴蜜舌、口蜜腹剑。

一身兼有这两套行头的人就是张仪。

张仪是魏国人，据说是鬼谷子的学生。和当年的大多数人一样，要想有所作为，仗舌走天下是他的唯一选择。

张仪看来也是小地主出身，初始还是有点资本的，带着老婆、仆人，一路游山玩水，也一路晃悠。可是，当他晃悠到南方的楚国时，身上的盘缠也用得差不多了。所幸楚国国相待他还算客气，请他到相府里喝小酒。

就在这时，意想不到的事情发生了，传言相府里丢失了一块玉璧。府里的人认为张仪穷得要死（贫无行），一定是他偷了，捉住就是一顿猛揍。

张仪被打得很惨，牙齿掉了好几颗，满嘴是血。回到家里，妻子还打趣他："你不是说读书有用吗，怎落得这步田地？"

张仪张开血口问妻子说："舌头还在不在？"

妻子笑着说："还在"。

张仪说："这就好办。"

问题是，他的仆人觉得不好办，要吃没吃，要喝没喝，本想跟着主人出来混个人样回去，可是如今却是一副熊样，于是吵着要分道扬镳。

张仪说："要回去也得先弄点盘缠，空着手怎么回去？不要急，瞧我的。"

于是他就去找楚王。

此时，楚国在位的是战国时期最顶级的蠢货楚怀王（公元前329年,楚威王薨了，其子楚怀王继位）。楚怀王的愚蠢程度，在战国时期，无人能出其右。

楚怀王不仅蠢，运气也不佳，相当倒霉。倒霉就倒霉在他一生碰到了一个大克星，即张仪，从此就落在张仪的手掌心出不来了，就如孙悟空落到如来佛的手掌心出不来一样，直至被玩死。

公孙衍与张仪（3）

张仪肩负着捞盘缠的艰巨使命去见楚怀王，可是楚怀王仿佛瞧出张仪的心思似的，一脸的不高兴，并不怎么待见这个"小偷"。

张仪说："大王要用不着我，那我回三晋去了。"

张仪本以为楚怀王会好言安抚，起码会客气客气。可是令张仪大为惊讶的是，楚怀王竟然直截了当地说：

"请便。"

张仪觉得很没面子，但依然不死心："真的没有用得着我的地方？"

"没有。"

沉默了一会，张仪又说："我回到三晋去，大王就没有什么事需要托我去办，比如买点土特产之类？"

楚怀王说："黄金、珠玑、象牙、犀角，这些宝贝都出产在我们楚国，三晋能有什么好东西呢？"

聪明的读者一定发现了，楚怀王和魏惠王一样，只对珠宝感兴趣。当然，楚怀王比魏惠王先进一层，对另一样东西更感兴趣，即美色。而楚怀王最终断送在这个爱好上面。

鬼精的张仪当然清楚楚怀王的最爱，他就像一个菜贩子般不断地讨价还价，在此过程中把楚怀王一步一步地往阴沟里带。这就是张仪精明的地方，如果他直接把底牌抖出来，极有可能引起楚怀王的怀疑，进而把事情搞砸。到那时，不仅盘缠捞不到，小命可能都悬。

于是，张仪好像自言自语似的说："三晋出产的美女可是鼎鼎有名的。"重音放在了"美女"与"鼎鼎有名"两个词上。

就在这时，戏剧性的一幕出现了。先前还半死不活的楚怀王听闻此话如打了强心针一般，立即两眼放光、精神头十足，他一改之前的冷淡，笑容可掬地对张仪说："什么？你说什么？"

张仪说："郑国和周国出产的美女，面如白粉，发如黑墨，往街市上一站，不认识的人甚至以为是天仙下凡。"

听到这个话，楚怀王相当失落："啊，这样啊……我们楚国地处偏僻，我从没见过这样的美女。"

于是，当下决定，赠送一批珠宝给张仪。

领导的意思张仪当然明白，至于他想不想去迎合这样的领导，那就由不得楚怀王了。我想，张仪是不会真去迎合楚怀王的，如果他真的这样做，也就成不了后来的张仪了。张仪不过想借此捞一点盘缠而已，虽然很有点坑蒙拐骗的味道。

然而，令张仪意想不到的是，还有一单更大的生意在后头等着他。

依楚怀王的性格，他肯定是宠幸美女的。此时，楚国的美女是郑袖，人称南后，楚怀王的万千宠爱全在她一人身上。但楚怀王另有一个宠臣，叫靳尚。

这三者之间存在着极为微妙的生物链：

楚怀王对郑袖言听计从，郑袖对靳尚言听计从。

也就是说，郑袖和靳尚是穿同一条裤子的，他们之间很可能存在这样的默契：郑袖利用靳尚把住后宫，靳尚利用郑袖把住朝廷，互相配合，各得其所。

郑袖和靳尚听到张仪的话，大为惊恐，原因很简单，新欢（郑国美女）代旧欢，郑袖就得失宠；新宠（张仪）代旧宠，靳尚的风光日子也得玩完。靳尚想象力丰富地认为，张仪是想借美女牌来捞政治资本，所以理所当然把张仪视作假想敌。

郑袖不允许这样的事情发生，靳尚当然也不允许。于是，两相一合计，决定找张仪谈谈。

靳尚出价一千两黄金，要求张仪从此从楚国的地界上彻底消失，不要再出现；郑袖追加五百两，让张仪死心塌地的消失，不要说他张仪不能出现，所谓的郑国美女更不能出现。

这一来二去，张仪从一个穷光蛋摇身一变，变成坐拥一千五百两黄金及数目不详的一批珠宝，想必嘴都笑歪了。

可是，郑袖和靳尚惊奇地发现，空手套来巨款的张仪并没有就此消失在茫茫夜色之中，反而很快又出现了。

他们真的不明白，这世道变化也忒快了，得了好处还不饶人，张仪到底想干什么？

张仪当然明白自己想干什么。

几天之后，张仪前来辞行，楚怀王好烟好茶招待。

张仪说："就我们两人也太冷清了，不如让南后和靳尚也来，一者可以活跃活跃气氛，二者我也可以认识认识他们。"

楚怀王表示同意。

于是，四个人就各怀鬼胎、起劲儿地推杯换盏。楚怀王和张仪碰杯，嘴上没说，意思却全在他的眼睛里：辛苦辛苦，拜托拜托，美女美女，还是美女美女。郑袖和靳尚的意思也再明显不过：喝完这酒，立马给我滚，有多远滚多远，别让我再看到你。

对于张仪来说，滚肯定是要滚的，但滚之前，还有一件大事要办。张仪很清楚这样一个道理，多个朋友多条路。在确保自己的利益不受损害的前提下，张仪要尽可能为自己广罗关系网，广结交多铺路，这事只有好处没有坏处，聪明的张仪可不想因为这件事而与郑袖和靳尚结下梁子。

想到这，张仪突然离席，扑通一声跪在楚怀王的面前，连连磕头，嘴里还念念有词：我张仪该死，罪该万死。

正喝在兴头上的楚怀王大为惊讶，问张仪："你这是做什么，发什么癫？"

张仪说："我走遍天下，从没见过像南后这么漂亮的美人儿，却巴巴地要替大王找美女，这不是成心骗大王么？"

张仪这一席话，使席间三人都很受用。

郑袖笑在脸上，一块石头终于落地了；靳尚笑在心里，没想到这酒还喝出意外惊喜；楚怀王更是笑得合不拢嘴。

楚怀王说："那是，我就知道，天底下没人能比得上我南后。"说完还在郑袖的脸上亲了一下，大秀恩爱。

张仪和郑袖、靳尚之间的深厚友谊就这样结下了，在张仪后来的人生中，这一层关系还将发挥出至关重要的作用。

公孙衍与张仪（4）

张仪果然没有让郑袖和靳尚失望，他没有带着美女再在楚国地界上出现（后来出现是只身一人），他去了西方的秦国。

张仪为什么选择去秦国而不是其他国家，比如此时的齐国？关于这一点，张仪有他自己的国际观察。

早年在鬼谷子门下的时候，鬼老师曾经教会他一套制胜的理论：只要出现下面这三种情况，不管是哪个国家，毫无例外，最终都得完蛋。而天道循环，生生不息，必有一种新生力量出来收拾残局。

这三种情况就是：

一、以军纪松散、组织混乱的军队去进攻纪律严明、组织严谨的军队，必然要灭亡；

二、以黑吃黑为目的、旨在打砸抢掠的军队去进攻名正言顺、军纪严明的军队，必然要灭亡；

三、以叛逆天理的军队去进攻顺应民心的军队，也要灭亡。

经过这几年的游历，张仪发现以上三种情况基本上都可以与列国对号入座。列国之间为了争抢地盘，烽火连三月，战争连年不断，前方只顾打仗，后方忽视生产，前方吃紧，后方紧吃，以至府库空虚，人民疲于战祸。

列国号令不一，政令松散，是非不分，赏罚不明，全以关系网论英雄，谁还肯去拼命？于是，就出现了一个令人不可思议的景象：战争一旦打响，临阵脱逃的比冲锋陷阵的还多，这样的军队能打胜仗？

而秦国的情况恰恰相反，显然是一副欣欣向荣的可持续发展局面。因为经过商鞅坚决而彻底的改革，秦国俨然一座大兵营，号令严明，赏罚公正，前进者赏，后退者死。在这样的政策驱动下，秦国军队战争力相当惊人：一人可以战胜十人，十人可以战胜百人，百人可以战胜千人，千人可以战胜万人。这样的军队只要万人，就可以无敌于天下。

吴起当年在魏国训练出来的赫赫有名的魏武卒，就是这样一支军队，商鞅将这一套思想全盘搬到了秦国，并且成功地落地生根。

黑格尔说："一旦个人和民族使关于充分发展的自由的抽象概念进入他们的头脑，就没有什么比这更具有控制不了的力量。"

商鞅做到了这一点，这就是他最可怕的地方。

在张仪的眼里，此时的秦国无疑就是那个必将应运而生，进而收拾残局的新生力量。

于是，经过慎重的考虑，张仪去了秦国，他将上述理由跟秦惠文王说了一遍，然后下结论说：

"以这样一支军纪严明的部队去攻打纪律松散的军队，胜利一定是属于我们的。"

秦惠文王说:"那好吧,那就试试。"

这一试,一个国家要倒霉了。

这个倒霉的国家就是魏国。

对于魏惠王来说,这几年运气相当背,出了一个吃里爬外的公孙衍还不算,又出了一个张仪,首选的试金石竟然又是魏国。这两个魏国人也真是,竟然竞相拿自己的宗祖国开涮。这真是屋漏偏逢连夜雨,谁都想来捏捏魏国这个好捏的软柿子。

周显王四十一年(公元前328年),秦国公子嬴华、张仪率军攻陷黄河南段东岸的蒲阳(山西永济)。

就在这时,更为不妙的事情发生了。

公孙衍与张仪(5)

二战后,美国佬玩弄弱小国家,其中有一个很著名的外交政策,即大棒加萝卜。一手抢大棒,一手捏萝卜,大棒敲你,意思是说,放老实点。然后再塞给你萝卜,意思是说,只要你老实,就有好果果吃。

外交奇才张仪,在对付魏国上,竟然天才般地最先使用了这一手。一边攻城掠地,一边却时不时地给点小甜头,搞得魏国晕头转向,弄不清楚秦国葫芦里到底卖的什么药。

往后的事实证明张仪这一手是极其厉害的。秦惠文王及后来的秦王们也身体力行这一政策,并且将之上升为外交国策。当前是在秦国不能一口并吞列国的情况下。这一政策不仅有效地避免了过早地结怨于任何一个国家,而且还可以借机暗中壮大自己的实力,神鬼不知,毫不张扬。

更为重要的是,外交上的神出鬼没与军事上的凌烈进攻互相配合、相辅相成,构成秦国无坚不摧的钳形攻势,不仅是魏国,其他五国也晕头转向、满脑袋糨糊,从而彻底搅混六国这滩水,顺利摸到一条条大鱼。

正是基于上述诡异的战略思想,张仪建议秦惠文王将蒲阳还给魏国,秦惠文王答应了。

怀揣着不可告人目的的张仪,在魏惠王面前却摆出一副老好人面孔。和公孙衍一样,表面看来张仪似乎事事都在替魏国着想,其实谁都明白,魏国不过是他手中的一颗棋子而已,他要借这个跳板凌空一跃,实现华丽转身。这看似浅显的道理,愚蠢的魏惠王却并不明白。

张仪对魏惠王说:"秦之遇魏甚厚,魏不可以无礼于秦。"

意思是说,你看秦国够意思了吧,把蒲阳原封不动地还给魏国。大王也应该有所表示才对,礼尚往来嘛!

魏惠王想想也是,有来无往非礼也,更何况现在还得罪不起秦国。于是问到:"送什么好呢?"

张仪说："上郡（陕西省榆林县）那块地皮，离我们魏国太远了，反正也守不住，不如做人情，送给秦国算了。"

这个"魏惠王"真该改称"魏蠢王"才对，他的"惠"实在名不副实，与秦惠文王那个"惠"比起来，简直就是一个天上一个地下。因为愚蠢的魏惠王竟然又答应了张仪的请求，将上郡十五县拱手送给秦国。

秦惠文王继位的头一年，即开始着手准备前庭后院的清扫工作：一是打击南向的巴蜀，占领那里水草丰美的土地；二是收拾北向的义渠部落，因为这里是秦国典型的卧榻之侧。想进入中原，后院断不能起火，这是很浅显的道理。

而张仪这一舌头卷来一个上郡，不仅使秦国的北部边境因此得到最大限度的拓展，某种程度上来说，也解除了魏国来自北边的威胁。

对于秦惠文王来说，这当然也是最大的"宁秦"。秦惠文王当下很高兴，他做了一件事：伸手将公孙衍头上的"大良造"给摘了下来，顺手戴在了张仪头上。时间在周显王四十一年（公元前328年），公孙衍只做了四年的国相。

周显王四十二年（公元前327年），秦国乘势征服西戎之义渠部落，设立义渠县（甘肃宁县），以其君为地方官。

同一年，秦国再次扔出萝卜，将焦城（河南陕县）、曲沃（山西闻喜）二城还给魏国。

周显王四十四年（公元前325年）四月初四，这是一个好日子，秦国国君正式称王，是为秦惠文王。

次年，张仪大棒出手，再度攻占魏国陕城（焦城）。

公孙衍眼见张仪渐渐成为他的死敌，不禁怒火中烧，打算同张仪一决高下，挽回自己的尊严。

公孙衍和张仪自此大打出手。

头牌间谍（1）

尽管公孙衍和张仪之间因争风吃醋引发了一系列国际争端，然而令人惊奇的是，他们最终目的竟都是为了服务于同一个国家，即秦国。

更为奇怪的是，公孙衍和张仪先后都做过魏国的国相。可是，魏国及列国竟未任由他们翻手为云覆手为雨。由此来看，列国实在混账。

历史的天平就在这一刻开始向秦国倾斜。

自打张仪抢了"大良造"做，公孙衍的不平衡是可以理解的，想夺回失去的权力也是可以理解的。问题是人家已经生米煮成爆米花了，他能奈何？

经过一番冥思苦想，精明的公孙衍拿出开宗立派当祖师爷的勇气，想出了一招很新鲜的窝里反招数，为原本龌龊的争权夺利添加了亮丽的一笔。

公孙衍为扳倒张仪，利用国际势力不断给秦国施压，意图将张仪赶下台，而他也

确实成功地将张仪赶下台去。

由此也开辟了战国之世争权夺利的第二战场，借助外国势力来打压本国的势力，使列国内部原本明枪暗箭的争权夺利，越发往深水区走，直至一塌糊涂，不可收拾。

当然，公孙衍才不管这些，他要的是"大良造"。

俗话说，来者不善，善者不来。公孙衍一离开，张仪就很担心，他相信公孙衍是不会善罢甘休的。于是，没等公孙衍出招，张仪就先出招了。

周显王四十六年（公元前323年），张仪约请齐国和楚国的国相，在啮桑（江苏沛县）举行会议，三方一致同意结成三国轴心。

这就是著名的连横。

那么好吧，既然来真格的，公孙衍只管接招就是。

就在三国轴心的同一年，公孙衍来到魏国，成功谋得将军之位。此时，魏国的国相是惠施。

惠施和公孙衍的出发点是一致的，那就是想方设法消除三国轴心对魏国所造成的潜在威胁。但他们的目的却不一样，惠施多少还是为了魏国，公孙衍却是为了自己。

惠施的意思是与楚国结盟，再通过楚国加入三国轴心，因为楚怀王有一个内线在秦国，就是张仪。

应该承认，魏国如果想避免三面夹攻（秦西，楚南，齐东），加入三国轴心，不失为上策。

问题是，公孙衍不愿意出现这种局面，这不遂了张仪的心思么？因此提出反对意见，建议另外也搞一个军事联盟，以抗衡三国轴心。

这就是合纵。

一来二去，两人就闹起矛盾，到了水火不容的地步。

公孙衍对魏惠王说："要么我走，要么惠施走，你看着办。"

魏惠王说："这事不大好办，惠施毕竟是我的左膀右臂。要不然这样，他当他的国相，你做你的将军，你放心，我一定罩着你，如果有谁胆敢在我面前说你的坏话，我一定办了他，如何？"

公孙衍想想，也只能如此了。此时的公孙衍，似乎有点伸展不开的意思。就在这时，有个叫陈轸的人，也是纵横家，帮了公孙衍一个大忙。

陈轸给公孙衍出了一个主意："你向魏惠王要一些小车，不要多要，三十辆就够。然后摆在家门口，扬言要到燕国和赵国去，必定有人来请你。"

公孙衍照做了，果不其然，燕国和赵国相继派人来请公孙衍。这事好理解，三国轴心不管对哪个国家发动进攻，都不是闹着玩的，他们需要集体防御。

楚怀王闻之大怒，认为惠施言而无信，诚意不够，从此不再听惠施的话，公孙衍借此打了惠施，同时也乘机出去活动了一番，成功联合燕、赵。尔后公孙衍还派人威胁齐相田婴，说小心列国联合起来揍你！田婴遂答应保持中立，两不得罪。

公孙衍此行还有个意外收获，那就是得到了韩昭侯的大力支持，谋得国相之位。

公孙衍知道，列国跟魏惠王一个模样，不见好处不动心，要想列国听他的，最好的办法就是让他们得到好处。

当时的国际局面是，楚国以"我是流氓我怕谁"的架势，老早就在列国中率先称王；紧接着魏惠王和齐威王在周显王三十五年（公元前334年）也互相称王；秦惠文王在周显王四十四年（公元前325年）称王。除此之外，其他都是侯国，并未建立王国。

公孙衍大腿一拍，计上心来：给没称王的诸侯戴高帽称王，他们必定高兴，一高兴，必定找不着北，全得听他公孙衍的。

他说服魏惠王拿出姿态，先承认韩昭侯为王，是为韩宣惠王。一路下来，赵、燕与中山国，互相承认为王，局面相当可喜，这就是五国相王事件。

然而就在这时，出现了意外。

有一个人对连中山国这样的小国称王大为不满，认为有损体面，拒绝与中山国往来。

此人就是齐威王（《通鉴》记载齐威王死于公元前333年，其子齐宣王继位，齐威王实则死于公元前319年）。

头牌间谍（2）

关于中山国，我们在前面大体说过一点。魏文侯时，乐羊灭了中山国，中山武公带领残兵败将退入山区打游击。魏武侯回国继位后，中山国为赵国所袭取。后来中山桓公经过一番艰苦运作，大约于公元前373年复国，定都灵寿（河北平山县）。地盘很小，国力也弱。

齐威王自然无法容忍这样的国家也称王，扬言说："我是万乘大国，中山是千乘小国，中山君有什么资格与我平起平坐？"打算联合燕、赵，废了中山王。

燕、赵认为齐威王这是没事找事，想离间他们之间的睦邻友好，不听他的。这事就暂时过去了。

但赵武灵王（公元前326年继位）从中嗅出一种很不好的味道，他思来想去，觉得没必要为了个空头高帽而招来别国的敌视，于是取消王号，仍称侯。

赵武灵王是个很英明的人物，有关他的故事，我们下面还要讲到，可怜的中山国最终就是被他灭掉的。

尽管五国相王事件出现了不和谐的音符，但总体效果还是很理想的，在国际上的威慑力相当惊人。

五国相王对抗三国轴心，就等于"华沙条约组织"对抗"北大西洋公约组织"，火药味很浓。

我们知道，秦惠文王并不想太早与任何国家结怨，更遑论与列国全面树敌。在秦惠文王看来，这事相当危险，搞不好会被肢解，不管列国有没有这个实力，这个险都不值得冒，他不能眼睁睁看着张仪胡来。

于是，周显王四十七年（公元前322年），张仪从啮桑开会刚回来，秦惠文王甚至不给他汇报的时间，直接将其撤职了事。

第一回合，公孙衍显然占了上风。

此时的张仪，窝火那是肯定的：好吧，要拆台大家拆，你让我没好日子过，我也让你不得安生。

说魏惠王这几年倒霉，还真不是夸张出来的，要拆公孙衍的台，张仪首选的垫脚石竟然又是魏国，你说魏国倒不倒霉！

应该承认，张仪的能力确实胜过公孙衍一筹，他一来魏国，没有闲工夫跟惠施废话，也不陪惠施玩什么勾心斗角，而是直接取而代之。

张仪建议魏惠王联合秦、韩，与楚、齐为敌。

张仪这一手可谓一箭三雕：一箭报复公孙衍，如果拆散"五国相王"，他公孙衍在韩国就起不了大作用；一箭报复楚怀王的脚踩两只船，既然三国结成轴心，却又与魏国暗通款曲，虽然没结成，但其心可恶；一箭报复齐威王，也是首鼠两端，立场不坚定。

魏国的群臣向来是只看表象不看本质，对张仪的真实意图缺乏了解，却稀里糊涂地为张仪帮腔，一致反对惠施提出的联合楚、齐，保持中立的正确观点。

惠施对魏惠王说："真理只掌握在少数人的手中，不要听他们一派胡言，听我的。"

可是魏惠王架不住群臣的轮番轰炸，遂支持张仪的意见。

惠施也很窝火，先是公孙衍，再是张仪，老跟他唱对台戏，而魏惠王明显偏袒他们，一气之下便去了楚国。

惠施成了张仪与公孙衍政治斗争的牺牲品。

惠施想不到的是，他在楚国也呆不下去，楚怀王竟然惮于张仪的威名，不敢收留惠施。

有个叫冯郝的人对楚怀王说："张仪与惠施水火不容，这是人所共知的事，这时候收留惠施，不是给张仪脸色看吗？听说宋康王很欣赏他，不如把惠施送给宋康王。这样一来，惠施和张仪我们两不得罪。"

楚怀王认为有道理，遂将惠施礼送至宋国。后来惠施经历几番周折，又回到了魏国，不过已经是在张仪离开魏国以后了。

成功排挤掉惠施，接下来，张仪还要再设计一个人。

此人就是老给公孙衍出谋划策的陈轸。

头牌间谍（3）

此时，陈轸在楚国，并不在张仪的势力范围之内，这就意味着若想设计陈轸，只可智取不可蛮干。

于是，聪明的张仪想到了一个妙招：请君入瓮。

张仪假惺惺地向魏惠王举荐陈轸，意思是陈轸也是不可多得的人才，可以请他来，为魏国效力。实际上，张仪是准备挖一个坑，只等陈轸自动前来送死。

陈轸的儿子陈应嗅觉敏锐，通过一番缜密的人际关系分析，推断出张仪没安好心，此行必定凶多吉少。

他对父亲说："楚国也不能呆，因为有张仪的死党郑袖和靳尚，为今之计，只能答应去魏国，但我们在中途拐转去宋国（惠施在那），然后派人去对齐威王说张仪让我去魏国，其实是想破坏齐、楚联盟。齐威王一定派人来迎接咱们。"

果不其然，齐威王很隆重地将陈轸接到齐国去，并且封官给地。

往后很复杂的国际局势即由陈轸这个人引起。

不管怎么说，眼下，张仪还是很得志的，魏惠王给予了他充分的信任，在魏国他基本上可以呼风唤雨了。

于是，张仪决定亮出他的终极底牌——吃里爬外，借以达到复相之目的。

张仪对魏惠王说，要想与秦国和好，最好的办法就是称臣于秦，这样就可以给诸侯国树立如下榜样：看，曾经的老大哥都自称老二了，你们还不赶快自称老三老四。秦王有了面子，一切都好说。

事实上，张仪并不懂这个新主子的心。

鲁迅先生在《说"面子"》一文中说：相传前清时候，洋人到总理衙门去要求利益，一通威吓，吓得大官们满口答应，但临走时，却将其从边门送出去。不给他走正门，就是没有面子；既然他没了面子，自然就是中国有了面子，也就是占了上风了。

鲁迅先生颇疑心，洋人是专将"面子"让给我们，很自觉地从后门溜出去，却得了大利益。

张仪就失算在这里，他万万没有想到魏惠王竟然专要这种面子。对于将死的魏惠王来说，地可割，钱可流，个人面子不能丢。他宁愿张仪怀揣着魏国某块地皮的地图从后门溜出去，献给秦国，也不愿再次把脸丢到国际上（第一次是和齐威王论宝贝）。

有读者会问了，惠施不也建议魏国称臣于齐国吗？

问题是那一次的情况大不一样，那次他老人家虽然丢了点小面子，但在国际上却混得了大面子，称王了嘛！可是这次张仪给极好面子的他老人家带来什么好处了？没有嘛。

于是，魏惠王断然拒绝了张仪的无理请求。

秦惠文王闻知，勃然大怒。不想丢面子？那好，我就让你丢地。周显王四十七年（公元前322年），秦军迅速攻占魏国的曲沃、平周（山西介休县）二地。

秦惠文王同时发现，张仪这个同志着实可爱，不记仇，可用。遂秘密拨出数量不明的活动经费给张仪（复阴厚张仪益甚），鼓励他再接再厉，一如既往地吃里爬外。

这就坐实了张仪在魏国做双面间谍的嫌疑。

但张仪的复相努力毕竟没有成功，一直静观其变的公孙衍觉得，机会来了。

头牌间谍（4）

上文说到张仪想设计陷害陈轸，作为回报，陈轸自然也时刻惦念着张仪。于是，在离开楚国之前，陈轸就将张仪打算联合秦、韩，与楚、齐作对的密谋，一股脑告诉了楚怀王。顺利到达齐国之后，陈轸也没有放过挑拨离间的机会。

楚、齐两国遂决定联手打击魏国。

情况对张仪非常不利，他很清楚，以魏惠王的为人，极有可能将他赶走，以息事宁人。

就在这时，一个叫雍沮的人挺身而出，替张仪解了燃眉之急。

雍沮对张仪说："我有办法。"

有办法的雍沮就去了齐国和楚国，对齐威王和楚怀王说："你们不要上当，张仪和秦国之间其实有所密谋，秦国知道你们讨厌张仪，而张仪一旦当上魏国的国相，你们一定会进攻魏国，这样打来打去，必定两败俱伤，秦国正好坐收渔利。"

齐威王和楚怀王觉得此话在理，于是下令撤兵。

虽然齐、楚两国的行动并未对张仪在魏国的地位构成实质性的威胁，但秦惠文王认为，有必要向世人证明所谓的"秦韩魏联盟"只是陈轸的胡说，事实上并不存在，从而帮张仪一把，好让他在魏国稳住阵脚，继续安心做卧底。

于是，周慎靓王二年（公元前319年），秦军攻克韩国之鄢陵（河南鄢陵）。秦军这步棋极具战略威慑力，我们在下面会讲到。

只是秦惠文王和张仪都没有想到，这次军事行动竟然给公孙衍提供了一个上下其手的绝佳口实。

周慎靓王三年（公元前318年），公孙衍成功联络楚、赵、魏、韩、燕五国，联兵西进函谷关。

这就是五国伐秦事件，历史上第一次真正意义上的合纵，公孙衍身配五国之相印，应该就在此时。

这是迄今为止列国针对秦国的最大一次军事行动。可是令公孙衍大感失望的是，五国之间无法形成统一的行动方案。都想打胜仗，都想保存实力，都想把红旗插到对方的阵地上，但是都不愿冲到最前面充当炮灰。五国联军确实是集体行动，但显然是集体的孤独。

这种情况，学名就叫做各怀鬼胎。

函谷关守将嬴疾充分利用了这一点，本应处于守势的秦军，竟然主动开关迎敌，出奇兵切断楚军粮道。

号称实力最强大的楚军，在处置突发事件上的应变能力没得说，就一句话：一溜烟走人。紧接着其他四国也鱼贯跑路。

行动遂告失败。

这种极具戏剧性的场面不是最后一次，在未来的日子中，还会无数次地重演。针对这种令人啼笑皆非的情况，西汉才子贾宜有过一句很著名的评论：灭六国者，六国也，非秦也（《过秦论》）。

一战成名的嬴疾，就是历史上赫赫有名的樗里子、秦孝公的庶子、秦惠文王的异母弟，也是秦国历史上实至名归的第一任丞相（公元前309年，秦国始设丞相）。

据说此人才能了得，有未卜先知的本事，曾预言说他死后，墓地两侧将会出现两座高大的建筑。后人认为这两座高大建筑正是西汉的未央宫与长乐宫。

公孙衍本想借打压秦国达到复相之目的，到头来还是竹篮子打水一场空。

头牌间谍（5）

周慎靓王四年（公元前317年），秦国为报复五国伐秦，对韩国展开二路攻击：一路从北线攻占韩国之脩鱼（河南原武），此一役韩军共死伤八万人；一路从南线攻占浊泽（河南长葛），生擒韩国两员大将。

我一直主张读中国历史，特别是有关战争的历史时手边断断不能缺少历史地图册，这样才能更好地把握交战双方的战略思维。否则单看文字记载有时会很糊涂，仿佛列国争战就如街头打群架般全然无序，只是一味地乱揍。

然而事实是，其他国家且不说，单就秦国来讲，其在战场上的每一次军事行动，都有他深远的战略考虑。这就像下围棋，棋盘上的每一子初初看来七零八落，似乎都是零星的，但随着落子增多，慢慢地，精彩的棋局就展现出来了，这就是所谓的布局，考验的是棋手的智慧。

秦军本次的作战行动也一样，《通鉴》的记载很简单，只一句话："秦败韩师于修鱼，斩首八万级，虏其将魏麇、申差于浊泽"。文字洗练得一塌糊涂，洗练得我一直没搞明白秦军这仗到底是怎么打的。但只要展开地图，一切都一目了然了。

周显王三十四年（公元前335年），秦军攻占韩国之宜阳（河南宜阳），这就在韩国的地盘上布下了一子。两年前，秦军攻占鄢陵，这是第二子。接着是本年的第三子脩鱼和第四子浊泽。这四个子恰好将韩国首都新郑团团围住，形成对新郑的包围之势。

这才是秦惠文王真实的战略意图，很明显，秦惠文王准备一口并吞韩国。

对于秦国表现出的强力张势，诸侯国大为惊恐。最为惊恐的韩宣惠王连忙召集群臣商议对策。

有个叫公仲朋的人给韩宣惠王出了一个主意：

"事实证明联盟并不可靠。为今之计，只有通过张仪向秦国贿赂一个大都邑，以求和解。秦国早就有进攻楚国的野心，我们不如和秦国联手，借机把祸水引向楚国。"

韩宣惠王实在想不出更好的办法，只得听从公仲朋的建议。于是，公仲朋准备西

去秦国求和。

楚怀王获悉情报也大为恐慌，召来陈轸商议对策。

陈轸的应对之策用一个成语就可以概括：以其人之道，还治其人之身。

陈轸说："我们不妨调集精兵向韩国边境集结，摆出一副要声援韩国的架势。与此同时，派亲信使臣携重礼出使韩国，让韩宣惠王确信楚国是真心要救韩国的。这样，韩国必然会和秦国绝交，秦、韩之间必然重燃战火，我们且坐观虎斗。"

果不出陈轸所料，韩宣惠王得到金子便失去理智，立即叫停公仲朋。

公仲朋说："大王不要轻信楚国，他是拿空话诳我们，如果大王轻率地与秦国断绝关系，将来你会后悔的。"

韩宣惠王不听，结果秦惠文王迅速作出反应，在岸门（山西河津）再次击溃韩军。韩宣惠王不得已把太子韩仓送到秦国做人质，请求和解。

就在这时，一个意外的出现给张仪带来了好运。

附：秦军进攻韩国图

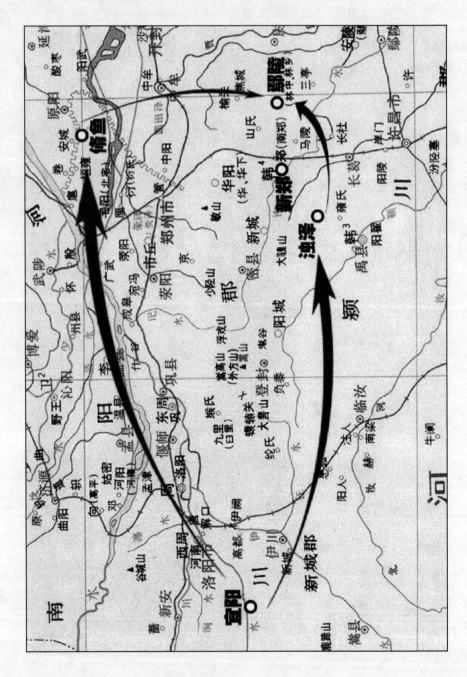

头牌间谍（6）

张仪与公孙衍之间的争权夺利，完全印证了"你方唱罢我登场"这句话。

周慎靓王二年（公元前319年），魏惠王终于走完他漫长而愚蠢的一生。战国时期，诸侯国有两个人在位时间最长，一个是后来的秦昭襄王，在位时间长达56年，另一个就是魏惠王，在位整整50年。

继位的是他的儿子，是为魏襄王。令人吃惊的是，魏襄王竟然比他爹还蠢。

蠢到什么程度呢？

此时，儒家大佬孟子还在魏国，依然不死心地想在政治上折腾出点名堂，于是就去见了魏襄王。回到家里，孟子跟徒子徒孙们说了这样一句话："魏襄王一看就不是当领导的料（望之不似人君）。"

魏国这几十年，一直在走下坡路，真正的一代不如一代，与秦国的一代超越一代形成了鲜明对比，这就是所谓的气数吧。

周慎靓王四年（公元前317年），张仪拿准了魏襄王的这个软肋就是一通吓唬，将他在魏惠王手上没办成的事彻底办成了。

张仪对魏襄王说："情况就是这么一个情况，你也看到了，所谓的五国联盟相当稀松，怎么可能给魏国提供足够的保护呢？如果不与秦国结盟，秦国打你，我可不管。"

张仪进一步威胁说："不但不管，我还要辞职，看你怎么办！"

这一吓果然奏效，魏襄王立即宣布退出五国联盟，单方面与秦国媾和。

魏襄王一厢情愿地派张仪出使秦国和谈，没想到张仪借此玩起蒸发，原来他在秦国又混得了相国做。这场相位之争，最终以张仪的全面胜利而告结。

眼下，最郁闷的人当然是公孙衍，斗来斗去，结果什么都没捞到，白忙活一场。然而，更令他匪夷所思的是，被骗得团团转的魏襄王，竟然不知悔改，还想聘请张仪兼任魏国的国相。

公孙衍觉得必须想办法阻止这件事情发生，否则他真的没有机会了。

于是，公孙衍派人对韩国的公叔说："张仪已经成功联合秦、魏了。他还声称，魏国进攻南阳之地，秦国进攻三川郡，韩国必亡。我很替韩国担心，为今之计，您不如分一些权力给我，我想办法破坏秦、魏联盟，这样魏国必定转而拉拢韩国，任命我为国相。"

公孙衍原本是韩国的国相，在秦、韩之战时，一连吃了好几场败仗的韩宣惠王很可能让他坐了冷板凳，他才会提出这样的要求。

公叔觉得有理，遂放手让公孙衍折腾。公孙衍果然折腾到了魏国国相之位。

公孙衍决心与张仪对抗到底。

只不过此时的秦惠文王，没心思再去瞧他俩的热闹，因为后院起火了。

有秦分水岭

最初公孙衍离开秦国来到魏国时，恰好秦国北境的义渠君来魏国友好访问（公元前327年，义渠部落已为秦国征服，但还保留相当高的自治权）。

公孙衍觉得这枚棋子可用，他要想方设法让秦国祸生肘腋，搅乱秦国的前庭后院。于是，公孙衍对义渠君说："你得多加小心，如果中原无事，秦国一定会彻底灭了你们；如果中原有事，秦国担心你们造反，一定会派使臣持重币贿赂你们。"

后来五国攻秦，恰在此时，秦惠文王派人给义渠君送来千匹上等锦缎、美女百人。义渠君猛然想起公孙衍的话，遂派兵袭击秦国，大败秦人。

这件事情给秦惠文造成的心理震动是可以想见的，他一直担心的情况到底还是出现了，这促使秦惠文王下定最后的决心，暂时收敛锋芒，将前庭后院彻底打扫清楚再说。

事实证明，秦惠文王的这个决定是相当明智的，对后来秦国的影响极大。应该承认，周慎靓王五年（公元前316年）才是秦国国力真正意义上的分水岭。

因为在这一年，秦国占领了一块土壤肥沃、物产丰富、经济富饶的地皮，使秦国的国力从此大增。当列国连年征战、国库空虚的时候，秦国依仗关中沃野和这块地皮的物产，供军需、给粮饷，确保了前方百万将士的攻必克、战必取。

这块极具战略意义的地方就是巴蜀。

关于巴蜀之地的重要战略地位，史学家白寿彝在《中国通史》中这样评价：

"关中地本肥沃，郑国渠造成后，溉田四万余顷，农产更加丰富。秦昭王时，蜀郡太守李冰造都江堰，开辟稻田，大兴水利，蜀地沃野千里，无水旱灾，富饶无比。秦拥有两个大农业区，再加上巴蜀出铜铁木材，西北戎狄地区出牛马，资源丰足，能够支持连年不断的战争。"

秦国本来就垂涎巴蜀之地，巧的是，历史给了他这个机会。

周慎靓王五年（公元前316年），巴、蜀两国大打出手，谁也赢不了谁，谁都担心对方会一口吞了自己。于是，同时向秦国请求增援。

对于秦国来说，这真是天赐良机。于是，秦惠文王召集群臣商议对策。

秦惠文王有两点顾虑：

一是蜀道之难难于上青天，怕不利于大兵团作战行动；

二是担心韩国报复，抄秦国的后路。一年前，秦军在脩鱼地区，狠命地砍杀了韩国八万人。

令秦惠文王没想到的是，大将司马错与丞相张仪为了这件事，竟然吵了起来，而且吵得非常凶。

张仪认为，从当前的形势来看，攻打韩国比攻占巴蜀有利。他的计划是从韩境打开一个缺口，然后兵临周王畿，将周天子控制在手里，这样就可以"挟天子以令诸侯"。

司马错反驳说："亏你想得出来，人家毕竟是天子，你把他弄来，就不怕报应？诸侯国本来就想整我们，这样好了，以下犯上，不给他们提供口实吗？倒不如攻占巴蜀实在。"

事实证明司马错是对的。张仪的计划看似大气，实则有点牛皮吹过头了，毕竟秦国还没有做好全面开战的准备。

因此，秦惠文王支持司马错的意见。

于是司马错就去了，当年十月富饶的蜀地就来了。

《通鉴》这样说："蜀既属秦，秦以益强，富厚，轻诸侯。"

与此同时，周赧王元年（公元前314年），秦军攻击义渠部落，占领二十五个城池，彻底灭了义渠部落。

对于秦惠文王的这项工作，西汉贾宜在《过秦论》一文中这样评价："西举巴、蜀，……北收要害之郡，诸侯恐惧。"

自此，完成前庭后院清扫工作的秦惠文王，终于很放心地将目光对准了六国。

第五章 异军突起

齐宣王称雄（1）

眼下，我们暂且按下秦国不表，来表一表此时中国版图上的另一件大事：燕、齐之争。

我们在前面说过，经过秦孝公和齐威王的各自努力，中国历史上出来了二日齐辉的壮观景象，秦国称霸西境，齐国称雄东方。

尽管邹忌对齐国的改革只能称改良，并不如商鞅那样彻底，但依仗稷下"学囊"的鼎力支持，齐国的气焰也是不可一世的。特别是到了齐宣王的手上，稷下学派更是达到了鼎盛时期。

关于齐威王的死，《通鉴》记载为公元前333年，实则是齐威王死于公元前319年，同年，其子齐宣王继位。

《史记·田敬仲完世家》说："宣王喜文学游说之士，自如邹衍、淳于髡、田骈、接子、慎到、环渊之徒七十六人，皆次列第为上大夫，不治而议论，是以稷下学士复盛，且数百千人。"

而稷下学士所以复盛，这跟齐宣王异乎寻常的容人之量有极大的关系。

齐国境内有个高人，叫颜斶，齐宣王老早就听说此人，遂命人请来。

颜斶是来了，但当他走到宫门口时，却止步不前。

齐宣王说："颜斶，过来。"

颜斶说："大王，过来。"

齐宣王左右抬轿的见状，呵斥颜斶："君贵臣轻，这个道理你不懂吗？"

颜斶说："是我不懂还是你不懂？如果我走到大王跟前去，显得我贪慕权贵，而大王如果走到我跟前，那是大王礼贤下士。与其我贪慕权贵，不如大王礼贤下士。"

而齐宣王却认为颜斶是有意让他难堪，当下恼得脸都变色了，跟当年的魏击一样，他质问颜斶说："是君王尊贵呢还是士人尊贵？"

颜斶也不客气，直截了当地回答："当然是士人尊贵。"

"此话怎讲？"

"从前秦国打算进攻齐国，秦王下了两道命令。一道说，柳下惠墓地五十步以内严禁樵采，如敢违抗，杀无赦；另一道说，谁要取得齐王的脑袋，封万户侯，赏黄金二万两。由此来看，活国王的人头，还不如死名士墓前的一棵草。"

说得齐宣王无言以对。

抬轿的就赶紧帮腔："颜斶，你也太放肆了，想我们堂堂齐国，要什么没有，还差你一个士人？"

颜斶反驳说："这你们就真不懂了，想当年大禹的时候，诸侯有万国之多，到了商汤时代，诸侯还有三千，可如今，称孤道寡的才二十四个。由此看来，重视士人与否才是成败的关键。"

齐宣王自觉理亏，连忙赔礼说："您瞧我多没文化啊，先生就留下来做我的老师吧。"

颜斶说："多谢大王美意，我不过山野粗人，习惯了清静的生活。晚食以当肉，安步以当车，无罪以当贵，清静贞正以自虞。"

这就是成语"安步当车"的出典。

说完这一番话颜斶向齐宣王拜了两拜，安步当车回家睡觉去了。

有个叫王斗的人，去见齐宣王，也把齐宣王训了一顿，当面指出他好马、好狗、好酒、好色，独不好士的缺点。齐宣王很诚恳地承认了错误，于是选拔了五位能人来辅佐自己，结果是齐国称治。

齐宣王称雄（2）

齐威王和齐宣王的稷下学宫，很像国家养士，后世通称为智囊团。而国家养士的风气，也始于齐国。春秋时期的齐桓公，据说曾收留游士八十人，"奉之以车马、衣裘，多其资币"。

私人养士，或者说私人招收学徒的风气，理当是孔夫子首创，至卜子夏时期，他的一干门生在魏国可谓出尽风头。而此时，齐国私人养士的风气也很盛行，淳于髡竟有"诸弟子三千人"，堪比夫子。

至战国四公子出山，私人养士之声威，更是达到了顶点。其中之一就是齐国的孟尝君田文。

田文的父亲就是齐相田婴，田婴是齐威王的儿子。也就是说，孟尝君与齐宣王是堂兄弟。

初始，田文的命运是很坎坷的，不仅因为他的母亲是贱妾，比这更严重的是，他差一点就"夭折"了。

田文出生于五月，而按照齐地的民间风俗："五月子者，长与户齐，将不利其父母。"田婴因此下令将这孽子扔掉，但田文的母亲还是偷偷地把他养了起来。

田婴发现田文还在世上，大为恼火，准备找他的母亲算账。这时，年幼的田文充分表现出他的早慧与机警。

田文问父亲："人生是受命于天，还是受命于户？"

堂堂齐相田婴竟被问住，哑口无言。

田文接着说："如果人是受命于天，那您何必忧虑？如果受命于户，加高门框就是了，谁能长得比门框还高？"

田婴自此不仅不再为难田文，相反，还非常喜欢这个聪明伶俐的小儿子。

周显王四十八年（公元前321年），齐威王封田婴于薛邑（山东滕县），号"郭靖君"。

田婴也是聪明人，很想全盘操纵齐国的权力，于是想出一个办法来耍老爹。他对齐威王说："您必须事事躬亲，这样才能掌握全面情况。"

齐威王认为有道理，于是真的事事过问。可是没过多久，繁琐的政务搞得他焦头烂额，烦得很，就将所有事情交给田婴去处理。聪明的田婴借此机会达到了他的目的。

然而田婴决计想不到，他是聪明，但是早慧的田文比他还聪明，田婴糊弄了老爹，自己却被田文糊弄。田婴想办法控制了齐国政权，田文却想办法取得了田氏的合法继承人资格。这祖孙三人也是有趣。

田文发现，依他的身份和地位，想在四十多个兄弟中出人头地几乎是不可能的，唯一的机会就是获得士人的支持。

田文很清楚士人的分量，他们的话语权可以左右田婴的视听。

于是，田文就吓唬起老爹来。田文说："您为相多年，齐国的国土面积没有增加，而我们田家却积财万金，这事要传出去，怕不好吧。您若想永葆荣华富贵，就必须得到士人的支持，而得到士人支持的最好办法就是散财养士。"

田婴想想也是，于是就让田文负责此事。田文借此不惜血本，广交天下豪杰。他也因此获得了丰厚的回报：士人们竞相在田婴面前称喻田文贤良，足可作为田氏的合法继承人。

田婴死后，田文如愿以偿地嗣为薛公，这就是孟尝君。

孟尝君从这件事情中尝到甜头，更进一步广纳天下游士，来者不拒，以至连流窜犯，他也收留，"鸡鸣狗盗"的成语即出自其门下。于是，孟尝君门下号多士，集有三千之众。

正是基于这些优势人才的支持，齐国政治稳定、经济繁荣，秦国有巴蜀，齐国有盐，仅此一项就富甲天下。这让齐宣王动了称雄天下的心思。

就在这时，出现了一个人，无心之中给齐宣王提供了一个绝佳的良机。

此人就是苏代。

齐宣王称雄（3）

周慎靓王五年（公元前316年），燕国，燕王哙在位，国相是子之。此时，苏代在燕国，出使齐国刚回来。根据近世学者的考证，苏代其实是苏秦的兄长，先于苏秦扬名于诸侯。

子之有一个很恶毒的计划，企图夺取而不是控制燕国的政权，便和亲家苏代商量。

苏代胸有成竹，打算借机搅浑一池春水。

战国之世，诸子百家之争鸣很大程度上说是对中国未来出路的探索，其中有一种探索便是主张回到尧舜时代，重新实行禅让制。由此可见，当年的思想界说自由确实自由，但要说乱，也是相当混乱的。

这就是苏代打算使用的搅屎棍。

苏代从齐国回来后，向燕王哙汇报工作，燕王哙问苏代："依你看，齐宣王有没有成为霸主的可能？"

苏代说："当然没有。"

燕王哙问："为什么呢？"

苏代说："齐宣王不信任他的手下。"

燕王哙做恍然大悟状。自此之后，燕王哙开始自作聪明地一味信任国相子之。

和平演变的好戏这就开场了。

子之充分调动手下人的积极性，继续对燕王哙大摆乌龙阵，下定决心要把燕王哙忽悠瘸。

接下来出场的是一个叫毛寿的大臣，他对燕王说："尧为什么会名满天下？是因为他将权力交给别人而不是儿子。如果您也能将权力交给别人，您就是当代的尧。"

燕王哙非常激动，他要做尧，于是将权力全部交给子之。但他似乎不大死心，尽管表面上赋予子之大权，实际掌控权力的却是太子姬平。燕国中层以上干部，差不多都是姬平的人，都听姬平的。

子之相当恼火，想不到这个老不死的还有点头脑，他享盛名，姬平享权力，我却成了顶缸的了。子之决定加大火力，摆平燕王哙。

子之派出得力干将对燕王哙说："您表面上将国家大权交给子之，所有官吏却都是太子的党羽，这样偏袒太子，怕是于您的盛名有损吧？"

此时的燕王哙完全昏了头，一心一意要做他的尧，全然不顾后果。遂下令罢免燕国中层以上干部，将人事权全部交给子之。想用什么人就用吧，我不管了。

就这样，相国子之摇身一变，成了国王，燕王哙反倒成为臣僚。

一场意想不到的风暴就此来袭。

周赧王元年（公元前314年），子之当国三年，搞得国家混乱不堪，民众怨声载道。

太子姬平实在看不下去了，打算联合大将市被办了子之。但姬平很清楚，眼下子之大权在握，党羽遍布，爪牙林立，光是他们二人和一些热血青年，显然不是对手，他要得到一个国家的支持。

这个国家就是齐国。

于是，姬平秘密派人前去联络。

然而他决计想不到，这个举动居然演变成引狼入室。

有个叫储子的人对齐宣王说："此时不落井，更待何时？"

齐宣王觉得有理，就答复姬平："我听说你要整顿纲纪，恢复君臣父子的名分，这很好嘛，我全力支持你，你说怎么办我就怎么办。"

堂堂齐宣王对一个名不见经传的姬平如此俯首帖耳，这是典型的巧言令色，夫子说："巧言令色鲜以仁"，鬼都知道其中必定有诈。齐宣王定是大大的没安好心。但姬平管不了那么多了，他打算在刀尖上跳一回舞。

齐宣王称雄（4）

姬平得到齐国许诺，胆子陡然增大了许多，信心也放大好几倍，遂率领帐下豪杰，对皇宫发动猛攻。

意料之中的事情出现了，子之的党羽奋起反抗，姬平进攻受挫。

就在这时，意料之外的事情也出现了，大将市被被子之的糖衣炮弹击中，阵前倒戈，调转枪口与姬平打了起来，结果是二人双双阵亡。可怜姬平，出师未捷身先死。

这场争斗，子之似乎成了最后的胜利者。

然而，姬平的党羽不甘失败，继续负隅顽抗，双方混战达数月之久，军民死伤数万，燕国陷入一片恐慌之中。

齐宣王敏锐地意识到，称雄称霸的时机成熟了。

有一个人也觉得这是称霸的大好时机，此人就是孟子。

孟子对齐宣王说："现在出兵燕国，是拯救燕民于水火之中，就像当年的周武王打商纣一样，机不可失。"

由此可见，稷下学派的那些大佬，不只是吃喝玩乐发牢骚，他们还肩负着为齐宣王策划一统天下的可行性方案的重要使命。齐宣王就曾多次与孟子深入地探讨过这方面的问题。

于是，齐宣王果断出手，任命章子为司令官，动员五大城市的民兵和北部边防军，组成强大的攻击兵团，大举入侵燕国。燕国边防军完全丧失抵抗能力，望风缴械。

齐军一路顺风顺水，只用了五十天的时间就打进燕都蓟城（北京），将子之剁成肉酱，并顺手把老糊涂的燕王哙也给杀了。苏代自此失踪。

一举攻下燕国之后，接下来怎么办？是全盘纳为己有、彻底将燕国从地图上抹去，还是扶持一个傀儡政府、瓜分点地盘就算了？齐宣王拿不定主意，又去找孟子商量。

齐宣王的顾虑，其实透露出这样一个信息：列国可以容忍某种程度上的称王称霸，但前提必须是维持现状、各做地主，如果哪个国家胆敢走得太远，枪必打出头鸟。这就是为什么秦惠文王舞弄"大棒加萝卜"外交，不愿与列国全面结怨的深层原因。

齐宣王对孟子说："有人劝我不要吞并燕国，有人劝我可以吞并。我认为，齐国和燕国都是千乘大国，而我们却在五十天内就将其灭了，由此可见，这是天意。天予不取，必受其殃，先生以为何如？"

　　齐宣王有这个想法也是可以理解的，因为主张"天意说"的邹衍此时也在齐国。

　　孟子说："吞并它而燕国人民觉得快乐，就吞并；吞并它而燕国人民觉得不快乐，就不能吞并。"

　　孟子的意思是说，解民于倒悬，救民于水火，这事合民心，当然可以做。

　　有了主张仁义的儒家大佬的这句话垫底，齐宣王更有信心了，我齐国分明是仁义之师嘛，于是决心并吞燕国。

　　燕国亡国于周赧王元年（公元前314年），虽然时间很短，头尾三年，但到底是亡了。燕王哙没做成尧，却做成了不折不扣的亡国之君。

　　问题在于孟子的话，齐宣王只听了一半。占领它，却对于占领它的理由"安抚民心，顺从民意"充耳不闻。为加强统治，齐宣王采取了铁腕手段，对占领区实行恐怖的军事管制：摧毁燕国的国家象征祖庙；残酷镇压反抗者，重则杀头，轻则入狱；将燕国的宝贝悉数运抵临淄。

　　结果，燕国人民群起反抗，抗暴运动燃遍燕国全境。

　　就在这时，齐宣王一直担心的事情还是发生了：列国本来对齐国的强势就顾虑重重，眼下吞并燕国，国土面积又扩大了一倍。齐宣王这小子有政治野心啊，不行，不能任他胡来。于是，列国准备联兵向齐，其中主张最力的就是秦国。

　　齐宣王怕了，他又去找孟子："情况糟透了，怎么办？"

　　孟子说："瞧你都干了什么，叫你仁义你不仁义，这下好了，夹道欢迎的鲜花转瞬间就变成石头了。为今之计，只有立即停止残暴的统治，释放政治犯，另立新君，恢复燕国的独立地位，然后体面地撤退。"

　　到手的肥肉焉能轻易吐出来？齐宣王拒绝听从孟子的意见。

　　于是，秦惠文王就把打击齐国作为下一个行动目标，战争机器也真实地运作起来了，只是后来事情的发展出乎所有人的预料。

张仪耍猴（1）

　　齐、楚两国之间原本达成集体防卫之共识，秦惠文王很清楚，只有破坏这个共识，才能阻止楚国插手秦、齐之间的战事，秦国才能避免两线作战。

　　于是，张仪肩负着这个拆台使命出使楚国。

　　谈判是要有条件的，正如投降也要有条件一样。

　　张仪给楚怀王开出的条件是：只要大王跟齐国断绝外交关系，秦国就把商、於地区（陕西商县至河南内乡一带）六百里的土地割让给楚国，作为秦楚结为兄弟之邦的见面礼。

　　此时，张仪猛然想起当年空手套得盘缠的那些事，他很神秘地对楚怀王说：我还可以给您搞到些我们西部地区有戎狄血统的绝色美女。

愚蠢的楚怀王也笑了，笑得相当脑残，他又在做"红袖添香喝酒迟"的美梦了，于是当下拍板表示同意。

楚廷上下，一派喜庆祥和的气氛（群臣皆贺）。

愚蠢的楚怀王坚信天上也能掉馅饼，事实上他得到的不是馅饼而是要命的陷阱。楚怀王自此掉进秦国的手掌心出不来，直至被玩死。

陈轸看出这里头有文章，他警告楚怀王：无功不受禄，小心张仪摆乌龙阵。因为事实明摆着，楚齐联盟，是秦国所忌惮的。而楚国一旦与齐国断绝外交关系，秦国也就没有理由惧怕形单影只的楚国了。这样，张仪必定食言不予商、於之地。而楚、齐一旦交恶，势必被秦各个击破。

陈轸因此提出相当明智的应对策略，不如表面上与齐国断绝关系，暗地里眉来眼去，等商、於之地真正划归楚国名下，再行决裂不迟。

可惜陈轸的话还没说完，愚蠢的楚怀王便一声大喝：闭嘴，你个蠢货！尽说丧气话，等我把商、於之地弄到手，看你还有什么话好说！

楚怀王非但铁心与齐国断绝关系，还把楚国的国政交出来，聘请张仪兼任楚国的国相。

当他兴高采烈地派一位将军去秦国收账，办理移交手续时，这位将军一到秦国，就惊奇地发现张国相失踪了。

这事也很好理解，你想，秦国一贯揩别人的油，他岂是轻易被人揩油的主？而不想被人揩油，又不能立马撕破脸皮，最好的办法当然是拖着不办。

问题是怎么个拖法？这难不倒聪明的张仪，只见张仪当着那个楚国将军的面，假装从车上摔下来，并且摔得不轻。自此之后，装病杜门不出，长达三个月之久。

不知所措的楚国将军，将变故通报了国内。

按常理，债务人口头答应还钱，实质却是推三阻四，作为债权人，理应有所警觉才对。

可愚蠢的楚怀王竟然认为，秦国不兑现承诺，是楚国与齐国断绝得不够彻底的缘故。于是，令人崩溃的一幕出现了。

一位叫宋遗的勇士奉命来到齐国，站在齐都临淄的广场上，高声辱骂齐王，什么难听骂什么。

宋遗也确实够猛，不遗余力地将齐宣王骂了个狗血淋头。

齐宣王彻底被激怒了，主动与秦国结盟，打算联手修理楚怀王这个可恶的家伙。

战场形势出现了意想不到的逆转，秦国本来是打算修理齐国，到头来却和楚国打了起来，这就为燕国的复国埋下了伏笔。

这时，超额完成任务的张仪，才姗姗召见楚国将军，装出一脸惊讶的表情问：你怎么还在这里，还没移交吗？

紧接着，张仪回头斥责手下：办事这么拖拉，小心我拿"效能"办你们！

随后又扭过头，一脸歉意地对楚国将军说：那么好吧，这就办，从某地到某地，拿去。

楚国将军简直不敢相信自己的耳朵，白等了三个月，等来的竟是这样的结果。因为张仪在地图上指出来的，不是事先答应好的六百里地，而是六里。

愚蠢的楚怀王这才知道被骗了，他再一次干了一件蠢事，与秦国全面开战。

张仪耍猴（2）

周赧王三年（公元前312年）春，楚军对秦发动攻击，秦军将领匡章，楚军将领屈匄（音丐），两军会战于丹阳（河南淅川县境）。

结果楚军大败，阵亡八万人，几乎全军覆没，包括屈匄本人在内的七十多名高级将领被俘。

秦军顺势攻占了另一战略要地汉中郡。

楚怀王完全失去理智，下令全国总动员，誓与秦国决一死战。虽然正史没有记载接下来的这场战斗楚国投入的总兵力，但从文字描述上可以探得一些端倪：

"楚王悉发国内兵以复袭秦。"（《通鉴》）

什么意思呢？就是说，楚国境内能调动的部队，几乎全被派往前线。由此可知，楚军实际投入的总兵力应不在少数，说是生死决战绝不为过。

楚军一路前进，一直打到离秦国首都咸阳不远的蓝田（陕西蓝田）。

然而，愚蠢的楚怀王哪里是秦惠文王的对手，楚军再次溃败于蓝田，陷入困境。

与此同时，韩、魏两国乘机南侵，前锋进抵楚国之邓邑（河南邓县）。

楚怀王这才慌了手脚，连忙割让两座城池请和于秦，撤回残部作罢。

盘点这两场大战，我发现，变化是巨大的：

其一，秦国摸清了楚国的底细。南方有一句俗话，冬瓜再大，只是菜。楚国貌似强大，其实只是冬瓜而已，着实不经打。在秦国眼里，这个对手已经降级。

其二，楚国又白送给秦国第三大粮仓，即汉中地区。

汉中郡形势险要，西起沔阳的阳平关（陕西勉县武侯镇），东至郧关（湖北郧县）和荆山。北面是雄峙的秦岭，与秦国的首都咸阳只是一山之隔。南边即巴山。

也就是说，汉中郡是介于巴蜀地区与楚国之间的突出地带，打下汉中郡，对秦国的天然粮仓巴蜀是最大的保护。

更为重要的是，汉中盆地其经济资源亦是得天独厚，《华阳国志》卷二《汉中志》记载，其"厥壤沃美，赋贡所出，略侔三蜀"。盆地周围的秦巴山地森林茂密，盛产可制成箭的竹子，并有铁矿、铜矿，可以开采冶炼。

楚怀王贪心不成，反亏得一塌糊涂，这真应验了那句话：赔了夫人又折兵。然而，对于楚怀王来说，亏本生意才刚刚开始。

附：秦楚大战示意图

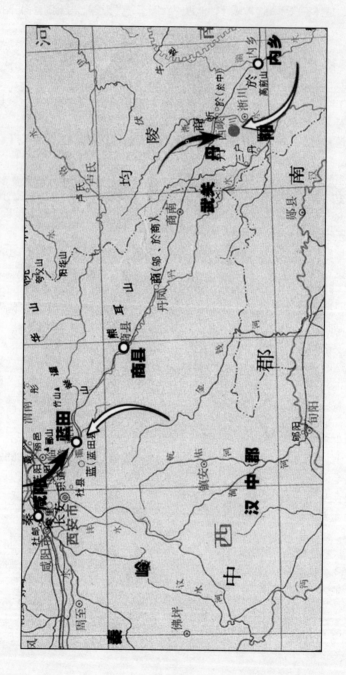

回头说燕国。

太子姬平造反不成，反倒死于非命，而齐国的势力扩张，显然于赵国不利。于是，赵武灵王召见在韩国做人质的燕国公子姬职，并派大将乐池护送他回国继承王位。

而秦国在与楚国打得不可开交之时，也不忘压制齐国，秦惠文王将小女儿嫁给姬职为妻，借此来给姬职撑腰。

此时的形势确实让齐国有些骑虎难下，秦、赵两大强国插手干预，燕国的抗暴运动又如火如荼，再加上齐宣王被楚国撩得大起肝火，遂决定就坡下驴，听从孟子的意见，支持姬职继燕王位，是为燕昭王，主动撤出燕国。

但齐宣王似乎不死心，手头还控制着燕国的十座城池，这就为苏秦的成功亮相提供了舞台。

话说燕昭王面对残破不堪的国家，暗下决心励精图治、重振山河，毅然走上了改革之路。

燕昭王对相国郭槐说："要想复仇成功，没有人才的支持看来是不行的，你看这事怎么操作才好？"

郭槐就给燕昭王讲了一个如今是妇孺皆知的"五百金只买得死马头"的故事。

郭槐说："如果大王真心求贤，请把我当作那个死马头，活千里马一定会来的。"

燕昭王特地兴建宽敞明亮的大房子送给郭槐，并尊他为师傅。于是，天下士人望风影从。

就中值得一提的有两位能人，一个在家里主持工作，另一个在外面跑江湖，两相联手把齐国整得生活不能自理，最终导致了齐国的全面衰弱。

这两个能人，一个是乐羊的后代乐毅，燕昭王以之为副国相，全面主持政府工作。另外一个就是苏秦。

苏秦出山（1）

苏秦是洛阳的平家子弟出身，由此可知，《史记》中苏秦"锥刺股"的刻苦学习经历应该属实。在那个年代，有背景可以不读书，而"没有背景只有背影"的苏秦除了用知识改变命运之外，怕是别无捷径的。

《史记》中说，苏秦和张仪是鬼谷子的弟子，这个"苏秦"很可能是苏代。真正的苏秦很可能是自学成才的。

不是有这么一句话么？"与君一席话，胜读十年书。"后世之所以推崇师出名门，是因为名师的一句话、一个指点，都可能会有拨云见月之功效，可以让弟子们少走许多弯路，所以才有负笈相从之说。很明显，苏秦没有这样的机会，仅靠一己之力来悟，实在是很需要功力。以故在最初出山的那几年诸侯并不买他的账，他处处碰壁，相当落魄。

在外难酬壮志，回到家中苏秦也没有好脸色看，"妻不下织，嫂不为炊，父母不与言"。

应该承认，苏秦这一年在家里所"享受"到的待遇，对他一生的影响是巨大的。

西哲康德有过一句很著名的话：有两样东西我愈想愈觉得敬畏，那就是头顶上的星空和心中的道德律。

有道德律在心中的人，一定是个好人，因为他接受了正确的教育，用时髦话来说就是，正确认识并且定位自己的世界观、人生观和价值观。这样的人决不会乱来。

不幸的是，苏秦没有接受到良好的教育，他的心中没有一杆可以评判是非的秤。更为不幸的是，家里人对他奉行的是"三不主义"。种种迹象表明，苏秦的人生应该就是在这个阶段发生了变轨。生活的教育终于让他明白，钱是通人性的，准确地说，钱就是人性。由此，他确立了自己的人生目标：向钱进。

这就为他后来的悲剧人生埋下了致命的伏笔。

情况已然如此，苏秦只得硬着头皮忍受白眼，继续在家蜗居，继续修炼"巧侫便说"。

苏秦发现，只看所谓的长短纵横之说，信息量显然不够丰富，眼界显然不够宽，于是他决定加餐。

苏秦决定增加的生猛海鲜叫《阴符经》，据说是周朝的姜子牙所撰，专门教人如何打仗，也就是说，是一本兵书。

这就奇了，一介书生反倒看起兵法来了？

事实证明苏秦的眼光是毒辣的，这次他选对了路子，因为不管是纵横法还是兵法，永远离不开的是诡诈之法。

果不其然，经过一番苦心孤诣，苏秦终于悟得了一个制胜法宝，他相信只要适时祭出这个法宝，定能无往不利。

这个法宝就是："上不可则行其中，中不可则行其下。"

就在苏秦时刻准备着为"钱途"而英勇献身之时，机会来了，燕昭王的招聘广告仿如春风扑面而来。于是，苏秦义无反顾地出发了。

重出江湖的苏秦，自此开始了他手笔粲然的人精之旅。

苏秦出山（2）

苏秦初见燕昭王，但见燕昭王愤愤不平，满脸杀气。当然，燕昭王要杀的不可能是苏秦，理当是齐国。

苏秦知道，他的"钱途"来了，于是，当即祭出他的"法宝"，果然把燕昭王套住。

苏秦这"法宝"确实够威力，等同于是燕昭王实施复仇计划的战略纲领，并从此

彻底改变了两个人。

一是燕昭王，自此表面和颜悦色，内心却是磨刀霍霍，为报仇卧薪尝胆几十年，最终一雪前耻。

第二个人就是苏秦自己，他死心塌地为燕国服务，成功打入齐国内部做间谍，骗得齐湣王一败涂地，一命呜呼。

苏秦的套路首先是收起脸色，还嫌被齐国揍得不够狠吗？君子报仇十年不晚。

然后，屈服齐国，为燕国的振兴争取必要的发展时间和空间。

最后，挑拨齐国去攻击其他国家，转移其注意力，并借机消耗齐国国力。

燕昭王相当高兴，从此与苏秦及另一个著名人物乐毅一起构成了燕国政坛上的铁三角，时间长达几十年之久。也就是说，燕昭王卧薪多久，"铁三角"就存在了多久，这在战国之世是相当罕见的。

我们在前面说过，但凡入伙，必须有像样的见面礼。苏秦明白，要想成功入伙燕国，他就必须给燕昭王捞来大实惠。

于是，苏秦就去了齐国。

见到齐宣王，苏秦先是叩头称贺，令齐国君臣大感意外的是，紧接着他却哭起丧来，口口声声说大王要死了，苏秦特地前来送葬。

齐宣王大为光火，要把苏秦拉出去砍了。

苏秦却不慌不忙地说："我听说饥荒之年，有些人宁愿忍饥挨饿也不吃乌喙这种有毒的植物，这是因为吃乌喙无异于自杀，和饿死又有什么区别呢？现在，燕国虽然弱小，但燕王却是秦王的女婿。大王强占燕国十座城池，无疑是与秦国结仇。如今，燕国一心要夺回丢失的城池，强大的秦国在幕后撑台，如此一来，诸侯国必然落井下石也来进攻齐国，您这不是吃乌喙填肚子吗？"

说得齐宣王的脸色一阵死白："那怎么办？"

苏秦说："我听说善于处理事情的人，能够转祸为福，因败为功。大王如果听我的，立即归还燕国的十座城池。燕、秦两国一高兴，一定与齐国重修旧好。到那时，大王再对天下发号施令，谁还敢不听呢？这才是真正的霸业啊。"

齐宣王转忧为喜，立即决定按苏秦的意思办，归还燕国那十座城池。

苏秦出山（3）

苏秦仅凭三寸不烂之舌，成功套来十座城池。燕昭王闻之大喜，当即提拔苏秦为武安君。

武安君苏秦再接再厉，着手实施他的第二套方案，那就是再使齐国，以燕事齐。换言之，就是承认齐国的老大地位。苏秦这样做，表面上是为回报齐国归还十座城池，实则是期望达到麻痹齐国之目的。

然而就在这时，意外发生了。

有人在燕昭王面前诋毁苏秦说："苏秦是个反复无常的小人，您得防着他点。他可以骗齐宣王，也可以骗您，因为苏秦没有理由要对燕国忠心耿耿。"

于是，当苏秦从齐国返回燕国时，燕昭王二话不说，直接撤了他的职，甚至连"苏府"都不让进。

苏秦到底是聪明人，他知道，一定是有人在燕昭王面前中伤他，于是决定去见燕昭王。

苏秦说："现在假如有像曾参一样孝顺的人，像伯夷一样有节操的人，像尾生一样讲信用的人，让这三种人去奉事大王，您认为怎样？"

燕昭王说："那敢情好啊，我正需要这种人。"

苏秦料定燕昭王会这样回答，他已然想好了驳倒燕昭王的办法。

因为苏秦知道，曾参是一个大孝子，为尽孝道，决不离开父母半步，决不在外面过夜；商朝末年的伯夷，很有节操，商朝灭亡之后，宁愿饿死首阳山下，也不愿做周武王的臣子；尾生很讲信用，与女子相约在桥下幽会，女子没来洪水却来了，可是尾生不肯离去，结果被水淹死。

像这三种人，又守孝道又有节操又讲信誉，如何肯千里迢迢来燕国，低声下气去齐国要回十座燕城，坑蒙拐骗把齐军劝退？

综上所述，苏秦得出结论："像这三种人，大王根本没办法用他们。"

燕昭王沉默不语。

苏秦接着说："忠诚有两种，一种忠诚只为自己着想，一心博得名誉；另一种忠诚却是为别人着想，渴望建功立业。我正是因为处处为燕国着想才获罪的啊！"

苏秦接着又给燕昭王讲了一个故事，这个故事极像后来的武大郎、潘金莲与西门庆之间的三角恋爱（虽然结局不同），为了表述方便，在这里姑且以上述三位知名人物代之。

从前，有个叫武大郎的人在很远的地方做官，他的妻子潘金莲不甘寂寞，与西门庆私通。当西门庆得知武大郎要回家省亲时，担心好日子从此结束，很是吃不下饭。潘金莲说："勿虑，我已备好毒酒。"

过了三天，武大郎果然回来了，潘金莲遂让侍妾端着有毒的酒给他接风。侍妾知道酒中有毒，想告诉武大郎真相，又担心他把潘金莲赶走；可是不说吧，又害怕真的害死武大郎。于是她假装跌倒，把酒泼在地上。武大郎大发雷霆，家法伺候，痛打侍妾五十大板。

苏秦说："侍妾那一跌，在上保全了主父，在下保全了主母，可是自己却免不了要挨板子，怎么能说忠诚就不会获罪呢？其实我就是那个侍妾啊！"

燕昭王心悦诚服，恢复了苏秦的职位，自此之后越发善待苏秦。

此后，燕昭王为继续麻痹齐国，质子于齐，苏秦也跟着去了。这且按下不表，下面我们接着说张仪耍猴的事。

伟大的屈原（1）

周赧王四年（公元前311年），见好就收的秦惠文王主动提出和解。愿把秦国武关以外的土地，割让给楚国，作为交换，楚国把黔中郡（辖区包括湖南省西部和贵州省北部）割让给秦国。

秦惠文王此举看似好意，实则暗含杀机。

武关以外的土地，大抵三百里，面积相当于商、於地区的一半。其人口稠密程度和经济发展水平，确实应该比蛮荒的黔中郡要好得多。可是占地广阔的黔中地区却是楚国首都的卧榻之侧，起到天然的缓冲与屏障作用。如果这笔交易做成，在未来的日子里，秦兵完全可以毫不费力地顺长江而下，直趋郢都（湖北江陵）。而汉中郡、黔中郡、巴蜀地区连成一片，等同于秦国的国土面积一下子扩张了数倍。

可是愚蠢的楚怀王没能看出这步棋的杀机所在，仇恨吞噬了他的理智，竟然宁愿白送黔中地区给秦国，条件是只要得到张仪这个人。而更令人惊奇的是，张仪竟然也愿意自投罗网。

他这是干什么，活腻歪了吗？秦惠文王也这么问。

可是张仪就是张仪，他说，我有招。

这回张仪没吹牛皮，性命攸关，谅他也不敢吹，他确实有招。什么招数呢？其实就是一个人。

这个人就是楚怀王的宠臣靳尚，当年张仪穷困潦倒时在楚国结下的好友，现在这层关系终于可以派上用场了。

张仪一踏上楚国的国土，迅即被投进大牢，这个没有悬念。同样没有悬念的是，张仪亦以迅雷不及掩耳之势被放了出来。

当然，这得归功于靳尚。

我们在前面说过，楚怀王、靳尚和郑袖三者之间存在着一条奇怪的生物链：楚怀王对郑袖言听计从，而郑袖对靳尚言听计从。也就是说，楚怀王拐个弯对靳尚言听计从。

于是，靳尚对郑袖说："大王这个人您是清楚的，一贯喜新厌旧，而张仪是秦国的重臣，秦王一定会想方设法营救张仪，送美女肯定是免不了的，到时您还有好日子过吗？"

郑袖吃惊不小，于是整天缠着楚怀王哭鼻子，连睡觉也不让楚怀王安生。

郑袖哭哭啼啼、唠唠叨叨，归纳起来就这么一个意思："杀死张仪固然可以出一口恶气，可是接下来怎么办呢？秦国肯定不会善罢甘休的。明儿我母子就动身去南方，走得越远越好，免得成为秦国的鱼肉。"

美人要成为秦国的鱼肉？想到这里，楚怀王真是肝胆俱裂。好吧好吧，你说怎么办就怎么办吧。于是，张仪就大摇大摆地走出楚国的大牢，正如他当初大摇大摆地走进大牢一样。

这就是楚怀王的水平，还敢跟秦国斗？

然而刚脱离鬼门关的张仪，压惊酒还没顾得上喝，竟然又威胁起楚怀王来，并且还威胁成功了。

张仪对楚怀王说：大王应该识相一点，秦国只要出二路奇兵，便可扫灭楚国。一路出巴蜀，顺岷江而下，一日三百里，不出十天，即可抵达捍关（四川奉节），楚国西部边境就得改姓秦；二路出武关（陕西丹凤县境），楚国北部屏障也得断送。这样，秦军乘势南下，不出三个月，楚国就得从地图上抹去。

说得楚怀王冷汗直冒。

楚怀王想想，反正人也放了，又不想白白交出黔中地。遂同意与秦国结盟。

张仪来去自由，翻手为云，覆手为雨，简直到了随心所欲的地步。难道楚国上下真的全是蠢货，就没有一个人能识破张仪的真面目吗？

事实并非如此，楚国此时就有一个相当清醒的人。

依据阴阳消长的原理，阴盛则阳衰，小人得志，满怀抱负的君子们自然就得靠边站、坐冷板凳。

后世所以称那些开创太平盛世的君王为"英主"，是因为他慧眼识人，在朝中营造了一股正气。相反，朝中阴阳怪气大行其道，阿谀奉承如鱼得水，于是阴气上升，阳气下降，小人得志，君子失意。这就是所谓的亡国之征。在这种情境下，君子无异于悲剧的代名词。

眼下，楚国就有这么一个伟大的悲剧人物，他就是屈原。

伟大的屈原（2）

屈原，名平，字原，楚国贵族。据后人考证，大约出生于公元前340年，楚国丹阳（湖北宜昌市秭归）人。《史记》给他的定位是："博闻强志，明于治乱，娴于辞令。"

"博闻强志"是说他文才了得；"明于治乱"是说他有治国安邦的本事，需要强调的是，屈原和当时大多数士人一样，也精于法家那一套。"娴于辞令"是说他擅长外交，这似乎也是当时那些士人的共通特征。

屈原主要生活于楚威王、楚怀王、楚襄王时代。楚怀王时，屈原官居左徒，人称三闾大夫，地位仅次于令尹。"令尹"是楚国国相的称呼，正如秦国将国相称为"大良造"一样，因为秦、楚是自我标榜为另类的国家。

楚怀王当初对屈原是很赏识的，命他修法立宪，"造为宪令"，大有继承吴起之遗志继续革命的意思。

靳尚曾在楚怀王面前说过一句话："每一令出，平伐其功。"由此可见，屈原确实是在楚国实行了改革，虽然不如商鞅般的急风骤雨，但他确实希望有条不紊地在楚国推行法家那一套。

有一个人实在见不得屈原的得势，把他视作潜在的政治对手，一心一意要把他整

垮。此人就是上官大夫靳尚。

靳尚在楚怀王面前进了致命的一言，正是这一言，生生断送了楚国的前程。当然，靳尚也决计想不到，他这一言不仅把自己钉在了历史的耻辱柱上，也成全了屈原，为中国历史造就了一个伟大的浪漫主义诗人。

靳尚说："屈原自以为了不起，认为除了他，再没别人能从事这项工作。"

楚怀王大为怒恼，遂疏远屈原，不再信任他，自然也不会让他再去搞什么改革。

这件事情对屈原的打击是相当大的，屈原比谁都清楚，眼下的楚国是什么情形。秦国虎视眈眈，齐国作威作福，三晋伺机而动，都想乘机咬楚国一口，可谓危机四伏。楚国自己再不争气，后果不堪设想。

屈原相当生气，一气楚怀王愚蠢，二气靳尚小人从中作梗。领导生气，后果很严重，屈原因此坐了冷板凳。文人生气的后果同样也很严重，中国文学史上影响巨大的独特文体赋就此诞生。

什么是赋？《汉书·艺文志》说："不歌而诵谓之赋。"就是说，赋是拿来读的，有点像现在的散文，但诗却是拿来唱的，有点像现在的歌词。

悲愤交加的屈原，"忧愁幽思而作《离骚》"。

据《史记·屈原贾生列传》记载："离骚"者，犹离忧也，……屈平之作《离骚》，盖自怨生也。

屈原借《离骚》来表达怀才不遇、志抱不伸的不满。

如果屈原就此一蹶不振，牢骚满腹，一副怨天尤人的怨妇模样，他的光辉形象怕是要大打折扣。

然而，屈原人在江湖，心在朝廷，他的良心不允许他眼看着楚国就这样沉沦下去，他依然要挣扎，依然要尽自己的一份心力力挽狂澜，哪怕最后的结果是身败名裂、殉身殒命，也要义无反顾，因为只有这样，他才会安心。

屈原要对得起他的灵魂。

事实证明，一个对得起灵魂与良知的人，一定是一个伟大的人。古今中外，概莫如此。

我们在前面说过，秦、楚交兵，楚国大败，赵、魏乘机南侵，而楚国又与齐国彻底闹翻。当此之时，如果齐国加兵于楚，真的是三面楚歌了。

于是，屈原建议楚怀王，让他出使齐国，想办法修复与齐国的关系，起码是眼下不能让齐国也落井下石。

尽管史书中关于此一节没有详细的记载，但我认为屈原的外交努力，应该达到了预期的效果。你想，猛人宋遗在临淄广场上把齐宣王骂得狗血喷头，以至齐国自动从燕国撤兵，齐宣王如果不想乘此机会出出气，他就不是人。然而，事实是，齐国按兵不动，并没有加兵于楚。

而当屈原从齐国回来，他吃惊地发现，楚怀王竟然再次成为张仪掌中的玩物，气不打一处来的屈原对楚怀王："张仪把你整得还不够惨吗，为什么不杀了他？"

楚怀王这才如梦方醒，派人去追。可是张仪已安全离境，并且声势更大，一路韩、齐、赵、燕，成功游说诸国与秦国联盟。这就意味着，当初公孙衍鼓捣出来的所谓合纵，也就自动瓦解。

秦惠文王对张仪的成就大为赞赏，封他为武信君，食邑六城。

张仪的人生也来到了他风光的顶点。

张仪之死

周赧王四年（公元前311年），无疑是张仪人生的分水岭，因为这一年，秦国出了一件大事，把一贯无义的张仪无情地推到人生的十字路口。张仪面临着生死抉择。

这一年，张仪最大的靠山秦惠文王死了。继位的是秦惠文王的儿子，是为秦武王。

与商鞅如出一辙，张仪在秦惠文王帐下时，风头太劲，得意过头，忘乎所以地得罪了不该得罪的太子嬴荡，也就是现在的秦武王。于是，大臣们乘机落井下石，纷纷打起张仪的小报告。而列国听到这个消息，皆叛横，复合纵。

从列国的身上，我们知道了什么叫反复无常，什么叫首鼠两端。

事已至此，再呆在秦国，无疑也是商鞅的结局。于是张仪想到了三十六的最后一计，走为上策。

然而精明的张仪，并不认为像老鼠一样溜之大吉是明智的选择，这样也太不光彩了，而且很可能也走不成。他需要一个台阶。

这个台阶就是利用列国之间的矛盾，为成功出逃创造条件。

于是，张仪就对秦武王说："齐王与我有仇，我去魏国，齐国势必发兵攻魏。而列国一旦打得鼻青脸肿，对秦国只有好处没有坏处。"

秦武王很清楚，张仪说的是大实话。而在秦武王看来，张仪不过是出使魏国，和之前的很多次一样，他是会回来的。要想收拾张仪，今后有的是机会，于是同意张仪去魏国砸场子。

问题是这次秦武王失算了，张仪还真没打算回来。

这里需要说明的是，张仪离开秦国之后，公孙衍乘虚而入，取代了他，成为秦国的国相。周赧王六年（公元前309年），秦国初置丞相之职，分左、右丞相，以右为尊。秦武王以樗里子（嬴疾）为右丞相，有个叫甘茂的人与公孙衍角逐左丞相之位，公孙衍不利，自此退隐江湖。

果不其然，张仪一到魏国，齐宣王立即发兵攻打魏国。然而，就在魏襄王双腿打颤、不知所措的当儿，奇迹却发生了。齐宣王竟然主动鸣金收兵，撤了回去。

难道张仪有撒豆成兵的本事？

某种意义上说确是如此，因为历史给智慧的定义是这样的：胸藏百万兵。而张仪的退敌之计，靠的正是智慧。

张仪派人对楚怀王说："秦国巴不得魏、齐打得两败俱伤呢，他正好坐收渔利。"

楚怀王认为有理，就派人劝止了齐宣王。这是楚怀王愚蠢的一生中，干过的唯一一件正确的事。

张仪遂很安全地在魏国又当了一年的国相。一年之后，张仪死了，结束了他波澜壮阔的一生。

西汉杨雄对张仪有这样一个评价：诈人。也就是说，不过是一个骗子而已。纵观张仪的一生，他确实只干了一件事，即坑蒙拐骗。但我认为，张仪骗得有理。

奇了怪了，骗子还有理？

是的，对于从事某种特殊行当的人来说，不学会骗是断断干不好工作的。而且骗得有头有脸，还可以上升为一门艺术。

这就是外交工作。

张仪信手搅和国际局势，就如搅浑一缸水那么容易。他的诳楚赚齐是典型的一箭双雕，他的破纵连横，他的最后自保之计，都堪称经典，完全可以编成培训外交官的教材。

然而，张仪的厉害终究是有限的，稍作研究，我们会惊奇地发现："蝉—螳螂—黄雀"这个公式直接等同于"楚怀王—张仪—秦惠文王"。

张仪玩弄楚怀王于股掌之上，而秦惠文王玩张仪于股掌之上，想用就用，想什么时候用就什么时候用，不想用的时候就不用，同样随心所欲到出神入化的地步。

而没有了张仪，秦王们照样将列国玩弄于股掌之上，这就是秦王们的厉害之处。

攻占宜阳（1）

眼下，秦国又将攻击目标对准了韩国，而在秦武王看来，秦军要想继续东扩，有一个极具战略意义的地方必须攻克。只有攻占这个地方，秦军的东进之路才能畅通无阻，更为重要的是，拔掉这根刺，秦军才无后顾之忧。

这个地方后来成为战国中期，秦、韩之间鏖战的重点，正如西河地区成为战国前期秦、魏鏖战的重点一样。

自打秦军占领这个地方之后，以之为前进的战略基地和跳板，由此而继续东进，然后折向北，将韩国的领土一分为二，这就为后来的长平之战，埋下了致命的伏笔。

由此来看，秦军统帅其实是在下一盘很大的棋，其战略眼光着实可怖。

这个无比重要的地方就叫宜阳（河南宜阳）。

宜阳，位于洛阳西南、熊耳山北端，是韩国西缝的军事重镇。

关于宜阳这个地方，之前我们已经介绍过，周显王三十四年（公元前335年），秦军即攻占之，与之后相继攻占的鄢陵、脩鱼和浊泽，构成对韩国首都新郑的战略包围之势。

危险是明摆着的，但仅凭韩国一国之力，显然无法与秦国抗衡。巧的是周慎靓王三年（公元前318年），公孙衍发起"五国伐秦"，虽然此次"合纵"并没有真正实现它的战略目标，但依事实来看，韩国应该就在此时借力打力，夺回了宜阳地区，并且成功打破对新郑的封锁，这也算是了不得的成就。

韩国随即加强对宜阳地区的防御工事，加派重兵把守。据正史记载，宜阳城方圆不过八里地，却驻扎了十万精兵，城内粮草储备可以支应好几年。另外，相国公仲侈手上尚有二十万随时可以开赴前线的机动部队。此时的宜阳，名义上是一个县，其实已达到一个郡的规模。

韩襄王并不蠢，他明白宜阳对于韩国的重要意义，准备相当充分。

秦武王对宜阳的战略地位也是相当清楚的，于是，周赧王七年（公元前308年），秦武王很委婉地表达了要攻占宜阳的意思："如果我能坐着车，顺顺当当地通过三川郡（韩国的地盘，位于河南洛阳东北），去周朝的首都洛阳旅旅游，死了也甘心。"

有一个人深刻领会了秦武王的讲话精神，立即着手准备实施攻击，此人名叫甘茂。

甘茂，楚国下蔡（安徽凤台）人，曾就学于一个叫史举的人，学百家之说，后晃悠到秦国，经张仪、樗里子引荐给秦惠文王。

周赧王三年（公元前312年），甘茂协助左庶长魏章略定汉中郡，蜀地陈庄之乱亦为甘茂所平定。甘茂自此在秦国政坛上崭露头角，并且一路走好运，直接进入秦国的决策核心。

鉴于宜阳的重要战略地位，甘茂料定必是一场恶战。因为秦军是远距离攻击，而宜阳城防坚固，准备充分，如果不能速战速决，不管是北面的魏国，还是南面的楚国，只要有一个国家乘机袭取其后，秦军都很被动。

有一个叫冯章的人也意识到这一点，他对秦武王说："为今之计，只得以汉中为筹码，我们把汉中还给楚国，作为交换，楚国保持中立，这才是上策。"

于是，冯章去了楚国，张仪和向寿去了魏国。

见利忘义的楚怀王被冯章说动，愚蠢的魏襄王被张仪说服，秦国的一系列外交活动取得预期的效果，一切似乎都万事俱备了。

就在这时，却出现了意外，把秦武王给惹急了。

攻占宜阳（2）

秦武王原本任命甘茂为本次军事行动的统帅，但此时的甘茂，已然对形势作出了准确判断。

甘茂明白，宜阳之战必是一场耗时耗力的持久战，而他的政敌们必然也会借机从中作梗，他必须想方设法获得秦武王的强力支持和信任，这样才能将战争进行到底。

于是，甘茂派副手向寿回去对秦武王说："魏国肯听我的，但请不要进攻宜阳。"

秦武王一听急了，这不开玩笑嘛，战争机器已经运转起来，岂能说停就停。连忙招回甘茂，自己也迫不及待地离开咸阳，与甘茂在一个叫息壤（地名不详）的地方会合。

秦武王问："怎么回事，定下来的事情又突然变卦？"

甘茂这才倒出他的苦衷："我军千里突进，攻坚宜阳，如果徒劳无功，我将会很被动，我的政敌势必借此大做文章，而大王也一定会听从樗里子（嬴疾）、公孙奭的意见，命我撤退。我也将因为公仲侈的缘故，被扣上里通外国的恶名。反正都打不成，不如不打，省得瞎折腾。"

公仲侈是韩国国相，是甘茂的好友。

秦武王说："你放下包袱，不要有思想顾虑，我对天发誓，一定全力支持你打好这一仗。"

为表示自己永不反悔的决心，秦武王与甘茂在息壤摆起香案，焚香祭告天地。

吃了一颗定心丸的甘茂，在副手嬴封的配合下（向寿估计是意识到此战的危险性，托故开小差了），着手对宜阳实施攻击。

事实果如甘茂所料，从周赧王七年（公元前308年）秋季开始，一直打到周赧王八年（公元前307年），秦军猛攻宜阳五个月，硬是打不下，死伤甚众，陷入进退维谷的窘境。

甘茂很后悔接手这倒霉的差使，于是打算暂且休兵，来日再战。

此时，有一个叫左成的人对甘茂说："劳师远征，无功而返，樗里子和公孙奭会放过你吗？为今之计，只有硬着头皮打下去，攻克宜阳，你才能在秦国立足。"

甘茂觉得有道理，遂打消撤兵的念头。

就在这时，更为严重的事情发生了，首鼠两端的楚怀王发现秦军进攻受挫，认为乘机捞一把的时机到了。

楚怀王的判断是：韩国国相公仲侈决不会坐以待毙，一定会联络诸侯国实施反扑，这么好的得便宜卖乖的机会，楚怀王哪能错过。于是断然撕毁与秦达成的互不侵犯条约，与韩国合纵，准备联手对付秦国。

秦武王很是担心，甘茂说："楚国虽然与韩国结盟，但我敢肯定，楚国不会先于韩国出兵打我们，而韩国被落井下石怕了，必然会防楚国一手。这样，楚、韩两国必然互相观望，互相扯皮，谁也不肯先出兵。"

实际上，甘茂的分析切中了六国一盘沙散之要害，楚国的陈轸也注意到这一问题。

他对楚怀王说："打住！在这个世界上，有您这种想法的人太多了，列国是不会真心帮助韩国的，而公仲侈想借宜阳之役获得国际支持，这个想法必然会破产，您不会真打算与秦国闹翻吧？"

楚怀王权衡再三，觉得陈轸的话有道理，就此罢手。

攻占宜阳（3）

所谓一波未平，一波又起。这头楚国的事情刚摆平，那头内讧又起来了。甘茂最担心的事实到底还是来了，樗里子和公孙奭列出两条看似很要命的理由来吓唬秦武王：

第一，和楚怀王一样，他们也相信公仲侈是不会坐以待毙的，一定会联合诸侯来打秦国，到时秦军定会一败涂地。

第二，甘茂受挫宜阳城下，肯定会担心因此获罪，而甘茂与公仲侈私交甚好，您说他会如何选择？是傻乎乎地自投罗网、把自己扔进监狱，还是脚底抹油、阵前投敌？

一番话说得秦武王的脸色一阵青一阵白，先前那颗坚定的心开始动摇起来，也顾不得指天发誓那回事儿了，打算召回甘茂，就此撤兵。

问题是甘茂不干，他深知樗里子和公孙奭两人的诡计，于是，派人对秦武王说了四个字：息壤在彼。

意思是说，当初我们可是对天发过誓的，你要敢反悔，欺骗我没关系，欺骗上天你就不怕天打雷霹？

这一招还真灵，秦武王立即打消撤兵的念头，为表示不违背天意，秦武王还做出一个至关重要的决定，向宜阳前线增派大批援军。

甘茂抓住这个有利战机，对宜阳城重新发起猛烈攻击。可是意外再一次出现了，甘茂三次组织进攻，三次均被击退。打到最后，任凭甘茂敲破战鼓、喊破喉咙，这支号称攻无不克、战无不胜的虎狼之师，竟然不敢再往前挪动半步，反而纷纷后撤。

此时，对于双方来说，较量的已不是体力而是毅力了，因为双方都已精疲力竭。

此时公仲侈的心理应该是怨恨多于侥幸，因为他知道列国那些混蛋是不会出一个子儿来帮他的。别指望赵国，英明的赵武灵王此时正忙着自家开疆拓土呢！楚怀王多少还弄出点声响，虽然多半是瞎乍呼，但起码也把秦武王吓着了。可是作为最近邻的魏襄王竟然一声不吭，也难怪公仲侈生气。

值得一提的是，周赧王此时也意识到宜阳胜负直接关系到周王室的存亡，赶紧征求大臣赵累的意见。

赵累说："为今之计，只得策反楚国大将景翠了。"

此时，景翠的部队已到达熊耳山地区，随时可以投入战斗。但按照楚怀王的命令，按兵不动，静观时变。正是基于此，周赧王君臣才对形势作出误判，认为景翠会协助秦军攻击宜阳。

于是，赵累就对景翠说："您的爵位已经是执圭（楚国最高爵位），官职已是上柱国（令尹之下，诸卿之上），即使打了胜仗，官爵也不可能再升，而若打了败仗，楚怀王必轻饶不了你。不如背秦援韩给自己捞好处。只要你肯出兵援救宜阳，秦国担心你乘秦军疲弊之际去攻打他，必定拿出宝物来贿赂你，而公仲侈也会感激你解了宜阳之围，厚谢与你，这不是一举两得吗？"

问题是景翠没听他的。

对于甘茂来说，这真是万幸，因为他手头已没有多余的机动部队了，秦武王也不可能再派援军来，如果此时景翠真的协助韩国来进攻秦军，秦军就得崩溃。

有个军尉觉察到形势的急迫，对甘茂说："再不抬出军法，这仗就没法打了。"

商鞅曾经规定，阵前后退者，杀无赦。而甘茂为将，可能和吴起一样，比较亲兵，不忍对阵前出生入死的弟兄们也玩什么军法从事那一套。另一种可能是，估计甘茂也充分意识到宜阳是块极难啃的硬骨头，不可能乞望一战即攻克之，如果动不动就抬出军法，宜阳没攻下来，自己人反倒先杀光了。

但眼下情形不同了，甘茂敏锐地意识到这很可能是压垮宜阳的最后一根稻草。

于是，甘茂下了死命令，明天出战，众将士务必勇往直前，奋勇杀敌，胆敢后撤者死。同时，为保险起见，甘茂还拿出私房钱，招募了一批敢死队。

第二天，在秦军的猛烈攻击之下，宜阳果然被攻克，剩余六万多守军悉数被歼。

我们在前面说过，宜阳的韩国驻军原有十万，加上公仲侈的增援部队二十万，人数有三十万之众。也就是说，宜阳之战，韩军至少损失三十万精兵，说韩国元气大伤是不为过的。

关于此役，秦军投入的兵力总数是多少，不得而知，但根据毛泽东的兵法心得，歼灭战至少要二倍于敌人。据此可以估略出，秦军投入的作战部队应当在六十万左右。

这是一场空前的大决战，形势对韩国极为不利。更为严重的是，秦军乘胜向北推进，占领黄河北岸之武遂（山西垣曲县境），大有将韩国国土一分为二之势。

就在这时，先前按兵不动的景翠终于出手了。秦武王大为惊诧，也大为担心，赶紧割地求和。

公仲侈乘此机会，也不惜血本贿赂景翠，让他继续保持对秦军的施压态势，自己则亲赴秦国赔礼谢罪，缔结和约。

楚怀王那个高兴啊，他终于玩赢了一把，这是旷古未有的稀奇事，因为自打楚怀王与秦国较劲以来，他从没赢过。赌赢的感觉一定是很爽的。

于是，楚怀王得寸进尺，要秦国兑现冯章承诺的汉中郡。

秦武王岂甘将汉中郡这样的战略要地白白交出来？于是，在冯章的授意下，秦武王假装把冯章驱逐出境，然后一脸无辜地对楚怀王说："什么，我答应给汉中郡？我怎么不知道有这事？冯章说的？冯章的话你也听？！此人一贯坑蒙拐骗，已被我撵走了。"

就这样，楚怀王又真真切切当了一回猴子，当然，这不是最后一次。

战国志

附：宜阳之战示意图

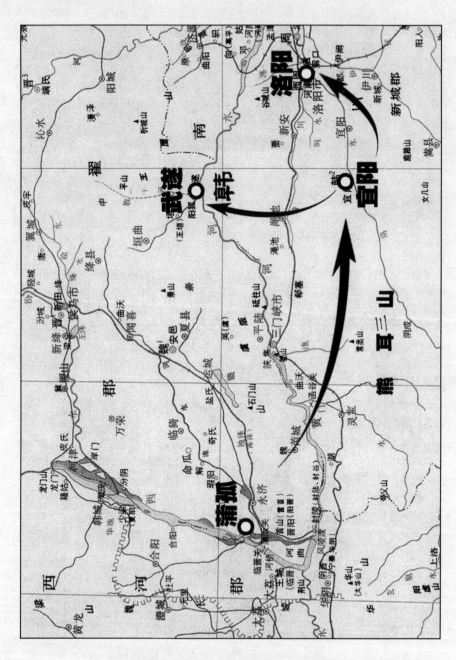

王位之争（1）

周赧王八年（公元前307年）八月，在攻占宜阳之后，秦武王亲率大军进兵洛阳。

还记得张仪给秦惠文王上交的那份提案吧？攻占宜阳，进而兵临洛阳，控制周王室。

虽然此时的周王室已经衰微，可瘦死的骆驼比马大，秦国若能挟天子以令诸侯，不怕诸侯不服。

这才是秦武王此行的真正目的。

当然，周天子毕竟是曾经的大老板，舞刀弄枪地开进洛阳城怕是不合适，秦武王得有一个理由，虽然这个理由不过是掩耳盗铃，但有总比赤裸裸好。

于是，秦武王宣称是去朝谨周天子。

这个理由着实天衣无缝，连明知来者不善的周赧王，都觉得张不开嘴拒绝秦武王。不得已，周赧王只好前面带路，带领秦武王参观洛阳风月，其中最核心的活动当然是去见识传说中的天下重器九鼎。

没想到就在这时，发生了一件大事，由此而引发了秦国有史以来最大的一次混乱。

依据正史的记载，秦武王生得孔武有力，生性好战，士兵在前线打仗，精力充沛的他在后方无处发泄，就以斗力取乐。因此，任鄙、乌获、孟说这些大力士都得到他的赏识，皆至大官。

其中的孟说，此行也跟着秦武王来到洛阳。

秦武王一见一字排开的九鼎，登时来了兴致，要与孟说比试比试。

这一比试，悲剧发生了，秦武王勉强举起大鼎，却因用力过猛，血管破裂，倒地立毙（绝脉而薨）。

秦政府立即诛杀了孟说一家，但比报复更为严重的事情是，秦武王尽管体能超常，但生前并没有留下子嗣。于是，一场血腥的王位之争就此拉开序幕。

故事应该从秦国的后宫开始讲起。

秦武王的母亲，史称惠文后，是秦惠文王的皇后，秦武王自然是嫡出。这一点非常重要，因为按当时的规矩，只有嫡出才有资格继承王位，也因此为后来的一场叛乱埋下了致命的伏笔。但惠文后先于秦武王死了，此时后宫有一个人蠢蠢欲动，打算扶立自己的儿子当秦王，此人就是芈八子，楚国人。

芈是楚国的国姓，由此可知，芈八子当是楚国的公主。"八子"不是她的名字，而是她在后宫的封号。秦国后宫分八级：皇后、夫人、美人、良人、八子、七子、长使、少使。由此来看，芈八子在后宫的地位并不算高。

芈八子有三个儿子，但她最中意的大儿子嬴稷此时却在燕国做人质，只得眼见着别人活动得不亦乐乎，自己却无计可施。就在这时，一个人的出现，帮了芈八子一个大忙，并且成功实现了她的心愿。

此人就是芈八子的异母弟，后来赫赫有名的秦国丞相魏冉。

王位之争（2）

从后来的事实看，芈八子这个人虽然在后宫地位不高，但其能力、手段和心计似乎都不低，自惠文后死后，芈八子完全有能力异军突起，实际掌握并左右后宫，也正因如此，她才有资本全力支持儿子角逐秦王。

甘茂在进攻宜阳之前，派向寿去请求秦武王撤兵，向寿借机开小差，不愿再担任甘茂的副职，危险太大了嘛。而有能力改变秦武王之即定人事任命的人，看来只有芈八子，因为向寿是芈八子的外族。由此可见，在秦武王当权时期，芈八子对政局就有相当的影响力。

据《战国策·秦策三》载："今秦，太后、穰侯用事，高陵、泾阳佐之。"高陵君和泾阳君是嬴稷的两个同胞弟弟。

在嬴稷取得政权之后，芈八子垂帘听政，直接插手政事，其能力应该是不低的。

而她的儿子在燕国做人质。依据战国时期的社会法则，能成为人质的人，一定是不一般的人，其在国内的地位应该是举足轻重的，算是优质股。换言之，垃圾股是不可以作为人质的。

关于这一点，请耐心听我慢慢道来。

周郝王元年（公元前314年），秦国在岸门大败韩军。韩国无力反击，派谁去秦国做人质呢？太子韩仓，宜阳之战时在位的韩襄王正是此人。

周赧王十一年（公元前304年），齐、魏、韩三国为惩罚首鼠两端、倒向秦国一边的楚国，联兵进击，楚怀王求援于秦，派谁去秦国做人质呢？太子芈横，后来的楚襄王。

换言之，送礼还得拿得出手呢，何况做人质？可见嬴稷此时在秦国的地位那是相当重要的。

而嬴稷见重于秦国，很大程度上要得益于他母亲的地位。这就为嬴稷的角逐王位增加了分量。

更为重要的是，根据正史的记载，自秦惠文王时代开始，魏冉、芈戎（芈八子的同父弟弟）、高陵君、泾阳君就组成强大的亲友团，在朝中盘根错节，拥有相当大的势力。其中尤以魏冉能力最强，本事最大。《史记·穰侯列传》的表述是："魏冉最贤，自惠王、武王时任职用事。"

这里有一个关键词，"用事"。弄清楚"用事"一词的意思关系十分重大，由此我们才可以揭开嬴稷成功当上秦王的秘密。

"用事"一词，通常是指做事，但在不同的语境里指向不同。

《周礼·春官·大祝》："过大山川，则用事焉。"这里的"用事"指祭祀之事。

五代罗隐《谗书·书马嵬驿》："天宝中，逆胡用事，銮舆西幸，贵妃死马嵬驿。"这里的"用事"指使用武力。

宋秦观《春日杂兴》诗之九："桃李用事辰，鲜明夺云绮。"这里的"用事"指当令。什么叫当令？就是指时节，春天是桃花、李花盛开的季节。

宋周密《齐东野语·诗用事》："天下书虽不可不读，然慎不可有意於用事。"这里的"用事"指引用典故。

上文我们说过："太后、穰侯用事。"很显然，上述几条延伸义都无法解释得通这里的"用事"一词之含义，那它到底是什么意思呢？根据字典解释，准确的意思是指执政或者当权，这才是我们所需要的答案。

也就是说，魏冉"任职用事"是指魏冉在朝中拥有相当大的权力和实力，有足够的资本拉帮结派，另立门户，与朝中任何派系相抗衡。

有了实力派人物的舅舅，有了说话算数的母亲，再加几个弟弟帮腔，这就是嬴稷能够在强手如林中异军突起的根本原因。

于是，周赧王七年（公元前308年），芈八子和魏冉派人将嬴稷从燕国接回来，继承王位，是为秦昭襄王，秦国历史上又一位英明神武的伟大人物就此诞生。

虽然芈八子的第一步计划成功了，但接下来，还有很多风浪会来考验这个政权的稳固性。

王位之争（3）

虽然嬴稷顺利当上国王，但因是庶出，嫡出的王子及部分大臣的不满情绪是显而易见的。

于是，秦昭襄王祭出历代帝王继位之初都会玩的一手，即控制兵权。而掌握兵权的最合适人选，当然是鼎力支持自己登上王位的亲娘舅魏冉。这样，魏冉就成为咸阳的卫戍司令，晋爵穰侯，尊生母芈八子为太后，史称宣太后。

然而，秦昭襄王继位之初，其在政治上的这些布局，应该都是魏冉和芈八子的主意。我们知道芈八子是一个很有政治野心的人，而《史记·穰侯列传》记载："昭王少，宣太后自治，任魏冉为政。"

宣太后不甘寂寞，亲自操刀，垂帘听政，魏冉则居中用事，掌握大权。这时节的秦昭襄王，不过是个万事不由己的傀儡，这就为后来魏冉的倒台埋下了伏笔。

魏冉积极拉拢右丞相樗里子和左丞相甘茂，这两位秦国政坛上的实力派人物也知趣地向魏冉阵营靠拢，一切似乎都十拿九稳，尽在掌握之中。这时候却发生了一件事，由此而引爆了一场蓄谋已久的政变。

周赧王九年（公元前306年），秦政府派向寿做宜阳的地方官，负责安抚百姓，勘定边界，整理赋税户籍。这些措施的实质意思是，秦国要永久性地控制住宜阳这个战略要地，并且全力包装打造，以作为秦军东进的军事基地。

同年，樗里子和甘茂率大军从西河地区渡过黄河，进攻魏国的前哨基地蒲阪（山西永济）。

注意这步棋的意义，秦军打算从西河一线进入中原了。想当初魏襄王坐视宜阳之生死不救，他决计想不到，秦国却是这样回报他。

看来甘茂也是深谙"大棒加萝卜"外交的，他提议给韩国一点小甜头，将武遂还给他，避免韩、魏联兵对抗秦国。

但向寿和公孙奭提出反对意见，他们认为占领武遂，对固守宜阳意义十分重大，将起到互相策应的作用，而且从武遂继续向北推进，配合从蒲阪向西的军事行动，两相夹击，"宜阳—武遂"一线以西的领土不得全姓秦了么？

应该说这也是一个很不错的计划。但秦昭襄王担心陷入两线作战，遂支持甘茂的意见，由是二人怀恨在心。

甘茂决计想不到，这次他会彻底栽在这件事情上，向寿和公孙奭二人旧恨新仇一起算，起劲儿地搬弄是非，大有不把甘茂整垮誓不罢休之意。

甘茂觉得这回是躲不过了，因为除了这两人，还有另外一股不可小觑的势力，即秦昭襄王的政敌，在他们眼里，甘茂分明就是秦昭襄王的人，而扳倒他等同于剪除秦昭襄王的羽翼，他们哪会客气。

更为要命的是，秦昭襄王为平衡各方政治势力，对甘茂的态度也暧昧起来。甘茂意识到自己的处境相当危险，于是在进军蒲阪的途中，脚底抹油跑到齐国去了。

樗里子不能独立完成作战任务，遂与魏国讲和，就此撤兵。

然而，甘茂亦不是省油的灯，岂肯就此善罢甘休？他借机又在国际间鼓捣出一个联盟来对抗秦国，期望借此恢复失去的权力。一场轰轰烈烈的政变由此而起。

王位之争（4）

话说甘茂途经函谷关向东开路，在路上遇到一个贵人，在今后的日子里，甘茂全靠这个贵人打开局面了。

此人就是大名鼎鼎的苏秦。

之前我们说过，燕昭王为麻痹齐国，质子于齐，苏秦也跟着去了，一直呆在齐国从事谍报工作。此时苏秦西向秦国，替齐国通使来了。

俗话说，要想走得快，一个人独行最好，但要想走得远，必须二人携手同行，互相有个照应。此时的甘茂终于意识到，要想在这乱糟糟的局势里混下去，没有帮手是断然不行的。而眼下苏秦也是客居于齐国，在甘茂看来，这当然是理想中的帮手。

于是，甘茂问苏秦："你听说过江上一女子的事情么？"

苏秦摇头。

甘茂说："江上有一群女子，晚上经常聚在一起打毛衣，她们约定，每人每晚轮流做东出蜡烛，这样不但省钱，也可以借闲聊打发乏味的时光。其中有一个女子家贫出不起蜡烛，其他人就商量要把老占便宜的这个女子赶走。贫女对富女们说：'你们为什么宁愿让光浪费在墙壁上，也不愿意赏赐一点给我呢，这对你们有妨碍吗？我因为出不起蜡烛，所以每天都赶早来打扫房间，铺好席子，把一切都准备好了等你们来，我认为我对你们是有益的，为什么非要把我赶走呢？'富女们觉得入情入理，就留下她。"

甘茂接着说："我就是那个贫女，没本事，被秦国赶走了，我情愿替先生打扫房子，请不要驱赶我。"

甘茂确实是被挤压怕了，语气谦卑得近乎低声下气。

同是天涯沦落人，啥也不说了，理解万岁。估计此时会出现这样的场景：两位沦落人重重地握了握手，互相拥抱一下，哥儿算是交定了。然后苏秦答应会想办法让齐宣王看重甘茂，他们如此这般地约定一番。

接下来谈下一个问题，即巧佞便说的出场。

王位之争（5）

肩负为哥儿们两肋插刀使命的苏秦来到秦国，对秦昭襄王说："甘茂不是普通人，他可是人才，你的父亲秦惠文王、哥哥秦武王都重用他，这你是知道的。从殽山到溪谷，哪个地方险要，哪个地方平坦，他可是门儿清，如果甘茂联合齐、韩、魏攻打秦国，够你们吃一壶的。"

溪谷，一说即槐谷，在今陕西三原县西北之清水谷，其地以东，殽山以西，那可是秦国的腹心地带。

换言之，苏秦其实是在威胁秦昭襄王，凭甘茂的实力，若反水做起齐韩魏联军的向导，你们还有好日子过吗？

秦昭襄王吃惊不小："那怎么办？"

苏秦说："为今之计，只得派重使将甘茂请回来，您再假意把甘茂封到槐谷这个地方，其实是把他软禁在那里，终身不让他出来，诸侯国就拿秦国没办法了。"

于是，秦昭襄王当真派使前往。

秦昭襄王哪曾想到，苏秦唾沫星子直溅地一番鼓吹，不过是为了拔高甘茂的国际知名度和身价，好为下一步的行动做铺垫。

甘茂对这个手法理当是心领神会的，遂婉拒了秦使者。

而后苏秦回到齐国，假装不知情，对齐宣王说："我发现甘茂确实是人才，甘茂才离开秦国，秦昭襄王马上屁颠儿屁颠儿地派人揣上相印去请他，您如果不赶紧下手，被秦国抢了先，到时甘茂调重兵来打齐国，可就难办了。"

齐宣王亦被说动，当即委命甘茂为上卿。

秦国得知事情已经无法挽回，遂做起顺水人情，派人将甘茂的老婆孩子一笼统送到齐国。秦国的意思可能是这样：我没为难你的家属，你也不要为难我啊。

而甘茂为了成功复相，已下定决心要为难秦国。

甘茂成功说动齐宣王，派他出使楚、魏、韩，再次合纵，对抗秦国。

秦昭襄王听说甘茂果然起劲儿地活动起来，很是忧虑，派人对楚怀王说："您能不能想办法把甘茂送到秦国，我要好生重用他。"

此时的楚怀王也动了鬼心思，他的如意算盘是，反正秦国得罪不得，不如乘机策反甘茂，然后再送回秦国，这不等于在秦王身边安了一个活动窃听器吗？

楚怀王很是得意自己的脑瓜子，想在群臣面前炫耀炫耀，就去找范蜎商量："我想在秦国安排个丞相，您看谁合适？"语气相当自负，仿佛秦国是他的后花园。

范蜎回答："这个我说不准，我眼力不够。"

楚怀王说："我打算让甘茂去，你看合适吗？"

没想到范蜎直截了当地回答："不合适。"泼了楚怀王一头冷水。

范蜎说："甘茂太厉害了，您休想控制得了他，甘茂要是做了秦国的丞相，对楚国来说不是好事。您若真想在秦国安插一个丞相，最合适的人选我认为是向寿，此人与秦昭襄王的关系亲密，却是个一贯摘桃的低能儿，支持他当丞相，对楚国只有好处没有坏处。"

楚怀王以为然，遂派得力使臣帮向寿斡旋得左丞相一职，右丞相还是樗里子。仇人当权，甘茂只得暗自神伤，一直也没能回到秦国，最终客死魏国。当然，这是后话了。

话说甘茂的外交还是取得了成功，周赧王九年（公元前306年），四国结成联盟，一致对抗秦国。

此时，秦国内部有一股势力觉得机会来了。他们认为秦昭襄王内扰外衅忙得焦头烂额，此时正是借机发难的大好时机，没准他们这一闹，秦昭襄王就得完蛋。

这一股势力就是秦昭襄王的潜在政敌。

王位之争（6）

周赧王十年（公元前307年），任庶长一职的公子嬴壮，依仗手中兵权，联合其他心怀怨气的公子及大臣，并秘密联合诸侯国，准备里应外合，一举荡平秦昭襄王的统治。

于是，一场规模超小但杀戮超大的政变，就此发生。

事实证明这是一场在正确的地点，但分明是错误的时间发动的政变。因为从现有的记载来看，四国很可能只是口头答应军力的支持，并没有展开实质性的军事行动。嬴壮若要想取得成功，最起码应该等到四国联军兵临秦境，秦军忙于御外之际再下手，这样或许还有一成胜算。

然而嬴壮太过心急了，在万事没备的情况下就草草刮起东风。结果可想而知，魏

冉迅速反击，不费吹灰之力就平定叛乱，所有叛乱分子一律处死。

事情到此似乎应该结束了，该平定的平定了，该杀的也杀了，是时候腾出手来对付四国了。可是魏冉并不想就此收手，而是借此机会，将清洗的范围进一步扩大化。因为魏冉非常清楚，这是清除异己的最佳时机，再没有比这更合适的借口了。

或许魏冉一直在等待这样的机会，正如商鞅一直在等待出头鸟一样。嬴壮至死也想不到，他的所谓政变，非但撼动不了秦昭襄王的统治，反倒帮了魏冉的大忙，秦昭襄王的地位因此得到最彻底的巩固。

魏冉仔细审查了秦昭襄王的异母兄弟，标准有两个：一是品行不端的，二是才能卓著的。凡符合这两个标准的一律扣上谋反的罪名，格杀勿论。

甚至连秦武王的王后，魏冉也没打算放过，遣送回娘家魏国去了。

应该就在这一年，秦惠文王的嫡出子孙全部被魏冉清理干净。由此看来生于帝王之家也未必是什么好事。

忙完这些，权倾朝野的魏冉开始腾出手来对付四国联盟。

周赧王十一年（公元前304年），秦国塞给楚怀王一根大萝卜，即上庸之地（湖北竹山），楚怀王立马投怀送抱，两国国王在黄棘（河南新野）碰头，再次重申如同儿戏一般的互不侵犯条约。

有了这个保证，次年，秦军兵分两路，一路从西河一线对魏国发起攻击，迅速攻占黄河东岸之蒲阪（山西永济）、阳晋（在永济东面）和封陵（永济风陵渡）。另一路从宜阳北上，重新占领韩国之武遂。三年前甘茂无偿送还韩的，这回又抢了回来。

面对秦军的凌烈攻势，齐、韩、魏三国将怒火一股脑全撒到楚国身上。于是，周赧王十二年（公元前303年），齐、韩、魏三国联兵对楚国发动惩罚性攻击。

楚怀王慌了手脚，连忙将太子芈横送到秦国当人质，请求救援。秦国发兵援楚，联军无功而返。

就在楚怀王万分庆幸之际，他是无论如何也想不到，正是这个宝贝儿子给他带来灭顶之灾。

周赧王十三年（公元前302年），秦国再次见好就收，约请魏襄王和韩国太子韩婴，在临晋（陕西大荔）举行会谈。

作为主办方，秦国给魏、韩两国准备了丰厚的礼物。将蒲阪归还魏国。提供咸阳全程免费几日游，让韩婴畅游秦国，领略了一番西部风情。

韩、魏相当满意，问题是，秦国相当不满意。秦国不是慈善机构，从不做亏本的买卖。那么就很明显了，接下来活该有人要倒霉。

倒霉的楚怀王（1）

周赧王十三年（公元前302年），在秦国做人质的楚太子芈横，与秦国大夫打架，把人给打死了，却没事儿一样溜回本国。秦国随即展开一系列报复行动。

在此之前，为保证打得胜利，打得放心，秦国派使游说韩、魏、齐，联兵进攻楚国。这三国也表示同意，因为这符合三国的心意。特别是齐国，自打猛士宋遗跳着脚把齐宣王骂得狗血喷头以来，一直就想修理楚国，上一次秦国从中作梗没修理成，眼下正是时候。

此时齐国在位的是齐湣王，战国四公子之一的孟尝君任国相。孟尝君也大力支持本次军事行动，当然是为了替死去的王兄齐宣王出气。

于是，四国联军于周赧王十四年（公元前301年），对楚国的北方防线方城展开军事行动。秦国大将嬴芾从西线之武关进攻楚国，齐将匡章、魏将公孙喜、韩将暴鸢率三国部队从东线突入方城腹心，进抵沘水（今河南唐河境支流，下游至襄樊入汉水）流域。

楚怀王迅即作出反应，亦兵分两路，大将昭雎率部在西线阻击秦军，大将唐昧在东线阻击三国联军。

楚怀王也是气势汹汹，命昭雎对秦军发动攻击，然后继续推进，重新夺回汉中郡。但昭雎认为，此时主动攻击秦国显然不是时候，能御敌于国门之外就算不错了。

昭雎派人对楚怀王说："这场仗不能打，因为如果我军在西线取胜，齐、韩、魏担心秦国改变主意而与楚国结盟，必定加大攻势，以增强秦国的信心。而万一秦昭襄王被战败所激怒，大发兵攻楚，两相夹击，后果很严重。为今之计，不如加强昭雎的兵力，让他做出决战的样子以吓唬秦国。秦国本来就有顾虑，担心陷入与楚国无休止的拉锯战，双方消耗实力，列国得利。这样，只要割点土地给秦国，必能讲和成功，齐、韩、魏也就会知趣退兵。"

楚怀王接纳了这个建议，因此，西线战事并不激烈，反倒是东线，齐、韩、魏联军表现出罕有的战斗力，将楚军打得大败。

话说三国联军进抵沘水，与唐昧夹岸对峙，时间长达半年之久。

齐将匡章派工兵探测水情，意图找个水浅的地方渡河决战。楚军发现匡章的意图，于是只要联军士兵出现在沘水岸边，即万箭齐发，联军连岸边都无法靠近，更遑论测量了。

正在僵持之际，有樵夫提供了一个至关重要的情报：楚军重兵把守的地方，河水就浅，防守松懈的地方，水就深。

匡章大喜，乘夜集结精兵从水浅的地方渡河发起攻击。而唐昧因联军长时间没有动静，放松戒备，在联军上岸后才仓促应战。双方在沘水岸边的垂沙大战，楚军二万余人被歼，大将唐昧战死，余部溃散。

联军乘胜攻占垂丘（河南沁阳北）、宛（河南南阳）、叶（河南叶县）以北的大片土地，楚国方城防线就此陷落。

这就是楚怀王对外政策举棋不定、首鼠两端的结果，终于酿成孤立无援、被动挨打的局面。

周赧王十五年（公元前300年），不甘失败的楚军组织反扑，调集重兵向北推进，意图切断齐、韩、魏联军的退路，来个反包抄。

秦军在西线反正也没事干，于是命华阳君率部阻击，双方会战于襄城（河南襄城）。楚军再遭惨败，司令官景缺阵亡，楚军伏尸三万，襄城失陷。

襄城地处方城北面，与军事重镇宜阳邻近，战略地位十分重要。秦军攻占襄城，也就意味着为宜阳增加了一座卫星城，与宜阳北面的武遂恰好构成三位一体的防线。

就在这时，更为严重的事情发生了，楚人庄蹻率领不堪重负的百姓在楚都郢城（湖北江陵）发动起义。虽然叛乱随即被平定，庄蹻被招安，内忧外患之下楚怀王大为震惊，于是连忙派肇事者太子芈横，奔赴齐国做人质，请求和解。

秦国也恐惧起来，派泾阳君嬴悝，昭襄王的同胞弟弟为质于齐。

四国攻楚就此告一段落，楚怀王似乎可以松一口气了，然而事实上，楚怀王的噩梦才刚刚开始。

附：四国攻楚

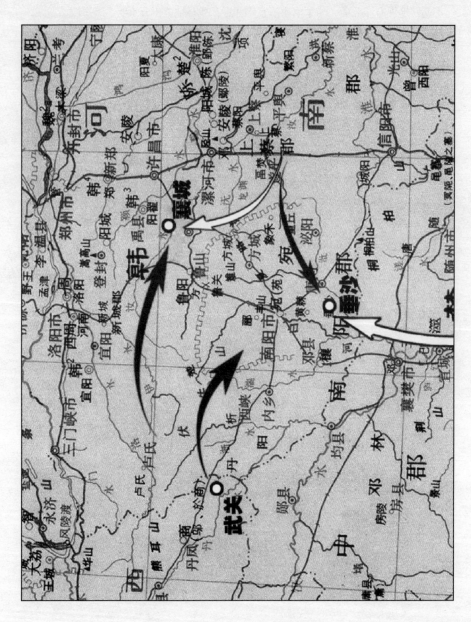

倒霉的楚怀王（2）

周赧王十六年（公元前299年），秦军发动新一轮攻势，占领楚国八座城池。就在打得顺风顺水之时，秦军突然不打了。这是因为秦昭襄王有两点顾虑。

首先是担心真的陷入与楚国的拉锯战，列国得利。

然后是担心齐、魏、韩乘机抄他的后路。因为此时，秦、楚都在争夺齐国，而在秦军发动新一轮攻势之前，齐、魏、韩三国国王在韩国首都新郑举行过会谈，内容绝密，秦国不禁心生狐疑。

于是，鬼精的秦昭襄王改变策略，换了另一种打法：骗。

楚怀王的噩梦自此开始。

秦昭襄王给楚怀王写了一封信，意思很简单：我们和好吧，不打了，你来武关（陕西丹凤县境），我们喝酒做朋友。

楚怀王犹豫不决：去吧，不知道秦国又要耍什么花招；不去吧，又担心火上浇油，给楚国带来更大的灾难（欲往恐见欺，欲不往恐秦益怒）。

令尹昭睢是聪明人，拿准了秦国一定不怀好意，此行必凶多吉少。他对楚怀王说："没有会面的必要，我们只有勒兵自守、加强防卫才是上策。"

此时，有一个著名的人物也力劝楚怀王此举不可行。此人就是屈原。他对楚怀王说："秦国是虎狼之国，向来野心勃勃，志欲并吞天下，他的话不可信。"

但楚怀王的儿子芈兰却看好这条不归路，极力撮合这件事。因为芈兰是秦王室的女婿，他单纯地认为"婚姻相亲"这层关系是值得信赖的要件，正如拉帮结派是团伙作案的要件一样。然而事实是，在权力面前甚至连空气都显得不真实。

愚蠢的楚怀王听从了芈兰这个愚蠢的建议，决定力排众议，乾纲独断，亲身前往。楚怀王决计想不到他此次独断的后果是魂断秦国。

周赧王十六年（公元前299年），冒着傻气的楚怀王一踏进武关，他最担心的情况发生了：迎接他的不是鲜花与红地毯，而是刀枪剑戟与囚车。

秦昭襄王早已在武关设下天罗地网，派人做替身，又伏下重兵，专候楚怀王的到来。

昭睢的判断是正确的，秦国不是想象中的那么温驯，秦昭襄王也不会真有闲心思坐在武关城头与楚怀王喝茶吹晚风。

由此来看，为达目的不择手段简直就是秦王们的共同基因。

而芈兰的"善良"，无疑是幼稚的。因为姻戚关系固然可以成为枢纽，从而纠结起既得利益集团，但也可以成为钓线，钓到所有想钓的人。

历史与现实无不证明这一点：最容易得手的诈骗往往都是从亲朋好友开始。

楚怀王还没搞清楚状况就被当成战俘押往咸阳。

这次秦昭襄王接见了他，也在章台宫摆下了盛大的国宴，但味道有点不对。秦昭襄王高高端坐在殿堂之上，而楚怀王则与秦国群臣杂处于殿堂之下。很显然秦昭襄王更愿意将楚怀王当作附属国的朝贡者来看待（如藩臣礼），而不是平起平坐的一国之君。

于是，"人为刀俎，我为鱼肉"的好戏就开演了。

酒甚至还没啜一口，秦昭襄王就逼迫楚怀王签字画押，将先前没换成的黔中郡直接割让给秦国，外搭巫郡（四川巫山）。

楚怀王此时的心情可以用三个词来形容：气愤、憋屈、悔不当初。知道秦国无耻，没想到竟会无耻到这个地步。

俗话说，兔子急了也会咬人。楚怀王尽管冒傻气，但并不懦弱，面对秦人的无耻行径，楚怀王表现出了少有的硬气，这或许就是楚怀王身后博得巨大同情的原因之一吧。

楚怀王说，先和谈，以后的事以后再说。

秦昭襄王很现实也很物质，一定要先割地，以后的事也以后再说。

楚怀王钢牙一咬，豁出去了，不答应就是不答应。

那么好吧，不怕你不答应，因为秦人随即判处楚怀王无期徒刑，无限期羁压在秦国，什么时候想好了，什么时候放你走。

倒霉的楚怀王（3）

消息传来，楚国上下大为震惊。而比震惊更为可怕的现实是国王被扣于秦，太子为质于齐，如果秦、齐合盟，联兵来犯，后果不堪设想。大臣们紧急磋商的结果是准备随便找一个楚怀王的庶子扶上王座，一者可以打破秦国的诳诈，再者可以号召人心。

但聪明的昭雎即使在这种危急的时刻头脑也还是清醒的，他认为如果策立名不正言不顺的庶子，由此而引起嫡庶之争，导致政局动荡的话，情况只会更糟。

《文明与野蛮》（罗伯特·路威著，美国著名人类学家）一书里有一句著名的话："以文明对文明，以野蛮对野蛮。若以文明对野蛮，则文明必败无疑。"

无情的事实让昭雎明白，要想在这个世界上立足，混得一口吃喝，除了选择野蛮别无他法。楚怀王"文明"过了，可是结果很糟。于是，昭雎决定要以野蛮对野蛮，以诈对诈。当然此时他要诈的对象不是秦国，而是齐国。

昭雎派人使齐，谎称楚怀王已死，要迎接太子芈横回国继位。问题是齐国没那么好骗，在随后召开的形势分析会上，有大臣就提出与秦昭襄王相同的鬼心思，要楚国拿淮河以北的土地来交换芈横。由此可见，先前昭雎的担心不是没有道理的，齐国也擅长诳诈。

国相孟尝君不同意，他说："倘若楚国另立国王，芈横也就一个毫无价值的累赘，留着有什么用，怎么处置他？"

齐湣王觉得在理，于是放芈横回国，是为楚顷襄王。

在策立楚顷襄王一事上，昭雎无疑是有功的，然而昭雎没想到的是楚顷襄王一继位就一脚把他踢开，任命弟弟子兰为令尹。

楚怀王之所以受困秦国，子兰无疑是罪魁祸首，国人皆怨之。可是楚顷襄王无目，把显然是忠心耿耿的昭雎罢免了，起用无能的子兰。

北宋"靖康之变"，宋徽宗和宋钦宗被金人掳去。宋徽宗秘密派臣子曹勋逃回南宋，行前交给他一件自己穿的背心，上书"你快来援救父母"，同时取出沾着自己热泪的手帕，让曹勋一并交给宋高宗。

可是，宋高宗非但不闻不问，且把发誓要打到黄龙府的岳飞给杀了。宋高宗之所以这样做，自然是有他的考虑。如果徽、钦二宗回来，这不成了一个天上三个太阳、一个国家三个皇上么？到那时宋高宗的位置怎么摆？究其原因，他不过是想保住自己的皇位。

关于楚顷襄王起用子兰一事，其鬼心思定与宋高宗如出一辙。对楚顷襄王来说，昭雎分明就是岳飞，他若想稳住自己宝座，不能不扳倒昭雎。道理很简单，依昭雎的脾气，不可能置楚怀王之生死于不顾。

而子兰分明就是秦桧，他是断不肯接老爹楚怀王回来的。道理也是明摆着，楚怀王若真回来了，不把子兰给剁了才怪。

屈原闻知此事勃然大怒，不过他现在已然靠边站坐了冷板凳，能指点的只有文章而不是江山。于是就把在喉的鲠吐成一篇文章，指责楚怀王用人不明，把诡诈奸人当忠臣，把酒囊草包当贤人，以致成为秦人之阶下囚。矛头直指子兰。

子兰知道屈原的意思，于是唆使靳尚出面在楚顷襄王面前打屈原的小报告。

楚顷襄王果然被唆动得大动肝火，一怒之下把屈原逐出郢都，流放到条件艰苦的汉北（在今湖北省内），也算清除了一个主战派。

伟大的浪漫主义诗人屈原，自此一直流浪在汉北。为打发时间，屈原经常披散头发在汨罗江畔吟诗，颜色憔悴，形容枯槁，郁闷得不成样子。他的一腔热血最终也如汨罗江，愁肠望断，无情东去。

直到自沉汨罗江，屈原也没能再回到首都。

事实证明，楚顷襄王是巴不得楚怀王去死的，立马死了才好，这样他就可以放心地做他的王了。因为楚顷襄王若想打破秦国的"核"诓诈，有很多种办法可以尝试，却万万不该置老爹的生死于不顾，而直接去捋虎须。可楚顷襄王却狼心狗肺地走了这条路。

楚顷襄王派人刺激秦昭襄王说："感谢祖宗有灵，我楚国终于有新国王了。"

秦昭襄王也不客气，立即派一队人马去答复他："发兵出武关击楚，斩首五万，取十六城。"

这就是秦昭襄王送给楚顷襄王的登基贺礼。

楚怀王知道，这个杀人犯儿子是靠不住了，秦国也没打算放他，于是楚怀王买通了看守，一溜烟儿逃了。

楚怀王刚跑出咸阳就被发现,秦王立即下令封锁所有通往楚国的道路。

此时的楚怀王竟然表现出他一生少有的机敏,他没有抄近路直插魏国或者韩国,而是很明智地选择了往北跑,先是一路向西避过秦人追捕,而后穿过义渠部落,千里迢迢逃往赵国。

一路的心惊胆战和颠沛流离之后,楚怀王终于成功钻了秦人防守的空子,顺利到达赵国边界。此时,对于楚怀王来说曙光就在眼前。因为只要抬起腿轻轻地迈出一步,很小的一步,就可以进入赵国的地界,借此脱离虎口。

此时在楚怀王的眼里,赵国边境的小城分明就是根救命稻草,只要牢牢抓住它,就能成功到达彼岸。

没想到意外出现了,命运再一次无情地捉弄了楚怀王。

消灭中山国(1)

举手之劳就可以救人于危难。依常理,人人都会乐得做这样的好事。可是赵国也会这么做吗?要弄清楚这个问题,我们还得从头说起。

有没有发现这几年的中原大战,除了燕国埋头搞发展不插手任何身外之事外,还有一个国家似乎也销声匿迹,在国际舞台上声息全无?

这个国家就是赵国,原来这几年他一直在忙着尘定北方,消灭中山国。

周赧王八年(公元前307年),也就是甘茂猛攻宜阳五个月不下的那一年,赵武灵王北上视察北方防务。经过房子(河北临城)直抵代郡(河北蔚县),从代郡出塞向西到达黄河岸边,然后回还。

此行给赵武灵王留下一个极为深刻的印象,北方胡人以窄袖短袄和手持弓箭的骑兵作为突击力量,作战机动灵活,使赵国北境深受困扰。

而当时中原的作战部队仍以马拉战车为主,车上的士兵手持长矛,从行进速度到所用兵器局限性都比较大,完全无法与胡人的骑兵相匹敌。

更为严重的是当时中原人以宽袍大袖为时尚,这种服饰在平时显得富贵逼人,但在战时舞着水袖则无异于自杀。

此时,战场的主动权分明掌握在胡人骑兵手上,赵武灵王意识到要想改变这种现状,一场彻底的变革在所难免。

前面我们已经说过,历史上所有的改革在实施初期,都会不可避免地遭到抵制。一心想以改革家面目出现的赵武灵王,理所当然也要面临这个问题。

在赵武灵王看来,若想改变被动挨打的局面,势必要吸取胡人的长处,革去宽袍大袖,改穿胡人的窄袖短袄;革去笨重的兵车,改成轻快的骑兵;革去长矛,改持弓箭。而这些改变无异于是对传统观念的颠覆。

自古以来,中原人一向以文明人自居,自视居天下之中,占据文明之优势,将一众少数民族一律称为"蛮夷",视他们为茹毛饮血的野蛮人。如今赵武灵王居然一反

传统向"野蛮"靠拢，提倡向胡人学习，这无异于引爆了一颗炸弹，引起的轰动和非议可想而知。

赵武灵王意识到在改革之前他必须做好一项极为重要的准备工作，即统一思想。于是，他找来大臣肥义商量。

赵武灵王说："我打算来个动静大点的，这事要办成了，一定会改变我军被动挨打的局面，但我有一点担心，大臣们会怎么看，国人会怎么看？"

肥义说："愚蠢的人对已成的事实尚且看不清楚，何况未卜先知、洞察未来？成大功者不谋于众。如果您认为此事对国家有利就应大胆地去做，不要犹豫不决。犹豫不决是办不成事的。"

赵武灵王遂下定决心，着手实施改革。

果不其然，改革措施一经宣布，贵族们群起反对。赵武灵王的叔叔赵成带头闹将起来，借口身患重病拒绝上朝。有了领头的自然就有起哄的，一时间舆情轰然一边倒。

怎么办？像商鞅一样动用铁腕杀一儆百吗？赵武灵王不打算这么做。因为他知道攻心为上，攻城为下。聪明的赵武灵王决心"服一效百"，就是说服一个人然后让一批人效法。这就相当于兵不血刃的招安。

赵武灵王打算首先招安赵成。

他派人对赵成说："胡服骑射这件事要做成了，功在赵国，我希望叔叔能支持我。"

赵成果然抱着他的传统不放："中原自古以来最讲究诗书礼乐，这是士人最喜爱、外国人最向往、蛮夷部落最羡慕的地方。而今大王却一反传统，自甘堕落，学起蛮夷来了，这事还望大王三思。"

不得已，赵武灵王只得亲自前去拜访赵成。

赵武灵王说："我们赵国东有齐国和中山国，北有燕国和东胡（内蒙古一带），西有楼烦（山西北部）、秦国和韩国，可谓危机四伏。可是我军仍然使用传统的武器，缺乏灵活机动的骑射装备，一旦敌人发起攻击，如何抵御？最可恨的是中山国，一个丁点儿大的国家，却仰仗齐国的撑腰，屡犯我边境。叔父为了固守所谓的传统，却置赵国之安危于不顾，实大出我意料之外。"

一席话说得赵成无地自容，第二天即带头穿胡服上朝。赵武灵王抓住这个有利时机，下令全国上下全面普及胡服。

战国志

附：赵武灵王行程

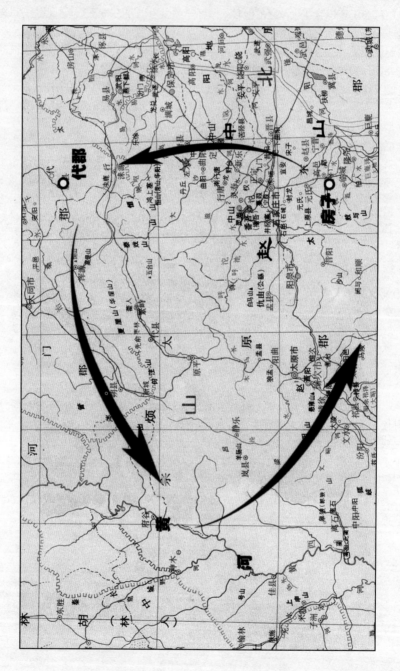

消灭中山国（2）

赵武灵王的攻心政策取得了理想中的效果，成功摆平朝中大员之后，在各级官吏中普及胡服也就是水到渠成的事了。《周易》的"君子之德风，小人之德草，草上之风必偃"，说的就是这个道理。

当然，在推行胡服的过程中，赵武灵王也适度关照到中原人的自尊心。传统的胡服是左开襟、中原服饰是右开襟，而赵武灵王推广的胡服虽然采用了传统胡服的式样（衣长齐膝，裤子紧窄，腰束大带，扎裹腿，穿靴），却保留了中原服饰右开襟的特点。

在成功推行胡服之后，赵武灵王终于端出了此次改革最核心的部分，即骑射。

赵武灵王大刀阔斧改革兵种，组建骑兵部队，亲自操练士卒，提高士兵翻身上马和弯弓射箭的作战技能。据说现在邯郸市西面的插箭岭，就是当年赵武灵王推行"胡服骑射"时训练士卒的场所。

虽然马陵之战时，齐、魏都使用过快速灵活和突破能力极强的轻骑兵，但骑兵这一新型兵种应该到此时才正式产生。因为马陵之战的轻骑兵，显然只是作为当时主力战车的辅助，而赵武灵王却有意识地将之发展成独立兵种。骑兵以其快速突破与迅速穿插的作战特点，对后世产生了不可估量的影响。

自此之后，赵国军力大增，士气高涨，这为之后的降服胡尘和扫灭中山国奠定了坚实的基础。

赵武灵王可以说是中国历史上"师夷长技以制夷"的第一人。

此时，赵武灵王已然做好了所有攻击前的准备，他要动手收拾北部边患了。

赵武灵王非常清楚，要想拔掉中山国这根刺，必须先扫清其外围势力并切断其外援。当然，这也是为了解除胡人对赵国北境的威胁。

周赧王九年（公元前306年），赵武灵王亲率大军，兵出宁葭（河北宣化），一路向西推进，打进蛮夷部落的腹心地区，到达榆中（内蒙古黄河北岸）。

这一路可以说是摧枯拉朽，势如破竹。林胡部落酋长没想到之前还被动挨打的邻居赵国，眨眼之间攻击力居然变得如此强悍，于是低头请和。

请和是要有条件的。胡地老刮风沙，那些地皮送给赵武灵王他都不要。选来选去，精明的赵武灵王选中了一个至关重要的东西，即战马。赵武灵王不仅借此掏空了胡人的战马储备，也大大增强了赵军的实力，使赵军组建起强大的骑兵兵团成为可能，可谓一举两得。

赵武灵王也够狠，不仅要马，连人也要，命代郡地方官赵固从胡人中招募士兵充实赵军。

这就为后来赵武灵王野心勃发，打算借道胡地，为从北境进攻秦国埋下了伏笔。

消灭中山国（3）

胡地尘定，赵武灵王接下来的目标当然就是卧榻之侧的中山国了。进攻中山国之前赵武灵王还有一件大事要办。

眼下的形势是，如果赵武灵王调集精兵进攻中山国，列国一旦干预赵国将会很被动。赵武灵王不可能置赵国于险境而不顾，于是，有五个人就奉命上路了。楼缓出使秦国、仇液出使韩国、王贲出使楚国、富丁出使魏国、赵爵出使齐国，分别与五国订立停战协定。

精明的赵武灵王也很熟练地玩起外交攻势的把戏，这就是为什么楚、齐、韩、魏缔结合纵，与秦国对抗，而赵国不参与其事的原因。从赵武灵王的角度来说，他很愿意五国打得一塌糊涂，正好可以从容不迫地攻击中山国。

当然在战前，赵武灵王还做了一件很要紧的事，派一个叫李疵的人去中山国侦察敌情，看看打得还是打不得。

李疵回报说："打得，此时不打更待何时！"

赵武灵王遂下定决心击灭中山国。

周赧王十年（公元前305年），赵国终于对中山国发起攻势，一举攻克鄗城（河北柏乡）、石邑（河北获鹿）、封龙（获鹿南境）以及东垣（河北正定），顺势推进至丹丘（河北曲阳）和鸿上塞（河北涞源南）。

据吕不韦《吕览·贵卒》记载："中山之人多力者曰吾丘鸠，衣铁甲操铁杖以战，而所击无不碎，所冲无不陷，以车投车，以人投人也。几至将所而后死。"

鸠，古同"欻"，音yù，意思是鸟疾飞的样子。

中山国称为"吾丘鸠"的作战部队，应该是中山国最为精锐的部队。这支部队身穿铁甲，手持铁兵器，像风一样行动迅速，来去自由。最为关键的一点是，士兵们个个作战勇猛，视死如归，即使战死也绝不投降，很有敢死队的架势。

由此可见，中山国虽然是"千乘之国"，但其战斗力是相当强悍的。不幸的是他遇到了一个更强大的对手，即赵国骑兵。

在赵武灵王的穷追猛打之下，中山国与可能会伸出援手的齐国之间的联系完全被切断，中山国首都灵寿（河北平山）陷入孤立无援的境地。

中山姿王大为恐慌，连忙割让四座城邑请和。

虽然暂时是和了，但经此一役，中山国的有生力量被悉数歼灭。四年之后的周赧王十四年（公元前301年），赵武灵王联合燕国二路夹击，一举攻克灵寿。中山姿王只身逃往齐国，不久病死在齐国首都临淄。

此时，赵武灵王担心列国会出面干预，遂扶立了一个傀儡政府，立中山姿王的弟弟公子尚为王，号中山尚王。

可是中山尚王实在不成器，终日醉生梦死，搞得原本就元气大伤的中山国越发混乱不堪。赵武灵王瞧这家伙也是烂泥扶不上墙，于是，在周赧王十九年（公元前296

年）率部彻底歼灭之，把中山尚王放逐到肤施（陕西延安）。

中山国的历史就此终结，赵武灵王也暂时扫清了北部边防。之所以说是暂时扫清是因为在不久的将来，赵国在与胡人的作战中还将涌现出一位名将，此待后文再说。

歼灭中山国之后，赵武灵王下令全国放假，免费吃喝五日以示庆贺。

这时候一个更为大胆的想法在过度自信的赵武灵王脑海中产生。

附：赵国进攻中山国

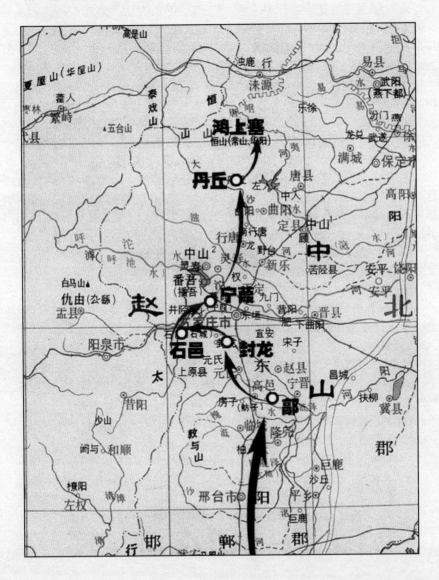

赵武灵王的妙想

赵武灵王爱江山，更爱美人。眼下，他眼中唯一的美人名叫吴孟姚，昵称"吴娃"，万千宠爱只在她一人身上，是为惠后。

惠后生了一个儿子叫赵何，即后来的赵惠文王。正是这个赵何引发了赵国历史上最大的一次混乱，聪明一世却糊涂一时的赵武灵王也因这次混乱而丧命。

关于赵武灵王决定立赵何为法定继承人一事，正史的说法是赵武灵王爱屋及乌，深爱惠后，遂也爱了惠后所生的儿子。这个理由理当成立。但我认为这只是原因之一，其实赵武灵王这样做还有一个更深层的原因，只是他万万没想到，自己最终会因为这个略显仓促的决定招致灭顶之灾。

当时的情况是，三晋的老大，也是曾经的天下老大魏国，被秦国和齐国打得极惨，彻底丢掉了江湖老大的地位。而波谲云诡的江湖上，尚没有一个国家有足够的实力来接替魏国的位置，于是就出现了秦、齐二日齐观的景象。南方的楚国本也是有实力搅一棍子的，可惜出了个楚怀王，亦被秦国整得极惨。

情形就这样僵持着，各方实力势均力敌，谁也吃不了谁。

赵武灵王觉得机会来了。胡服骑射的改革已使赵国部队的战斗力得到了大幅度提升。赵武灵王牛刀小试使胡人臣服，并击灭中山国之后，自信心亦空前高涨。他终于想起了要做江湖老大。而西境的秦国向来被三晋视作宿敌，赵武灵王遂动了招惹秦国的野心。

为顺利实施他的计划，赵武灵王必须腾出手来，将全部精力放在军事上，一心一意去做好这件事。

当然前提是赵武灵王必须把后院安排妥当，这样才能放心行动。

说干就干。周赧王十六年（公元前299年），赵武灵王亲自主持仪式，把王位传给小儿子赵何，任命肥义为国相并兼赵何的师傅。赵武灵王自称"主父"，相当于后世的太上皇。

赵武灵王的意思是赵惠文王坐镇后方，肥义辅政处理日常的政务。他的另一个儿子，战国四公子之一的平原君赵胜，旗下有食客几千人，天命说创始人邹衍此时就在赵胜旗下。逻辑学家公孙龙此时也在赵国，"白马非马"就是此子的杰作。

平原君门下也算是人才济济了，赵武灵王觉得有这些人从旁帮衬，保证国内政局安稳应该问题不大。

于是，一个十足大胆的计划在他的脑海中成形，集结强大的骑兵兵团，从云中（内蒙古克托克）和九原（内蒙古包头）南下，奇袭秦国首都咸阳，一举歼灭之。

一场大战似乎不可避免了。这时却发生了一件事，使这个宏伟得近乎奇思妙想的作战计划胎死腹中，赵武灵王最终也没能坐上江湖老大的位置。

"知己知彼，百战不殆"，若想做到知彼，无非两种途径：一种是卧底，也就是通常所说的间谍；另一种是火力侦察，电影中常看到的侦察小分队之类，就是属于这一种。

这一次赵武灵也打算这么干。问题是赵武灵王玩得比较出格，竟然亲自操刀，屈尊当起摸爬滚打的先遣队，着实出人意料。

在当初决定出兵中山国的时候，李疵就肩负起这个使命，并且很出色地完成了任务。本来这一次也可以派他去，但赵武灵王权衡再三还是觉得非亲自走一趟不可。因为此次军事行动非同小可，秦国不是中山国，倘情报出现失误引火烧身，那可不是闹着玩儿的。

于是就在禅位的同一年，赵武灵王化装成赵国使者，从云中南下向咸阳进发。

赵武灵王一路上涂涂画画，虽不是画家，但他的确是在写生，图写秦国的山川险要。

按惯例，秦昭襄王接见了这个赵国使者。

如果以电影镜头来展现，这一定是个很有趣的场面：这两位智商都不低的老朋友（秦昭襄王曾在赵国做人质，公元前307年回国继位，距此次相见已八年）互相端详对方，一个认出对方来了，另一个则没认出来，要认出来麻烦就大了，赵武灵王可是下了狠功夫乔装打扮了一番。

当赵武灵王完成火力侦察任务抽身离开之时，秦昭襄王突然觉得不对劲，这人好像在哪见过，只是一时想不起来。但可以肯定的是此人非同寻常，不是一般意义上的使者，其中必有猫腻。为弄清事实秦昭襄王命人前去追捕，可是赵武灵王已安全离境。

当秦昭襄王查明所谓赵国使者的身份时，当下大惊。正所谓善者不来，来者不善。赵武灵王既然连见老朋友都鬼鬼祟祟的，必有不可告人的野心。

秦昭襄王意识到赵国已经盯上秦国了。这种感觉很糟，谁愿意一出门就被盯梢。而比被盯梢更糟的是，秦国显然还有被绑票的危险。

秦昭襄王心里很清楚能绑票秦国的当然是列国，而以往的经验告诉他避免被绑票的最好办法就是联合大多数，起码要让无关的列国保持中立。只要能将绑票成功地转化成单打独斗，谅他赵国也不是秦国的对手。关于这一点，秦昭襄王是有信心的。

于是，秦国新一轮的外交攻势就此展开。秦昭襄王首先想拉拢的对象就是二日之一的齐国。

孟尝君相秦（1）

如何才能拉拢齐国呢？秦昭襄王想到了孟尝君。

之所以选中孟尝君，秦昭襄王有如下几点考虑：一、孟尝君是齐国的皇亲国戚；二、是齐国现任的国相；三、孟尝君门下人才济济，实力了得。

如果能成功拉拢此人，让他兼任秦国的丞相——秦国右丞相樗里子于周赧王十五年（公元前300年）去世——齐、秦两国不就两位一体了么？以齐国在东境的号召力，秦昭襄王认为赵国是断难拉到像样的壮丁的。

于是，秦昭襄王派弟弟嬴悝为质于齐国以交换孟尝君。

要不要接受秦国的这个请求？围绕这个问题齐国内部展开了激烈的争论。有一个人就极力主张不能去，此人是燕国的老牌间谍苏秦。

在苏秦看来，齐、秦联合显然对燕国不利，只有把齐国忽悠得疯狗一样四处乱咬，才能达到削弱齐国国力的目的。

因此，苏秦建议与其跟秦国玩什么两国轴心不如出兵吞并西边近邻宋国来得实惠，这样才能为齐国的西进打开通道。

齐湣王认为有理，齐国其实早有吞并宋国的野心。孟尝君也认为有理，但随即提出一条建议，驳得苏秦哑口无言。孟尝君说，只有联合秦国，才能为灭宋创造最合适的外部条件和时机。

苏秦只得暗暗叫苦，这个人精也有理屈的时候，这种情况还真是不易见到。

于是孟尝君来到秦国，秦昭襄王果然任命他为丞相。

这时有人警告秦昭襄王说："孟尝君虽然身为秦相，但毕竟是齐国的贵族，你就不担心他吃里爬外？"

秦昭襄王以为然，周赧王十七年（公元前298年），孟尝君当丞相仅一年就被免了职。

还有比这更糟的事。

话说赵武灵王回到赵国之后，左思右想发现秦昭襄王确实是个人物，现在去招惹他显然并不明智，心里便有一个打算：秦国这个朋友可以交。

孟尝君免相的消息传来，赵武灵王于是派使者向秦国请求以楼缓为丞相。秦昭襄王也有英雄相惜的意思，也没打算现在去招惹赵国，遂同意赵国的意见。

楼缓一出任丞相当即下令逮捕孟尝君，准备选个良辰吉日处死他，彻底破坏齐、秦之间的关系。

孟尝君知道这下坏了，悔不当初不听苏秦的话，这回看来要当孤魂野鬼了。

事实上孟尝君并没有当成孤魂野鬼。而孟尝君之所以能逃脱楼缓的魔爪，全靠一个成语的帮忙，这个成语想必大家都耳熟能详了，那就是"鸡鸣狗盗"。

历史的事实是，"狗盗"在前，"鸡鸣"在后。

孟尝君情急之下，打算走无往而不胜的"夫人路线"。于是手下有个神偷应声出场，从狗洞里钻进秦皇宫，偷出一件纯白色的狐狸皮袄，这件皮袄堪称当年的高级时装，当初孟尝君来秦国时拿它当作送给秦昭襄王的见面礼，而秦昭襄王的某个宠姬对这件时装也很上心。

这样，这件时装就神秘地出现在那个宠姬的衣柜里，作为回报，宠姬在秦昭襄王的枕边耳语了几句。就像当年张仪踱着方步，从楚国的死牢里满面春风地踱出来一样，孟尝君也踱着方步从秦国的监狱里满面春风地踱了出来。

当然，孟尝君也意识到所谓神偷的小把戏瞒不了多久的，终究要穿帮，除非那个宠姬不穿那件衣服。于是日夜兼程，准备取道函谷关回到齐国。

当孟尝君一行于深夜时分到达函谷关时立即傻眼，函谷关关门紧闭。原来秦政府规定函谷关入夜即闭卡，禁止任何人通行，第二天凌晨鸡鸣时分才能重新开关。

事实证明多个朋友多条路，这是千真万确的。

孟尝君手下号称食客三千，到底没白养。有个精通周扒皮那套本事的家伙在函谷关前就是一嗓子，引得关里关外一片鸡叫，守关士兵不知是计以为时间到了，遂开关放行。

秦国追兵一路风尘仆仆到达函谷关时，孟尝君已成功出关，追兵只得眼睁睁地看着一群人绝尘而去。

孟尝君相秦（2）

话说孟尝君回到齐国之后越想越气，下定决心要报复秦国。

此时有个叫公孙弘的人建议说："不妨先派人摸摸秦国的底牌再说，打虎不成反被虎咬那可是很要命的。"

孟尝君想想也是，就派公孙弘辛苦一趟。

按常理来说公孙弘此行的前景非常不妙。你想，秦昭襄王岂甘被人当猴耍？而不想被人耍的秦昭襄王当真被耍了，他会有好心情？这会儿公孙弘屁癫癫地跑去秦国，这不是去堵枪眼么？

然而意外还是出现了。

战国那个年代，能在舌尖上修出点名堂的，多半可以如螃蟹一样横行无忌。巧的是公孙弘就是这样的一个人。

秦昭襄王本想借机羞辱公孙弘一番，没想到羞辱不成反倒碰了一鼻子灰，且被公孙弘巧妙地摸了老底去。

秦昭襄王初见公孙弘，相当盛气凌人。他问公孙弘："孟尝君的封地多大？"

"一百里。"

秦昭襄王笑了："寡人有地数千里，尚且不敢与人为敌，孟尝君区区百里之地，就敢与我为敌，'自不量力'这四个字是怎么写的？"

公孙弘答非所问地说："孟尝君懂得用人，大王不懂得。"

秦昭襄王说："是吗？孟尝君手下的贤人都是什么模样的，说来听听？"

公孙弘说："坚持正义，不向所谓的天子臣服，也不讨好诸侯，不管得志不得志，绝对不干对不起主人的事，这样的人有三个；治理国家可以做管仲和商鞅的老师，有能力帮助君王实现称王称霸的理想，这样的人有五个；如果拥有万乘兵车的君主敢污辱使者，使者必定后退一步，然后自杀，到时，使者的鲜血恐怕会弄脏君主的衣服（意思是，要死大家一起死），这样的人有十个，我也算一个。"

秦昭襄王给公孙弘吓住了，连忙赔着笑脸说："开个玩笑嘛。寡人是极愿意和孟尝君交朋友的，麻烦您把我的意思转告给孟尝君。"

公孙弘就坡下驴，答应了。

这才叫长自己志气灭别人威风。孟尝君获悉秦昭襄王有点心虚，遂下了最后的决心，联合魏、韩，对秦国实施"出气"行动。

孟尝君相秦（3）

周赧王十七年（公元前298年），齐、魏、韩三国联军向秦国发起大规模进攻，一直打到函谷关。

当时的形势是赵国在命楼缓出任秦国丞相的同时，亦命一个叫仇郝的人出任宋国国相，也就是说赵、宋和秦国结成了联盟，与齐、魏、韩军事联盟俨然形成两大军事集团，互相玩起对抗。

但齐、魏、韩联军对秦国发动进攻时，赵、宋并没有给予秦国实质上的援助。这是因为赵、宋两国正借他们打得不可开交之际，大肆抢占土地、扩张势力。

赵国继续对北部用兵，击溃林胡和楼烦，攻取了一部分土地，建立云中郡和雁门郡，迫使林胡和楼烦向北迁移。宋国则不失时机攻灭腾国，用兵薛国，向南从楚国手中夺取了淮北之地，实力增长非常可观。

这就为后来秦、赵、宋联盟的破裂埋下了伏笔。

话说函谷关也确实险要，齐、魏、韩联军一直打了三年，才将这个要塞打下来，然后兵锋直指咸阳。

秦昭襄王立即慌了手脚，情急之下也想到了魏惠王首开风气的那个损招，即割地请和。当然，对于秦国来说，在当前大兵压境的情况下，未必就是损招。你想，人家都打到家门口了，此时再不及时止血，接下来很可能出现更为不妙的血崩，即联军大举进攻咸阳。

于是秦昭襄王急忙找丞相楼缓商量："情势不妙，我打算割让河东地区（黄河以东，原是魏国的领土）以求和，你看咋样？"

楼缓说："不咋样，割让河东地区损失太大了。不过到底该咋样，我一时也没辙，不如问问公子池？"

公子池是秦昭襄王的庶兄，历史上又称为公子他，从后来的事实来看也是一个能人。而魏冉杀人无数，竟然没把能人公子池杀了，这事相当奇怪。我估计是这两种情况使公子池保住了一命：一是公子池善于伪装，大智若愚，逃过了魏冉的法眼；二是公孙池是秦昭襄王阵线的人。

一心想保命的公子池一定恨死了楼缓，这个节骨眼把我推上火线，成心让我死啊。而楼缓之所以这样做，一定有他的如意算盘在里面。

单从楼缓的话来看，他似乎真的是黔驴技穷，没辙了。事实果真是这样吗？我以为不然。割地求和，出卖国家利益，这等损事能干吗？如果秦昭襄王事后反悔或者政敌借此大做文章，毫无疑问是谁主谋谁倒霉，除非秦昭襄王自个儿主谋，没人可以倒霉得过他。

问题是秦昭襄王征求的是楼缓的意见，如果楼缓铁心支持这个馊主意，他就成了主谋，到时遭到清算的肯定是自己。楼缓会去趟这混水？所以这才装糊涂，把皮球踢到了公子池那儿。

然而公子池到底是聪明人，国家生死存亡之际，他不能不管，但又不能管得太多。思来想去公子池竟然也想到顶雷的。只要这个顶雷的肯接棒出任冤大头，他不但可以全身而退，而且可以收功于秦国，一举两得。

公子池拿准了这个"冤大头"是断不可能推脱的，因为这个最大的"冤大头"就是秦昭襄王，他责无旁贷。

事实证明公子池的策略相当成功。

公子池对秦昭襄王说："割地要后悔，不割地也要后悔。"

秦昭襄王说："此话怎讲？"

公子池说："如果割让河东地区讲和，三国联军就此收兵，事后大王一定会因心疼那些地皮而后悔。而如果不割地，联军继续西进，威胁咸阳，大王也一定会后悔因为爱惜河东地区而把事情弄得不可收拾。"

公子池的意思其实是情况就是这样，你自个看着办。

秦昭襄王果然说："既然讲和要后悔，不讲和也要后悔。我是宁可割让河东地区而后悔，也不愿让咸阳受到威胁。"

秦国遂割让武遂、封陵和齐城请和，三国联军撤兵而去。

就在列国大打出手的时候，有一个人走到了他生命中的临界点。

此人就是楚怀王。

我们终于可以说说楚怀王了。

楚怀王之死

我们前面说过，周赧王十八年（公元前297年），楚怀王怀揣着梦想，一路狼狈地逃到赵国边境。那根救命的稻草似乎就在眼前，伸手可及。

然而意外却发生了。楚怀王眼里的那根稻草确实是稻草，不过不是救命稻草，而是压垮骆驼的最后一根稻草。

赵国在这个时候，扮演了一个极不光彩的角色——帮凶。对于楚怀王的入境避难申请，赵国断然予以回绝。

关于赵国这样做的原因，正史的说法是赵主父此时远在代郡（河北蔚县），视察新占领的国土，而赵惠文王年幼，本无主见，又不敢得罪秦国，遂拒绝了楚怀王。

我认为事情远没有这么简单。

我一直很纳闷赵国的楼缓和齐国的孟尝君同在秦国的时候，他们为什么不帮楚怀王说句公道话，这对于他们来说不也是轻而易举的事么？一番思虑之后，我认为最大的可能是秦国与楚国互掐对列国是有利的，这也符合列国落井下石的惯性心理。

而当孟尝君成功逃脱之后，楼缓意识到赵国的机会来了。事实明摆着，孟尝君决不会善罢甘休，而让同样不肯善罢甘休的楚国与齐国联手攻打秦国，对赵国是有利的。楼缓很可能是基于这个考虑，才暗中放了楚怀王，并且把赵主父在赵国北境的消息透露给了他。这很可能才是楚怀王果断地选择北逃而不是向南或者向东逃窜的原因。

可是令楼缓想不到的是赵主父并不想因此而得罪在他看来是实力强大的秦国，更何况此时的秦、赵、宋三国已经结成联盟。

于是悲剧就这样发生了。楚怀王被晾在那里，进退不得。

人生中最大的恐惧不是死亡，而是等待死亡的过程；人生中最大的悲剧不是没有希望，而是满怀希望却亲眼看到希望破灭。

这就叫残酷。

楚怀王就遇到了这样的残酷，他抱着希望走向绝望。

绝望中的楚怀王不得已选择向南，他在做最后的努力，即取道魏国。然而这时追兵赶到，楚怀王又被押回咸阳。

周赧王十九年（公元前296年），心知回国无望的楚怀王在悲愤交加中病死咸阳。楚怀王最终还是回到了魂牵梦绕的故乡，不过是躺着回去的，秦人把楚怀王的灵柩送回楚国。

楚人路祭之，如悲亲戚。

楚怀王的故事就这样结束了。

回顾楚怀王的一生，他也是极力想做一点事的，曾经也很明智地任用屈原搞改革，也曾死命地与秦国玩对抗。无奈遇到了这样的状况：在外，有张仪与秦昭襄王这样一些不讲游戏规则的无赖；在内，有郑袖、靳尚这样一些败家子。

而楚怀王之所以两头受骗，最根本的原因是他不但没有自知之明，更无知人之明。能力不济却又瞎折腾，最终在浑然不觉中把自己一步一步推入深渊。

这就是楚怀王悲剧命运的根源之所在。楚怀王亲手毁了自己的前程，正如他亲手毁了政治家屈原的前程一样，他终于为自己的愚蠢付出了生命的代价。

自此之后，战国形势越发混乱不堪。

第六章 雷霆万击

赵武灵王之死（1）

这几年，赵国在赵武灵王的领导之下风声水起，不仅成功规避了不必要的风险，还混水摸了一把鱼，手脚麻利地捞了不少好处。

此时的赵国似乎积蓄了一些资本，足可以睥睨中原。

就在这关键的时候赵国内部却出了一件大事，不仅毁了赵武灵王称雄中原的美梦，也毁了他自己。

我们在前面说过，赵武灵王因爱惠后，也爱了惠后的儿子赵何，遂禅位给赵何，是为赵惠文王。这件事情本来就这样定下来了，赵武灵王的其他儿子，包括前太子赵章再有想法，也只能是想法，无力改变事实。

然而令人吃惊的是这样一个铁板钉钉的事，后来也发生了变化。而改变这一事实的人，是赵武灵王自己。

有一次，赵惠文王召开御前会议，本来应当继承王位的前太子赵章却不得不向他的弟弟行跪拜大礼。

赵武灵王看到这一幕，一丝怜悯之情油然而生，觉得对不起大儿子，当下便产生了一个致命的想法：将赵国一分为二，大儿子和小儿子各当国王。把赵章分封到代郡（河北蔚县），建立代国。

看到这里，大家的脑海中肯定都会跳出这样一个词：不妙。

是的，非常不妙。

春秋时期，郑庄公有一个弟弟叫共叔段，深得其母的宠爱，要地给地，要钱给钱，要人给人，而共叔段仗着母亲撑腰，无法无天。结果兄弟俩反目成仇，兵戈相向。这就是历史上著名的"郑伯克段于鄢"的故事。

号称英明的赵武灵王竟然无视这个历史教训，冒出这样傻气的想法，实在是令人匪夷所思。

一山岂能容二虎？兄弟二人还不得自相残杀、闹他个底朝天？即使赵何和赵章兄弟情深相安无事，一分为二的赵国又如何在弱肉强食的国际形势中立足？

想当年魏武侯去世时，魏国内乱，赵、韩联手进攻魏国，赵国的主意就是要把魏国一分为二，借以削弱魏国的实力。对于赵武灵王来说郑伯的历史可能太远，姑且不论，但对于发生在祖宗身上的事他难道也不记得了？

老糊涂了的赵武灵王还真把什么都忘了，或者故意忘了。他只是单纯的想让自己良心好过一点，却全然没有考虑后果，这无疑是一个地道的昏君行径。

虽然赵武灵王最终没能实施这个要命的计划，但可以肯定的一点是有了"怜子"之心的赵武灵王，一定如郑庄公的母亲一样，对赵章的所作所为有所纵容。

本来赵章心里就一直耿耿于怀，王位本是他的，如今却只混得一个"安阳君"做。而赵武灵王无原则的情感补偿，无疑诱发或者助长了赵章的非分之想，他要夺回本该属于自己的宝座。

更为要命的是赵武灵王派了田不礼去当赵章的助手（相），田不礼仗着自己是赵武灵王的亲信，也是为所欲为，无法无天。

无法无天的赵章与无法无天的田不礼，这二人凑在一起，就构成了这样一个词：瀣沆一气。

有个叫李兑的人敏锐地察觉到此事不对劲，如果任其发展下去后果不堪设想，于是积极行动起来防患未然。

事实证明正是由于李兑的极力干预，才使赵惠文王躲过了一劫。当然也正是由于李兑，赵武灵王最终死于非命。

赵武灵王之死（2）

此时，赵国虽然没有一分为二，但实质上等同于一分为二。赵章和田不礼及其手下众多的党羽，俨然结成一个势力强大的集团，最为关键的是赵武灵王似乎站在赵章那一边。而对于赵惠文王来说目前可用的只有三个人，一就是前面提到的李兑，二是相国肥义，三是赵成。

当初赵武灵王让位给赵惠文王时，任命肥义为相国，并兼赵惠文王的师傅。那时，赵武灵王对惠后爱意正浓，于是逼迫肥义作出承诺，不管何时何地发生何事，你都必须保证永远忠诚于赵惠文王，生命不息，忠诚不止。

肥义答应了，并且依据赵国的光荣传统，把这些承诺郑重地记录在竹简上。

事实上，这几年肥义也是忠心耿耿的，一刻不敢忘自己的誓言。问题是此时的肥义，垂垂老矣，似乎有点不堪大任的意思。

于是，李兑就建议肥义把相位让给赵成。

肥义说："多承关心，当初赵武灵王委我重任的时候，我是作过承诺的，我不能因为一个田不礼而忘记了自己的誓言。"

事实证明肥义不愧是一个品德高尚的人，一个货真价实的忠臣。因为肥义不只是在嘴巴上说说，在生死存亡的关口，肥义以实际行动兑现了自己的诺言。

李兑见肥义态度十分坚决，非常感动，就说："那么好吧，您多保重。"

李兑起身告辞，想了想似乎又于心不忍，回头看了看那个可敬的老头，加了一句："我看您是活不过今年的。"

由此来看当时的形势确实是火烧眉毛，刻不容缓。因为李兑与肥义，这两位赵惠文王的亲信大臣之间的道别，很有一点生离死别的味道，李兑甚至伤心落泪。

紧接着李兑又去找了赵成，要他提高警惕小心提防田不礼这伙人。

其实不管是李兑、赵成，还是似乎有点老糊涂的肥义，大家都清楚乱肯定是要乱的，只是在什么时候乱、以何种形式乱的区别而已。

肥义一直在心底不断地猜测着赵章集团最可能采取的攻击方式。他十分清楚赵章如果想用恐怖手段来暗杀赵惠文王，是断然没有这个机会的，森严的戒备不会允许任何可疑分子靠近赵惠文王。赵章唯一的机会就是直接造反，假借赵武灵王的命令，调虎离山，然后干掉赵惠文王。这也正是肥义最为担心的。

于是，肥义就给赵惠文王的侍卫长信期下了一道死命令："从今天开始，不管是谁，只要来人宣称赵武灵王要召见君王，必须在第一时间通报我，我要亲自前去探个虚实，只有在确保万无一失的情况下君王才能行动。"

一切似乎都安排妥当，尽在掌握之中了，没想到意外却出现了。

周赧王二十年（公元前295年），赵武灵王心血来潮，带领赵惠文王出游沙丘（河北平乡）。

赵章集团觉得机会来了，因为赵武灵王和赵惠文王分住两个行宫，正是他们上下其手的大好时机。

然而，对于赵章集团来说，他们做梦也想不到在他们看来是天赐之良机，非但没有把他们带到天堂，反倒是将他们打入了地狱。

因为此时的赵惠文王集团已然做好了最充分的准备，肥义和信期随同赵惠文王前往，赵成和李兑则坐镇邯郸，保持警惕，一旦有什么风吹草动，随时策应肥义和信期。

事实证明，肥义、赵成和李兑的这一分工是相当高明的。而赵章一心想要捕蝉，却不曾想到有赵成和李兑这两只黄雀在后。

赵武灵王之死（3）

事实果然如肥义所料，赵章集团的如意算盘正是想假传圣旨调出赵惠文王，然后在路上干掉他。

信期及时将这一情况通报了肥义，结果先期出发打探虚实的肥义，中了赵章集团的埋伏被杀。

赵章发现阴谋败露索性一不做二不休，发兵进攻赵惠文王的行宫。双方就此展开激战。

眼看信期有渐渐不敌之势，赵章集团忽然阵脚大乱。原来赵成和李兑得报，亲率一支骑兵从邯郸赶到，杀了赵章集团一个措手不及。

邯郸距沙丘约五十公里，以当年骑兵日行三百公里的速度，不到半天就可以赶到。此时双方大战方酣。

赵章集团尽管谋略差了一点，却也不是乌合之众，战斗力十分了得。赵成和李兑不得不调集邻近的部队参战。

结果是赵章集团溃不成军，手下大部被杀。赵章只身一人逃到了赵武灵王的行宫。

国家都乱成这样了，令人惊讶的是，愚蠢的赵武灵王并不因此而有所反省，反倒继续行进在愚蠢的道路上，拒绝交出反革命分子赵章。

赵成和李兑彻底被激怒了，也顾不得许多，指挥部队冲进行宫揪出赵章，斩立决。

而当赵章人头落地的那一刻，赵成和李兑不约而同打了一个冷战，感觉事情不大妙。赵章固然犯上作乱，可赵成和李兑居然无视赵武灵王的存在，冲进行宫，在赵武灵王"仁慈"地注视下砍了赵章，这一系列的动作又何尝不是犯上作乱？

赵成和李兑大眼瞪小眼，就在这二人的对视之间，赵武灵王的命运被决定了。

曾经大权在握的赵武灵王无论如何也想不到，沙丘，这个在他看来平常得不能再平常的地方，竟会成为他最后的归宿。

为了保命，赵成和李兑下令将行宫中的所有无关人等全部赶出来，后出者死。有一个人除外，毫无疑问，那就是赵武灵王。

赵成和李兑决心将行宫变成赵武灵王的坟墓。

赵武灵王的结局极惨，偌大的行宫就他一人，要吃没吃，要喝没喝。他一定会记起当年钟鸣鼎食的排场的，钟鼎还在，可是食却没有了。眼下能吃的也只有筑巢屋檐下的那些鸟蛋了，还有那些刚孵化出来的雏鸟。

三个月之后，沙丘行宫同屋檐下那些鸟巢一样，陷入了死一般的宁静。

赵武灵王被活活饿死在沙丘宫。

俗话说，天作孽犹可活，自作孽不可活。赵武灵王是自作孽，怪不得天，也怪不得别人。这就叫一失足成千古恨。赵武灵王因一念之差，毁了一世勋业，殊为可叹。

现在的邯郸地界，犹有一处名胜，曰"武灵丛台"，因有多台连聚故名。据说是当年赵武灵王检阅部队或歌舞寻乐之所。"台上弦歌醉美人，台下索鞬耀武士"，风光是很风光的。

然而风光过后，"照黛妆楼遗废迹"（郭沫若《登丛台》），成了故事，只留得"伤心丛台下，一带生蔓草"（岑参《邯郸客舍歌》）。想来亦是如秋日的夕阳，有一种感伤与沉重。

然而，对于赵武灵王的死，有三个人抱着幸灾乐祸的心情。前两位自然是赵成和李兑，一句话：死了干净。自是，赵成出任国相，封"安平君"，李兑出任司寇，封"奉阳君"。赵惠文王年幼，政权就掌握在这两人手中。

第三位抱有这个想法的人，说出来吓一跳，那就是大名鼎鼎的苏秦。

苏秦的鬼心思（1）

之前说过，苏秦卧底齐国的目的就是为了拖垮齐国，为燕国下一步的复仇行动做铺垫。而拖垮齐国的最好办法，当然就是把齐国拖入战争的泥沼。

苏秦很清楚齐国当下最想干的事情就是吞并宋国，可是想让齐国对宋国动手，说起来容易，做起来却极其复杂。

当前的国际局势是，秦、赵、宋结成军事集团，齐、魏、韩结成另一集团，互相玩对抗。如果此时齐国直接攻击宋国，势必会引起秦、赵的激烈反应。

而鉴于秦国有恩于燕国，燕国势必无法置身事外，秦国也会要求燕国出兵牵制齐国。

这样就回到了周赧王十七年（公元前298年），齐、魏、韩三国攻秦的老路上，秦国打不过齐国，而燕国牵制齐国不成，反被猛揍了一顿。

那么如何才能避免秦国干预呢？

精明的苏秦想起了一个词：转移视线。

只要有办法转移秦国的视线事情就好办了。秦国一旦自顾不暇，自然不会去插手齐、宋之间的战事，这样燕国也就可以置身事外坐观虎斗了。

苏秦想三国攻秦的时候，魏、韩占了秦国很多地盘，那么只要能让秦国去打魏、韩，他自然就没有余力再去管宋国的闲事。

俗话说办法总比困难多，还真是如此。多亏了苏秦的弯弯绕，竟然能在如此复杂的国际局势中绕出如此清晰的名堂来，着实了得，让人不能不佩服。

当然，对于苏秦来说，眼下要想撬动这个杠杆，他还缺一个支点。赵武灵王之死恰好充当了这个支点。

赵武灵王一死，赵成和李兑马上大权在握，颐指气使，看上去很是风光。但苏秦知道他们一直在担心一件事，确切地说，是在害怕一个人，怕他会跳出来借国际势力为赵武灵王报仇，到时候他们就得吃不了兜着走。

这个人就是秦国的丞相楼缓，赵武灵王曾经的重臣。

苏秦正是要利用赵成和李兑的惧怕心理大做文章。

苏秦的鬼心思（2）

苏秦西入赵国，去找李兑。

苏秦此行就是打算去耍阴谋诡计的，然而令人惊讶的是，李兑竟然主动迎合了他的鬼心思。

李兑对苏秦说："先生来，我欢迎，先生如果是来说阴谋诡计的，我更欢迎。但先生如果是来说人情物理的，那请免开尊口，因为这些事我都知道。"

李兑的直爽也真是露骨，我认为此时的李兑一定是承受着无比巨大的心理压力，否则断不至于这样没谱，简直不着调嘛。

苏秦说："我就是来说鬼的。"

"那么请说。"

苏秦说："如果您肯听从我的计策，您就能活命，如果不听我的，您必会死无葬身之地。"

李兑睁大眼睛惊讶地看着苏秦："这就是你所说的鬼？你要敢诅咒我，我就敢活埋你。"

苏秦说："您别急，听我说。大家都知道您杀了赵武灵王，而楼缓向来是赵武灵王的心腹，他要前来寻仇，您还能活命吗？"

这正是李兑一直所担心的，于是双方达成了共识，李兑答应送给苏秦数量不明的财宝，苏秦则帮李兑想出一个万全之策。

结果是，仇郝被李兑从宋国召了回来（楼缓相秦的同时，仇郝相宋）。经过一番有力的说服工作，仇郝答应出使秦国。

他的使命是想办法游说秦国撤掉楼缓，以魏冉代之。

李兑的这一手也是相当精明的：我李兑不干净，他魏冉也是半斤八两。我杀了赵武灵王及其族人，他杀了秦昭王的庶兄庶弟们。只要魏冉上台，彼此不干净，也就彼此相安无事了。

这才叫"英雄"会。

果不其然，周赧王二十年（公元前295年），秦国解除楼缓的职务，以魏冉代之。秦、赵、宋联盟自此瓦解。

紧接着，苏秦愿意看到的一幕出现了：同年，秦国为报复魏国，命大将司马错进攻魏国之襄城（河南襄城）。

次年（公元前294），秦军在解城（山西解县）大败魏军。

与此同时，齐国也积极行动起来，驱逐亲魏大臣周最，撤掉与秦国有仇的孟尝君，以秦国的五大夫吕礼为国相。

也就是说齐国采取了亲秦的外交政策，齐、魏、韩联盟也自动瓦解了。

事实证明苏秦的策略取得了成功。

就在秦、齐准备各取所需之时，在战场上却打出了一个人，准确地说是一员猛将。

自打这个人出现在战争舞台以来，所谓的六国再也不得安生了。而秦国也开始不再满足于一城一地的得失，急不可耐地想要取得突破性的进展。

这位厉害的人物，就是战国时期第一名将白起。

高手白起（1）

关于白起的身世，史料欠祥，只知道他是道地的秦国人，属籍郿县（陕西眉

县）。

周赧王二十一年（公元前294年），白起率部从宜阳北进，攻克韩国之新城（洛阳南七十里），兵锋直指韩国在中原棋局上的最后门户伊阙（新城北）。

伊阙，山名，在河南洛阳市南面，亦名阙塞山或龙门山。两山对峙，伊水流其间，望之若阙，故名。

此地形势险要，与西面的淆涵诸山，东面的嵩山山脉，构成韩、魏两国西部之屏障。秦国要想进入中原，除了西河一线，此地是必经之路。

换言之，伊阙是韩、魏两国，乃至中原诸国之最后门户所在。

充分察觉到危险性的魏昭王和韩釐王，于周赧王二十二年（公元前293年）决定合兵一处，并成功联络东周君，陈兵伊阙，坚决抵抗秦国的进攻。

此时联军司令官是魏国的老将公孙喜（《通鉴》误为韩将），秦军司令官是向寿。

秦国丞相魏冉敏锐地意识到这场战役极有可能是秦国打破僵局的最好机会，遂向秦昭襄王举荐了一个人来担此重任。

此人就是白起。

依我看白起被起用也是一个奇迹。因为此前白起在战场上虽然积累了一些战功，但据《史记》记载，也就只打了一些不大不小的仗而已，并无赫赫战功，更无统领大军、独当一面的经验。而眼下白起正在向寿的手下服役，军衔是小小的"左更"。

可是，对亲娘舅深信不疑的秦昭襄王，甘冒临战易将之兵家大忌，以白起替代向寿。事实证明秦昭襄王的冒险，获得了意想不到的收益。

此时，双方对垒于伊阙。

如果单从兵力配备来看，联军显然占有绝对优势，总作战兵力达到二十四万人，且是韩、魏两国最精锐的部队，而秦军不及他的一半。

更为要命的是，此时战役的主动权分明就在联军一方。公孙喜毕竟是沙场老将，大兵压境之际，他首先想到的是占据要地、据险固守。于是，联军在短时间内手脚麻利地对伊阙城防进行了加固。

这样，难题就摆在了白起的面前。

高手白起（2）

白起很清楚，如果直接对伊阙发动攻击，凭其坚固的城防必是一场死伤甚众的恶战。

白起想起了《孙子兵法》中的一句话："上兵伐谋，其次伐交，其次伐兵，其下攻城。"

意思是说作战时的上上策是使用计谋，其次外交，不行干仗，实在没办法才攻城。

而今使用计谋和外交显然不太现实，最不明智的就是攻城，那么就只剩下了"伐兵"一条路可以走。

这句话似乎不大好理解，那么我们换一种好理解的方式。

毛泽东用兵有"十大军事原则"，其中有两条是这样的：

一、以歼灭敌人有生力量为主要目标，不以保守或夺取城市和地方为主要目标。

二、每战集中绝对优势兵力（两倍、三倍、四倍、有时甚至是五倍或六倍于敌之兵力），四面包围敌人，力求全歼，不使漏网。在特殊情况下，则采用给敌以歼灭性打击的方法，即集中全力打敌正面及其一翼或两翼，力求达到歼灭其一部、击溃其另一部的目的，以便我军能够迅速转移兵力歼击他部敌军。力求避免打那种得不偿失的或得失相当的消耗战。

这才是"伐谋、伐交、伐兵、伐城"的精华所在，白起所需要的也正是这个战略思想。

若干年后，白起和秦国历史上另一位著名的人物应侯范雎有过一次对话，其中白起说到："伊阙之战，韩孤顾魏，不欲先用其众，魏恃韩之锐，欲推以为锋，二军争便之力不同，是以臣得设疑兵以待韩阵，专军并锐，触魏之不意。魏军即败，韩军自溃，乘胜逐北，以是之故能立功。"

这整个就是毛泽东战略思想的最佳体现，或者这样说，毛泽东很可能借鉴了白起"专军并锐"的战略思想。

指导思想是有了，但眼下白起还遇到一个棘手的问题：如何引蛇出洞。也就是说如何让公孙喜主动放弃乌龟阵，与白起打一场歼灭战。

虽然这个过程正史中并无记载，但可以肯定的是白起做到了这一点。总之，老将公孙喜在关键的时刻，犯了一个致命的错误，他竟然放弃坚固的城防，选择主动出击。

出击就出击吧，秦军远道来袭，公孙喜可以有如下两种选择：

一是硬碰硬，二打一，这仗也好打。

除此之外，公孙喜还有一个极厉害的杀手锏，就是派出一支奇兵，切断秦军的后防补给线，没了粮草补给，白起能支撑多久呢？

顶不济，打败了，公孙喜也可以有第三种方案，即迅速收缩兵力，撤回伊阙，继续死守。

这应该是公孙喜决胜的最好方案。

然而这时候，戏剧性的一幕又出现了。

经济学上有一个现象叫合成谬误。

什么叫合成谬误？就是指对个人（或个别企业）有利的行为，在所有人（或所有企业）都实行时，反而会造成不利的后果。这就叫"合成谬误"。

这原本是属于经济学的范畴，可是我发现用来考察所谓的六国对秦的军事行动，竟然奇迹般的吻合。

也就是说六国在打压秦国的一系列军事行动中，之所以会遭致失败，都可以用这个经济理论解释。这是因为所有国家都拥有这样一个共通的内核：人不为己，天诛地灭。

白起正是充分利用了韩、魏之间都想拥兵自保的致命弱点，以少量兵力牵制韩军主力，而集中优势兵力，打了魏军一个措手不及。

此战白起大获全胜，联军24万部队悉数被歼，韩、魏精锐尽失，魏军老将公孙喜被俘，军事重镇伊阙失陷。

白起乘胜逐北，一举攻占伊洛地区五个城池。

鉴于白起的成功亮剑，秦昭襄王直接提升他为国尉（比"大良造"小一级）。

紧接着，国尉白起剑指东周。

附：伊阙之战图

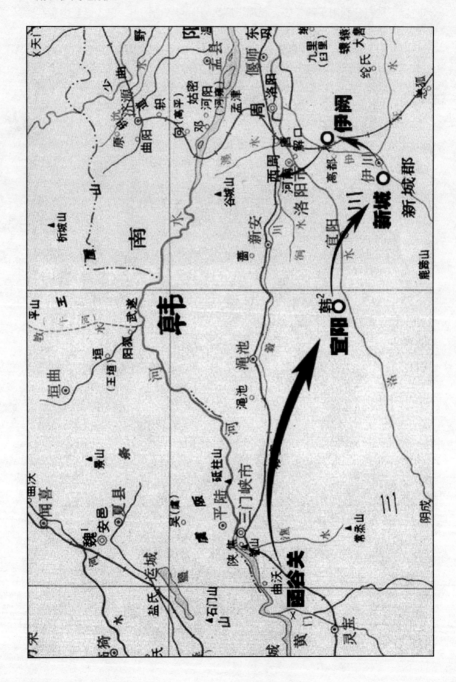

高手白起（3）

白起的一系列军事行动引起了一个国家的警觉，这个国家就是赵国。

李兑很清楚，对于赵国来说，当前最有利的事情莫过于让秦、魏两国继续打下去。只要这两个国家打得一塌糊涂，特别是强邻魏国一旦变成弱邻魏国，就是赵国的福气。

而如果用兵东周，不管能不能打赢，秦军都极有可能因为损兵折将需要修整，而停止对魏国的军事行动。李兑非常不愿意见到这样的情形。

于是李兑派人西入秦国，劝止秦军用兵东周。

魏昭王得知这一情报，不愿落入李兑的圈套，遂召集群臣商议对策，一致的意见是割地请和。

因此，打得兴起的秦军既没打东周，也没打魏国，而是将兵锋对准了韩国。

当然，在打韩国之前，秦昭襄王还要办一件事，那就是摆平貌似强大的楚国，断了楚王染指中原的野心。

秦昭襄王于是写信给刚死了爹的楚顷襄王，警告道：不要轻举妄动，否则我先灭了你。

内斗内行、外斗外行的楚顷襄王果真被吓出毛病，他的回应是认贼作父。

周赧王二十三年（公元前292年），楚顷襄王亲赴秦国，娶秦王室女为妻。

楚国就这样"被老实"了，接下来，好戏又上演了。

周赧王二十四年（公元前291年），秦军掉转枪口南下，从韩国手中夺取了原属于楚国的宛城（河南南阳）。

秦军此举不但彻底巩固了宜阳的战略地位，还使宛城成了秦军重要的军事基地。

此时的韩、魏已无还手之力，只得再度不惜血本，割地求和。魏国把河东地区（黄河东部，山西省南部，约安邑、大阳、蒲阪、解县一带）四百平方里领土，割让给秦国。韩国把武遂（山西垣曲县）地区二百平方里领土，割让给秦国。

然而令韩、魏二国意想不到的是，六百平方里土地只换得一年的喘息，一年之后，秦军再度发起大规模攻击。

周赧王二十六年（公元前289年），已是大良造的白起，会同大将司马错，从伊阙北进，一路横扫魏国大小城池六十一座，一举攻占魏国在中原的重要战略要地轵城（河南济源）。

白起终于完成了他气魄宏大的战略意图：沿"宜阳—伊阙—轵城"一线，将韩、魏领土切成两半。

魏昭王和韩釐王绝对想不到，所谓的割地求和，求来的竟这种灾难性的结果。

自此，我们知道，白起基本上是一个喜欢玩命的人，胆子极大，手法极阔绰，阔绰得令人难以想象。他仿佛在自家牧场里赶羊入圈一样，竟然在韩、魏的领土上指挥如意。

战国之世，战争游戏自此升级，等待列国的不再是小打小闹，而是残酷的饕餮大餐，即歼灭战。

附：轵之战

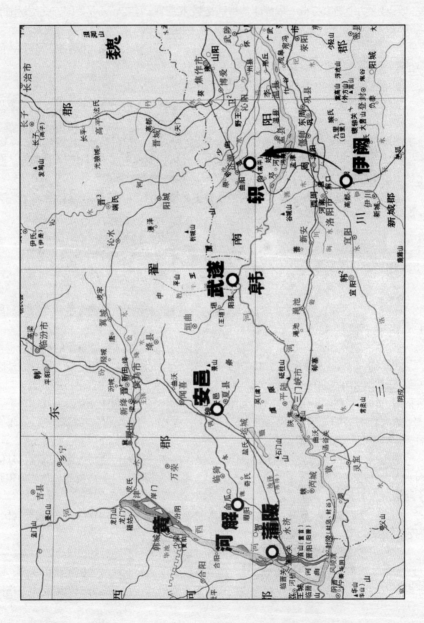

列国纷争（1）

面对秦军的步步紧逼，韩、魏两国被打得节节败退，狼狈不堪。魏昭王在不得已中想到了联络赵国，意图依靠强大的赵国，扼制住秦军发疯一般的攻势。

周赧王二十七年（公元前288年），魏昭王通过李兑的关系，入赵朝见赵惠文王，把葛孽（河北省肥乡县西南）、阴成（约在葛孽附近）两地献给赵惠文王作为养邑（所谓养邑，其意大约与汤沐邑相同，即指收取赋税的私邑），把河阳（即河雍，在河南孟县西南）、姑密（当在河阳附近）两地献给李兑，作为李兑儿子的封地。

魏昭王看来也没蠢到家，他十分明白这样一个道理：给谁不是给？虽然他老人家不懂舞大棒，但他懂得塞萝卜。这几年魏昭王也塞出诀窍来，残酷的事实告诉他不能在一棵树上吊死，得广塞萝卜多收获，没准从中就塞出门道来。比如眼下，万一赵国收了他的萝卜，秦国担心赵、魏的联合而与赵国打将起来，不是可以乘机喘口气么？

这就叫祸水外引，也算是蛮不错的自保之棋。

果不其然，秦、赵就打将起来。虽然不一定是因为魏昭王手上的那根萝卜，但战国之世，能让诸国大打出手的，一定与萝卜有关。

这根萝卜就是定陶（山东定陶）。

宋国的定陶是当时中原最繁华的都市，商业经济相当发达。春秋时期有一个著名的人物在此地经商发了大财，人送外号"陶朱公"。这个"陶"就是指定陶，这个人就是大名鼎鼎的范蠡。由此可见，定陶的商业经济是有年头的，少说也有二百年以上的历史（且从范蠡时算起）。

对于这块富饶的地方，有三股势力垂涎欲滴，表现出十足的兴趣。

这三股势力分别是赵国的李兑、秦国的魏冉和一直想灭掉宋国的齐湣王。

我们在前面说过李兑和魏冉这两人，原本是同穿一条裤子的"老朋友"，为了共同的目标走到了一起。但眼下恰又是为了共同的目标——都想把定陶攥在手里作为自己的封邑，他们又分道扬镳了。

就在魏昭王入赵的前后脚，赵国派董叔联合齐国，对宋国发动大规模攻势。

秦国迅即作出反应，抄了赵国的后路，攻占赵国之梗阳（山西太原西南）。

结果是，定陶还是宋国的，但秦、赵关系自此破裂，实质上应该是李兑与魏冉的关系破裂。

此时，李兑已经在赵国稳住了阵脚，自信心爆棚，在他看来要不要魏冉这个曾经的盟友似乎已经无关紧要了。于是，成功利用各国与秦国之间的结怨，联合魏、韩、楚、齐，对秦国展开报复行动。

五国集结起强大的攻击兵团，雄赳赳气昂昂地向西开进，准备与秦国决一死战。可平行推进的五国军团只是五个指头，而不是一个拳头。也就是说令人丧气的、鬼魅般的"合成谬误"再次出现，声势浩大的五国联合军事行动，其结果可想而知。

当联军一路开进至成皋（河南荥阳）时，与秦军阵地还相距十万八千里，五国部队竟一哄而散，仿佛他们此行不是来打仗，而是来开展田径运动会的：看谁跑得比兔子快。

周慎靓王三年（公元前318年），公孙衍首发"五国攻秦"，其结果与这一次一模一样。经过这三十年的改造，列国依然没有改造好，还有什么话好说。

那么好吧，就等着瞧秦国的反击。

列国纷争（2）

研究秦国的发迹史，我们会惊奇地发现秦王们不仅是卓越的军事家，更是卓越的战略家。

秦昭襄王也不例外。

战略家秦昭襄王很清楚，虽然五国军事行动无疾而终，但列国对秦国的敌意不可小视，一定要想方设法破坏列国的联盟。只要出现单打独斗的局面，他很自信，谁也不会是他的对手。

秦昭襄王于是想到了一个国家，只要能争取到这个国家，毫无疑问，所谓的合纵，也得无疾而终。

这个国家又是齐国。

问题是如何拉拢齐国呢？按照以往的经验，无非就两个套路，割地或许愿。

割地比割肉还让人心疼，不到万不得已的情况下秦昭襄王绝对是不肯这么干的，这就意味着只剩下许愿一途了。

齐湣王其人，急功近利之外，还有一个致命的弱点：好大喜功，狂妄自大。

这样就好办了，骗子们为什么能给皇帝穿上空气做的新衣裳？就是利用皇帝这种心理。精明的秦昭襄王也打算这么干。当然，材质虽然都是空气，但秦昭襄王不准备做新衣裳，他要做高帽，自个儿戴一顶，也让齐湣王戴一顶。

于是，秦昭襄王便派丞相魏冉去对齐湣王说：我秦国称西帝，你齐国称东帝，咱们联手坐地分赃，称霸东西。

这就是著名的秦、齐称帝事件，时间在周赧王二十七年（公元前288年）。

"帝"原本是天帝的称号，显然要比"王"这个称号高级，一贯自大的齐湣王怎能抵挡得住这个诱惑？

双方遂在友好而愉悦的气氛中接受了这个令人惊喜的建议，并且达成如下谅解备忘录：瓜分赵国。

秦昭襄王准备报复赵国了。

眼看秦昭襄王就要大功告成了，没想到在这个节骨眼上，斜刺里杀出一个人来，不仅破坏了秦国的好事，而且给秦国带来了一场灾难。

此人就是苏秦。

列国纷争（3）

话说齐湣王很得瑟地问苏秦："魏冉劝我称帝，你看这事如何？"

苏秦说："攻击赵国与攻击宋国，哪一种更有利？这事您应该比我更清楚。我的意思是您最好不要称帝，用以收买天下人心，然后用兵宋国。只要灭了宋国，楚、韩、魏不服您都不成。而我们把恶名留给秦国，让天下人去憎恨他，秦王必定会自食其果。"

齐湣王猛然醒悟，称东帝仅两日就立即取消帝号，仍然称王。

实际上，这只是苏秦搪塞齐湣王的借口，他还有比这更阴险的一手。苏秦明白，只要能利用秦昭襄王称帝之事做文章，他就可以实现如下的意图：

首先，可以联合诸侯国去打秦国，不管得打赢打不赢，总之打起来就是消耗。

其次，蛊惑齐国去打宋，如果齐国成功去灭宋国，势必会激起列国的强烈反应，特别是魏冉心系定陶，必然会做出激烈反应。

只要出现这种打来打去的局面，各方的实力必然受损，燕国反扑的机会也就来了。

这才是苏秦真正的厉害之处，走一步看三步，步步阴险。

就在这时，国际局势上的风云突变，使苏秦加快了实施计谋的脚步。这也意味着，苏秦在国际舞台上最为风光的时候终于到了。

之前说过，五国攻秦，无功而返，而秦、齐两国称帝之事在国际上传得沸沸扬扬，李兑担心遭到秦国的报复，准备主动投向秦国的怀抱。见势不妙的楚、韩、魏三国也准备跟着这么干。

苏秦很清楚，如果出现这种局面，他的连环妙计必将破产。于是，马不停蹄地前往赵国。

苏秦对李兑说："您若真想得到定陶，只有齐、楚、韩、魏、赵再度联盟抗秦，您才有机会。否则一旦出现诸国都臣服于秦的情况，贪婪的魏冉必定染指，那时您能争得过魏冉吗？

当然，为避免出现上次的情况，有必要做出硬性规定，如果哪个国家胆敢背叛五国联盟，单独行动，其他四国可以合力打他。谁还敢有二心？"

事实证明，苏秦的这一"硬性规定"极具杀伤性，在当年满是"合成谬误"的情况下，竟然出现奇迹，原本各自为战的五个指头终于团成一个力大无比的拳头。用不了多久，秦国就有机会尝到这个拳头的厉害。

李兑被苏秦说动，遂断了与秦国讲和的念头。

紧接着，苏秦急趋魏国，摆平了魏昭王，韩、楚这两个钟摆国家一贯见风使舵，也就摆了过来。就这样，戏剧般的一幕又出现了：五国再度团结聚首，挥戈西向。

事实果如苏秦所料，五国联军表现出罕有的战斗力。秦国被打得极惨，不得已将先前侵占的魏国温（河南温县）、轵城、高平（河南孟县）等地还给魏国，把先俞

（山西代县西北）等地归还给赵国。

对于秦国来说，这个结果是很悲哀的。因为其他地方丢了也就丢了，姑且不论，但秦国不得不让出他的前进基地轵城，这就意味着秦军的战略部署被完全打乱。

秦昭襄王意识到不能再当冤大头了，于是果断地撤销帝号，恢复称王。而吕礼也发现在齐国实在难以再混下去，遂一溜烟逃回秦国。

就在这时，苏秦更愿意看到的一幕出现了。

周赧王二十九年（公元前286年），齐国终于发起对宋国的攻击。

破齐（1）

周赧王二十九年（公元前286年），对于宋康王来说，是最为风光也最为悲惨的一年，最为得志也最为倒霉的一年。将这些矛盾的词集结在一起的，皆是源于一只小小的雏鹰。

事情是这样的。宋国首都睢阳（河南商丘）城墙拐角处有一个麻雀窝，竟然孵出了一只雏鹰，有狗头巫师煞有介事地卜了一卦，认为是吉兆。

他是这样说的："小麻雀竟能孵出大苍鹰，这事稀奇。而大苍鹰是什么呢？苍天之主嘛。这分明就是宋国反弱为强，成为霸主之吉兆。"

满脑袋糨糊的宋康王大为兴奋，仿佛吞了鸦片烟一样，竟然无视夹缝中求生存这一准则，当即挥师出击灭了滕国（山东滕县），然后进攻薛国（山东滕县东南）。

紧接着向东进攻齐国，夺取五个城池；向南占领楚国的三百里土地；向西击溃魏军。

这一连串的军事胜利让宋康王意识到，他果然就是苍鹰在世，在现实世界已然找不到对手了。为了挑战权威，也为了表达他的无边威力，宋康王竟然干了一件极其疯狂的事：战天斗地。

宋康王用弓箭射天，用长鞭击地，把祭礼天地祖先的祭坛也铲了，并且踏上一只脚，表示他才是天地间最大的神。

马屁精们自然不肯放过这个绝好的拍马屁的机会。当宋康王在皇宫中作长夜之饮时，一个壮观的景象出现了：侍从在房子外面高呼"万岁"，接着是大厅之外，接着是皇宫之外，接着是全城，山呼"万岁"一片。

不得不承认，宋康王疯了。

有一个人也觉得宋康王疯了，此人就是齐湣王。

就在宋康王发疯的同一年，齐国发起大规模攻势，一举端掉宋国老巢睢阳。

事实是，宋康王没当成苍鹰，却当了丧家犬。他连夜出奔魏国，最后死在温城。

列国对齐国表现出来的强势大为警觉，决心敲他一下，为首的就是秦国。

最初，秦国对齐国的政策是很矛盾的，既想联合诸国攻齐，杀杀他的威风，又想派吕礼再度赴齐为相，目的当然是为了报复三晋。秦昭襄王左右摇摆，一时间拿不定主意。

这时候出现了一个人，帮秦国下定了最后的决心。

此人就是孟尝君。

之前我们说过，齐国为了与秦国结盟，撤掉与秦国有仇的孟尝君，以吕礼为相。孟尝君一气之下跑到魏国，也成功捞了个相国做。

为了出气，这个土匪头子想到了出卖宗祖国这个损招。

他给魏冉写了一封信，大意是这样的：

如果秦、齐再度联盟，吕礼见重于齐国，你的丞相地位就危险了。为今之计，只有列国团结一致，打败齐国，这才是你的自存之策。

为什么这么说呢？

你想，如果破齐成功，三晋必然强大，秦国担心三晋会威胁到他的安全，必然会通过你做通李兑的工作，进而做通三晋的工作。反之，三晋也很害怕秦国会对他们动粗，必然也会通过你与秦国搞好关系。这样，您既见重于三晋，又见重于秦国，还用担心丞相之位不稳吗？

孟尝君还承诺，此次将调集他在薛地的匪帮与齐国作战，抢到的地盘全部送给魏冉。

魏冉一合计，反正左右都没什么损失，还有赚头，遂下了决心，联合诸侯打压齐国。

破齐（2）

周赧王三十年（公元前285年），秦昭襄王与楚顷襄王在宛城会面，会谈的主题当然是攻齐之事。但从后来的事实看，楚国的表现很奇怪，他并没有参加前期的军事行动。

同年，秦昭襄王与赵惠文王在中阳（山西中阳）会面。

秦昭襄王为了向列国表明攻齐之坚定决心，派大将蒙骜越过韩、魏领土，远距打击齐国，一举攻占齐国的九座城池。

次年，秦昭襄王与魏昭王在宜阳会面，又与韩釐王在新城会面。同年，燕昭王也在赵国的拉拢之下入赵见赵惠文王。

燕昭王敏锐地意识到，报仇雪恨的时刻终于到了。

俗话说"君子报仇，十年不晚"。可是燕昭王为了等到这一天，竟然忍了三十年。而眼下，他终于可以脱去伪装了，他现在最需要做的事情就是反击，给予齐国最致命的反击。

事情的发展确实有点出人意料。关于打压齐国，叫嚣得最为厉害本来是秦国，到最后竟然是燕国打了头阵，并且是不惜一切代价来打。

当此之时，尚不知大厦将倾的齐湣王，还沉浸在称王称霸的美梦里。自打灭了宋国以后，齐湣王突然觉得自己很伟大，大有睥睨环宇之雄心。于是发起飙来，四处开战，南侵楚国，西侵三晋，目标直指周王室，扬言要将周天子赶下台，取而代之。

"东帝"他已经不感兴趣了，要玩干脆玩大的，直接做"齐天子"算了。

大臣狐咺认为齐湣王疯了，结果丢了脑袋。大臣陈举指责他胡闹，也损命于城东门。

周赧王三十一年（公元前284年），燕国大将乐毅意识到时机成熟，遂统领燕、魏、赵、韩、秦五国联军约二十万人，从西面浩浩荡荡向齐国开进。

前面我们说过，苏秦为了燕国，这些年来一直在齐国卧底，而齐湣王出于对苏秦的信任，认定燕国不敢反齐。于是，齐军将主力都集结在济西西线。

乐毅正是利用了齐湣王轻信苏秦的心理，出其不意，攻其不备，从济西北线发动进攻，打了齐军一个措手不及。齐军全线崩溃，精锐主力大部被歼，余部退保首都临淄。

就在这时，"合成谬误"再一次显示出它的无边法力。

这一次五国部队并没有一哄而散，但比一哄而散更为可笑的是，除了燕国一意攻齐之外，其他四国仿佛打进珠宝店的强盗一样，分头行动，各抢各的。

魏国抢得原属宋国的部分地盘（豫东及鲁西南），赵国抢得河间之地（山东高堂县、堂邑县一带）。

最为狡猾的当属秦国，先是魏冉将富饶的定陶据为自己的封邑。紧接着，秦军竟然乘魏国忙于抢地盘之际，在其背后狠狠地捅了一刀。

原来，五国攻齐之际，秦昭襄王心里也有一个如意小算盘，他乐得看到潜在的敌手齐国被削弱，同时时刻不忘报复魏国。

于是，在五国攻齐大获全胜，魏国忙于抢地盘之际，秦军一举夺回战略要地轵城，并且派大军急趋魏都大梁，燕、赵及时作出干预，秦国才没有得逞。

正当四国争得死去活来的时候，只有乐毅亲率燕军主力，深入齐境，寻找齐国的残余部队决战。

报仇心切的燕昭王管不了那么多了，决心给齐国以毁灭性的打击。

破齐（3）

俗话说，穷寇莫追。但乐毅追的分明就是穷寇。

他采取的战术很有特点，简直算得上是孤注一掷：甩开身后的城镇关隘不管，也不与地方小股部队纠缠，而是长驱直入，穷追猛打，直接摧毁齐国的抵抗意志。

事实证明乐毅的决策是正确的。

在燕军的猛烈攻势下，齐国人心果然崩溃，燕军兵临临淄城下。

就在这时候，不幸的事情发生了，苏秦走到了他生命的尽头。

苏秦无疑是聪明的，乐毅之所以能势如破竹，毫无疑问，是他的连环计起到了关键性的作用；但苏秦似乎又是不明智的，他应该在乐毅发起攻击之前金蝉脱壳，及时

脱身，但他没有，不知到底是不愿走还是走不成。

多年以来，苏秦一直拍着胸脯担保燕国不会反齐，如今恰恰是燕国给了齐国最致命的一击，苏秦的间谍身份自此完全暴露了。

齐湣王焉能轻饶得了苏秦？被气得咬牙切齿的齐湣王当即下令车裂苏秦。

关于苏秦，宋代诗人刘克庄咏诗云："常产常心论，平生不谓然。晚知苏季子，佩印为无田。"这首诗很精练地概括了苏秦的一生。

苏秦三十年如一日跟着燕昭王混，看似非常忠诚。但实际上，苏秦却是三十年如一日地投资于他的田产。

想当初，苏秦的父母妻嫂在他最落魄的时候，如果没有以"穷则父母不子，富贵则亲戚畏惧"的态度对他，那么苏秦的人生是否会不一样？

当然，这只是一种假设。假设这种情况没有出现，苏秦在战国之世那样的熔炉里，是否可以在心底保留一点纯粹，保留一点理想，不至于那么赤裸裸呢？

这个问题似乎很难回答，但综合各方面的考虑，我做出了一个大胆的结论：苏秦是会自甘同流的。

因为在当年那个大环境里，看来谁也无法阻挡这样的大势：当投机成为一种生活方式，当投机成为一种无可厚非的价值，当投机成为一种人人欲诛之又人人欲得之的东西的时候，整个社会生活就开始进入变态的状态。

这种"变态的状态"可以这样理解：对于一个社会来说，比战乱更为严重的事实是，整个社会集体的溃败，不管是道德取向，价值标准，还是社会人心，无一不堕落与崩溃。

战国之世不乏能人，不乏品行高洁的人，比如下文将要提到的王蠋。但应该承认，更多的人则是认同了这种投机的价值观，包括大名鼎鼎的稷下学派。

前辈阿Q说过：革命成功了，想谁就是谁。

苏秦选择了"想谁就是谁"的价值取向，他似乎是理由充分的，知"时务"的，其实这才是他最大的悲哀。

而苏秦悲哀的背后，折射的却是整个社会的悲哀。

破齐（4）

处死苏秦并没有给齐湣王带来任何好运，乐毅很不客气地攻克临淄。曾经不可一世的狂人齐湣王，和宋康王一样，最终只能走上弃国逃跑之路。

齐湣王逃跑的速度可不一般，比兔子还快，一袋烟的功夫，卫、邹、鲁溜了一圈。

人生在世，有得意的时候，也有失意的时候。这就如大自然有四季轮回，月有阴晴圆缺一样。得意的时，趾高气扬，别人也拿他没办法。可是如果灰头土脸的时候，还端着臭架子吓人，那么结果只有一个：扁你没商量。

卫国向来非常自觉，多称是，少惹事；多哈腰，少发飙。多年以来对这一原则的坚决贯彻换来了惊人的回报：在那样的乱世中，卫国居然一直存活到秦二世时期。连卫国都对齐湣王说不，可见齐湣王龌龊到何等地步。

卫国发现，齐湣王这主儿实在没法伺候，于是毫不客气地将他驱逐出境。而邹、鲁也看不惯齐湣王那张傲慢的脸，拒绝他入境。走投无路的齐湣王只好硬着头皮潜回本国，暂且蛰居在莒城（山东莒县）——齐国仅剩的未被攻下的两座城池之一。

这时，一直按兵不动的楚国，发现当渔翁的机会到了。于是派大将淖齿进兵莒城。

对于丧家犬一般的齐湣王来说，此时，淖齿的突然出现，就像救苦救难的观世音菩萨突然显灵一样。齐湣王仿佛看到了咸鱼翻身的曙光，当下欢喜得要命，遂做出一个致命的决定：任命淖齿为齐相。

可是，齐湣王哪曾想到，淖齿实际上却是索命的黑白无常。因为楚国虽然打出"救援齐国，争当国际活雷锋"的口号，真正的目的却是要与燕平分齐国。

齐湣王的命运就这样被决定了。

这个曾经不可一世的疯狂人物，结局非常惨。淖齿想出了种种残忍招数来免费"招待"齐湣王。

淖齿先是宣判了齐湣王的数条罪状，然后残忍地抽出齐湣王的脚筋，悬于屋梁之上。

正史说，齐湣王最后"哀嚎三日而绝"。

淖齿的歹毒为他的死埋下了祸根。

顺利进入临淄的乐毅所做的第一件事就是将齐国的金银细软，甚至是祭祀器具统统搬回燕国。

也就是说，当年齐宣王是怎么对待燕国的，乐毅也依葫芦画瓢，怎么对待齐国。

看着金光闪闪的金银财宝堆成了小山，燕昭王笑了，三十年来的阴霾一扫而空，想不到齐国也有今日。

于是亲到前线劳师，开庆功会，摆庆功宴。乐毅也得到了他的军功章，被燕昭王封为"昌国君"。

可怜的苏秦，他原本最有资格站在受勋的前列，可惜，八字不好，功败垂成。

破齐（5）

五国抗齐，乐毅的孤注一掷取得了巨大的成功。此时，他需要考虑的事情是如何将那些未臣服的城池一一击破，全部拿下。

与战役的初期阶段不同，乐毅现在需要对地方小股抵抗势力予以足够的重视，搞不好被反包抄，断了退路，后果不堪设想。因此，他调集一部分兵力，回防千乘（山

东高苑），是为后路军。

中路军坐镇齐都临淄，目的是要把齐国的中枢神经给镇住，使他无法兴风作浪。

而后三路大军，分头行动，收拾残余。

左路军渡过胶水，直逼东莱（山东掖县）；前路军打到黄海海边，占领琅琊（山东胶南县南）；右路军顺着济水、黄河，进据阿城（山东东阿）、鄄城（山东濮县），与魏师取得联系。

仅六个月的时间，乐毅一举将齐国七十余城纳入燕国版图，齐国名存实亡。

齐都临淄西北三十里有一个小地方，地名很好听，叫画邑，那里住着一位民间高人名叫王蠋，学问好且名望隆，曾做过齐国的高官。只是齐潜王犯有严重"白内障"，能人不用，坏人当宝，王蠋只得退隐故里。

乐毅久闻其名，于是当燕师抵达临淄时，他在地图上画了一个圈：喏，这里，画邑，三十里范围内军士不得进入，更不得碰那里的一草一木。可以说，乐毅给足了王蠋面子。

而王蠋并不买账。对于王蠋来说，山河虽在国已破。燕人甚至威胁他说：如果再不动身去见乐毅，我们就踏平画邑，鸡犬不留。王蠋哪里还有活下去的理由？国破君亡，我王蠋不能力挽，现在又胁以暴力，"与其不义而生，不若死"，"遂经其颈于树枝，自奋绝脰而死"——连绳子都省了，直接将头挂在了树枝上。

王蠋是战国之世，第一个死于民族大义的人，一个不畏权势、杀身成仁的人，一个可歌可颂、可敬可佩的人。

宋人刘克庄有诗咏王蠋：

稷下空多士，谁为国重轻。

列城七十二，死者一书生。

这说明战国之世尽管混蛋，也不见得人人都浑。所谓"清者自清，浊者自浊"是也。他们的生可能不是伟大的，但他们的死一定是伟大的。他们的伟大之处在于用他们的死告诉世人：

人生自古谁无死，留取丹心照汗青。

而另一方面，从刘克庄的诗中可知，在生死存亡之秋，齐国士人的表现是令人失望的，他们仿佛是一群被抽去脊梁骨的人。

也就是说曾经昌盛一时，以多士自诩的稷下，经过这么多年的风雨沧桑，见惯了人鬼情未了，终于无可挽回的沉沦下去，集体的沦陷。多士的稷下终于认同了这样的价值体系，即投机。

所谓投机，就是理想的衍生品。

这是一个让人无法接受的事实：稷下空负多士之美名，在危急的关头，谁也不愿出头为国家抛头颅洒热血。非但不愿，且还甘心沦为汉奸买办，成为燕国人统治齐国的工具。

士林从此不清，它浊了。

　　我认为，这才是齐国最终崩溃的原因，正如他当初的崛起是仰仗多士的原因一样。

　　据记载，齐人食邑于燕者二十余君，有爵位于蓟（燕国都城，现在的北京）者百有余人。

　　我不敢肯定这个分化瓦解的策，是不是乐毅的首创，但可以肯定的一点是，这一毒辣的办法一直成为后世占领军统治占领区的有力武器，其历史后患也是相当巨大的，直接与国破家亡挂钩。

　　齐国经此大劫，元节大伤，自此一蹶不振。

附：乐毅的攻击路线

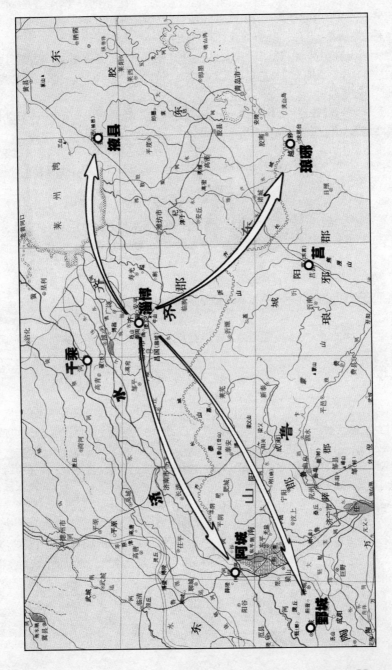

田单复国（1）

面对乐毅如此张扬的大手笔，同样野心勃勃的楚国怎不见一点动静，是吓傻了还是看呆了？

原来楚国既没吓傻，也没看呆，而是在此时自乱了阵脚。

从乐毅的进击路线来看，他没有去碰莒城。由此可知，燕、楚某种程度上达成了默契：莒城那一点地皮就留给楚国吧。可是楚国的运气相当不好，齐湣王的贴身侍从公孙贾干掉了淖齿。

齐湣王惨死故里，公孙贾没事儿一样回家。然而他的母亲，一位不知名却相当有骨气的女流之辈拒绝儿子踏进家门：国王都死了，你还有脸回来？

于是公孙贾跑到大街上，振臂一呼：淖齿杀我国王，有种的跟我来。公孙贾遂率领四百壮士，奇袭淖齿，并成功杀掉他。紧接着，公孙贾带人四处找寻失踪的太子田法章。

此时田法章在哪呢？

他在故莒国太史、名叫敫的人家里，化身奴仆，做苦力，苟且活命。可是，敫的女儿发现，这个新来的下人相貌堂堂，一表人才（奇法章状貌），肯定不是一般人。遂动了春心，瞒过老爹以身相许。他们的儿子就是后来齐国的末代王田建。

公孙贾遂拥立田法章，是为齐襄王。

齐襄王是幸运的，他遇到了贵人公孙贾，并在公孙贾的强力支持下得以在莒城站稳脚跟。

更为幸运的是，齐襄王还遇到了一个贵人。正是这个人，帮助齐襄王实现了复国梦想。

此人名叫田单。

话说乐毅的左路军攻击齐都临淄东面的安平，临淄市场管理工作人员（市掾）田单，恰巧也在老家安平。大战在即，逃肯定是要逃的，问题是如何逃法才能在拥堵的人群中杀出一条生路，这事值得考虑。

聪明的田单遂想出一计：用厚铁罩住车辆的轴端。经过此番改造，普通的马车就变成坦克了。

结果是，当逃亡的大车小车拥挤在路上时，田单的"坦克"顿时发起神威，左冲右突，一往无前，生生杀出一条血路，逃到即墨（山东即墨）。

田单的坦克虽然误伤了自己人，但能成功逃脱，正说明此人智商了得，不说智勇双全，起码也是心狠手辣，连自己人都舍得下手。于是公推直选他为即墨城的守将。

市场管理工作人员田单，自此发迹。

田单复国（2）

此时，曾经地大物博的齐国，也只剩下即墨和莒城这两个小地方了。

乐毅志在必得，重新集结部队，右路军与前路军负责拿下莒城，后路军与左路军负责拿下即墨。

按常理，乐毅要拿下这两座城池是比较容易的，然而燕军铆足了劲儿猛攻了三年愣是没攻下来。这是因为擅长攻心为上的乐毅做了一个规定。正是这个规定，使这两座城池变得坚不可摧，也正是这个规定把乐毅逼到了人生的十字路口。

这个规定就是：齐民出城觅活路者，不要为难他们；生活困难者，一律赈济。

那些心嫉乐毅之功勋的小人们，认为抓住了扳倒乐毅的绝好把柄。于是，在燕昭王面前大肆搬弄是非，说什么的都有。其中最为致命的说法是：乐毅七十多座城池都打下来了，独这二座小城池打不下来，怕是别有企图吧？不是要收拾民心自立当齐王吧？

燕昭王拍了桌子：住口！一群小人！我相信乐毅不是那样的人。

可是话音刚落，燕昭王就死了，继位的是燕惠王。

燕惠王可不这么想，因为他和乐毅有仇。

什么仇？

依然是商鞅的鬼魅，燕惠王当太子时，乐毅与之不和。

英雄的宿命，竟然都纠集在人际关系上。

于是，聪明的田单乘机反间，散布谣言，说乐毅确实有当齐王的野心。燕惠王信以为真，立即做出反应：派大将骑劫接任燕军司令官，召回乐毅。

乐毅一气之下逃奔赵国，最后终老死于此。

乐毅的去职，带来两个致命的结果：

一是老部下替乐毅打抱不平，由是军心涣散（燕将士由是愤惋不和）；

二是阴谋得逞的田单，秘密准备防守反击。

田单不愧是个发明家，既能发明坦克，也能发明神仙。

他要求即墨市民每顿饭前必须先在中庭祭祀祖先。由是引来众多飞鸟，云集翱翔于即墨上空，时而俯冲而下，时而自在盘旋，场面极为壮观。城外的燕军大为稀奇，不知道城里到底发生了什么。

事情确实很稀奇，田单声称：这是上天派神师下凡协助我们。

他也果真得到了神师。一个冒失的士兵开玩笑说，我可以当神师。说完突然觉得开这种玩笑后果很严重，于是转身就跑。田单立马将他追了回来。

后果确实很严重，田单亲自扶他东向而座，掀起战袍就要下拜。士兵吓得连忙摆手，别别别，我不过开个玩笑。田单瞪了一眼即将成为神师的士兵：住嘴，你这白痴。

就这样，一个神通广大、无所不能的神师诞生了。此后，田单凡有决策命令，皆称是得自神师的指示。

田单所以这么做，原因很简单，他要着手拯救被燕人打怕了的齐民。也就是说田单要想反击成功，首先必须解决士气这个问题。

紧接着，田单用了更厉害的一手：激怒齐民。

田单复国（3）

事实证明田单不仅勇于对活着的自己人下手，也勇于对死去的自己人下手。而且还下得极巧妙，不留痕迹，黑锅却由燕军来背。

周赧王三十六年（公元前279年），神指示说：即墨人最害怕被俘的士兵被割去鼻子，推到城下示众，这样民心就崩了。神又指示说：即墨人又担心城外的祖坟被人挖了，要是那样齐民一定屈服。

骑劫信以为真，麻利地下手干了这两件蠢事。更蠢的是，燕军甚至还拿着死人的骨头当柴火烧。于是，田单最愿意看到的一幕出现了："齐人从城上望见，皆涕泣，共欲出战，怒自十倍。"

可是，这个曾经的市场管理人员，在长期与小商小贩的不懈周旋中训练出一个惊人的本事：心眼比常人多出一窍。仿佛是孙大圣落在太上老君的八卦炉里，然后才有火眼金星一样。田单知道民心可用，这只是东风，他还有很多事情需要准备，此时即墨内城不过三里，外廓不过五里，兵将仅七千多人，他就这点本钱，输不起。

于是田单耐着性子，接着忽悠。

天才田单制造了两个假象：

首先，示弱。守城士兵全部换上老弱妇幼，燕军围城这么多年，青壮差不多死绝了，打，断断是打不过的，只得投降。于是田单适时地送去一份投降书，宣布无条件投降。

燕军山呼万岁。我们可以设想一下当时的情形：大将骑劫坐在他那气派的中军帐里，屁股底下垫着老虎皮，帐下众将侍立；骑劫一边享受着美酒，一边享受着那份投降书，笑容逐渐溢满了他那张分明是营养过剩的愚蠢的脸。

第二，还是示弱。田单派人给燕将送去一份礼单，内容只一项：金千镒。作为交换，城破的时候，请多多关照我田氏家族。

燕将自然是很痛快地笑纳了这"金千镒"。

除此之外，田单还准备了另一份厚礼。这份厚礼足以令燕军惊诧到人仰马翻。

这份厚礼就是著名的火牛阵。

我们姑且不论田单是如何在被围困三年之久的即墨城里搞到千余头牛的，这不是问题的重点。问题的重点是普通的牛一旦到了发明家田单的手里就不普通了，正如普通的马车一旦到了田单的手里就成为坦克一样。

田单给普通的牛做了不普通的包装：披上黄色绸缎，画上五彩龙文，角上扎利

刀,尾巴束苇草。苇草事先在油脂里浸过,极其易燃。尔后,田单趁燕军麻痹之际,连夜在城墙凿出数十个洞。

于是,壮观的一幕出现了:

燃烧的尾巴迫使牛玩儿命地往前冲,齐国士兵紧随其后,杀声震天——这分明就是坦克阵。

燕军,这个曾经不可一世的部队,就有了各种离奇的死法:被满身龙文、横冲直撞的怪物吓下死了一批,被牛角上明晃晃的利刃扎死了一批,被紧随牛后、复仇心切的步兵捅死了一批,军心大乱、自相踩踏了一批……而城头上,老弱妇幼玩儿命地敲手中的破铜烂铁,震天响的声音把剩下的燕军吓破了胆。

这一番折腾下来,燕军差不多就没人了。结果是骑劫被杀,齐军乘势追亡逐北,一举收复故土。

可怜燕国白白断送了万辆战车,所有精锐尽皆倾覆。

齐襄王一路敲锣打鼓,兴高采烈地回到临淄。一举成名的田单,也从市场管理人员一跃而成为"平安君",留名史册。

以上就是燕齐火拼的历史。

成功复活的齐国,自此确立了一个对于六国来说,相当致命的国策:冷眼旁观,坐观虎斗,置秦国吞并列国于不顾,以报灭国之仇。

自此,我们会发现,乐毅灭齐,最大的赢家不是燕国,不是魏国,也不是赵国,而是秦国。

秦国借助六国内部的矛盾,成功翦除了势力强大的齐国。

第七章 战略转型

打残楚国（1）

事实证明，秦国一手大棒一手萝卜的外交政策是完全正确的。一味蛮打蛮撞，无疑会沦落到与齐湣王同样的下场。

如果秦昭襄王是齐湣王，他绝不会那么鲁蛮。要打三晋，他一定会先同北部的燕国、南部的楚国结盟。同理，要打楚国，他也会先和三晋结盟，然后再打，这样就可以有效地避免两线作战。可是齐湣王不然，一笼统全面开战，全面结怨，结果全面被灭。

我们且来看，在燕、齐互殴期间，秦昭襄王是如何耍弄"大棒加萝卜"的。

周赧王三十一年（公元前284年），秦、韩、魏三国国王在洛阳会盟，内容不可告人。次年，秦、赵两国国王会盟，内容同样不可告人。

就在秦、赵会盟之后，秦国立即对魏国发起攻击，迅速攻陷安城（河南原武），然后挥师南下，直扑魏都大梁（河南开封）。秦军逼近大梁近郊，始行撤退。

秦军为什么放弃似乎是唾手可得的大梁而选择撤退？原因不得而知。或许秦昭襄王只是想小试牛刀，作一次试探性攻击。

然而这一探却探出了一个极为可怕的事实：秦军攻击之凌厉，推进速度之迅猛，已今非昔比，完全具备摧枯拉朽之能力。

这个时节的秦国，翻脸跟翻书一样快，他能对魏国翻脸，同样也可以对赵国翻脸。

周赧王三十三年（公元前282年），秦军攻击赵国，占领两座城池。次年，占领第三座城池石城（河南林县）。

楚顷襄王见秦国声势大起，害怕起来，打算联合齐、韩教训一下秦国，顺道把没用的周王室给灭了。

周赧王得知这一情报，派人对楚国国相昭子说：老子要灭就灭了么？老子知道你要抢九鼎，看你能拿九鼎怎么办，秦国要不嗅着九鼎的气味南下，老子就不姓姬！

周赧王的一席话，把楚顷襄王吓得不敢动弹，联合行动也就此宣告夭折。

这就是楚顷襄王的水平，心比天高，智商比高原上的空气还稀薄。

这个世界上，有弱者也一定有强者。而强者的哲学是你不打我打。

于是，周赧王三十五年（公元前280年），强者秦昭襄王始无前例地发起两线攻击。

打残楚国（2）

白起一路继续用兵赵国，斩杀两万人，占领光狼城（地名不详）。

司马错一路从陇西出发，经由蜀郡，补充巴蜀之众十万、大船舶万艘、米六百万斛，浮江而下，攻击秦国垂涎已久的楚国黔中地区。

楚顷襄王立即慌了手脚，很自觉地献出汉水以北地区及上庸（湖北竹山）之地给秦国，以求得永久的和平。

事实上，楚国或者列国割地求和的做法，效果也是有效果的，那就是丢肉喂狼。肉没丢完，狼决不走。

对于列国来说，秦国就是一头狼，地没割完，战争就不会停止，和平也就不会如期到来。而当和平真正到来的时候，也就意味着列国从此从地图上彻底消失了。

果不其然，楚顷襄王惊奇地发现得了大便宜的秦军，非但没有主动撤退的迹象，反倒将其国内有前科的所有流氓无赖（罪人），全数迁到南阳(今豫西南及鄂西北一带)，以加强对这一地区的控制。

此时，楚国的首都是郢城，在今湖北江陵。据史册记载，其所处的地理形势也是相当险要的。

郢城西面有巫巴之险，北有桐柏之固，南控湘黔，东制吴越，据江汉咽喉之地。自公元前689年楚文王徙都郢以来，楚国经营郢都达数百年之久，实为强国之雄都也。

而秦军如果牢牢控制住黔中地区，也就意味着楚国的卧榻之侧响起了不妙的鼾声。

为解除来自巴蜀方向的威胁，楚顷襄王终于做出一个硬气的举动：举兵沿江而上，进攻巴地（旧巴国），一直打到枳城（四川涪陵东），成功夺回了黔中地区。

由此来看，楚军也是有相当的战斗力的。

不甘失败的秦军，随即兵分两路，展开了更大规模的进攻。

蜀郡守张若从水陆东下，向楚国的巫郡及江南地进军。

白起从武关南下，一举攻占邓县（湖北襄阳县东北），胜利进入桐柏山区，直逼楚国要塞鄢城（湖北宜城）。

对于楚国来说，鄢城的战略地位太重要了。楚国历史上向来以鄢、郢（湖北江陵）连称，把鄢城视作楚国的别都，其地距楚都郢非常之近，是郢都北方防线最后的门户。此地一失，也就意味着郢都彻底门户洞开，直接处于秦军的兵锋之下。

为保卫鄢、郢，楚顷襄王集结了主力部队，与秦军在鄢城展开了一场空前的大决战。

历史上称这场决战为鄢之战，是中国历史上最激烈而又最残酷的战役之一。

战争惨烈到何种程度呢？

楚军誓死守卫鄢城，而白起誓死要打下鄢城，为秦军的南进扫清道路。双方就此展开厮杀。

由于鄢城的战略地位，楚国派重兵死守，白起的攻坚战未能马上奏效。

就在这时，白起突然听到了一种吉祥的声音。

这种声音智伯在晋阳之战的时候也听到过。

是的，哗哗流淌的水声。

鄢城的地理位置是西高东低，距城西北百里处有鄢水向东注入沔水。

看着这样的地势，白起不由计上心来。于是，惨烈的一幕出现了：咆哮的河水自西向东奔腾而来，鄢城东北角的城基被激流淘空，城墙轰然倒塌，军民被水冲走不计其数。

据《水经注·沔水》记载，死者人数多达数十万，"城东皆臭，因名其陂为臭池"，可见其惨烈的程度。

白起一举攻占鄢城，楚军主力遭受重创。

紧接着白起攻克西陵（湖北宜昌市西陵峡），直逼郢都。

附：白起攻楚

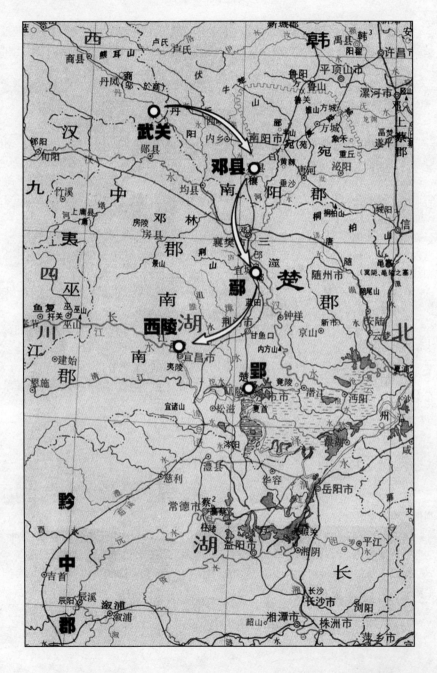

打残楚国（3）

虽然一年前秦国灭了赵国不少部队，但秦昭襄王发现此时在战场上真正的傻瓜是楚国而不是赵国，为了稳住赵国，集中精力打残楚国，秦昭襄王又玩起外交的老把戏。

周赧王三十六年（公元前279年），即田单组装坦克的那一年，秦昭襄王邀请赵惠文王在渑池（河南渑池）会面。

鉴于秦国的臭声远扬，赵惠文王没打算成为第二个楚怀王，所以不准备去。

大将廉颇和大臣蔺相如劝说道："不去的话反倒显得我们胆怯似的，还是去比较好。"

赵惠文王这才硬着头皮前去赴会，蔺相如自告奋勇随从护驾。廉颇一直把他们送到边境，对赵惠文王说："据我计算，整个行程不过三十天，如果三十天过后大王还没回来，我就立太子为王，以断绝秦人的野心。"

赵惠文王表示同意。

事实上，廉颇的担心是有道理的。秦昭襄王虽然主动抛出橄榄枝，要与赵国讲和，但打心眼里不情愿，总想找茬羞辱一下赵惠文王。

于是，乘着酒酣耳热，秦昭襄王请赵惠文王弹瑟一曲以助兴。赵惠文王不敢拒绝，只得照办。

这时，蔺相如瞧出秦昭襄王不怀好意。果不其然，秦御史前书曰："某年月日，秦王与赵王会饮，令赵王鼓瑟。"

一个"令"字区分了上下级，也就是说，赵惠文王丢了面子。

肩负护驾使命的蔺相如，自然不允许这种事情发生，遂趣上前去要求秦昭襄王敲缶也助兴。

秦昭襄王说，我堂堂秦王，岂能干这种事。

蔺相如登时放下脸来：信不信，五步之内，我可以取你的狗头。

秦昭襄王没办法，只得胡乱敲几下应景。

蔺相如顾召赵御史书曰："某年月日，秦王为赵王击缶。"

秦昭襄王没占到什么便宜，赵惠文王却扳回了一局，很是高兴，回去后当即提拔蔺相如为"上卿"，位在廉颇之右。

出生入死的廉颇，不满"油嘴滑舌"的蔺相如竟然爬到他头上去，要与蔺相如比功劳，这就有了"负荆请罪"与"将相和"，当是妇孺皆知的故事了，此不赘叙。

虽说秦昭襄王在这次会谈中碰了钉子，但毕竟达到了预期的目的。聪明的读者一定知道，接下来就是大棒出场了。

打残楚国（4）

周赧王三十七年（公元前278年），大良造白起再度带兵对楚国发起猛烈攻击。

白起兵发西陵，一路南下，一举攻占郢都。向西攻至夷陵（湖北宜昌境内），放火焚毁楚国先王陵园。东向攻克竟陵（湖北潜江东北），横扫郢都之周围地区。

继而兵锋南向，攻至洞庭湖周边地区，建立南郡。

鉴于白起所取得的巨大成就，秦昭襄王封他为武安君。

一败再败、已不能组织起有效抵抗的楚顷襄王，只得退保陈城（河南淮阳），历史上也称为郢陈。

楚国继魏国之后，成为战国七雄中第二个被秦国打得被迫迁都的国家。自此之后，楚国越发虚弱不堪。

白起的这一路打击，可谓是所向披靡，如入无人之境。而楚国号称百万雄师，竟如此不堪一击，实在令人匪夷所思。后来，白起在总结这场战役时说过一句话，从中略可窥见楚军完败的根本原因。

白起说："是时楚王（楚顷襄王）恃其国大，不恤其政，而群臣相妒以功，谄谀用事，良臣斥疏，百姓心离，城池不修，既无良臣，又无守备。故（白）起所以得引兵深入，多倍城邑，发梁焚舟以专民，掠于郊野以足军食。当此之时，秦中士卒，以军中为家，将帅为父母，不约而亲，不谋而信，一心同功，死不旋踵。楚人自战其地，咸顾其家，莫有斗志。是以能有功也。"

一方面，秦军经过这几十年的战场打拼，部队"不约而亲，不谋而信，一心同功，死不旋踵"，完全是一支不要命的铁军。

另一方面，楚顷襄王却是"不恤其政"，"谄谀用事，良臣斥疏"，造成"各有散心，莫有斗志"的局面。

楚顷襄王有此结果也是必然的了。

据说"良臣斥疏"之一的屈原，在郢都被攻克的那一刻，纵身跳进了汨罗江，后人遂在每年五月初五端阳节的时候，以扔粽子的方式告慰他那伟大的灵魂。

而从白起的话中我们亦可知，在当年陆路运粮极为困难的情况下，白起想到了厉害的一招：掠于郊野，以足军食。

这就是著名的以战养战。

次年，秦军再接再厉，继续攻击楚国。

蜀郡守张若剑指西南，再度攻占巫郡（四川巫山）、黔中地（湖南阮陵），设置黔中郡。

自此，秦国终于完成了对整个大西部的军事占领。而为了顺利完成这个战略意图，秦国经历了秦惠文王、秦武王、秦昭襄王三任国王，耗时三十八年之久。

由此可知，秦之一统天下，看似风光无限，然其间的艰辛与曲折，怕只有秦王们自己清楚了。

对于秦昭襄王来说，楚国已然被打残，此时，一个更为大胆的计划在他的脑海中产生了：把之前攻齐时占领的定陶与秦国本土连成一片，切断燕、赵与韩、楚的联系，以达到"绝山东纵亲之腰"的目的。

而魏国地处中原腹部，分明就是那个"腰"，只有灭了魏国，才能实现上述战略意图。

这就意味着可怜的魏国成为他下一个攻击目标。

韩魏屈服（1）

周赧王三十八年（公元前277年），多灾多难的魏昭王去找他的祖宗们诉苦去了，魏安釐王继位。

秦国送来的贺礼是白起攻陷魏之边邑二城。

紧接着，秦军兵分三路进攻大梁：

南路以白起攻楚之兵，从楚之方城（河南方城县境）及魏之安城（河南商水县西北）北进，攻击大梁南部。

时间在周赧王三十九年（公元前276年），白起顺利完成了这一作战任务。

北路、中路之攻击部队，由丞相魏冉统一指挥。

魏冉亲率中路军，从虎牢（河南汜水）、荥阳，攻击大梁之西。

北路军由客卿胡阳指挥，由魏之河内（河南济源），越济阳（河南沁阳）、外黄（河南杞县），迂回包抄大梁的北部及东部。

中路军和北路军发起攻击的时间，在周赧王四十年（公元前275年）。

如此一来，大梁危矣。韩国倒是很讲义气，命大将暴鸢率部施援大梁。

打掉暴鸢成为魏冉的当务之急。于是，魏冉掉转枪口，与暴鸢开战，大破暴鸢所部，斩首四万级，暴鸢逃到开封（开封南五十里）。

魏冉在不经意之间成就了军事史上的一个经典：围点打援。

魏国不得已割地八城，请求停战。

白给的地，不要白不要，魏冉一面派人接收，一面命令部队继续前进。

魏国命大将芒卯率兵阻击，却再次被击溃。芒卯逃到北宅（开封北），魏冉遂完成了对大梁的战略包围之势。

眼看魏国亡在旦暮，如果秦国成功并吞魏国，战火势必烧到齐国。齐襄王权衡再三，决计与魏国组成统一战线，发兵救魏。魏冉再度击溃魏、齐联军，斩首四万。

三战三捷，看来魏某人也是打仗的好手。

被打得灵魂出窍的魏安釐王，只得再次割让温邑（河南温县）以求和。自此，魏地自温邑以东至原邑（河南原武）一带，尽被秦国占领。

赵国见秦国在中原战场如鱼得水，也坐不住了，盘算着借机捞一把。而此时的魏国大片国土沦丧，在暂得秦国的和平许诺之后，也需要从哪里找点补偿。

于是双方一拍即合，将目光盯住了当时最软的柿子——韩国。

附：秦三路大军进攻大梁

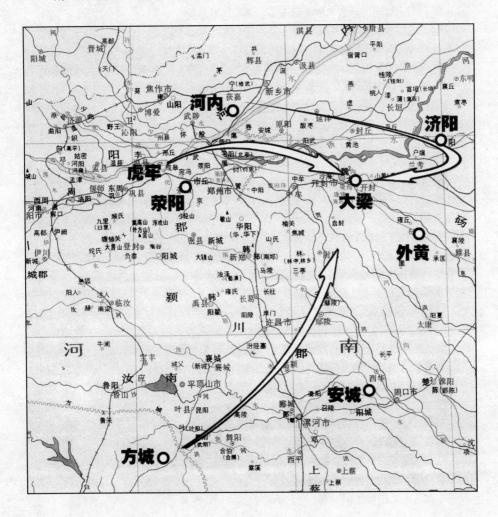

韩魏屈服（2）

周赧王四十二年（公元前273年），魏国联合赵国，对韩国发起攻击，包围要塞华阳（河南郑州），直接威胁韩国首都新郑的安全。

韩釐王决计想不到，做活雷锋竟会做到如此下场，没心没肺的魏国人竟然恩将仇报，不得已倒过来向秦国求救。

魏冉才不管呢，要死你死去，谁叫你那么牛，还打我。

没办法了，韩国国相只得请重病在身的陈筮出山，前去游说魏冉。

于是，这两个天分极高的人物就开始了一场没有硝烟的较量——角智。

魏冉明知故问：怎么先生亲自来了，情况很紧急吗？

陈筮说：不急不急。

魏冉大怒，也不讲客套了，直接质问陈筮：不急你来做什么？

陈筮说：因为不急，所以才来慢慢谈，如果情况真到十万火急的地步，韩国早投降了，还用在这里瞎掰？

陈筮的言外之意是韩国如果被魏国吞并，对秦国有什么好处？

老狐狸魏冉一想：魏国如果成功吞并韩国，实力必将大增，成为秦国的对手，这种给自己找麻烦的事，我可不能干。

于是，命白起率部施援。秦军急行军八天，到达华阳城下，与魏、赵展开激战。

尽管正史没有记载此次战役双方投入多少作战部队，但从结果来看，战役规模应该比较大，也很惨烈。而对于秦军来说，这也是一次相当漂亮的歼灭战，预示着秦军的作战意图从前期的攻城略地向消灭六国之有生力量发展。

秦军一战击溃联军主力，斩首十三万人，大将芒卯再度脱逃。

十三万，这是一个极可怕的数字，然而更可怕的还在后头。

赵将贾偃率部向北撤退，白起追及之于黄河岸边。结果是，"沈其卒二万人于河"。

这里有一个问题，赵军是自沉于河，还是被沉于河？也就是说，是自杀还是他杀？

前无去路，后有追兵，此时，残余的赵军无疑陷于绝境。他们面前只有两条路可走：要么决战到底，要么投降。会有第三条路吗？比如八女投江，两万人悉数投河去死？八女投江固然壮烈，但两万人全部跳到黄河里自杀，显然不符合人情物理，用胡三省的话说就是"人皆贪生而畏死"。

基于此言，自杀一说可以排除，那就是他杀了。

现在的问题是，两万赵卒是决战到底被赶进黄河，还是选择投降被扔进黄河？

这两种情况都有可能。我认为最大的可能当是后者，因为两万赵卒之死，仿佛就是后来白起坑杀四十万赵卒的预演。

由此可见，白起是相当狠的一个人，心狠手辣，铁血无情。

紧接着轮到魏安釐王吃惊了：秦、韩联军复兵围大梁。

生死存亡的时刻到了。经过秦军的这一套组合拳，魏军已无还手之力，打决计是打不过的，能守则守，守不住，那就只有坐以待毙了。

就在这个万分危急的关头，奇迹却出现了。

创造这个奇迹的人名叫须贾。

　　关于须贾，我们后文还要提到。因为正是由于这个人，将牵扯出一位对战国后期的局势产生巨大影响的人物。

　　须贾入秦对魏冉说："我听说魏国调集了三十万精兵，要死守大梁，与秦军决一死战。而大梁城高十仞，守备坚固，即使商汤、周武王再世，也休想攻下它。更为重要的是赵、楚两国已察觉到秦军的动向，势必联手施援魏国。如果您久攻大梁不下，而赵、楚联军又及时前来助战，到那时，您非但保不住定陶，且有全军覆没的危险。为您着想计，不如接受魏国的请和，只要魏国臣服于秦，合纵必然破解，这对秦国是有利的。"

　　须贾的话正是魏冉所担心的，魏冉是明白人，自然不愿去冒这个危险。于是接受魏国的割地请和，解围而去。

　　自此，韩、魏二国不仅沦为秦国的附庸国，且甘心成为秦国的帮凶。

附：华阳之战示意图

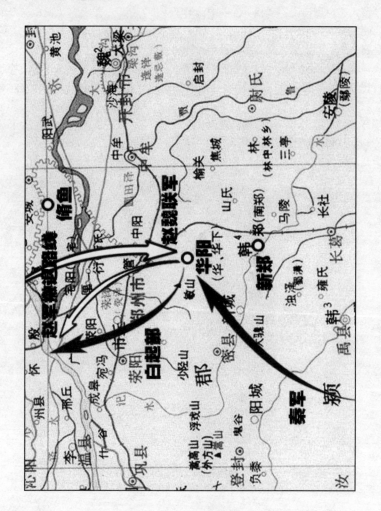

互相出卖

事实正如须贾所料，周赧王三十九年（公元前276年），暂得喘息之机的楚顷襄王集结东部之兵力十余万进行反扑，成功收复长江以南地区的十五座城池。

秦昭襄王意识到，楚国尚有组织起大规模作战的能力。于是打算命白起率领韩、魏两国部队，彻底摧毁楚国的抵抗力量。

就在这时，奇迹再一次出现了。

这次创造奇迹的人，是楚国的春申君黄歇，战国四公子之一。此时恰好出使在秦国，得知情况，立即给秦昭襄王写了一封信。

这封信相当神奇，据此我们终于弄明白了，为什么山东六国的所谓合纵充满了"合成谬误"。这是因为大敌当前，六国首先想到的不是一致对秦，而是自保，他们自保的上乘妙计竟然是嫁祸于人以图一时的苟安。须贾是这样，春申君也是如此。

聪明的秦人正是利用了六国都想自保又互相猜忌的传统作风而上下其手，能够将六国各个击破也是势所必然的了。

春申君给秦昭襄王作了如下分析：

首先得明白，谁才是秦国真正的敌人。

事实上，楚国不是，韩、魏才是。为什么这么说呢？您想，秦国和韩、魏打了几十年的仗，韩、魏两国光死在战场上的父子兄弟就有十辈人。现在他们表面上是服您且奉承您，私底下服不服就得大打问号了。试问越王勾践服吴王夫差吗？三晋服智伯吗？

其次得明白，攻楚弊大于利。

大王如果决意攻楚，楚国必定全国总动员，决一死战。秦、楚一旦纠斗不清，得便宜的只能是魏、齐。魏国势必乘机攻取原属宋国版图的领土，齐国也不会闲着，楚国之泗水流域一定会被吞并。而这两块地皮"皆平原四达膏腴之地"，齐、魏一旦坐大，大王这不是自找麻烦吗？

其三得明白，和楚利大于弊。

大王应相信，楚国才是秦国真正的朋友。秦、楚如果联盟，韩国第一个招架不住，势必沦为大王手下有爵无地的关内侯。接着大王只要出十万精兵，剑指新郑（韩国首都），切断上蔡（河南上蔡）、召陵（河南偃城）与魏国本土的联系。这样，许邑（河南许昌）、鄢陵（河南鄢陵）白天就得城门紧闭，晚上大梁就得属秦。

大王您看，只要您善待楚国，这两个曾经的万乘之国，就是您的了。尔后，大王再把注意力投向齐国，稍作努力，齐国济水以西的地盘就是您的了。

这样，您的国土面积就横跨东西，连贯青海湖和东海，从而切断燕、赵与齐、楚之间的联系。大王再对燕、赵稍加威逼，对楚、齐稍作利诱，这四个国家，不必动刀动枪又是您的了。

我们之前说过，打残楚国之后，秦国本有"绝山东纵亲之腰"的战略意图，而春申君这一席话无疑加强了秦昭襄王的信心。

于是，秦昭襄王立即下令停止对楚国的军事行动，掉转枪口，直扑北方。

春申君黄歇的成功嫁祸，终于引发了另一场生死攸关的大决战。

争锋阏与（1）

周赧王四十三年（公元前272年），为表示和秦的诚意，春申君随同楚国太子来到秦国做人质。此时秦国并不想立即与魏国翻脸，于是与楚、魏组成联军，进攻北方的燕国。

燕惠王吓得一病不起，其子武成王继位。

两年后，秦军进攻赵国阏与（山西和顺）。

秦国终于拉开了打击赵国的序幕。

环顾当时的局势，韩、魏降为附属国，楚国被打得内伤，燕、齐自弱不堪，数得上的就只有赵国了。赵武灵王的改革尽管不怎么彻底，但毕竟一定程度上提升了赵国的军事实力。

据《战国策·赵策》记载，赵国"曾抑强齐四十余年，而秦不能得所欲。"就是说，赵国曾一度成功制衡东西两头的两大国。由此可见，此时的赵国也是相当有实力的。

我们知道，打仗打的就是实力。不仅是军事实力，更重要的是经济实力。而后者往往直接决定前者。所谓兵马未动粮草先行是也。

这几年，秦人疯了一样，哪里土壤肥沃且经济发达就抢先下手抢哪里，之所以如此，当然就是为了抢实力。而赵国手脚不够麻利，抢不过秦人。但是一个人的出现弥补了这一缺憾，使赵国的经济实力一度大有起色。

此人就是赫赫有名的赵奢。

赵奢初始是田部（相当于农业部）官员，负责局部赋税的征缴工作。他的崛起也是因了这项工作。

在征税过程中，赵奢碰到一件棘手的事：平原君赵胜，仗着是赵惠文王的亲弟弟而拒绝交税。赵奢也不客气，依据律法规定，杀了其手下管事的九个人。

平原君怒发冲冠：这还了得？动到老子头上来了！于是扬言要杀了赵奢替手下人报仇。

俗话说是福不是祸，是祸躲不过。赵奢决定单刀会会平原君。

赵奢摆平平原君多亏了如下几个问题：

您是赵国贵族，您如果不守法，那谁还肯守法？大家都不守法，国家能强大吗？国家自身难保，您能安享荣华富贵吗？

几句话问得平原君哑口无言，大为惭愧，由此认为赵奢是一个了不得的奇才，遂向赵惠文王大力举荐。

赵惠文王做出了他一生中最为正确的决定：重用赵奢，委任他全权负责全国的赋税征缴工作。

结果是，赵国号称家给人足，府库充实。

也就是说赵国不管是在军事上还是在经济上，都有了逐鹿中原的资本。

除此之外，赵国还有一个起到关键作用的因素使得其足以与秦国抗衡，那就是人才。

此时，赵国的能人不少，数得上的有蔺相如、廉颇和赵奢，正是这三个人构成了支撑赵国政局的铁三角。

蔺相如一直全力维护赵国政局的稳定。历史上与他相关的典故有两个，一是完璧归赵，另一是将相和。"完璧归赵"充分体现了他过人的胆气，"将相和"则体现了他超凡的智慧。

蔺相如在历史上以文臣著称，事实上他也是一员战将，周赧王四十四年（公元前271年），蔺相如就率军进攻齐国之平邑（河南南乐）。

战国时人似乎都是文武全才。

赵奢也是这样的一个人。

赵奢和廉颇都是能征善战的英雄，品行高洁，行事磊落，深具爱国主义情怀。赵奢不爱财，廉颇负荆请罪，仅这两点都如暗夜里的光亮，给人以温暖。

拉开一段距离来看，廉颇、赵奢这些事好像都很稀松平常，没什么惊天动地的。但要知道，在人人弃礼仪于不顾、个个逐财趋利的时代，要做到这一点实为不易。

赵国除了这三位能人，尚有平原君赵胜手下的数千食客，尽管出名的不多，但因为人数多，也有两点好处：一是关键的时候能当个拉拉队，人多势众，壮壮声威；二是矮个中挑高个来使的机会比较多，比如自荐的毛遂。

基于此而言，秦、赵之争，攸关战国大局。

争锋阏与（2）

回头说阏与。

从地图上可知，联军进攻阏与是极为厉害的一手。用围棋的术语来说就是手筋，足以牵动赵国的整个中枢神经。

因为阏与一旦被联军占领，也就意味着，赵国国土将被切成两半，首尾不能相顾，东西失去联络，赵国的龙兴之地晋阳，就彻底失去首都邯郸的支援。而由于有太行山脉所形成的天然阻断，赵国要想迅速增援北方领土，怕也是相当困难的。

不得不佩服秦军统帅的军事智慧，视野阔大而招招击中对方要害，甚是了得。

对于要不要增援阏与，赵国内部意见不统一。大将廉颇主张放弃，他的理由也正是赵军当前所遇到的最大困难：路途遥远，道路险狭，难以施援（道远险隘，难救）。

而职位远低于廉颇的赵奢，却讲出了一句名垂军事史的话：狭路相逢，勇者胜（道远险隘，譬犹两鼠斗于穴中，将勇者胜）。

一千多年后，当一路大军挺进大别山时，也遭遇到相似的困难，有一位将军就引用了赵奢的话，同样取得了巨大的战略效果。此人即是开国元帅刘伯承。

赵惠文王采纳了赵奢的意见，并命他率部增援阏与。

秦国自打发动战争，雄心勃勃地要一统天下以来，在战场上所向披靡，行动自如。然而眼下，他真正的对手出现了，而且似乎是一位不可战胜的对手。

这个对手就是赵奢。

赵奢并非糊涂到漠视当前的重重困难于不顾，廉颇所说的困难是真实存在的，并且似乎是难以克服的。但赵奢随后的军事行动完全应验了毛泽东的一句话：战略上藐视敌人，战术上重视敌人。

往后的事实会证明，赵奢着实是一个很难对付的人，他略施小计，即将战役的主动权完全掌握在自己的手里。

秦军不是料到赵军一定会增援阏与吗？没准这会儿他们正在热火朝天地挖坑填树枝，准备围点打援，吃一餐饱饭呢。那么好吧，我赵奢偏不急。不但不急，相反，行动还慢得很，我跟你耗，反正是我的地盘，看谁耗得过谁。

这一耗不打紧，将赵军的战略意图耗消失了，把秦军耗出毛病来，他们出现判断失误。

赵奢率军北上，在距首都邯郸三十里的地方突然停了下来。并且向部队下达了一道相当"蛮横"的命令：有敢对当前的军事行动说三道四指手画脚的，一律斩首。

纳闷的不仅仅是赵奢的部下，还有秦军：赵奢这玩儿的到底是哪一出，实在搞不明白。既然搞不明白，就有必要搞明白，否则下一步就没法干。

而搞明白的方法很简单，就是将敌人的战略意图打出来，这在围棋上同样也有一个术语，叫"试探应手"。

从战略态势上看，秦军一部前置距邯郸不远的武安（河北武安）一线，其意图也相当明显，即阻击赵军对阏与的增援。但赵奢的突然止步不前把秦军搞懵了。由是，这部分秦军的任务由阻击赵奢变为摸清赵奢的动向：到底是想增援阏与，还是想就秦军后防线的某个薄弱点发动攻击，来个反包抄？

秦军遂在武安城外拉开阵式，擂起惊天战鼓，动静之大，连武安城内的民房瓦片都为之震动。

秦军意在激赵军出战。

赵军一军官不知是计，建议立即施援武安。赵奢二话不说就将他砍了，任秦军在武安城外喊破嗓子、敲破战鼓，就是不理。不但不理，还拿出准备在此常驻的架势，挖壕沟、筑城墙、修营房，一住二十八天，不进不退，不闻不问，好吃好睡，悄无声息。

秦军由纳闷而狐疑：这赵奢到底在搞什么鬼。于是派出间谍，混进赵军军营。

赵奢假装不知道，好酒好菜招待他。

我想起了《三国演义》里的蒋干。

果然，这个愚蠢的间谍的愚蠢情报，让秦将得出一个狂妄的结论：赵军不敢救援阏与。

而实际情况恰恰与此相反，秦军的间谍前脚刚走，后脚赵奢麻利地收拾家当，立即开拔（卷甲而趋）。急行军一日一夜，到达距阏与五十里处，安营扎寨。

等到如梦方醒的秦军扑过来，赵军已筑好防御工事，严阵以待。

这时，军士许历请求发表意见，赵奢同意。由此可见，之前的禁令，是为防止情报泄露。

许历提出两条建议：

第一，必须时刻提防秦军乘我军立足未稳之际发动偷袭；

第二，附近的北山，居高临下，是一块战略要地，谁抢先占领，谁就能获得战役的主动权。

赵奢一一照办，命前锋一万多人抢先攻占北山。而同样意识到北山重要性的秦军，迟了一步。

结果是，赵奢主动出击，一举击溃正面之敌。

秦师大败，解阏与之围而去。

这次失败全盘打乱了秦国的战略部署，也给秦昭襄王带来了这样的困惑：接下来该怎么办？赵奢真的不可战胜吗？赵国真要成为秦国统一之路上的绊脚石吗？

这一连串的问题搅得秦昭襄王寝食难安。

然而就在这时，一个重量级人物的出现，彻底帮他解决了这一困惑。

此人就是范雎。

附：秦、赵阏与之战

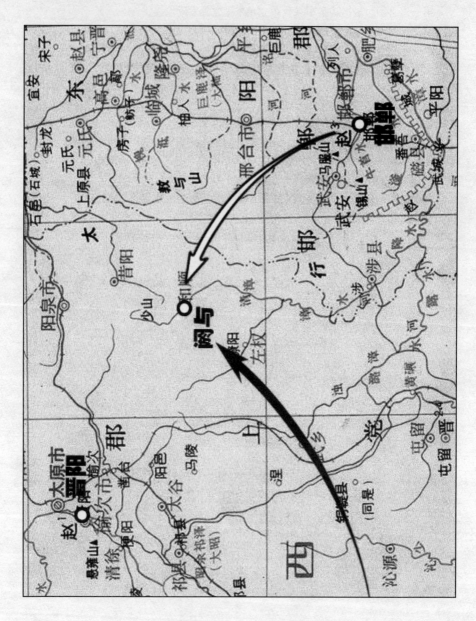

范雎的使命（1）

秦国确实是幸运的，在国家最困难且最关键的时候，上天总会适时地送来一个看似普通却无所不能的水晶球，魔术般地在天堑与通途之间搭起一座神奇的桥梁。于是，一切豁然开朗。

这个"上天"，其实就是秦王们永恒不变且偏执狂般地喜爱人才的识见。

这个"水晶球"，其实就是绝顶聪明且急需用武之地的商鞅、张仪与范雎们——这个名单可以开得很长。

是的，正是秦王们大胆地起用人才，至死不渝地为人才的晋升开绿灯，才使秦国得以一步一步、如水成河般地坐大。

而令人惊奇的是这三位对秦国乃至全中国的历史，有超级震撼力的人物，原本都与魏国有关：商鞅与范雎道地出产于魏国，张仪二度做过魏国的国相。可是，魏国作为战国初期第一大国，同样靠人才起家，却轻易地将这三条大鱼放走了，他们走得那样义无反顾，着实令人惊诧（张仪虽终老魏国，却是郁闷而死）。

这说明魏国，或者说列国，他们的迂腐成习，他们的株守俗见，他们的一潭死水，即使陨石降落，怕也难以泛起点滴涟漪。更何况这块陨石极有可能砸毁他们全力巩固的权势宝座，他们岂能容人！

于是，这最后一条大鱼的出走，使得一切都结束了。

这最后的一条大鱼即是地地道道的魏国人范雎。

范雎，字叔，出身贫寒，是一位道地的出身于社会最底层的知识分子。

范雎初始是有那么一点理想的，想在魏国混个官做。问题是当官得花钱买，而范雎不缺智慧，缺的恰恰就是钱——家贫无以自资。吃饭可能都成问题，哪来的真金白银买官做。不得已投身中大夫须贾的门下，做食客。

第一个发现范雎价值的人，不是集体瞎了眼的魏国人，而是齐襄王。

一次，范雎随同须贾出使齐国。齐襄王对范雎出色的口才非常赏识，私底下赏赐了很多金银珠宝给他，却独独没有须贾的份。须贾相当恼火，怀疑这些赏赐是范雎出卖情报换来的，回到魏国就将想法告诉了国相魏齐。魏齐不分青红皂白，命人将范雎掀翻在地就是一顿猛揍。

这些虎狼也真够狠的，在前线打仗不行，在后方打自己人却相当内行。一番拳脚下去，范雎肋骨断了几根，牙齿磕掉几颗。

再这样下去怕是要被打死，这种时候求神拜佛都不管用，范雎只能自救。

怎么救？两个字：装死。

这一招果然灵，骗过了所有人的眼睛。

魏齐说：死了？死了就死了，草席包了扔到厕所里去。

对于魏齐来说，死个把人算得了什么，便没事儿一样，摆酒设宴，招待手下人。

放开喝，大胆喝。喝多了，利尿。这尿有大用处，不可轻易撒了去，全得撒在那个"死人"身上。

魏齐警告手下人：以后嘴巴给我闭紧点，不要乱说话，否则那个人就是榜样。

魏齐平空替魏国创造了一个非凡的仇人。

范雎到底命不该绝，成功买通看守，逃出厕所。然而，范雎决计想不到，一个更大的考验还在后头等着他。

第二天，当酒醒的魏齐发现范雎的尸体消失不见，当即下令全城搜捕，缉拿范雎。

这就怪了，魏齐为什么一定要置范雎于死地，仅仅是为了杀鸡给猴看吗？如若这样，他的教育目的已经达到了，又何必如此大动干戈呢？

我认为表象的背后，大有文章。

这里牵涉到战国之世一个十分奇特的现象。我们在前面说，当权者们若想保住权势，必要有两个基本的前提条件：一是在本国培植起足够强大的势力，不管是打手还是帮腔，人数得足够多；二是得到大国的声援，靠山得硬。

齐襄王对范雎的赏识，分明让魏齐意识到，他相位的根基在松动，这才是魏齐动了杀机的深层原因。

就在这时，一个小人物的出现给范雎带来了一线生机。正是在这个小人物的帮助下，化名张禄的范雎才得以成功逃到秦国，并被推荐给秦昭襄王。

这个小人物就是继齐襄王之后第二个发现范雎才华的人——王稽。

由此可见，创造历史不仅仅是大人物的事，默默无闻的小人物同样可以为之。

这些小人物原本不处于政治舞台的中心，风光不属于他们，创造历史的机会也不属于他们。然而，这个世界上的事情就是这么奇怪，有心栽花花不成，无心插柳柳却可以成荫。他们原本不奢望进入历史，历史却记住了他们。

这些小人物之所以进入历史，并不是历史一定绕不开他们，他们并非帝王将相、金枝玉叶，却给历史创造了前进的推动力——机会。

米兰·昆德拉说过一句很著名的话：必然性不是神奇的公式——它们都寓含在机遇之中。

孙膑的机遇是遇到了一个不知名的齐国使者，由此打残了魏国。范雎的机遇是遇到了王稽，由此掀开了秦国统一战争中新的一页。

范雎的使命（2）

周赧王四十五年（公元前270年），咸阳某处行宫的长巷。范雎在这里等候秦昭襄王的召见。

按理说领导召见，你老老实实去就是了，有什么话当面锣对面鼓，到时候再说。

可是，不安分的范雎并不这么想，他要演一出戏给领导看。

这出戏的最终目的就两个字：炒作。

当然了，范雎这样做危险系数肯定是相当高的，等同于将刀架在自己的脖子上。因为范雎炒作自己的办法是要得罪两个人，而这两个人非同寻常。他们一个是秦昭襄王的顶头上司，即太后，另一个则是秦昭襄王的亲舅舅，即丞相魏冉。

或许范雎认为，反正这条烂命也是捡来的，不使劲地折腾，怕是咸鱼永远翻不了身了。

事实是，范雎翻身了。

机会永远留给那些有准备的人，范雎就是这样一个时刻准备着的人。

在前面开路的宦官们蜂拥而至，看见范雎站在路中间，大声呵斥道：大王驾到，还不回避，找死啊。

这正是范雎所期待的，他嘴皮子一动，声音可能不大，但内容相当惊人：秦国哪有什么大王，秦国只有太后、穰侯（魏冉）罢了。

我料想在场的人一定是这样的情景：呆若木鸡，直勾勾地看着范雎，嘴巴张得老大，而后缓过神来猛扑上去，将范雎掀翻在地，令其动弹不得。

尽管正史没有记载这方面的内容，但对付大逆不道者，这个情景十有八九是要发生。而秦昭襄王及时制止了宦官们的举动，因为他知道，眼前这个大胆的人说出了他心中的隐痛。

秦昭襄王非但没有镇压反革命分子范雎，反倒将他请进密室，屏退左右，他要向这个大胆的人请教一二。

对于范雎来说，这是他费尽心机得来的机会，他甘冒杀头之危险所做的一切都是为了这一刻。可是奇怪的事情发生了，面对秦昭襄王的三次诚心请教，范雎三次均以傻笑相对。

范雎这到底玩的是哪一出，实在让人看不明白。

范雎的心里明白得很。他非常清楚离间人家母子感情，破坏人家舅甥关系非同儿戏，他范雎就是有十颗脑袋也不够砍的。鬼精的范雎要向秦昭襄王讨一样东西，即保命的免死金牌。

于是，范雎说："不是我不想说，只是我现在说了，明儿就得掉脑袋。当然了，我死了没关系，从今往后怕是没人再敢替大王出谋划策了。"

果不其然，秦昭襄王胸脯拍得啪啪响：先生不要有思想包袱。上至太后，下至大臣，先生有什么说什么，说错了也没关系，赦你无罪。

"免死金牌"终于到手了，范雎松了一口气。

以下就是见证历史的时刻。

范雎认为，当前秦国存在两大问题：

一是魏冉谋国不忠；

二是大王决策失计。

为什么这么讲呢？

周报王四十五年（公元前270年），魏冉命人远道进攻齐国刚寿（山东东平），目的却是为了扩大自己的封邑，这是谋国不忠。

大王苍蝇一样四处乱打，这是决策失计。

正确的做法应当是这样：

联合韩、魏，孤立赵、楚。赵国如果坐大，则联楚弱赵，反之，楚国如果不老实，联赵攻楚。赵、楚削弱，齐国必惊惧而臣服于我。齐附则韩、魏因可虏也。

以上就是著名的远交近攻策略。虽然简单，却逻辑严谨，思路清晰，如一把钢刀，不会费劲地去砍人家的骨头，而是直接寻找动脉下手。

范雎找准的正是六国的动脉。由此可见，高手过招永远是简单的，正如真理永远是简单的一样。

秦昭襄王对范雎的计策深以为然，任命范雎为客卿，参与谋划军国大计。

范雎的使命（3）

然而范雎要想彻底贯彻实施他的战略意图，眼下正面临着比翻越太行山还要艰难的障碍——丞相魏冉。

尽管正史没有记载他们之间的明争暗斗，但纸面上的风平浪静并不意味着真实的过去就没有暗流涌动。事实上，围绕范雎的斗争一直存在，并且相当激烈。甚至表面化为需要在战场上一决高低，以验证彼此所主张的路线是否正确。

那好吧，那就打一仗吧，谁是真金在烈火中自有分晓。

周赧王四十六年（公元前269年），秦将胡阳再次进攻阏与地区，结果大败而归。

次年，秦昭襄王依照范雎的战略，成功占领魏之怀邑（河南武陟）。第三年，占领刑丘（河南温县）。

与之前的军事行动不同，胡阳此次进攻阏与，意在证明切割赵国的战略意图是正确的——胡阳是魏冉的人。本来打好的话，这步棋也是相当高妙的。可是魏冉时运不济，阏与像一块吸铁石一样牢牢吸在太行山脚下，岿然不动，攻击行动再次受挫。

而后者的作战效果就不一样了，攻占刑丘、怀邑，是对"伊阙—轵城"一线的向东拓展。也就是说，沿黄河北岸，一路挺进，不但可以拦腰截断韩、魏的领土，同时也可以对躲在太行山山脚下的赵国首都邯郸构成致命的威胁。邯郸的地理位置也是极为特殊，其西北是天然的太行山，其南或者西南则是赵长城，东面是黄河，邯郸就坐落在这样的军事环抱里。

秦军之后在战场上的军事行动，也验证了范雎所主张的观点是正确的：周赧王五十一年（公元前264年），白起进攻韩国之南阳地区（河南沁阳），而后大军挺进太行山，成功封锁太行山区南段所有的交通要道。

这给了范雎一个极为清晰的信号：他的战略思想是经得起实践检验的，秦昭襄王是信任他的，是出手的时候了。

于是，伴随着军事上的胜利，范雎紧锣密鼓地着手他在政治上的进攻，即扳倒丞相魏冉。

范雎对秦昭襄王说：

知道齐湣王是怎么死的吗？淖齿射断他的腿，挑断他的筋，然后将他倒悬在屋梁上，整整哀嚎三日才死。

知道赵武灵王是怎么死的吗？大权在握的李兑把他困在沙丘的行宫一百天，活活饿死。

而眼下，独断专行的魏冉和目无大王的华阳君（都是昭襄王的舅舅），横行无忌的泾阳君和高陵君（都是昭襄王的弟弟），分明就是秦国的李兑和淖齿，大王自己看着办。

秦昭襄王打了一个冷噤。

于是太后干政、四贵专横的局面结束了。

秦昭襄王果断下令废了母后，将魏冉、华阳君、泾阳君和高陵君（四贵）驱逐至关外。并任命范雎为丞相，封应侯（应城在今河南宝丰西南）。

成功实现咸鱼翻身的范雎做的第一件事就是报复魏齐。

就在范雎出相的同一年，须贾奉魏王之命到秦国说媒（聘于秦），范雎故意穿着破烂行头去见他，却发现须贾这个人还有点心肝，尚念故人之情。因为须贾不但留范雎吃饭，还赠了一件大衣。

于是，范雎也没有为难须贾，并且尽了东道主之宜。同时让须贾带话回去：赶紧将魏齐的人头送来，否则我将踏平大梁。

魏齐吓得连国相也不做了，连夜跑到赵国去，躲在平原君赵胜的家里。

范雎的声威自此开张，当然了，这同样也是属于秦国的声威。

附：刑丘—怀邑—太行山一线

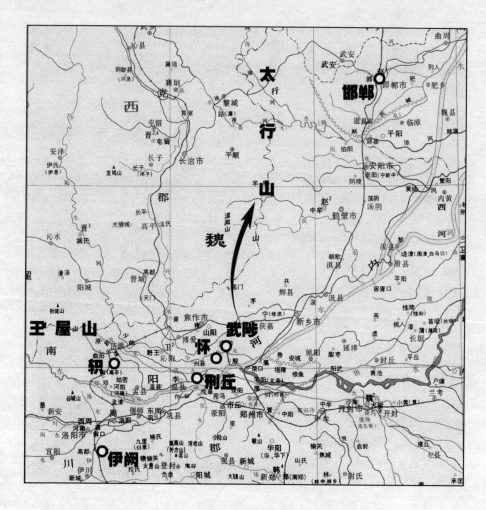

第八章 熬 战 中 原

长平之战（1）

还记得之前我们提到过的毛泽东十大军事原则吧？其中之一就是以歼灭敌人有生力量为主要目标，不以保守或夺取城市和地方为主要目标。

毛泽东这个战略思想的伟大之处在于他机动灵活地耗尽了号称有八百万之众的国民党部队。

而范雎在提出"远交近攻"战略思想的同时，也提出了如上的思想，即毋攻其地而攻其人。

一个空前的大灾难就此拉开序幕。

周赧王五十一年（公元前264年），白起攻占韩国之南阳地区（河南沁阳），而后大军挺进太行山，封锁太行山区南麓所有的交通要道。

这就意味着韩国本土和上党郡之间的联系被完全切断。

关于韩国之南阳地区，确切地点在哪里历史上有争议。

南阳到目前为止，出现过两次：

一是楚之南阳与韩之南阳。

汉水以北、王屋山以南，古称南阳之地，分属韩国和楚国。公元前272年，秦昭襄王设南阳郡，郡治在宛县（河南南阳），即楚之南阳。

楚之南阳以北，即韩之南阳。早在周赧王二十五年（公元前290年），即被秦军分割包围在"伊阙—轵城"一线以西，完全是煮熟的鸭子，白起不会空等二十六年之后再来收拾此地，这个南阳可以排除。

二是魏之南阳与韩之南阳。

今河南济源至获嘉一带，古属晋国之南阳，后来分为魏之南阳和韩之南阳。魏之南阳在今河南修武县。周赧王四十七年（公元前268年），秦军攻占魏之怀邑（河南武陟），即占有此地。

韩之南阳在今河南沁阳县，我认为此地才是白起本次军事行动所攻击的目标。胡三省认为"韩之南阳，即河内、野王之地"，即是指此。

问题是胡三省所说的战国之"野王"一地，确切指哪里，也有不同看法。从目前掌握的资料来看，历史上的"野王"均指沁阳县。就是说韩之南阳，即古之野王，即今之沁阳。但这样会带来一个问题，两年之后秦军复攻占野王，白起会对已占领的地区作重复的攻击吗？

我比较认同台湾版《中国历代战争史》一书的看法，韩之南阳确指沁阳县，但

"野王"不是今之沁阳县，而是现在的河南博爱县，这样就厘清了上述疑问。而且白起攻击南阳（沁阳县）与野王（博爱县），有一个好处，即巩固"刑丘—怀邑—太行山"防线，完成对韩、魏领土的切割，使近期的整个军事行动手法阔绰而环环相扣，滴水不漏。

由此可见，白起在下一局很大的棋。

现在就能明白赵奢为什么才出邯郸三十里就停下来不走了。他这一招是厉害的"双关子"，完全掌握了战场的主动权。

就是说赵奢既可以直接增援阏与，又可以迂回包抄秦军的后路。正是基于这个顾虑，秦军才拨出一部兵力进行阻击，没想到落入赵奢设下的圈套。

而白起的攻击行动无疑是告诉赵国这样一件事：再没有这样的便宜可捡了，赵国要想与北部的领土取得联系，那就受累带着所有的人马与辎重翻越太行山吧。

因为秦军在原本属于韩、魏的国土上筑起了两道防线：

第一道，倚仗黄河天险；

第二道，即是"伊阙—刑丘—怀邑—太行山"一线。

这样，赵奢所谓的迂回包抄就被彻底打破了。韩、魏的国土自此被拦腰截成两半，西北与东南失去有效联络。一旦西北有什么风吹草动，韩、魏要想发兵增援，除了插上翅膀飞过去，别无他途。

紧接着，周赧王五十三年（公元前262年），白起又发动了新一轮攻势，攻陷韩国野王（河南博爱），彻底将上党郡与韩国首都新郑之间的联系掐断。

对于韩国来说，野王一失，上党郡的命运也就此决定了。

韩国庙堂之上立即乱成一片，但凡在这个时候，一般都会出现两股势力：主战与主和。而按食肉之辈的习惯逻辑，主和一般都会占上风。因为道理明摆着，打绝对是打不过的，虽然迟早都得完蛋，但迟完蛋总比早完蛋好。和就是迟完蛋，不和就是早完蛋。

韩桓惠王是个"明白人"，自然明白这个道理。

于是，韩桓惠王派人出使秦国，愿意献出上党郡以求和。但主战的上党郡太守靳黈拒绝执行命令：要死我也要死在战场上，老这样低声下气算什么事。

铁心投降到底的韩桓惠王遂作出一个决定：撤掉不听话的靳黈，派冯亭前去接替他。

长平之战（2）

到任一个月后，冯亭发现，要守住上党确实很困难，但他也不甘心就这样白白丢了上党郡。

于是，一个鬼主意在他的脑海中产生。

这个鬼主意其实就是春申君的伎俩，即嫁祸于人。

冯亭对手下将官说："上党郡看来是保不住了，为今之计，不如将上党送给赵国。只要赵国接受我们，秦国必定会进攻赵国，而赵国也必定会寻求韩国的帮助。只要韩、赵两国联手，就一定可以对抗秦国。"

大家一致支持这个意见，于是冯亭就派使者向赵孝成王（公元前266年，赵惠文王去世，其子赵孝成王继位）表示，愿意将上党郡下辖的十七县全部送给赵国。

赵孝成王接受了冯亭的投降。

赵孝成王想封他为华阳君，享受万户之采邑。

冯亭拒绝出来见赵国使者，流着眼泪说："吾不忍卖主地而食之也。"

冯亭的这个鬼主意给赵国带来了灾难性的后果：战国中后期最大规模的一场战役突然降临多灾多难的三晋大地，梦想着空手套白狼的赵国，白狼没套着，却被秦国打得遍体鳞伤，从此一蹶不振。

这就是著名的长平之战。

借此一役，秦国成功地削弱了赵国。自此之后，列国再没有任何一个国家能够与秦国抗衡。

赵国那么多人才都到哪里去了？蔺相如、赵奢、廉颇、平原君，难道没有一个人看穿冯亭的把戏吗？

然而事实是，赵国眼下的人才积蓄已经无法与猛将如云、谋士如雨的秦国相匹敌。

赵奢在阏与很光鲜地闪现一下，一转身就消失了，消失在历史的记载里，这时候是死是活没人知道。蔺相如此时没有死，但悄无声息。

廉颇尚能饭，但他只是一员战将而矣。战国四公子之一的平原君赵胜，也仅是"富几代"而矣，能力十分有限。

勉强可以算作一流人物的平阳君赵豹，他看出上党郡不是一块肥肉，而是一枚定时弹炸，却得不到赵孝成王和平原君的支持。

赵豹警告赵孝成王说：无妄之福，必有无妄之祸。

赵孝成王却自信地认为：明王有德，四夷乃贡；冯亭看重的是寡人有德，怎么能说是无妄（无缘无故）呢？

赵豹说：秦军辛辛苦苦打了那么多年的仗，便宜却由我们来捡，您想秦军会忍气吞声吗？

说得赵孝成王一肚子狐疑，于是去请教平原君。

平原君的回答只有三个字：请受之。

自此，贪小便宜的赵国，大势已去。

这就叫因小失大。

长平之战（3）

周赧王五十五年（公元前260年），秦国果然将攻击的矛头对准了赵国。秦将王龁从太行山南麓出发，攻陷上党城。

上党城的具体位置也是我们研究本次战役的关键所在，关系到双方的作战态势。关于这个问题有两种说法，一说在今山西晋城（《中国历史战争史》），另一说在今长治。

我比较同意后者的说法。因为王龁如果从太行山南麓折向西南进攻晋城，这对于秦国来说太小家子气了，白起攻击太行山这一手的应有威力根本就没有发挥出来。而攻占长治就不一样了，下过围棋的都知道，此一手显然是中盘鏖战的手筋所在：

首先，将韩、魏领土全部封闭在内，完全符合秦军大规模分割包围的战法。

再者，也可以对之前屡攻不下的阏与地区构成十足的威胁。阏与如果失守，赵国北方领土难逃被分割的命运，而且首都邯郸也处在秦军的兵锋之下。

一向保守的廉颇走了一步险棋，直接打入秦军"中腹"，率大军增援长平地区（山西高平），收容难民，修筑工事。而廉颇固守长平，等于在秦军的喉咙里卡了一根鱼刺。

于是，争夺长平就成为双方鏖战的焦点，终至发展成一场生死攸关的大决战。

考量双方最高统帅军事智慧的时刻到了。可惜，嘴上无毛的赵孝成王根本不是在战场上打拼了几十年的秦昭襄王的对手。当此存亡之秋，赵孝成王考虑的居然不是如何打好这一仗，而是心存侥幸地想避免这一仗。这就是水平。

面对王龁的攻击，赵军数战不利，损失一裨将、四校尉。赵孝成王慌了手脚，立即想到了城下之盟。大臣楼昌也建议，派重臣前往秦国缔结和约。

国相虞卿对此嗤之以鼻，在他看来，唯一可行的办法就是联合楚、齐，重组南北合纵，或有媾和的希望。赵孝成王对虞卿这一观点同样嗤之以鼻。

赵孝成王派出使者前往秦国求和。秦国对赵国使者郑朱的来访，表示出最热烈的欢迎。

秦国真想和谈吗？错。

所谓和谈，不过是秦国制造的假相，他要借此给列国传达这样的信息：秦、赵准备和解了，你们不用费心搞什么合纵了，也不必劳驾增援赵国。

欢迎仪式过后，老狐狸秦昭襄王却将郑朱晾在一边，绝口不提和谈之事。

不仅如此，在和谈的同时，秦军在前线正热火朝天地加紧进攻，欲拔去赵国这根鱼刺而后快。

赵军屡战屡败，损兵折将。不得已廉颇祭出一手坚壁清野，加固防御工事，把四野的居民和物资全部转移，叫秦军既打不进来，又抢不到一点东西，势将此刺一卡到底。

应该说廉颇的这一策略是相当明智的，不能以畏战视之。因为此时急于求战的是

秦军，而不是赵军。如果双方就此僵持下去，形势显然对秦军不利。

为打破僵持局面，鬼精的秦人祭出了更为厉害的一手，反间计。

秦军统帅部准备用非正当手段搞掉老骨头廉颇。

而成功实施这一计划的人，就是丞相范雎。

奇怪的是，中国这块版图上，不论古今，任何时候都不缺像王蠋这样鲠介的人，也不缺像汪精卫这样的汉奸。或许是造物弄人，欲以后者之狰狞来衬托前者的伟大吧。

赵国亦不能例外，国内潜伏的买办分子表面看都挺爱国，实际上暗地里老是盘算着如何损国自肥。范雎出手也阔绰，千两黄金洒将下去，买办们随即应声而起，生龙活虎。

谣言就这样炼成了：秦军怕的人不是廉颇，而是赵奢的儿子赵括。廉颇比较好对付，而且眼看就要投降了。

赵孝成王本来就没什么主见，一会儿想打，一会儿想和，墙头草一样，风吹向哪儿，就倒向哪儿。而当不得不打的时候，对军事一窍不通的赵孝成王，却瞎操心起来，对廉颇的"怯战"表示强烈的不满——数让之。

就在这时，买办们全盘控制了舆论，赵孝成王架不住轮番轰炸，也就信以为真了。

于是，赵孝成王犯了一个常识性的错误：虎父不一定生虎子，相反，虎父多半情况下生的是犬子，正如赵惠文王就生了赵孝成王这么一个犬子一样。

赵孝成王准备临阵易将，这正是范雎希望看到的。

附：秦、赵长平之战态势图

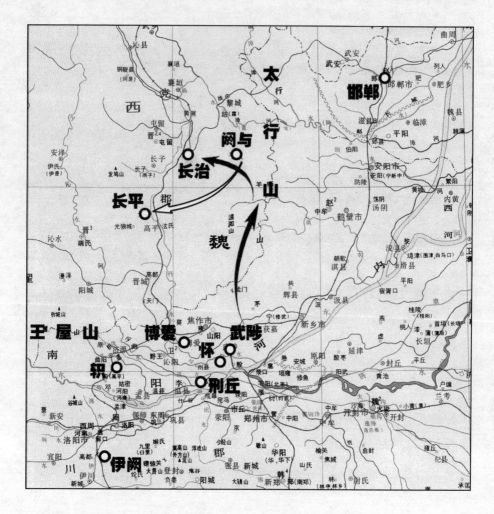

长平之战（4）

赵括在军事上的贡献是一个成语，大家都很熟悉了，即纸上谈兵。这个成语的意思是，只懂得空谈理论，却没有实际的做事能力。比喻如赵括这样的一类人：理论的巨人，行动的矮子。

事实果真是这样吗？

我们且来看"纸上谈兵"这个成语所产生的历史背景。

在军事理论上，赵奢经常辩不过赵括，于是对赵括有这样一个评价："兵，死地也，而括易言之。使赵不将括则已；若必将之，破赵军者必括也。"

这里有个关键词：易。

什么意思呢？易者，轻也，轻易，轻视，这里引申为轻敌。赵奢的意思是，打仗是要死人的，赵括却讲得那么轻松。"纸上谈兵"即由此而来。

我反复读了赵奢这句话，却没有找到赵奢有否定赵括个人能力的意思。就是说赵奢并不否认赵括有军事指挥才能，但他结合大半生戎马倥偬的亲身体验，发现这个儿子有个不可为将的特质：轻敌。

而赵括的母亲是怎么评价的呢？

在她眼里，丈夫是这样的："身所奉饭而进食者以十数，所友者以百数，王及宗室所赏赐者，尽以与军吏士大夫；受命之日，不问家事。"

儿子是这样的："一旦为将，东乡（向）而朝，军吏无敢仰视之者；王所赐金帛，归藏于家，而日视便利田宅可买者买之。"

通过括母的话，我们大体可以得出这样一个有趣的结论：

赵奢：谦卑→老成持重，不贪财→避免趋小利而冒险轻进。这正是为大将之必要条件。

而赵括：傲慢→心浮气躁，贪财→为一点蝇头小利而不计后果。此诚不可为将也。

也就是说，括母同样没有否认赵括的个人能力这一点，她只是从父亲的身上，看到儿子另一个不可为将的特质：轻举妄动。

由此，我们可以得出这样的结论：赵括不是想象中的那么弱智，他确实具有一定的军事才干，只是有致命的性格缺陷：轻敌且轻举妄动。

既轻敌又轻举妄动，凡人尚且难逃股海翻船和血本无归之厄运，何况身为大将，又如何规避兵家大忌呢？往后的事实果然证明了这一点。

长平之战（5）

赵括取代廉颇为将的消息传来，秦昭襄王内心狂喜，他不动声色地以武安君白起取代王龁，统一指挥本次作战行动，让王龁做他的副手。同时严密封锁消息，"有敢泄武安君将者斩"。

这样事情就明朗了，秦昭襄决计打一场事关全局的歼灭战。因为快速穿插和分割包围，分明是白起的拿手好戏。

而好戏的开演，尚差一锣，这一锣即是赵军的进攻。白起需要这样的一两之力，以拨动千钧之势——围歼。

赵括一到达前线，立即命令部队全线出击。白起佯装战败，迅速后撤，只等赵军乖乖钻进他的"布袋"。秦军的围困表面上是被打破了，但赵括自此陷入了白起的圈套。

赵括心知，只有继续向南推进方能捕捉到秦军主力，以扩大战果。于是率赵军大踏步南进，猛攻秦军大本营。而梦想一举攻克秦军营垒，谈何容易。赵括的攻击部队，遂卡壳在秦军的壁垒之前。

按说赵括南进不是没有道理的，他也不是一点地理常识都没有。赵孝成王会任命一个白痴当主帅么？

反间计之所以做成，并不是因为赵括真的一无是处，而是因为秦军需要赵括的冒险轻进而不是廉颇的老成持重，这样才能打破僵局。

依地形来看，长平不是一个理想的打歼灭战的场地，倒是适合大兵团野战。其东、西、北三面环山，状若箕形，由西北向东南倾斜。地形尽管呈箕形，但箕尾是长平，长平坐拥群山。由此可知，廉颇选择这样的地形作决的固守，是有其地理凭恃的。要说打歼灭战，廉颇对围城的秦军进行歼灭倒是很有机会。

而赵括南进，则来到了平坦的出箕口。在他看来，此地地势开阔，部队调动灵活，万一战事不利，逃回群山环抱中就是。根据《水经注·沁水注》引《上党记》："长平城在郡之南，秦垒在城西，二军共食流水（指丹河），涧相去五里。……城之左右，沿山亘隔，南北五十许里，东西二十余里，悉秦赵故垒，遗壁旧存焉。"这是一个很好的证明。

可是，有一点赵括一直蒙在鼓里，秦军统师是名将白起。能够将不可能变成可能，这就是名将之所以为名将的原因之所在。

白起苦等的机会终于来了。白起兵分两路，一路二万五千人迂回穿插至赵军背后，成功切断赵括的退路；另一路五千轻骑，快速推进至长平城下，负责阻击长平方面的增援之敌。

通行的说法均认为，白起是两翼张开然后合拢。虽然这个说法符合歼灭战的惯用手法，但我认为此一理解有误。

其实白起的战法应该是这样的：二万五千人负责切断赵括所部的退路，五千轻骑负责打援。这样，在赵括的身后，就出现了两道防线，只要两道防线中的一道在战役初期成功阻击敌人，秦军援军一到，则万事大吉也。

而白起胆敢以五千骑兵阻击长平，也印证了我先前的判断：上党城在长平北面的长治，而不是晋城。只有南北两军相呼应，才能暂时达到对长平的有效牵制。

在秦军两路人马的猛烈攻势下，赵军被拦腰切成两半。而被围的赵军因得不到长平的粮食补给，陷入困境。

长平之战（6）

秦昭襄王心里非常清楚，此时摆在他面前的只有两条路：
要么将赵括的困境变成绝境；要么一步走错，满盘皆输。

有这么严重吗？战场态势不是一直按秦国的意思走的么？

然而"兵者，死地也"，战场上形式的瞬息变化万千，什么情况都有可能发生。对于秦国来说，当前的情况非常严重。稍有不慎，白起极有可能玩儿了自己。

为什么这样讲呢？当前的战场态势，用一个词来形容就是"牵一发而动全身"。这"一发"即是赵括的被围部队，这"全身"即是整个中原大局。

除了赵括的奋力突围外，赵国可以考虑三路增援：

第一路从长平，攻击正面的五千阻击之敌。此一路赵军胜算最大。

第二路从阏与南下，增援长平。

第三路从邯郸出发，夺回太行山南麓，顺势挺进，解赵括之围。

这样，难题就摆在秦昭襄王面前了。如果得不到及时有效的增援，人数明显处于劣势的秦军五千骑兵无论如何挡不住赵军的进攻。一旦防线被突破，赵军再与另两路的任何一路会合，先陷入绝境的恐怕是迂回包抄的三万秦军了。这也是赵军破解危局的最有力一手。

更为可怕的是，列国一旦插手后果将不堪设想。

首先，齐、赵可以组成联军，沿上面所说的第三条路线进攻秦军；

其次，楚国作战术牵制，在任何地方随便捅秦国一下，都够秦军应付的。

最厉害的一手是，韩魏联军北上攻击"刑丘—怀邑"一线，任意打开一个缺口，即可与长平赵军取得联系。

只要上述三路中的任何一路取得突破，秦军防线就得崩溃。而秦军一旦崩溃，一贯落井下石的列国会跟秦国客气？不但秦军之前的所有努力都要白费，搞不好还会重蹈齐国被灭的覆辙。

面对这种危局，秦昭襄王火急火燎地一路狂奔到河内（河南沁阳）。

从秦昭襄王的御驾亲征可知，秦军统帅部对"刑丘—怀邑"一线是相当担心的。无论如何，秦昭襄王都要想尽办法确保这一线不出任何问题，哪怕是些微的差池都不行。

战局危如累卵，这还可以从秦昭襄王的一个惊人决定上看出来。秦昭襄王令国内所有十五岁以上的男丁悉数奔赴前线，首要任务是堵住赵军从长平方面的突破。

附：长平作战态势

因为秦昭襄王知道，对于列国来说，这真是扳倒秦国的千载良机。事实上，秦昭襄王多虑了，愚蠢的列国并不想把握这个千金难换的战机。

自从楚顷襄王于周赧王五十一年（公元前264年）死去后，继位的楚考烈王，继续将他老爹卖国求荣的传统发扬光大。于周赧王五十三年，即长平之战爆发的两年之前，主动割让州陵（湖北监利县东州陵）给秦国，以示绝不与秦为敌的决心。

楚国之所以摆出这个姿态，也是有自己的原因的。当初楚国被秦国打残的时候，春申君的策略就是祸水外引，现在秦国很听话地掉头去打别人，楚国正好歇歇，自然不肯去管。此其一。

其二，周赧王五十一年（公元前264年），楚考烈王病危，彼时春申君正陪同楚国太子芈完在秦国作人质。秦申君就建议范雎放芈完回国继位，建立一个亲秦政府。

秦昭襄王有自己的算盘，他想借机敲诈一笔，所以不同意放芈完回去。于是，春申君就耍了一个心眼，偷偷让芈完化装潜逃，他留下来打掩护。估摸着芈完已经安全到家了，这才把原委报告给秦昭襄王。

秦昭襄王暴跳如雷，要处死春申君。范雎出面阻拦："杀死春申君只能逞一时之快。如果放他回去，芈完必定重用他，这样他定会组建一个亲秦政府，这有什么不好？"

果不其然，继位为楚考烈王的芈完，任命春申君为令尹，把淮河以北的地区封给他，这就是黄歇号"春申君"的来历。

试想，亲秦的楚国会去管赵国的死活吗？

当然不管。

长平之战（7）

而此时的齐国，对赵国的呼救也是置若罔闻。

史书这样记载：赵人乏食，请粟于齐。

我认为这只是赵国请求齐国出兵的借口，并非赵国真穷到粒米不剩。赵国需要齐国帮忙突破秦军防线。这才是"请粟于齐"的深层原因。

有个叫周子的人对齐王建（齐襄王于公元前265年去世，其子田建继位）说："赵国介于秦、齐之间，是齐国借以阻止秦军继续东向的天然屏障，其地理位置非常重要。如果赵国被灭，齐国绝不可能置身局外。这就是唇亡齿寒的道理。"

可是田建继承父亲遗志，念念不忘灭国之仇，遂袖手作壁上观。

于是，原本打算援救赵国的齐燕联军就此销声匿迹。

我们再来看韩、魏的态度。

上党本是韩国的领地，可是韩国竟然一副局外人的样子，一声不吭。

最可气的是魏国，不但见死不救，竟然还采取坐观虎斗的态度，妄图当那个事实上并不存在的渔翁。

正当秦赵双方处于胶着状态的时候，魏安釐王有隐隐不安之意，遂召集群臣商议。商议的结果竟然是秦伐赵，于魏便。为什么"便"？秦国若战胜，我们投降，秦国若不胜，我们乘机捞一把（胜赵，则吾因而服焉；不胜赵，则可承敝而击之）。

时为魏相的孔斌笑了：自秦孝公以来，我们跟秦国斗了那么久，哪一次占过一丁点儿便宜？我们现在笑看赵国哭，接下来放声大哭的当是我们魏国了。

孔斌对这些人的评价是：人的模样，动物的脑袋（可以人而同于燕雀乎）。

燕雀处屋，房子烧起来，却"颜不变"，且还"呴呴焉相乐也"，全然不顾祸将及己。这些食肉的家伙竟然跟燕雀一模一样。

据此，孔斌作出预言：天下必被秦国统一。

事情的发展果如孔斌所料。

孔子曾经倡导过这样的为政理念："邦有道，谷；邦无道，谷，耻也。"

什么意思呢？就是说，国家政治清明，做官拿俸禄；国家政治黑暗，还做官拿俸禄，这就是耻辱。

这么说来，孔子似乎是在主张不管国家死活，自顾自的清高？如果这样理解就错了，孔子的意思其实是不管情况多糟，有机会做事的时候就得放开手脚干，能挽回一点是一点，这就叫明知不可为而为之。但如果言不听计不从，什么事都办不了却觍着脸拿工资自己快活，那就是行尸走肉了。

在战国之世，能够恪守这个理念的人着实不多见。作为孔子的六世孙，孔斌就是其中一个。

周赧王五十六年（公元前259年），知道万事不可为的孔斌，在为相九个月之后，辞职离去。

长平之战（8）

回头说长平战场。

赵括终于为他的傲慢与轻敌付出了代价。

"至九月,赵卒不得食四十六日,皆内阴相杀食。"这是相当悲惨的事。但令人欣慰的是，在赵括战死之前，赵军并没有出现阵前倒戈，包括赵括也没有要投降的打算。败就败了，军人就应该死在战场上，虽败犹荣。

这个时候，赵国最高统帅部的无能就充分暴露了出来。想当初，如果能够出兵牵制上党城之敌，情形也不会糟到如此地步。现在即便使出吃奶的力气来救，怕也是来不及了。姑且不论其他，此时的秦军在人数上已经占有绝对的优势（发民年十五以上悉诣长平）。

由此来看，长平之败，并不仅仅是赵括一个人的责任，更是无能的赵国最高统帅部的责任，赵孝成王和赵括都脱不了干系。作为最高统帅，赵孝成王对大局一窍不通，胡乱指挥，而赵括则完全按照他的命令进攻，这两个人真是半斤八两。

此时，赵括的心里非常清楚，如果强行突围，或还有一线生机。于是重新组织起最猛烈的突围行动。

赵括兵分四路，分头突围，妄图从秦军的铜墙铁壁里凿出一个洞来。如此四五轮冲锋之后，除了死伤无数，该怎么样还是怎么样，该被围还是被围。赵军到底不是金刚钻，那个想象中的洞并没有出现。

秦昭襄王终于将赵括的困境变成了绝境。

反正也是死，拼了。赵括亲率敢死队发起最后的冲锋，然而一切都太迟了，致命的强弩已经瞄准了他。

赵括当场阵亡，赵军随即崩溃。于是，四十多万赵卒就成了俘虏。

冷血的白起做出了一个异常残忍的决定：悉数坑杀赵卒。

关于白起此举的原因，《通鉴》如是说："秦已拔上党，上党民不乐为秦而归赵。赵卒反覆，非尽杀之，恐为乱。"

我认为这只是次要的原因，根本的原因应当是白起考虑到秦军损耗过大，如果这些赵卒再有什么风吹草动，局面将不可收拾，遂动了杀机。

据白起后来的追述，此时"秦卒死者过半，国内空"。尽管史书没有记载秦军具体损失了多少兵力，但依据《孙子·谋攻》中"故用兵之法，十则围之，五则攻之"的说法来计算，秦军本次所投入的作战兵力起码在百万人以上。那么这一仗打下来，秦军至少损失五十万人，基本与赵扯平，算是两败俱伤。这也从侧面印证了赵军战斗力之强悍。

四十多万赵卒中，只有两百四十个赵卒因年幼而获得了一条生路，其余悉数被坑杀。由此可见，长平一战，赵国也倾尽了全国之力。

自此，战国中后期唯一还算强大的赵国黯然谢幕。

名将的殒落（1）

白起这一杀，杀出了国际名声，人送外号"人屠"。

人屠白起作短暂的休整之后，发动了新一轮攻势，他要乘胜追击，一举击溃赵国，最好彻底将赵国从中国地图上抹去。

于是，周赧王五十六年（公元前259年）十月，也就是长平之战仅一个月后，白起兵分三路，进攻赵国。

一路由大将司马梗率领，横扫上党郡剩余地区，前锋进抵赵国西北重镇太原，大有东向出井陉关，略定赵国北地之势。

一路由大将王龁率领，沿太行山西北麓，攻击皮牢地区。

皮牢在今山西省和顺县、左权县一带。就是说，王龁此路进攻将原先秦军二攻不下的赵国要塞阏与纳入囊中。这样，太行山西北一线的赵国领土全部并入秦国版图。

而后，王龁所部越太行山南下，攻占武安。武安与邯郸之间直线距离不过六十余里，秦军的战略意图非常明确。

果不其然，白起亲率第三路主力大军，从南路进攻邯郸。这样就形成了对邯郸的南北夹击之势。

附：三路进攻邯郸

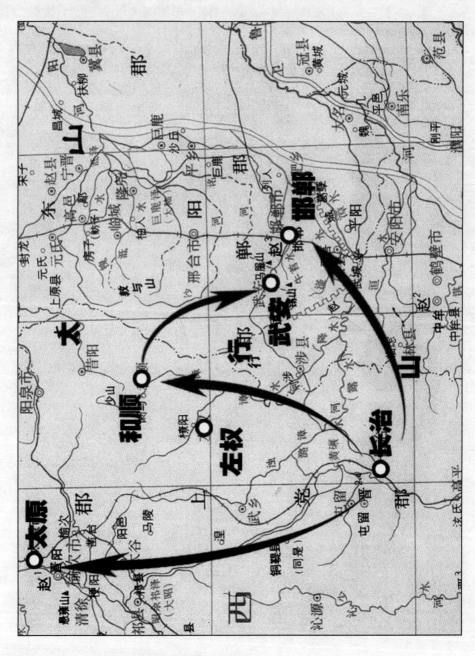

胜利似乎已经唾手可得，因为此时的赵国明显已经无力组织起有效的抵抗。只要白起稍作努力，赵国极有可能被打成流亡政府。

正当赵孝成王积极准备逃跑的时候，一个意想不到的情况的发生了，这挽救了邯郸，也挽救了仅存半壁江山的赵国。

历史一再证明，一个人若想成功，能力和运气两者缺一不可。能力是自身的，除天纵英明之外，还可以在历练中日积月累。而运气却是外在的，谁也无法保证运气时刻就在你身边，更不能指望通过历练拥有。

正当白起乘胜追击、剑指邯郸的时候，运气离开了他。这是兵戈所指、所向披靡的人屠白起走下坡路的开始。

并不是说白起的战略布局出现了问题，他的攻击路线无懈可击；也并不是白起的进攻受挫，自打他从周赧王二十二年（公元前293年）出现在历史舞台以来，还没有遇到过像样的对手；更不是白起骄傲自满了，狂妄自大了，功高震主了，秦昭襄王要政治手段除掉他。

而是有人认为，长平一役白起战功显赫，倘若再攻下邯郸，说不定要功高盖主，于是在背后捅了白起一刀。

正是这一刀，夺走了白起赖以成功的幸运之神。

这似乎又是战将们的共同宿命：擅长军事，不谙政治；精于运筹帷幄，却疏于权谋。

这个在背后捅刀子，将白起推向不归路的人，就是丞相范雎。

名将的殒落（2）

范雎的远交近攻给秦国带来了无穷的益处，但也正是从范雎开始，客卿的本质发生了变异——不再全心全意为国谋利，而是全心全意为自己的固宠保禄服务。

范雎不愿看到白起邯郸凯旋之后取代他坐上相位。因此，就在当白起在前方摩拳擦掌准备一举攻下邯郸的时候，范雎没打算继续帮忙，反倒是做好了添乱的打算。

还没蠢到家的赵国精英们也瞧准了这一点：既然在战场上打不过，那就在政治上阴你，看谁玩得过谁。

于是苏厉（苏秦的弟弟）的薄嘴唇轻轻一张，原本掐得邯郸差点翻白眼的那两只铁钳，随即被轻轻拨开。拨一边，赵国笑一声，再拨一边，再笑一声。在这个狰狞的笑声里，杀神白起平生第一次脸色乌青，满肚子闷气。

与范雎的千金洒向赵国的大地不同，苏厉亲自拎着"厚币"，洒向范府的庭院。但效果是一样的，准确命中目标。

周赧王五十六年（公元前259年），秦国丞相府，范雎和赵国使者苏厉正在喝茶。

苏厉问："白起一定要攻击邯郸吗？"

范雎说："是的。"

"要这样，您的相位还能保住吗？"

苏厉这句话一说出口，立即显现出巨大的威力，范雎闻听此言，二话没说扭头直奔皇宫。

范雎来到皇宫，三言两语道破了秦昭襄王的担忧：连续的大战使部队得不到充分休整，万一用兵过度，攻击受挫，后果不堪设想。

从军事角度分析，秦昭襄王的顾虑是有道理的。但前提必须是双方势均力敌，敌方尚有能力组织起大规模作战。而如果双方实力悬殊过大，一方取得压倒性优势，此原则并不适用，盲目遵守反倒有贻误战机之嫌。

可是，谨慎过头的秦昭襄王接受了范雎的建议，命白起暂时撤兵，同意韩、赵两国割地求和。

白起与范雎自此结怨。

在赵国内部，关于要不要割地求和的问题，也存在着激烈的交锋。

国相虞卿对赵孝成王说：秦军主动放弃进攻，是看在您的面子上，还是已经精疲力竭？

赵孝成王说：当然是精疲力竭。

虞卿说：既然是这样，我们为什么还要干蠢事呢？

这时，秦国派楼缓来到了赵国——楼缓免相之后，一直从事损赵利秦的工作。

楼缓对赵孝成王说：虞卿的话相当蠢，列国是什么货色大王应当相当清楚。秦、赵如果不和，列国乘机落井下石，兴兵瓜分赵土，到时候您怎么办？

虞卿听到这个消息，立即来见赵孝成王：楼缓简直就是一派胡言，大王如果听他的，赵国危矣。为今之计，不如将割给秦国的六座城池白送给齐国，齐、赵一旦联手，韩、魏两国必然加入抗秦联盟。这样，秦国害怕六国联合起来对付他，必定主动请和。

果不其然，虞卿出使齐国还没回来，得到消息的秦国早已派使者赶往赵国了。

这时，秦国的无赖嘴脸就充分暴露了出来。既然赵国赖账不给地，那好，我就扣你的人。

此人就是肩负和平使命前往秦国的平原君。

秦国扣住平原君的理由也真叫绝。我们在前面说过，魏齐听说范雎出任秦国的丞相，吓得连丞相都不做了，跑到赵国躲进了平原君的家里。

胆敢私藏秦国要犯，这就是秦国扣住平原君的理由。

其实秦国不过是想找个出气筒而矣，因为尽管他与赵国讲和了，却是憋屈的和，依秦国的地痞性格，不得找地方出出气？不幸的是，魏齐就成了这个出气筒。

秦国派人对赵孝成王说：拿魏齐的人头来换平原君。

穷途末路的魏齐找到虞卿。虞卿接下来的举动很令人惊诧：主动放弃多少人梦寐以求的相位，与魏齐一起跑到魏国。

由此可见，虞卿是一个很讲义气的人。

问题是战国四公子之一的信陵君魏无忌（魏安釐王的异母弟）空有江湖名声，当别人真正需要他帮助的时候，他却蔫了。对于魏齐提出的一同跑去楚国的要求，信陵君面露难色，担心因此而遭到秦国的攻击。

绝望的魏齐，愤而自杀。

赵国到底得了魏齐的人头换回平原君。

范雎终于报了深仇大恨。

周赧王五十六年（公元前259年）九月，经过休整，秦将王陵率领秦军又出发了，这次行动的目标依然是邯郸。

看来秦昭襄王是铁了心要灭赵国。

而白起并没有参加这次军事行动，因为他病了。不知是这些年鞍马劳顿累病的，还是生生被范雎气病的，总之病得不轻。

没有白起，精锐的秦国部队就成了一群无头苍蝇。

名将的殒落（3）

眼下的形势完全符合这样一句话：此一时彼一时也。

在长达九个月的时间里，赵国已经完成了对邯郸的防御部署。更为要命的是，列国的打群架意识在此时苏醒，给了秦国自秦孝公以来最为致命的一击：秦将王陵教训赖账的赵国不成，反被结结实实教训了一顿。

由此可见，长平之战，齐、楚、韩、魏若早点插手，绝对会是另一番景象。

周赧王五十七年（公元前258年），王陵对邯郸发起攻击，结果失利。秦国大举增援，依然不能取胜。

是撤退，还是继续攻击？这是一个问题。这时候，秦昭襄王想到了白起。

此时白起已经痊愈，正在咸阳城闲逛。

秦昭襄王对他说：老白，还是劳驾你走一趟吧，看来王陵不行。

然而白起一改往日的高调，对这趟差事表现得相当不积极。

他对秦昭襄王说："我军必败无疑（破秦军必矣）。"因为秦军是劳师远距离攻击，而赵国是内线作战，万一诸侯国再出兵增援，必置秦军于被围困之险境。

从当时的局势来看，白起的判断无疑是正确的。可秦昭襄不这么想，他认为白起是在闹情绪、撂挑子。解铃还需系铃人，那就让范雎去劝劝。

没想到范雎这一去，问题越发大了，原本很简单的问题越来越复杂，最终把白起的命也搭了进去。

应该说白起最初对局势的判断是理性的，但范雎的出现使这一理性蒙上了负气的阴影。

白起直截了当地对讨人厌的范雎说：我旧病复发，不能去。

不得已，秦昭襄王只好改命王龁前去替代王陵。

赵国果然想到了打群架。这也确实是一次比较成功的国际合作，赵国依靠楚、魏的支持，毫无悬念地打赢了这场战役。

关于赵、楚、魏合纵的情况，可以用两个成语来概括：一是毛遂自荐，另一是窃符救赵。

平原君奉命出使楚国跟优柔寡断的楚考烈王谈判，但谈了半天愣是没谈出什么结果。

新近才从布袋里钻出来的毛遂急了，直接冲进谈判会场，对平原君说："合纵的利益关系，两句话就可以搞定，怎么说了老半天还不见头绪？"

楚考烈王大怒："你算老几啊，还不给我滚下去。"

毛遂也不是吃素的，他竟然威胁楚考烈王："信不信十步之内我可以取你的狗命？"——这句话之所以眼熟，是因为亡命之徒都这么说。

毛遂接着反问楚考烈王："你牛什么牛？国都被人攻破，先王的陵寝被人焚毁，你还在这里装，有本事跟秦国牛去！"

于是，看似很棘手的外交问题竟然以如此戏剧性的方式得到解决，楚考烈王命春申君率大军北上施援赵国。

此时，魏国的增援部队本来已经上路了，主帅是晋鄙。但当十万魏军前进至邺城（河北安阳市北）时，突然停下来不走了。并不是魏国部队遭到秦军的堵截，而是秦昭襄王给魏安釐王递了这样一句狠话：谁敢救赵国，我下一个就灭谁。

被打怕了的魏安釐王立即傻眼，一面命令晋鄙停止前进，原地待命，一面连忙派人跟赵孝成王商量：我们确实应该联手，但不是这样的联手，而是那样的联手。

怎样的联手呢？

魏安釐王的主意是找来剪刀糨糊，糊一顶高帽，给秦昭襄王戴上，上书"天子"二字。这样，秦昭襄王必定高兴。秦昭襄王一高兴，天下必定和平。

魏安釐王准备绥靖到底，承认秦王为天下共主。

大将新垣衍亲赴赵国，把魏安釐王的意思告诉了赵孝成王。

如果这个糊涂主意得到支持，我敢肯定列国的灭亡将是加速度而不是减速。因为秦国连"挟天子以令诸侯"都省了，直接名正言顺地拿着鸡毛当令箭，而一旦被奉为"天子"，到那时还有哪个国家敢对秦国说"不"？天下之事还不是任凭秦国呼风唤雨、吆五喝六？

名士鲁仲连就对新垣衍提出如上警告，这场闹剧才作罢。

虽然如此，鲁仲连毕竟没有让晋鄙的十万大军再往前挪动半步，也就是说，赵国所受到的威胁依然存在。

这个任务就落到了信陵君头上。

名将的殒落（4）

信陵君魏无忌是平原君赵胜的妻弟，就是说，平原君是信陵君的姐夫。

当秦国大军包围邯郸之时，平原君派出的求救使者一个接一个地出现在信陵君面前。使者们带来的口信是：你可以不管我的死活，难道你也不管你姐姐的死活，就忍心看着你姐姐去死？

信陵君自然不愿看着姐姐去死，于是多次找魏安釐王，又发动亲近大臣及手下宾客，去游说魏安釐王。

问题是此时的魏安釐王考虑得最多的是自己的安全。信陵君见劝不动这个愚蠢的哥哥，遂作出一个孤注一掷的决定：率领手下宾客及百余辆战车，准备只身赴难。

就在这时，一个人的出现给信陵君，也给赵国带来了转机。

此人名叫侯嬴，大梁城北门的看门老头，年七十，家贫，以看门糊口。

据说手下宾客有三千之众的信陵君，偶然发现那个看门的糟老头其实是个精明的隐士，于是想邀他入伙。但侯嬴不肯，宁愿守着清贫过日子。

信陵君使了一计，终于赢得了这个倔老头的心。

说是"计"，似乎显得不大光明。其实信陵君是要让侯嬴看到他的一片真心。

交朋友有时也像谈恋爱，只有动了真心，才能迎来真情。信陵君明白这个道理，也是这么做的。

信陵君大会宾客，等人到齐后，自己却套上车马，带上随从，空出车子左边的上座，亲自去接侯嬴。侯嬴为考验一下信陵君，毫不客气地一屁股坐在上座，并且让信陵君载他去拜访在街市做屠夫的朋友朱亥。

侯嬴一边没完没了地跟朱亥聊天，一边不停地对信陵君察言观色，却只见信陵君颜色愈和。

这段生死"情缘"就这样结成了。

于是，侯嬴就给信陵君支了一招：偷出调兵虎符，调走晋鄙的部队，晋鄙若不听话就干掉他。侯嬴同时向信陵君推荐了朱亥。

朱亥既然是侯嬴的朋友，信陵君对他当然相当客气，朱亥照单全收，却从不言谢。因为朱亥知道，在贵族公子与杀猪匠之间，原本就不存在可以沟通的渠道。但信陵君不顾身份多次到杀猪的地方看他——亲数存之，对于朱亥来说这就是大恩了。

大恩是不必言谢的，因为只一个"谢"字，显然无法承载其间的分量，必要以死方能报答得了。也因此，杀猪匠朱亥在历史上留下一句极有名的话：小礼无所用。

侯嬴知道自己年老了，操家伙冲锋陷阵的事怕是做不了了，唯一还可以做的，就是以死来教育信陵君的手下，对主人是要忠诚的。于是，侯嬴用自杀为信陵君一行送行。

果不出侯嬴所料，晋鄙对信陵君的出现心存狐疑，在朱亥四十斤铁锤的帮助下，小命即刻出窍而去。这件事也为后来信陵君的死埋下了祸根。

这样，信陵君就亲率八万精兵直奔邯郸而去。

名将的殒落（5）

此时的邯郸城下，王龁最担心的事情还是发生了。楚、魏两路大军很不客气地压了过来，形势显然对秦军极为不利。而邯郸城内的状况同样不容乐观。被围一年有余，城中乏粮，甚至出现"析骨而炊，易子而食"的惨剧。

攻守双方势均力敌，明显都已疲惫不堪。仗打到这个份上，一根稻草的重量也足以将对方压垮，更何况是来者不善的两路大军。

秦昭襄王是清楚目前的形势的，再次想起白起，怕是只有他方能化解当前的危机了。

然而就在这个生死存亡之秋，白起竟然对秦昭襄王如是说：怎么样，不听老人言，吃亏在眼前了吧（王不听吾计，今何如矣）？

白起的负气和幸灾乐祸超越了秦昭襄王的忍耐底线，秦昭襄王一气之下将白起一撸到底，保留军人身份，降为士兵。同时让白起滚远点，有多远滚多远，滚到西部的阴密（甘肃灵台）去。

聪明的秦昭襄王不能眼看着他的前线部队就这么完了，情急之下，他也下出一步极为高妙的棋：命大军前抵汾城（山西临汾）。此举的战略意图有两个，一是防止楚、魏切断秦军的后路，二是接应王龁。

秦昭襄王显然已经做好最坏的打算。

而前线的糟糕程度也正如白起所预料的那样，王龁的求救电报一封接着一封。秦昭襄王也是咬紧牙关不肯下令撤退，不到最后一刻坚决不认输。

我们在前面说过，人才无非分两类，不是朋友就是敌人。为我所用的就是朋友，不为我所用的就是敌人。对于有能力的敌人，不管国内的还是国外的，不管潜在的还是公开的，一律格杀勿论，省得给我找事。

这就是战国之世的用人法则，也是历代帝王们的共通心理，中外无别。

而中国人亦极讲究这样一个原则：凡事不过三。既然一请二请，你白起摆谱拿翘，不给面子。那好吧，不会有第三次了，即使白起需要这样的第三次做台阶，秦昭襄王也不打算给。于是，他命令白起收拾家当，立马滚出咸阳城，不管真病还是假病，都给我滚，还赖在咸阳做什么，看我笑话是不是？

白起走了，脸色怏怏。

词典对"怏怏"一词的解释是：不高兴、不满意。白起为什么不高兴、不满意？归纳起来就一句话：功劳极大，但是待遇极差。

不想给自己留下祸根的范雎在秦昭襄王耳边说了一句要命的话：白起之迁，意尚怏怏有余言。

这促使秦昭襄王下了最后的杀机，原因很简单，他也不想有朝一日祸起肘腋。于是，白起的命运就这样被决定了。

当白起走到离咸阳不远的杜邮时，一柄秦王亲赐的宝剑追到了那里。白起不得已，举剑自杀。时在周赧王五十八年，公元前257年，长平之战仅三年之后。

一代名将自此殒落。秦人怜之，乡邑皆祭祀焉。

如何评价白起的一生？我想起了一个词：惊心动魄。

自打周赧王二十二年（公元前293年）亮相，三十六年来，白起一路拼杀，作战手法阔绰大气。

他将军事指挥推向了艺术之境界，他的指挥如意，如"目送飞鸿"般洒脱，而他的冷血无情亦如"长空雁叫霜月"般肃杀。这绝对是前无古人的，后当然有来者，但也只是后话了。

后来我读《世说新语·言语第二》，知道了白起的大体长相：头小，脸庞瘦削，瞳子白黑分明，认准一个事物就盯死它，决不旁顾（小头而面锐者，敢断决也；瞳子白黑分明者，见事明也；视瞻不转者，执志强也）。

这是白起的可贵长处。问题是白起的致命不幸也蕴含在他的长处里：刚毅顽强得近乎顽固。

回头说邯郸城下。

楚、魏二路大军这次没有磨蹭，及时赶到邯郸城下。

城里的平原君抓住这个战机，散尽万千家资募得死士三千人，果断出击，与城外的楚、魏大军里应外合，击溃秦军。

王龁立即撤退，但劳师远征的部队哪跑得过养精蓄锐的楚魏联军，郑安平所部两万余人被成功切割。

战国志

附：楚魏救赵

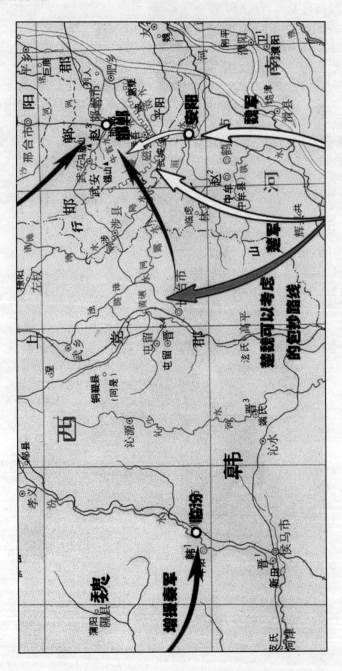

郑安平本是魏国人，也是范雎的恩人，范雎在魏国受难时就躲在郑安平的家里。为报郑安平的救命之恩，范雎成功出相后举荐其为秦将。此次出征，范雎本想让郑安平捞点军功，以后提拔起来好说话，没想到这一来，反倒省了郑安平回国的差旅费——郑安平见势不妙，火线起义。

这是除孟尝君以外的战国三公子配合最默契的一次，他们的数千食客到底没白养，终于打了一场大胜仗。但信陵君自知得罪了魏安釐王，不敢回国，把部队如数奉还后就在赵国定居了下来。

当然，也正是由于此役，范雎受到了秦国精英集团的谴责。这个谴责大致有两层意思：一是郑安平是他举荐的，依据秦律，保任其人而不称者与同罪；其二，平白延误了白起的战机，致大军受挫，白起冤死。

这意味着范雎的好运也走到头了。

范雎离职

没有证据表明秦昭襄王对范雎施加了惩罚。由此来看，以刻薄寡恩著称的秦律在具体实施的过程中也是有所假借的。这引起了秦国精英集团的不满。

因为他们心里非常清楚，包括秦昭襄王也不得不承认杀死白起是一个相当低级的错误。

于是，秦国的精英集团们背地里就达成共识，准备搞掉范雎——既然他想保住相位，那我们就不能让他称心。

但如何下手是一个问题。

不管怎么说，范雎目前还很得秦昭襄王信任，直接将矛头对准范雎怕是不容易奏效，也极易引起秦昭襄王的怀疑。可是，欲加之罪，何患无辞？想要扳倒一个人原本就不是难事，你范雎不里通外国，并不等于你的手下人就不里通外国。手下人里通外国，你范雎逃得了干系？

秦国精英集团思来想去，将目标锁定了河东郡郡守王稽，当年正是他将范雎秘密带到秦国并推荐给秦昭襄王。

于是，王稽被冠以"与诸侯通"的罪名，斩首于市。时在秦昭襄王五十二年（公元前255年）。

一心想保住相位的范雎此时分明感觉到有一张巨大的网在自己头顶缓缓张开，内心惶恐不安（应侯日以不怿）。

果不其然，此事一出，秦昭襄王不想再隐藏他的不满。在一次朝会上，他直截了当地对范雎说：白起死了，郑安平、王稽又相继叛变，内无大将外有强敌，现在怎么办？

俗话说，听锣听音，听话听声。是人都听得出来秦昭襄王这话是什么意思，更不要说聪明的范雎了。

他现在需要考虑的问题不再是如何保住相位，而是如何保住项上人头。

正当范雎焦头烂额的时候，一个人替他摆平了这个问题。此人嘴皮子功夫十分了得，连范雎都要甘拜下风。

此人就是即将取代范雎坐上相位的蔡泽。

蔡泽扬言：我燕人蔡泽见到秦王之日，即是范雎滚蛋之时。

范雎闻之大怒：什么人这么大口气？让我会会他。

这样，蔡泽就昂首挺胸地奔赴丞相府。蔡泽有足够的理由昂首挺胸，因为他准备了三个人，三个生前能量巨大却都不得好死的人。蔡泽深信，只要祭出这三个死人，足以一举击溃范雎的心理防线。

这三个死人就是秦国的商鞅，楚国的吴起和越国的文种。

蔡泽对一脸茫然的范雎说："商鞅有功于秦国，死了；吴起有功于楚国，死了；文种与范蠡搭手，帮越王勾践灭了吴王夫差，结果也死了。情况就是这么一个情况，是寻死还是觅活，你自己看着办。"

听完这席话，范雎一刻也不敢停留地直奔王宫举荐蔡泽。

秦昭襄王召见蔡泽，一番倾谈后龙颜大悦，遂以之为相。称病辞职的范雎最后终老死封地应城，算是得了善终。

但这个相位不是光靠耍嘴皮子功夫就能坐稳的，几个月后，蔡泽也干不下去了，于是辞职走人。

此时秦国的局面就有点糟，不但不得贤相，秦襄昭王也垂垂老矣。秦国需要一个能重新集结起力量的铁腕人物打破目前的僵局，将秦国带向一个新的高度。

然而跟过去一样，幸运的秦国依然能够逢凶化吉。秦国所期待的铁腕人物会出现的，就在不久的将来。

秦昭襄王的最后一坏

周赧王五十九年（公元前256年），秦国发起新一轮攻势，目标直指周王室。

邹衍的五德终始说终于可以派上大用场了。野心勃勃的秦昭襄王准备在有生之年灭了没用的周王室，以表明他的秦国是顺应了天意的。

于是秦将摎兵分两路。一路从南线伊阙出发，攻占韩国负黍（登封县西南）、阳城（河南登封县东南），斩杀四万人。切断了周封畿与南部楚、魏的联系。

另一路从北线中原地带进攻赵国，占领赵国二十余县，斩杀及俘虏九万多人，达到了牵制赵国之目的。

附：合围周王畿

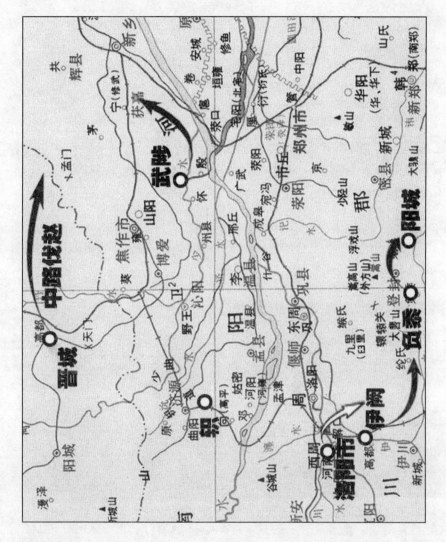

周赧王除了反抗别无选择。

起初，周赧王这只纸老虎还真有点架势，他先是联络列国重组南北合纵，而后亲帅联军主力攻占要塞伊阙，包抄深入"负黍—阳城"一线的秦军。

然而，周赧王那几手明显斗不过秦军。秦将摎也不跟他废话，直接派兵端了周赧王的老巢洛阳。

周赧王一下子傻眼了，不得已选择了第二条路——举手投降。

这个曾经的天子先是被押往咸阳游街，之后虽被放了回来，但同年死在洛阳。这样，周王室所属三十六个城镇，三万多人口，全部并入秦国。

周王朝自此寿终正寝，历三十七王，享有天下八百六十七年。历史进入秦纪元。

原属周王室治下的三万子民不愿接受秦国的统治，一个不剩，举家逃往东方。

秦昭襄王一不做二不休，决心将洛阳变成一座空城。于是，周室所有宝贝悉数被装箱运往咸阳，西周君、东周君被放逐，不管是从地图上，还是人们的记忆里，他都要将周室的所有印记彻底抹去。

值得一提的是，在历史中屡次出现的九鼎于此时神秘失踪，去向不明。

秦昭襄王五十六年，即公元前251年，秦昭襄王彻底闭上了眼睛。

出人意料的是，被秦军杀了四十多万子民的赵孝成王，不哭周赧王却哭起秦昭襄王来了。赵孝成王在赵国替秦昭襄王设灵堂，并且开追悼会，穿上最重的孝服亲往祭奠，跟死了亲爹一样。

秦昭襄王在位五十六年，一生叱咤风云，打得六国元气大伤，很负责任地完成了历史赋予他的使命。

我总有这样一个感觉，假若上天能够再给秦昭襄王十年时间，秦国一定能够提前完成统一大业。

然而历史不容假设，秦昭襄王满怀遗憾地将这个历史使命留给了他的子孙们。

继承王位的是他的儿子嬴柱，是为秦孝文王。

秦孝文王的体格比他老爹差远了，继位仅三个月就一命呜呼了。秦孝文王元年（公元前250年），秦孝文王的儿子嬴异人继位，是为秦庄襄王。

奇货可居

吕不韦是中国历史上最成功的商人之一，他以其精明的商业头脑"贩贱卖贵"，积财巨万。

低价买进货物，再到异地高价卖出。这本是值得肯定的正常商业行为。在别人忽视的地方发现商机，所谓商业头脑当是指此吧。

但结合后来的事实看，吕不韦在其奇迹般发家的过程中，应该使用了比较卑劣的手段。吕不韦很可能借战国烽火连天、货物供应不足之际，垄断市面上某一生活必需品之类的货源，造成市场供应紧张，使得人心恐慌，然后乘机操纵市场价格，哄抬物价，大发战争横财。

这就是所谓的"囤物居奇"，即我们现在所说的"恶意囤积、哄抬价格"。

吕不韦还用他炉火纯青的商业伎俩囤了另外一个奇货，这个奇货不仅令吕不韦身家倍增，还使他实现华丽转身，顺利打入上层社会。

这个奇货就是我们前面提到过的秦庄襄王嬴异人。

　　商人吕不韦之所以会囤积嬴异人这个奇货，当然是与当时的社会背景息息相关的。

　　战国时代虽为乱世，各国却都恪守着重农抑商的原则，商人是没有社会地位的。商鞅以他的大手笔对秦国进行全面改造的时候，就曾对商人所穿服饰、所住房子及所乘车辆做了明文规定，不允许商人因为财大气粗而坏了等级规矩。

　　应该承认这样做是很有道理的，从一定程度上保证了官僚集团的纯洁性，避免了官员如商人般唯利是图。

　　有了钱却依然没有地位，这让吕不韦内心十分苦闷。恰在这时，嬴异人出现在他视野里。吕不韦以投机商的眼光敏锐地发现了嬴异人身上的价值——他或许不能给吕不韦带来钱财，但毫无疑问能够带来权力。

　　此时的嬴异人正在赵国做人质，要说他身份也确实是高贵的，是秦昭襄王的亲孙子，太子嬴柱（秦孝文王）的儿子。可嬴柱光儿子就有二十多个，嬴异人又是庶出，其母并不受嬴柱宠爱。

　　更要命的是虽有人质在赵，秦国依然对其进行了一连串的军事打击，敢怒不敢言的赵国人自然想到拿嬴异人出气。于是嬴异人在赵国的处境可谓不堪，经常朝不保夕。

　　而吕不韦之所以选择众人眼中的"垃圾股"嬴异人作为投资对象，应该是基于如下考虑：嬴柱虽然有二十多个儿子，但他最宠爱的正夫人华阳夫人并没有生育子女，以故皇太孙之位迟迟没有确立。

　　吕不韦敏锐地意识到只要能成功地让嬴异人认华阳夫人为母，往后的事情就好办了。

　　于是，在吕不韦的精准运作之下，奇迹出现了，华阳夫人果然认了嬴异人这个儿子，并给他改名为嬴楚。最为重要的一点是，此举得到了太子嬴柱的认可。

　　为了进一步取信于嬴异人，吕不韦将爱妾赵姬送给他。一年之后，赵姬生了一个儿子，这个小子就是后来威震天下的秦始皇政。

　　秦军围困邯郸的时候，赵人突然发飙，要杀掉嬴异人。多亏吕不韦出资买通看守，嬴异人才得以逃脱，随秦军撤回国内。

　　时间到了秦孝文王元年（公元前250年），吕不韦苦等的获利季节终于到了，秦孝文王嬴柱去世，太子嬴异人继位，是为秦庄襄王。

　　秦庄襄王元年（公元前249年），秦庄襄王任命吕不韦为丞相。

　　商人吕不韦自此顺利转型，完成了由商人到贵人的华丽蜕变，并由此开始了吕不韦的时代。

列国猫腻

下面我们回头来看看列国的情况。

就在秦国对周王室大打出手的时候，列国也没闲着，六国内部竟然又打了起来。

秦昭襄王五十二年（公元前255年），楚国灭鲁。

次年，秦将摎攻占魏国之吴城（山西安邑）。

秦昭襄王五十五年（公元前252年），夹缝中奇迹般生存下来的卫国国君卫怀君赴魏国朝见。一贯欺软怕硬的魏安釐王很不地道，把他给杀了，另立自己的女婿、卫怀君的弟弟为君，是为卫元君。

秦昭襄王五十六年（公元前251年），愚蠢的燕王姬喜突然发飙，要灭赵国。

原来，这一年姬喜派大臣栗腹带厚礼赴赵国缔结和约，瞎了眼的栗腹给姬喜带回这样一个消息：赵国青壮年都死在长平了，国内老的老、小的小，不如灭了他。

姬喜信以为真，马上决定出兵灭赵。

乐毅的儿子乐闲警告姬喜不能这样做，姬喜不听。

大臣将渠拉住姬喜的衣服不让他走，却被姬喜一脚踹开。将渠于是坐在地上大哭，边哭边说：我这是为你好啊。

姬喜还是不听。

燕王姬喜很自信地兵分两路，一路由栗腹率领，进攻鄗城（河北柏乡）；一路由卿秦率领，进攻代郡（河北蔚县）。姬喜亲率大军压阵。

燕军刚到达宋子（河北赵县），就挨了赵军一顿猛揍。老将廉颇败栗腹于鄗城，乐乘败卿秦于代郡。赵军一路追击五百余里，包围燕都蓟城（北京）。

这就叫玩火自焚。

先前还指挥若定的姬喜立即慌了手脚，连忙派人求和。赵国见好就收，解围而去。

燕王姬喜还真叫蠢，打不过赵国，又想去招惹齐国。

秦孝文王元年（公元前250年），燕将攻占齐国聊城（山东聊城）。这位不知名的燕国大将也是了得，田单率部反扑，连续攻城一年有余，愣是攻不下来。

怎料姬喜突然又发起神经，听信谄言，认定燕将要叛国，索性任其被围聊城放手不管了。这样，聊城外无援军，内无粮草，陷于绝境。燕将想回国，担心被杀；想投降齐国，又担心杀齐人太多而得不到好报。

正在左右为难之际，鲁仲连向城里射来一封信，准确指出燕将目前所处的窘境，这封信也彻底摧毁了燕将的心理防线。于是燕将自杀，田单破城。

鲁仲连是战国后期的一位奇士，奇就奇在他只献智不献身。什么意思呢？就是说，鲁仲连像传说中的神仙一样无所不能而又无处不在。哪里有困难他就会出现在哪里，很漂亮地出手相助，然后拍拍屁股走人，从不接受封赏，行事相当神秘。

当初鲁仲连曾在赵国制止了魏安釐王想给秦昭襄王糊高帽的愚蠢举动。邯郸解围，赵孝成王论功行赏，却发现鲁仲连没了人影——他一溜烟跑到齐国去了。

眼下攻克聊城，齐王建又想犒赏他，他再次迈开双腿跑到齐国的海边隐居起来。

不想被富贵困住手脚，这就是鲁仲连的处世原则。

魏安釐王曾经问孔斌：当今天下谁最有资格称高人？

孔斌说：怕是找不到了，求其次，鲁仲连算一个。

魏安釐王大为不屑：鲁仲连是自我炒作罢了，算不得高人。

孔斌的回答在历史上很有名气，他说："人皆作之；作之不止，乃成君子；作之不变，习与体成，则自然也。"

就是说每个人都要如鲁仲连一样，朝着美好的方向去努力，则后天习性就会与先天本体有机地交融在一起，也就等同于本性使然了。

这话讲得很有水平，所谓"文化"，讲究文以化之，不也是要达到这样的效果么？

失败的反击（1）

秦庄襄王元年（公元前249年），秦将蒙骜率部从阳城北上，攻占韩国之成皋（河南汜水镇虎牢关）、荥阳（河南荥阳），设置三川郡。

秦国到底下了这步棋，从阳城北上，大有将韩、魏两国的中心地带一分为二之势。

附：蒙骜的进攻路线

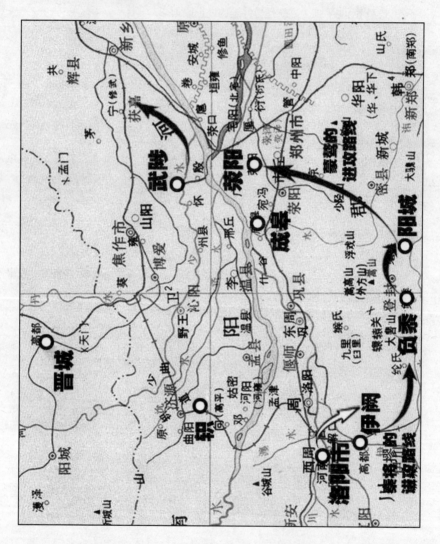

　　自此，我们惊奇地发现，不管是白起、王龁，还是秦将摎、蒙骜，似乎所有的秦将都精通一门手艺，那就是"包饺子"。他们会事先在地图上找几个合适的支点，画个圈，然后纵兵合围，聚而歼之。秦将们运筹帷幄，无一例外都是这样的大手笔。

　　蒙骜的手脚也真麻利，忙完南方的事，马上调转方向又跑到北方去了。

　　秦庄襄王二年（公元前248年），蒙骜率部攻击赵国，占领榆次（山西榆次）、狼孟（太原附近）等三十七座城池。

蒙骜的这两次行动把楚考烈王吓得不轻。

要倾尽举国之力负隅顽抗吗？不，楚考烈王才没那么傻，他准备逃跑。

往哪逃？这不用担心，北方形势危险，楚国还有大面积的南方。

于是，春申君在楚考烈王的授意下跑到南方，在吴国故都姑苏（江苏苏州）大兴土木，营建宫殿，且"宫室极盛"。

胡三省因此批他："春申君相楚，楚正弱，秦正强，不能为国谋，乃营其都而盛宫室，何足道也。"

秦庄襄王三年（公元前247年），大将王龁再接再厉，扫灭太原地区残存的赵国势力，设立太原郡。

同年，大将蒙骜与王龁相配合，攻占魏国之高都（山西晋城）。

这样，从太原经长平至高都，秦国又构筑起一道包围圈，将魏国西部和赵国西北部的领土全部切割。本来此包围圈在公元前260年大将司马梗进攻太原时就已初具规模，无奈邯郸之败，合围瓦解。现在蒙骜与王龁密切配合，又将包围圈合拢。

蒙骜还有更厉害的一手，从武陟北上，攻克汲县（河南汲县）。这样，黄河北岸，"太原—高都"一线东部，太行山西部之魏国领土，又陷入被分割包围的险境。

战 国 志

附：秦、魏作战态势

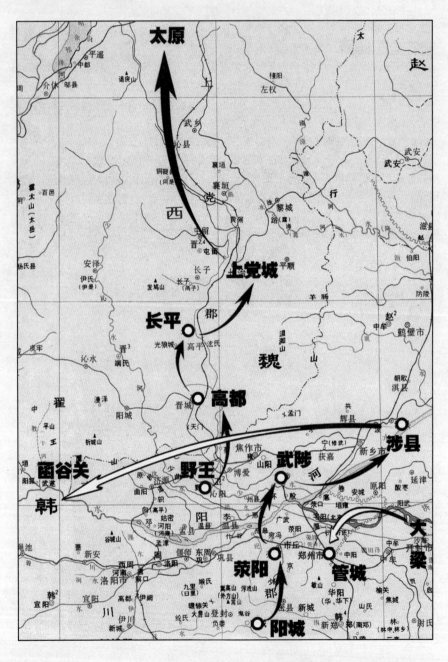

魏军的屡战屡败让魏安釐王大失所望，他不得不沮丧地承认手下这些蠢货一无是处。

情急之下，他想到了此时定居赵国的亲弟弟信陵君。

于是魏安釐王派人去请信陵君回国。信陵君担心是计，不肯领情，也不准宾客开口相劝，谁劝就杀谁。

有门客无视信陵君的禁令出面劝说道：魏国一旦被灭，宗庙丘墟，对你有什么好处？

信陵君闻之脸色大变，马上起身回国。

时隔十三年后再次相见，兄弟二人抱头痛哭。

擦干眼泪之后，上将军信陵君着手准备反击。

失败的反击（2）

信陵君做了两手准备：

在北线联络列国援军，打破秦军在"武陟—汲县"一线所构筑的包围圈；

在南线攻击管城（河南郑州）地区，解除秦军对魏国大梁（开封）的威胁。

列国对信陵君是很信任的，听说他重新执掌魏国军权，纷纷同意派出部队听候差遣。也正因如此，信陵君在北线的作战行动相当顺利，五国联军一路攻击前进，将蒙骜打得退进函谷关。

秦国苦心经营多年的"伊阙—温县—刑丘—武陟—汲县"包围圈，被信陵君一举击破。

可是在南线，秦军死守管城，信陵君碰了钉子。

于是精通心理战的信陵君想到了招降。

管城守将是魏国人，信陵君想当然地认为，既然都是魏国人，管城守将理应弃暗投明，开城投降。

信陵君找到管城守将的父亲魏国安陵人缩高，希望他能出面劝降其子。可没想到缩高也是块难啃的硬骨头。

缩高不认为开门投降是弃暗投明，相反，他认为这是叛国投敌。儿子既然吃了秦国的饭，为秦国效力是天经地义的事。作为一个父亲，把儿子往邪路上引成何体统？

于是任由信陵君磨破嘴皮，封官许愿，缩高就是无动于衷。

信陵君火了，威胁缩高的顶头上司安陵君说：不管你用什么办法，总之人得给我送过来，否则我灭了你。

不曾想安陵君也是硬骨头一块，他拒绝执行信陵君的命令。

缩高既然不肯让儿子背叛主人，又岂肯让安陵君因自己而蒙难？于是缩高选择了自杀。

这是信陵君没有想到的。对缩高的死，他很自责，也很伤心。然而，更令他伤心的事还在后头。

秦国一贯的做法是，军事上摆平不了的事就在外交上摆平。很明显，秦国眼下需要摆平的人是信陵君。只不过这一次秦国换了新玩法，借刀杀人。

这个"刀"就是冤死的晋鄙的宾客。

秦庄襄王的计划是，买通晋鄙的宾客，让他们大肆造谣，用舆论的力量将信陵君赶下台。

秦庄襄王大笔一挥，撒出万两黄金，晋鄙的宾客们应声就位。

魏安釐王自此不得清静，一个令人不安的消息每天都会钻到他的耳朵里：信陵君流亡在外十年，现在回国当了统帅，诸侯都愿意听他的，眼里只有信陵君而没有大王您，这事可不能掉以轻心。

与此同时，秦庄襄王不断派出使者出入信陵君府第，向他祝贺，问他什么时候登基。

魏安釐王的立场本来就不坚定，再加上这一折腾，内心更是狐疑。

结果信陵君被免去一切职务，赋闲在家。这回他是彻底绝望了，于是日夜沉湎于酒色，只求速死。四年之后，信陵君如愿以偿地死了。

随着信陵君的离世，列国合纵也宣告瓦解。

第九章 扫灭六国

近攻（1）

与魏国的死气沉沉不同，秦国是一个生机勃勃、不断自我更新的整体。这也正是秦国永保锋芒、傲立于诸侯国之间的原因所在。眼下，秦国又迎来了这样一次更新。只不过对于六国来说，秦国的这次更新，不再是意味着长期的战乱和深重的灾难，而是更为轻松的结束。

因为一了百了，从来省事。

秦庄襄王三年（公元前247年），秦庄襄王逝世，其子嬴政继位。大权由丞相吕不韦掌握，称"仲父"。

此时的嬴政不过十三岁，尚是舞勺之年，但在短短的七年之后，他的干练、强硬与冷酷，将令世人震惊。

眼下对于韩国来说，情况非常糟糕。因为根据范雎的远交近攻策略，韩国理所当然地成为秦国接下来首要的攻击目标。

韩桓惠王自然不愿坐以待毙。战场上真刀真枪地斗肯定不是秦国的对手，那么就只能另辟蹊径。

于是，水利工程师郑国先生就肩负着搞垮秦国的伟大使命出发了。

按照韩桓惠王的逻辑，只要想方设法耗尽秦国的财力，枯竭他的财源，秦国必然无法应付庞大的军费开支，也就不会发动大规模作战。

应该承认，这是个顶不错的主意，若能顺利实施，按说削弱秦国实力不是难事。然而事情的发展完全出乎韩桓惠王的预料。

按常理来说，既然要搞破坏，郑国先生理应为秦国修建一处规模宏大的豆腐渣水利工程，不但可以大大耗费秦国财力，假若老天开眼，天天山洪暴发，年年水患不断，冲毁水渠两岸的稻田，让秦国连年颗粒无收，那就是天大的喜事了。

可是伟大的郑工程师，不仅有高妙的技术，更有任劳任怨、精益求精的敬业精神。他愣是将引泾水入关中的这一庞大水利工程修成了秦国的标志性建筑，雷击不倒，水冲不垮，灌溉关中四万余顷良田，至今依然细水长流。

这就是著名的郑国渠。

作为秦国三大粮仓之一的关中平原（另两个是汉中、巴蜀），其经济地位非但没有被撼动，反倒因此愈发富庶肥沃。

尽管工程进行到一半时秦国察觉出了韩国的企图。可秦人却惊讶地发现，修建郑国渠时挖出的泥土覆盖了两岸寸草不生的盐碱地，竟使这里的粮食亩产量比关中良田还高。

于是，聪明的秦人不声不响地将阴谋做成阳谋，继续从国库拨巨款支持郑国先生的公益事业。

结果是，"关中为沃野，无凶年，秦以富强，卒并诸侯"。

当然，正史之所以会得出这样的结论，我认为是着眼于郑国渠的长远效益来看的。但从短线看，韩国也确实在某种程度上达到了他的目的：郑国渠的确耗尽了秦国的财力，这也促成了中国历史上一个很要命的卖官鬻爵政策的产生。

秦始皇三年（公元前246年），秦国发生天灾，两年后又发生蝗灾，秦国粮食大面积绝收，面临饥馑，再加上府库空虚，已没有余力从民间收购粮食。秦国政府不得已之下昭告国内民众，只要无偿缴纳粮食一千石，即赐爵一级。

这就是政府公开卖官鬻爵的开始。

近攻（2）

秦始皇二年（公元前245年），秦军展开新一轮攻势，攻占魏国之卷城（河南原武县），杀敌三万。

与此同时，赵国尽管惨败于长平，但称雄中原之心不死，依然在做最后的挣扎。于是，老将廉颇率部攻击魏国，占领繁阳（河南内黄）。

就在这时，令人啼笑皆非的一幕出现了，老将廉颇竟然丢下他的大军，一溜烟跑了。

廉颇之所以放着好好的工作不做，而选择去当流浪汉，并不是厌烦了打打杀杀想过几天清净的日子，也不是因为吃了败仗被魏国人打跑了，而是被赵悼襄王生生气跑的。

廉颇用兵魏国的那一年，赵孝成王死了，其子赵偃继位，是为赵悼襄王。

赵悼襄王当太子的时候廉颇曾得罪过他。而今赵悼襄王大权在手，他岂肯轻易放过廉颇？

于是，一纸任命书下来，乐乘成为赵军主帅，廉颇彻底靠边站。

廉颇对这个人事变动很有意见，居然跟前来接洽工作的乐乘打了起来。

乐乘也学蔺相如，不和廉颇一般见识，故意躲避他。廉颇咽不下这口气，一甩手跑到了魏国。

魏国对这个老将的态度是不理不睬，不闻不问，要来就来，要走就走，全当没这个人。

廉颇就这样被晾在了一边。

这时，赵悼襄王猛然发现自己犯了一个超低级的错误：不该和廉颇闹矛盾。因为没有了廉颇，赵军越发不是秦军的对手。情急之下，赵悼襄王打算派人请廉颇回国。

命运似乎向廉颇递来了橄榄枝。然而就在这时，意外却发生了。

通过前面的叙述，我们大体可以得出这样一个结论：廉颇这个人脾气很暴，心眼似乎也不大。以他火暴脾气加小心眼，肯定没少得罪人。遇到如蔺相如和乐乘这样肚量大的人，可以不跟他一般见识，但要是遇到如赵悼襄王般小心眼的人，那就是一个梁子了。时机成熟的时候，这个梁子就会变成一个致命的坎儿。

眼下，廉颇就遇到了这样的坎儿——仇人郭开决心让廉颇成为孤魂野鬼，老死在国外。要想阻止廉颇回国，最有效的办法当然是买通使者，然后从中作梗。

于是，廉颇虽然很卖劲地一顿饭吃下一斗米、十斤肉，还翻身上马以示宝刀未老。可是使者的考核报告却是：廉颇饭量还可以，但是一会儿功夫就拉了三次屎。

赵悼襄王看完报告不由摇头叹息，廉颇确实老了。廉颇就这样继续被晾在魏国。

失望至极的廉颇辗转来到楚国。可是他发现，在楚国他也无用武之地，因为楚国的军队实在腐败不堪，根本没有战斗力。回国无望又无事可干的廉颇最终满怀遗憾地死在了楚国。

廉颇之死，对于赵国来说无疑是个巨大的损失。正当用人之际，赵悼襄王却自断手臂，自毁长城，分明就是犯傻。

所幸在与匈奴作战的过程中，赵国又有一位了不得的名将崭露头角。

此人名叫李牧，与白起、廉颇，还有下文即将提到的秦国名将王翦，合称战国四大名将。

于是，在战国后期，秦国又遇到了一个极难对付的对手。赵国似乎又可以抵抗一阵子了。

名将李牧

我们在前面提到过，北方少数民族有相当强悍的战斗力。他们不时南下，烧杀掠夺无恶不作，中原王朝历来不敢对其掉以轻心。

此时，在战国七雄中，与北方胡族接境的有三个国家，一是西境的秦国，一是地处中原的赵国，一是东境的燕国。

秦国秦昭襄王时，一举击溃残存的义渠部落，从陇西（甘肃陇西）经北地（甘肃宁县）直到上郡（陕西绥德），修筑长城，以抵御外族入侵。

赵国赵武灵王时，击破林胡、楼烦部落，从代郡（河北蔚县）经阴山山脉南麓直到高阙（阴山山脉西端一处地名），也修筑长城，设立云中（山西榆林）、雁门（山西右玉县南）、代郡诸郡。

燕国大将秦开，曾大败东胡部落，迫使其向北撤退一千多里。于是也修筑长城，自造阳（河北怀来）直到襄平（辽宁辽阳），设立上谷（河北怀来）、渔阳（河北密云）、右北平（河北平泉）和辽东（辽宁辽阳）诸郡。

在中原诸国的合力打击下，北方胡族似乎老实多了。然而就在这时，一个更为强悍的部落的出现，给中原带来了更为深重的灾难。和之前的戎狄一样，这支部落深切地影响甚至改变了中国的历史。

这个强悍的民族就是匈奴，乘着中原扰攘之际，在北方大漠迅速崛起。

李牧就是在抗击匈奴过程中涌现出的一个名将。

李牧驻守在代郡、雁门一带。为支应北方防务的实际需要，赵国政府赋予他极大的权力，不但可以自行委任官吏，所征缴的地方税收也不必上缴中央政府，而是全部充作军费开支。

于是，李牧在边疆带领手下杀牛宰羊、大吃大喝，享受过后不忘骑马射箭，训练士卒。

李牧同时下令，一旦边疆有敌人出现，牧民立即赶牛羊入圈，军人登城防守，不得出击，胆敢捕杀敌人者，格杀勿论。

这样的日子过了好几年，赵国虽然没遭受大的损失，但匈奴人据此认为李牧是胆小鬼，连李牧的部下也这样认为。

赵国政府同样不理解李牧的苦心，多次责让李牧一味困守，毫无建树。李牧依然我行我素，不肯改变策略。赵国政府火了，派人接替李牧的位置，让他放羊去。

换了新统帅的赵军不再退让，一年下来，却是死伤惨重。更为严重的是，沿边地带沦为战场，人民既不能耕种又无法放牧，举目四望，一片荒凉。

赵国政府无奈之下，只得再请李牧出山。

再度出山的李牧依然沿用之前老办法，继续坚壁清野的政策，这样又过了几年，终于出现了如下的局面：匈奴人骄狂地认为李牧就是一个胆小鬼，而李牧手下的士兵则个个精力充沛，摩拳擦掌，都想与匈奴人决一雄雌。

李牧知道，决战的时机成熟了。

于是，李牧精选战车一千三百辆，战马一万三千匹，骁勇之士五万人，弓箭手十万人，准备给匈奴以毁灭性的打击。

经过周密的准备之后，李牧命人放出牧人和牛羊，摆出一副毫无戒备的样子。

不知是计的匈奴单于认为发财的机会来了，亲率大军劫掠，李牧佯败。

当匈奴骑兵进入李牧提前设好的包围圈时，战车迅速出击，切断匈奴人的退路，骑兵冲散匈奴人的阵线，十万弓箭手蝗虫般密集的飞箭杀得匈奴人哭爹喊娘，而五万骁勇步兵则最后收拾了战场。

这无疑是场漂亮的歼灭战。经此一役，匈奴人损兵折将达十万之众，侥幸逃脱的匈奴单于率残部向北逃窜，十余年不敢南下牧马。

李牧乘胜荡平檐槛部落（河北蔚县）、东胡部落（内蒙古）、林胡部落（山西北部），彻底解决了赵国北方边患问题。

一代将士自此声名显赫。

最后的合纵

秦始皇三年（公元前244年），李牧率部攻击燕国，占领武遂（山西垣曲）和方城（河南方城）。

两年之后（公元前242年），燕国姬喜展开报复，命剧辛率部进攻赵国。赵将庞暖奉命迎击，斩杀剧辛，俘虏燕军两万余人。

在李牧攻燕的同时，秦军也展开了对韩报复行动，秦将蒙骜攻占韩国十二座城池。

秦始皇四年（公元前243年），大将蒙骜攻陷魏国两座城池。

次年，大将蒙骜兵分两路，一路沿黄河北岸，攻占山阳（河南焦作东南）、长平，修复北线旧包围圈；一路沿黄河南岸，从管城突出部继续东进，攻占酸枣（河南延津县北）、燕邑、虚邑（均在延津县境），而后兵锋南指，占领雍丘（河南杞县），构成对魏国首都大梁的新包围圈。

秦始皇并不满足于此，他还要沿黄河一线将中原横切成两半，阻断南北交通，省得其他诸侯国再搞什么合纵来捣乱。

附：腰斩中原

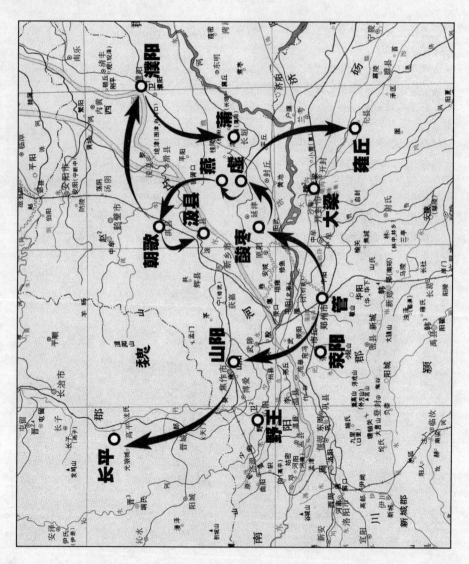

正如惊吓是醒酒的最好办法一样，秦国这一吓，把列国从迷糊中吓清醒，紧急重组合纵。可惜他们醒得不够彻底，都忽略了这样的事实：只要"合成谬误"存在一天，所谓合纵就会始终形同儿戏。

秦始皇六年（公元前241年），楚、赵、魏、韩、卫五国再组联合国军，楚考烈王亲自挂帅，春申君任前敌总指挥。

大军一路浩浩荡荡直逼函谷关。

根据以往的作战经验，秦军断定，所谓的六国合纵还是跳不出"合成谬误"的怪圈。于是果断地开关迎敌。

果不其然，眼见函谷关杀出一哨人马，联合军一哄而散。

六国果然是名副其实的"合众"，可惜合的是一群乌合之众。

楚考烈王在这一点上是比较负责任的，他将失败的责任全部推到了春申君头上。

当此之时，楚国的情形确实是比较危险的。依据秦国"人不犯我，我要犯人；人若犯我，我必犯人"的处世原则，他会放过所谓的合纵盟主楚国？秦军只要攻克魏国的许城（河南许昌）、鄢陵（河南鄢陵），楚都陈丘（河南淮阳）就近在咫尺了。

春申君内外交困，计无所出。

这时，有个叫朱英的人给一筹莫展的春申君支了一招："迁都，这是避免遭到秦国清算的唯一办法。"

于是，楚国不得已将首都从陈丘迁至东南方向的寿春（安徽寿县）。

尽管楚考烈王对春申君很有意见，但依然让他行使令尹（相国）之权力。作为回报，春申君打算出面替楚考烈王解决很棘手的继承人问题。

附：楚迁都寿春

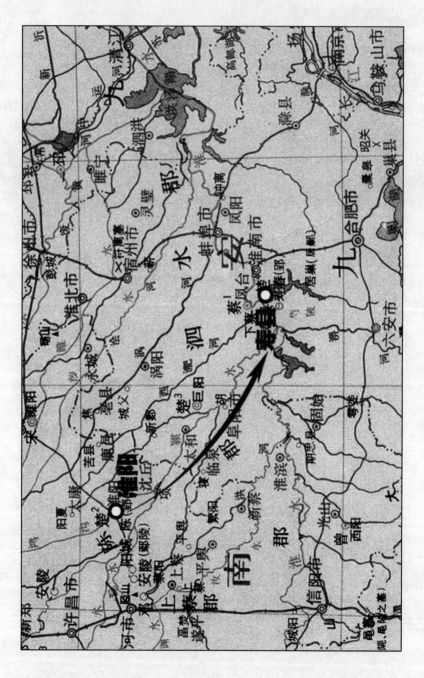

春申君的结局

楚考烈王尽管妻妾成群，但愣是生不出一个儿子来。春申君很是忧虑，不断在民间物色美人，充陈楚国后宫，结果依然令人失望。

春申君郁闷之极，为了不浪费资源，遂将最后一个美人留给自己用，不久美人就有了身孕。

然而春申君决计想不到，正是这个女人将给他带来灭顶之灾。

这个美人正是赵人李园的妹妹，而李园恰巧是战国之世投机分子的最杰出代表。他的阴毒与狡诈，完成超乎春申君的想象。

李园一心想攀高枝，在他的眼中，比春申君更高的高枝当然就是楚考烈王。综合各方面的考虑，李园计上心来，对妹妹如此这般的教导一番。

于是，李妹妹就对春申君展开了心理攻势：

您为相二十多年，对楚国的贡献并不大，一旦楚考烈王死了，继位的一定是他的兄弟们，一朝天子一朝臣，各有各的亲信，试想您还能坐稳相位吗？

比这更要命的是，您为相期间没少得罪公子哥们，他们若秋后算账，您还有好日子过吗？

这个女人最后给出了这样一个无耻的建议：我刚怀孕，没人知道，不如把我送给楚考烈王，我要是生了个儿子，您就是太上皇，到那时谁还敢惹您呢？

春申君挡不住"太上皇"的诱惑，就把李妹妹送回李园家，并向楚考烈王大力推荐。

十个月之后，天遂人愿，儿子终于生下来了，是为后来的楚幽王。

春申君的丧钟自此敲响。

俗话说，母以子贵。喜出望外的楚考烈王当即册封李妹妹为王后。一人得道，鸡犬升天。国舅爷李园也顺利实现升天的夙愿——进入中央政府工作。

为了控制权力，同时使阴谋不致泄露，李园准备干掉春申君，于是开始在府中秘密豢养死士。

朱英敏锐地察觉到了李园的不轨动向。

他警告春申君：小心提防李园，楚考烈王一旦死了，李园必定会对你下手。

春申君不以为然。

秦始皇九年（公元前238年），也就是朱英保命开溜仅十七天之后，楚考烈王去世，李园果然抢先下手，乱刀砍死春申君，妻儿老小也一并处死。

自此，威名赫赫的战国四公子全部离世。除信陵君忧愤而死，子孙或有遗存之外，其他三公子全部绝嗣。

正如楚国的巨变决定了春申君的命运一样，此时，秦国亦迎来一场巨变，从而决定了一位大人物的命运。

此人就是吕不韦。

清理门户（1）

　　秦始皇六年（公元前241年），秦国展开新一轮的报复行动，秦军攻克魏国朝歌（河南淇县），顺势占领卫国首府濮阳（河南濮阳）。

　　卫元君见势不妙，将首府搬到秦国势力范围之内的野王。也就是说，卫国彻底投降了。

　　次年，秦军重新攻占魏国之汲县（河南汲县）。大将蒙骜在本年逝世。

　　秦始皇八年（公元前239年），魏国再次割让邺城（河北安阳）给秦国。韩桓惠王在本年去世，其子、韩国末代君主韩安继位。

　　秦始皇九年（公元前238年），秦军二路攻击魏国，一路占领垣城（山西垣曲），一路攻占蒲城（河南长垣）。

　　后一路的攻击意义十分重大，秦国终于打通了东西一线，成功实现与定陶的对接。

　　然而就在这时，一个意外的出现，迫使秦国暂停了对列国的攻击。秦国内部自己人打了起来。

　　当然，严格意义上讲，这不能叫自己人打自己人，而是雄心勃勃的嬴政想要出头，却被一个巨大的阴影无情地笼罩着。

　　这个阴影就是仲父兼丞相吕不韦。

　　秦始皇九年（公元前238年），已经行过加冠礼并且允许配剑的嬴政决心搬除他的挡路石。

　　这一年，他二十岁。

　　秦庄襄王死后，赵姬年轻守寡，不甘寂寞，又与吕不韦有旧情，两人便秘密来往，吕不韦经常随意出入宫闱。

　　吕不韦到底是精明的商人，他盘算来盘算去发现这单生意很不划算，如果贪图一时之快继续与赵姬来往，一旦传到嬴政耳朵里后果不堪设想。

　　于是吕不韦决定来个金蝉脱壳之计，找个替身稳住赵姬，自己好全身而退。

　　这个替身就是据说阳具超大的嫪毐，名义上是净身进宫的太监，实则是原封不动的原装货。

　　从此赵姬与嫪毐在后宫朝夕不分，不久赵姬就替嬴政生了两个亲弟弟。

　　嬴政极具野性的亮相，就从这个由头开始。

　　由于母亲的关系，嬴政当初对嫪毐相当有好脸色，把太原封给他，又命他主持政府工作，权倾中外，炙手可热。那些势利分子纷纷投靠嫪毐，要求做他的宾客。

　　有人见不惯嫪毐的胡作非为，向嬴政揭发了事实真相。

　　吕不韦最为担心的事情发生了：

　　嬴政决定清理门户。

歹毒之人向来有一个长项：好事变坏，坏事做绝。

嫪毐就是这样一个歹人。他发现情况不妙，立即先发制人，准备灭了嬴政。对于大权在握、宾客成群的嫪毐来说，要偷出调兵虎符是相当容易的。因为此时，嬴政并不在咸阳，而是远在咸阳西面的雍城（陕西凤翔）。

这样，不明就里的咸阳守备部队就对他们的君主发动了攻击。

这样一来，嬴政尽管落了后手，却借此看清了嫪毐的真实面目。嬴政率军反击，三下两下就打进咸阳城，活抓了嫪毐。

是年九月，嬴政对叛乱分子作出了如下处理：

嫪毐，车裂；他的亲信党羽，车裂；嫪毐三族（父族、母族、妻族），屠灭；罪行较轻的四千余家宾客，全部流放蜀国。

秦国历史上最后一个铁腕人物终于闪亮登场。

清理门户（2）

事到如今，该平定的叛乱平定了，该处罚的也受到了应有的处罚，按理说，事情做到这一步，差不多可以告一段落了。

可嬴政并不想就此收手。在他看来，嫪毐无疑是条恶狼，既然是群居的狼，必定还有一个大的种群隐藏其后。

于是嬴政将全国人口普查出来的嫪姓族人统统赶尽杀绝。

强硬的嬴政还对一个人作出了处理。

此人竟然就是他的母亲赵姬。

嬴政痛恨老母不守妇道，将她囚禁在雍城黄阳宫，同时杀了嫪毐的两个野种。他料到会有人出面替赵姬求情，于是下了一道命令："今后不管是谁，胆敢在我面前提起皇太后者，斩立决，然后砍断四肢，堆在宫门外。"

不几日，宫门外血淋淋地堆起了二十七具尸体。

然而令嬴政大为震惊的是，如此高压之下竟然还出现了第二十八个不怕死的人。

齐国人茅焦要求进见嬴政，并特意申明专为皇太后之事而来。

嬴政派人对他说："没见宫门外那些尸体吗？"

茅焦说："看见了，不过我听说天上有二十八星宿，现在才杀二十七个，加上我，刚好凑足数。"

茅焦平日里同吃同住的那些好友听到这个消息，晚饭也顾不得吃，立即卷铺盖从秦国地面彻底消失，跑得一个不剩。

这个情有可原，茅焦明摆着是去送死呀。

嬴政也这么想，既然茅焦想死，那就让他死得舒服一点，来啊，准备大锅，加水添柴，水煮活人。

茅焦一出现，嬴政的怒气就跟锅里的沸水一样沸腾起来。

茅焦装作没看见，不慌不忙地说："这个世界上，有两件事情不必忌讳，忌讳了也没用。有生命的人不必忌讳言死，有国家的人不必忌讳言亡。忌讳言死并不能延长生命，忌讳言亡也不能延续国运。不过生死存亡的道理，作为一个贤明的君王，是需要了解的，您愿意听吗？"

嬴政问："什么意思？"

茅焦说："您难道一点都没察觉到您的行为很疯狂吗？车裂假父，扑杀二弟，囚禁生母，屠杀忠良，即使是桀纣也不至于这么残暴。此事一旦传遍天下，人心必然瓦解，谁还肯为秦国效力呢？我真为您担心。我的话说完了。"

茅焦随即脱下衣服俯首刑台，自愿受死。

猛然醒悟过来的嬴政连忙走下台阶扶起茅焦，表示要接受他的忠告，并且任命他为上卿。随后，嬴政亲自驾车将母亲迎回咸阳。

前面说过，吕不韦当初将嫪毐献给赵姬是为金蝉脱壳，可他哪里想到，嫪毐被扳倒之后，他的好日子也快到头了。

清理门户（3）

秦始皇十年（公元前237年）十月，丞相兼仲父吕不韦被罢职，嬴政将其赶到封地洛阳。

这时，嬴政并没有要杀吕不韦的意思。因为他明白，没有吕不韦，就不会有秦庄襄王嬴异人，自然也就不会有他秦王嬴政。

但是，随后发现的一个事实，让嬴政不得不动了杀机。

原来，当初吕不韦认为秦国国力强大，却没有像战国四公子那样的人，实在是国家的耻辱。于是他大肆收养宾客，人数达三千之众。

这些宾客的智慧结晶《吕氏春秋》，号称中国古代类百科全书似的传世巨著。

吕不韦将这本书刊布于咸阳城门，遍请诸侯各国的游士宾客，若有人能增删一字，马上给予一千金的奖励。

这就是"一字千金"的来历。

嬴政一直知道吕不韦手下这些宾客的能量，却并没有放在心上。在他看来，吕不韦如今失魂落魄，手下宾客应该各奔前程才是。

可随后嬴政看到，落魄的吕不韦门下依然宾客云集，新鲜血液也还在不断地注入，他自然而然地联想到了刚刚过去的嫪毐之乱。

于是，嬴政作出了亲政以来的第二个决定，这个决定同时获得了本土贵族精英集团的支持：驱逐旧人出境，限制新人入境。一句话，清除宾客。

这个决定如果得到贯彻实施的话，可以肯定，秦国的命运堪忧。因为过往的历史已经证明，列国的战争无疑是人才的战争。其他且不说，单说魏国，他的崛起与衰弱无不围绕着人才展开。

就在这时，一个人及时纠正了嬴政所犯的逻辑错误：嫪毐是坏人，并不等于所有姓"嫪"的都是坏人；宾客有坏人，并不等于所有的宾客都是坏人。商鞅就不坏，张仪就不坏，范雎也不坏。不但不坏，而且有功，功可盖天。

这个人还说了一句话，此话一出直中靶心：列国宾客都各归列国搞对抗，看你怎么办？

嬴政再次听从劝告，收回成命。

然而正是这个改变，决定了吕不韦的命运。

嬴政很清楚，宾客可以用，但必须是为我所用。换言之，嬴政断然不允许小集团的出现，山头林立、派别森严则势必会威胁到他的统治安全。嬴政也明白"树倒猢狲散"的道理，只要清除吕不韦，这些人就是无首的群龙，必然会归于他的旗下。

于是，秦始皇十二年（公元前235年），嬴政给吕不韦写了一封信：你对秦国有什么贡献，我要封你十万户？你和秦国是什么关系，我要尊你为仲父？你到蜀地去吧。

看到这封信，吕不韦知道当年他熟悉的小屁孩如今已然羽翼丰满，成长为他所不熟悉的政治家了。当初，精明的吕不韦是意识到了风险，也似乎成功规避了这个风险。然而，他到底没能全身而退。

吕不韦最大的失误是，谪居洛阳的时候，老老实实做土财主就是了，以他的聪明才智，做"洛朱公"是不成问题的。可他被贬之后依然不忘摆谱，大肆收留门客，这无疑触犯了嬴政的忌讳。

扬雄对他有一个十分中肯的评价：吕不韦就是一个小偷，眼里只有瓦罐，没有洛阳城。

秦始皇十一年（公元前236年），吕不韦服毒自杀。凡参与吕不韦葬礼的宾客，全部被秦政府驱逐出境，嬴政还下令说："从今往后，谁要再学嫪毐和吕不韦，这就是下场。"

关于吕不韦的这个结局，表面上看似乎是嬴政逼杀了他，而我认为给嬴政出主意的那个人才是逼杀吕不韦的真正凶手。假设当初嬴政没有听从他的建议，铁了心将境内所有宾客驱逐出境，还会有那么多投机分子奔趋吕不韦门下吗？此其一。其二，如果吕不韦不接纳那么多的宾客，他会触犯嬴政的忌讳吗？

嬴政仅存的感恩之心所以被忌讳彻底取代，正是此人建议的结果。

此人即是秦国后期、秦帝国时期影响巨大的政治人物李斯。

李斯（1）

李斯，楚国上蔡（河南上蔡县西南一带）人。

李斯的老师是战国后期的儒家大佬荀况。战国时期法家的另一个代表性人物韩非子亦是出其门下。

这就怪了，母鸡下出咸鸭蛋，儒学的老师教出法家的学生，这不怪事么？

这事还得从荀况身上找原因。

所谓儒学，就像刘谦变魔术，看着很唬人，说白了其实很简单，也就是"人之需"，即人的需要。

由此可见，夫子的这门手艺活是专为人民服务的，学名叫入世。

就如我们出门，人走人行道，车走机动车道，井水不犯河水。车要闯进人行道，这叫醉驾；人要乱穿机动车道，这叫找死。两者都得死人。

儒学提供的是不死人的服务——各行其道，井然有序。

问题也就出在这里了。有人自觉走斑马线，也有人更愿意爬护栏抄近路；有人规规矩矩开车，也有人把车当坦克开。

孟子认为人性本善，大多数人都是遵守规则的。而诸多血淋淋的事实让荀况不得不相信，把车当坦克开的人占了大多数，也就是说人性多半是可恶的。

这就是儒学的两大分野。

基于此，前者追求改良主义，后者追求革命主义。用康德的话说就是，前者追求"笔的自由"，后者追求"枪的自由"。

夫子无善无恶吗？

我认为夫子更倾向于前者，也就是性善论。因为夫子的集大成，是集周公之大成。而周公一手创建了宗法制。

夫子及孟子看到的是人性好的一面，荀况则看到人性坏的一面。

而如何防止坏的一面失控？

做父母的都知道孩子不听话打他两巴掌就老实了，因此荀况的儒学思想掺杂进法家的因素也就相当好理解了。

这个源头亦可以追溯到魏文侯时期的子夏，吴起和李悝都是他的弟子。三晋之地原本就是法家的发源地。

荀况一直生活在赵国，直到五十岁才起身前往齐国，时间大约在公元前285年左右，也就是齐湣王末年。齐襄王复国后，学士们又重返稷下学宫。这时，老一辈人都已死去，惟"荀卿最为老师"，因此三为学宫"祭酒"——相当于现在的大学校长。

可是齐国人见不得荀况的得势，屡被攻击的荀况不得已去了南方的楚国。在这期间荀况取道去了秦国，见到秦国的富庶与生机，他印象非常深刻。

公元前255年，春申君任命荀况为楚国的兰陵令（山东峄县）。但荀况在楚国也得不到重用，只得返回赵国。

在赵国期间，荀况有一次和赵孝成王讨论兵法，他对齐、魏、秦三国的作战部队分别做了详尽的分析。在他的眼里，秦国"锐士"才是当时最精锐的部队。

后来春申君意识到放走荀况是个错误，复把他请回楚国。自此，荀况一直生活在兰陵，直到老死。

李斯应该就是在这期间，跟荀况学了一门手艺。

李斯（2）

荀况的学问水平是很高的，也很杂，出入儒、墨、道三家，死前著书数万言传世。

但这些李斯都不中意，他选修了"帝王之术"。

什么是"帝王之术"？正如当年荀况跟赵孝成王谈论的用兵之道一样，无非是一种统御的手段。说白了就是敲门砖，可以敲开富贵之门。

李斯到底没得到荀况的真传，得到真传的是韩非。后来李斯蓦然发现，自己的修行路线出了问题，不管如何努力，都无法企及韩非的高度。

并不是说李斯智商不如韩非，是他的生活态度决定了他的修行之路。

人常说，君子爱财，取之有道。问题是李斯取之无道。

这对李斯来说是致命的，对秦帝国来说也是致命的。

因为李斯在楚国当郡小吏时，就已形成了一个根深蒂固的理念：胖老鼠之所以胖，是因为生活在食源充裕的粮仓；瘦老鼠之所以瘦，是因为生活在不洁的厕所。

而"帝王之术"可以让他接近"大庇"，做衣食无忧的胖老鼠，而不是一生沉没草莱、见人就怕的瘦老鼠。

这就是理论指导实践，思想决定行动。

李斯到底跟荀况学了多长时间不可考，总之是学成了十八般武艺，要下山了。

毕业前夕，李斯与博导荀况有过一次对话，主题是当前的大学生就业难问题。大意是说看六国的情形，就业形势都不容乐观，眼下只有去秦国碰碰运气了。

公元前247年，秦庄襄王去世的那一年，李斯到了秦国，成为吕不韦门下的宾客。接着，李斯就遇到了上文所提到的那桩倒霉事。

现在让我们回到正题。

李斯不仅及时纠正了嬴政所犯的逻辑错误，且还祭出一个新逻辑来取代旧逻辑，这才是能人的水平，不破不立，破旧还要立新。

李斯的新逻辑是：国门之内的都是好人，国门之外的，良心都大大的坏了。对于坏了良心的坏人，可以用两种办法对付：第一，花大价钱收买，不为我所用可以，闭嘴就行；第二，至于花钱搞不定的，这才是真坏人，格杀勿论。

于是，间谍们肩扛手提大钞小票就去了，这一去就坏了。原来站着的，全都趴下了；原来趴着的，那就继续趴着吧。

嬴政这一路扫荡下来，就如鬼子进了村，民间力量基本被扫灭殆尽。剩下的，只有在前面开路的那位了。

这就是李斯的巨大威力，相当野蛮。于是，尾随间谍之后，良将全线出击。

收官的时候终于到了。

击赵吓亡韩

秦始皇十一年（公元前236年），秦将王翦、桓齮兵分两路，进攻赵国。

王翦攻北路，占领阏与（山西和顺）、橑阳（左权）。桓齮攻南路，占领安阳（河南安阳）、邺城（安阳）。

在战略态势上，又形成二路夹击邯郸之势。

秦始皇十三年（公元前234年），桓齮从南路继续向邯郸推进，在平阳（河南平阳）与赵军大规模会战。斩杀赵将扈辄，杀敌十万，完成了对南线的包围。

而后桓齮挥师北上，越过太行山，打算从北部包抄邯郸。

就在这时，一个克星的出现，让桓齮的计划打了水漂。战国后期六国最后一位猛将终于耐不住寂寞，要亮剑了。

此人正是李牧。

赵幽缪王（公元前236年赵悼襄王去世，其子赵幽缪王继位）任命李牧为赵军总司令，率部阻击秦军从北面的进攻。

李牧确实够猛，肥下（河北藁城西南）一战和宜安（藁城）一战，打得桓齮抱头鼠窜，全线溃退，北线解围。赵幽缪王封李牧为武安君。

桓齮不服气，于次年再次发动两线作战。终于在北线攻克宜安、肥下，南线攻克武安（河南临漳县境）。

附：秦军攻赵态势

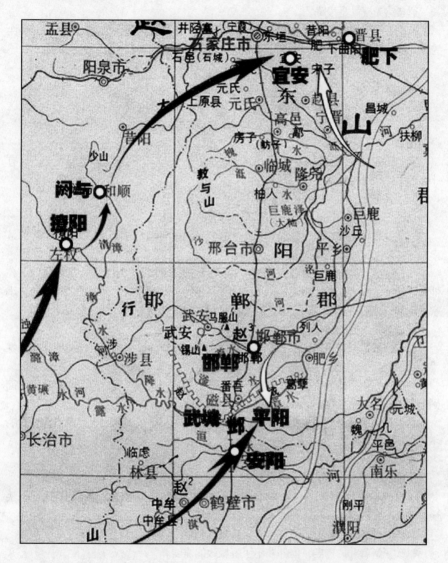

正当秦、赵大打出手的时候，意料之外的事情发生了。

事实证明这个世界上杀鸡儆猴是真实存在的。即使只是霍霍地磨刀声，亦可以把猴子吓住。

韩国就是这样的一只猴子。

仿佛在看一局棋，秦、赵的对弈让韩王安明白过来，凭韩国现在的实力根本就等不到中盘熬战的那一刻，极有可能在布局阶段就被缴了械。

他现在需要考虑的是哪一条路能让国家走得更远。

这条路无疑就是投降。

韩王安十分清楚，主动投诚和被动缴械是不一样的。因为主动投诚是可以谈条件的，而被动缴械除了挨宰，什么都得不到。

现在的问题是，派谁前去投诚呢？

韩王安想到了一个人。

这个人本不具备当外交官的资质，他有一个严重的生理缺陷，就是口吃。就凭这一点，在暴脾气的嬴政面前，能不能谈妥条件成功投诚且不说，能不能保住小命都是个问题。

但韩王安最终决定赌一把。因为嬴政看上了这个人，韩王安自然也要看上。没有什么理由，领导喜欢就是最大的理由。

此人就是我们前面提到过的韩非，韩之贵族公子，荀况的学生。

这是一个问题：嬴政为什么单单看上韩非？

应该说商鞅和韩非是对秦国乃至后来的秦帝国影响巨大的两个人。商鞅影响的是秦国，韩非影响的则是秦帝国。

我们知道商鞅确立了秦国的军国主义，悉数破坏了周朝的宗法制，周朝有什么，他破坏什么：将贵族赶入平民，将平民扶上将相，将聚族而居的大房子拆除，允许小家庭闹独立单过。

这是商鞅的巨大贡献。

但商鞅的贡献似乎只完成了一半：只搞破坏，没有建设。韩非恰恰帮他完成了棘手的另一半。

韩非以他缜密的理论构筑了这样一幅帝国蓝图：帝王的任何一道命令都可以贯彻到帝国的任何一个角落，而不必担心悬在半空中。

这就是威名赫赫的中央集权，影响中国达两千多年之久。名气不可谓不大，影响不可谓不巨。

强势的嬴政看到并且看中这一点。

懦弱的韩王安没看到并且没看中这一点。

于是韩非就去了。这一去，韩非遇到了他人生中不可逾越的、也是任何人都无法逾越的死敌：自己。

嬴政对韩非是了解的，但韩非对嬴政是不了解的。

嬴政了解韩非的需要，但韩非不了解嬴政的需要。

嬴政需要的是具体的建国构想，这本是韩非的强项，但奇怪的是韩非竟然闯入了他不擅长的领域：本不他他多虑的、自有人代劳并且正在做的攻城拔寨。

韩非给嬴政的信这样写道：

"今秦地方数千里，师名百万，号令赏罚，天下不如。臣昧死愿望见大王，言所以破天下从之计。大王诚听臣说，一举而天下之从不破，赵不举，韩不亡，荆、魏不

臣，齐、燕不亲，霸王之名不成，四邻诸侯不朝，大王斩臣以徇国，以戒为王谋不忠者也。"

就是说韩非想成为商鞅那样的人。但嬴政需要的是韩非而不是商鞅，商鞅属于过去，可韩非应该属于未来，帝国的未来。

这个年轻而伟大的统治者，他的眼光已然超越十年之后，他要做一件旷古未有的大事，那就是建立帝国。

但是韩非没有给嬴政所需要的答案。他因此错过了与嬴政促膝而谈的机会。

这正合了李斯的心意。李斯担心这个能力卓越的同门师兄弟会毁了他的"大庇"，于是向嬴政进了一言，正是这一言要了韩非的命：韩非毕竟是韩国的贵族，他终究是向着韩国而不是秦国。

于是，可怜的韩非带着他的抱负，无限遗憾地离开了这个世界。

韩王安的外交斡旋自此宣告失败。

秦始皇十七年（公元前230年），秦将内史腾（生卒不详，姓氏不详，单名腾，"内史"是他的官职）不费吹灰之力攻克韩国首都新郑，生擒韩王安。

秦国在韩国故地设颍川郡。

韩国灭亡。

灭赵

秦始皇十五年（公元前232年），秦军又玩起两线作战的把戏。

攻击邺城之一路秦军，十之八九只是战术佯动，旨在牵制赵军之主力。李牧稍作抵抗，秦军即行撤退。而北上作战的一路才是主打，秦军战果颇丰，横扫太原外围之狼孟（太原境内）。而后东向，攻占番吾（河北平山）。

秦始皇十八年（公元前229年），大将王翦率上地（陕西绥德）秦军攻克井陉要塞（河北井陉）。这样就切断了赵国南北交通要道，使"井陉—宜阳—肥下"连成一线，达到分割赵国之目的。同时从背腹对邯郸构成威胁。

紧接着，秦将杨端和从南线之河内（河南沁阳）出发，对邯郸发起新一轮攻势。

李牧和司马尚的阻击是有力的，杨端和进攻受阻。

后来我读晚明史，对崇祯帝也是恨不起来，他何尝不知道杀袁崇焕关系国家安危。可是他到底还是杀了，并且是很残忍地杀。对于死者而言，怎么一个死法都是一样的，总归是死，但对于生者，却是一个震慑：敢叛国，这就是下场。

正如篱笆只能防君子，防不了小人一样，这样做的效果也极其有限。任何残忍的死法都无法震慑到这样一类人，他们好话说尽，坏事做绝。因为他们的好话，帝王相信他们是忠诚的；而他们嫉贤妒能，造谣生事，却能轻易给忠良扣上"叛国者"的帽子。

当谣言慢慢产生并形成磁场时，帝王要想保持他清醒的头脑是困难的。

这就是悲剧。

黑格尔说：真正的悲剧不是被敌人所杀，而是被自己捍卫的人当作敌人所杀。

眼下，李牧就遭遇这样的悲剧。

暗中策划这一悲剧的是秦国，而具体实施这一悲剧的却是赵国的郭开。

又是郭开，老将廉颇就死在他的手上。

肩负阴暗使命的秦国间谍让郭开开了眼：面前确实是一堆奇珍异宝，不会有错。于是关于李牧和司马尚要叛国的报告就送达赵幽缪王的御案前。

郭开是赵幽缪王的宠臣，而宠臣等于忠臣，这是所有昏庸帝王的共同逻辑。因此，郭开的警告是不可忽视的。

赵幽缪王果断地以大将赵葱和齐将颜聚取代李牧和司马尚。李牧拒绝这样不明不白地交出兵权，遂被赵人杀死；司马尚被罢黜。

这下赵幽缪王放心了，秦将王翦也放心了。

秦始皇十九年（公元前228年），王翦率部从北线南下，对赵国发起最猛烈的攻击。

游戏该结束了。

王翦斩杀赵葱，颜聚阵亡，赵国有生力量被干净而彻底地消灭掉。王翦一举拿下邯郸，俘虏赵幽缪王。

继韩国之后，赵国第二个灭亡。

余部由赵幽缪王的哥哥赵嘉率领，逃奔代郡（河北蔚县），称代王。六年之后的秦始皇十五年（公元前222年），大将王贲击灭燕国，顺势扫灭代地。

攻楚灭魏（1）

秦始皇二十年（公元前227年），发生了一件令嬴政极为不爽的事，燕太子姬丹竟然派荆轲刺杀他。虽然没杀着，且荆轲反被砍成数段，但嬴政非常吃惊：天底下竟然还有如此胆大妄为的人？

有恩不一定会报，但有仇必报，这是嬴政的鲜明性格。

王翦的数万大军因此前指易水河畔，一战击溃燕、赵联军（赵代王的残余势力）。

次年，王翦长驱直入，包围燕都蓟城（北京）。

末世的景象应该都是这样的：乱做一团，唉声叹气，束手无策，互相抱怨；有逃跑的，有开小差的，就是没有誓死抵抗的。

此时，蓟城内也是这样。军民乱做一团，燕王喜唉声叹气，太子丹束手无策，大臣互相抱怨，纷纷指责太子丹：小子，用嘴巴想问题，现在怎么样了？

太子丹也不客气，把他们全杀光了。

十月，王翦攻陷蓟城。燕王喜和太子丹率残部退保辽东（辽宁辽阳）。

秦将李信穷追不舍。

燕王向赵代王求救，赵代王回了一封信，内容如下：弃车保帅。

在这一点上，燕王喜是相当有悟性的，立马想到太子丹的人头。那简直就不是人头，而是珍贵的冬虫夏草，一剂下去，保准可以药到病除、体格康健、延年益寿。燕王喜将最后的希望全压在了这上面。

于是，老鹰抓小鸡的一幕就在这对父子之间上演了。

儿子不含糊，听到风声手脚麻利地跑到衍水，藏匿草泽之间。而老子则以迅雷不及掩耳之势掸了上去，把想要的东西拿到了手。

太子丹的人头就这样到达了嬴政的案头。

但燕王喜的愿望到底落空了，太子丹的人头只是人头，不是什么神奇的稀罕物。李信的攻城热情，并没有松懈下来的迹象。

正在燕王喜濒临绝望的时候，一个意想不到的情况出现了，这暂时挽救了燕国一命——秦军主动撤围了。

对秦国来说，眼下的燕国已不足为虑，可以缓一缓。至于齐国，此时仍酣睡在秦国许诺给他的"远交"梦中，暂时不必考虑。可虑的只有楚国了。

于是，嬴政下令召回李信，交给他一个更为艰巨的任务，即灭楚。

攻楚灭魏（2）

不能简单地看待秦王嬴政的这一人事变动。经过长时间的思索，我发现这里面大有文章。

历史的经验表明，每一个还算英明的君主都要时刻提防两件事：一是避免出现战场上（或和平时期的政治上）的大规模溃败，二是避免出现大将（或大臣）的尾大不掉。而当一切顺利的时候，谨慎提防后者显得更为关键。

一个英明的君主必须确保他的手下是群星灿烂的而不是一枝独秀，不能让功劳过分集中到某一个人头上。只有做到这一点，他的政治表现才是成熟的，他的地位才是巩固的。

这就是年仅34岁、政治表现却异常老练的秦王嬴政大力起用李信的原因，也是历代帝王用人的秘笈所在。

对于一个下属来说，不管是文臣还是武将，若能理解帝王的这一良苦用心，他会得到善终，比如王翦。不理解帝王用心的人，结局无疑是凄惨的，比如白起。

蒙氏和王氏是秦国统一战争中功劳巨大的两个家族。且不论蒙骜、蒙武和蒙恬祖孙三代，单说王翦、王贲父子，他们在战场上的无限威风可以说鲜有来者。《史记》说："秦始皇二十六年尽并天下，王氏蒙氏功为多，名施于后世。"这不是吹的，东方六国，除了韩国，其余五国均为王氏父子带兵所灭。

而今，王翦在北方战场上一路风卷残云，最后的扫尾工作却由李信来完成；王贲攻击楚国，占领十余座城池，本可以顺势南下，李信又取代了他的位置。

可王氏父子对此没有抱怨，因为他们深深懂得要想自存，首先得学会放弃。这一点也正是白起当初没有做到的。

可惜被寄予厚望的李信到底打乱了嬴政的战略部署，残局终究要由不可替代的王翦来收拾。

嬴政问李信：灭楚要多少部队？

这个轻率的将领回答：只要二十万。

而老将王翦需要六十万。

嬴政因此讥笑王翦确实是老了，胆子也变小了。王翦没有分辩，默默收拾行头，辞职回老家频阳（陕西富平县东北）抱孙子去了。

然而事实证明，王翦是对的。

秦始皇二十二年（公元前225年），秦军二路出击。

一路由大将王贲率领，进攻魏国。

魏王假誓死抵抗。王贲掘开黄河，水淹大梁城。

那个大梁城的承包商真该得到终身成就奖，黄河水泡了城墙整整三个月，才将它泡坏。

魏王假投降，被立即处决。

魏国灭亡。

而另一路的李信和蒙恬，却遭到了毁灭性的打击。

灭楚（1）

从后来的战略态势来看，李信的攻击部队应该是从南阳郡出发，向东攻击前进。李信并没有直接攻打楚都寿春，而是延用秦国的传统打法——分割收拾。

二十万大军兵分两路，一路由蒙恬率领，攻击寝丘（河南临泉），作为主力部队的侧翼掩护。李信则亲率秦军主力，一路攻占平舆（河南平舆）、鄢陵（河南鄢陵）、楚故都陈（河南淮阳），两军会师于城父（河南亳县境内）。

李信的打法有两个好处，一是将楚北境的国土成功切割，然后各个击破；二是抢占有利地形，便于下一步行动——城父位于颍水和涡水之间的开阔地带，往南便是广阔且无险可守的平原。更为关键的是，平原的东南端和淮河的南岸，有他们此行的最终目标寿春。占领城父之后，李信完全可以顺势南下，一举攻克楚都。

这本来是一个很稳妥的打法，但结果却不尽人意。

李信是一个自信而轻率的人，他断定在广阔且无险可守的平原上，楚军的任何调动都逃不过秦军的视线。

然而，轻率的李信忽略了一点，广阔而无险可守的平原，对大兵团的大规模推进

非常有利，而它密布的河网和起伏的丘陵对潜伏行动更为有利。

赵括就吃亏在这个上头。而眼下，李信又要重蹈这个覆辙。

楚军利用李信的这个失误神不知鬼不觉地尾随秦军三天三夜，然后打得秦军全线崩溃，斩杀秦军七名都尉，李信狼狈奔还。

事实证明名将不是浪得虚名的，李信在成为名将之前还有很多功课要恶补。

即便同样是名将，差距也肯定是会有的。

王翦与白起之间的差距在于前方败讯传来之时，王翦没有在频阳老家发出致命的笑声，而白起笑了；嬴政亲自登门造访，王翦也没有装疯卖傻，而白起装了。

这就是致命的区别。

不管是名将还是名臣，他们之所以有"名"，毫无例外，得包含两个因素，即超强的能力加上谦逊的素养。只有这样才能与居功自傲划清界限，才能称得上功成名就。

王翦就是这样一个很彻底的名将。

当然，王翦在成为彻底的名将之前，他还得通过一次艰难的考试。这次考试之艰难，不在于它的难度系数，而在于它的危险系数。

危险对于双方都是真实存在的。如果稍有不慎，不是考生的人头落地，就是考官的人头落地。

这次考试的内容，就是检测王翦的忠诚度。

主持这场考试人是秦王嬴政，考生自然是王翦。

考试分为两个部分，听力部分和书面表达部分。

首先进行的是听力部分，由嬴政先发言。

嬴政很诚恳地承认了错误："没听您老人家的话，搞成这个样子，您不会撒手不管吧？"

"我确实是老了。"

"您不要再说了。"

"逼不得已要用我，还是那句话，要六十万。"

"六十万就六十万。"

听力部分就此结束。

嬴政的回答看似很轻松，其实他的内心是相当沉重的。

眼下，秦国庞大的军力全都压在漫长的战线上，打服的得盯着，没服的得继续打，哪边都腾不出手来。而王翦要求的六十万精锐部队，等于是要秦国翻箱倒柜将家底全都拿出来。

打不打得赢这场仗尚在其次，更为可虑的是一旦王翦的六十万大军与楚国联手攻秦，他嬴政就要亡国灭种。

因此，对于嬴政来说，当前最大的悬念已不是远在寿春的楚国，而是近在眼前的老将王翦。

嬴政需要确保王翦的绝对忠诚。

而王翦同样需要争取到嬴政的信任，这样才能免除后顾之忧。

较量，自此展开。

嬴政亲自送王翦出征，一直送到霸上（西安东面）。

咸阳至西安霸上，地图上的直线距离七十余里。这是一段非同寻常的路程，作为一国之君，能把属下送出宫门外或者城门外，已是相当给面子了。而竟然嬴政不辞劳苦，亲自送了七十余里，可见他对王翦的看重。

君臣临别时，王翦在兜里摸索了半天，才掏出他的"书面答卷"。嬴政一看，王翦索要良田美宅若干。

王翦声称自己很缺钱：打了那么多年仗，什么都没捞着，不乘着大王还用得着我的时候捞点，子孙后代怕是要挨饿。

嬴政大笑，却没有马上答应王翦的请求。

王翦心里很清楚，六十万大军的大条件嬴政都能一口答应，对区区若干田宅却优柔寡断。这说明嬴政需要王翦进一步证明他的忠诚。

于是，从霸上到武关（陕西商县）这段并不算漫长的距离里，王翦连续派出五名使者玩儿命地跟嬴政死磕，就为了那点田产。

幕僚们看不下去了：您这是何苦？

王翦说："我这是保命。嬴政生性多疑，如今他将全国兵力交给我，我如果不以这种方式来向他表示我的忠诚，岂不是找死么？"

王翦最终得到了秦王赐予的良田美宅，而嬴政也得到了他想要的忠诚。

灭楚（2）

秦始皇二十三年（公元前224年），王翦攻克陈，而后进据平舆。之后，就留在平舆不动了。

楚军实在搞不明白王翦的意图，于是大军明目张胆地压过来，将平舆团团围住。

王翦不以为然。每天好吃好喝地享受着，闲来无事就坐在城头喝酒看风景。而其他将士则别出心裁地在城里搞起了投石子比赛。秦军这架势哪里是来打仗的，分明是组团旅游来了。

可能有人要纳闷了，平舆那么屁点的地方，能挤得下六十万部队么？就算挤得下，能抡得开胳膊么？别出心裁地搞什么投石子比赛，万一砸着自己人怎么办？

我们不妨大胆地猜测一下，这六十万大军可能并没有悉数闲在平舆，在某个神秘的地方，一定潜伏着另一支奇兵，随时准备着作为主力部队的策应。而这支部队的指挥官可能就是王翦的副将蒙武。

此时，楚将项燕在平舆城外也是出奇的悠闲——攻又攻不破，打又没人打，不如撤吧。

这一撤，王翦知道机会来了。他亲自挑选青壮士兵组成突击部队，猛冲楚军之后卫。于是壮观的一幕出现了：前面楚国玩命地跑，后面秦军玩命地追。

兵败如山倒，就是这么一幅情景吧。

但凡在关键的时刻，历史演义小说里通常都来这么一句：斜刺里杀出一彪人马来，让敌将眼前一暗，心惊肉跳，措手不及。

此刻楚将项燕当真是眼前一暗，一彪有如神兵天降的秦军正摩拳擦掌地等着他，楚军由是被成功拦截在蕲南（安徽宿县）一带。

楚军全线溃败，项燕侥幸逃脱。

附：灭楚作战图

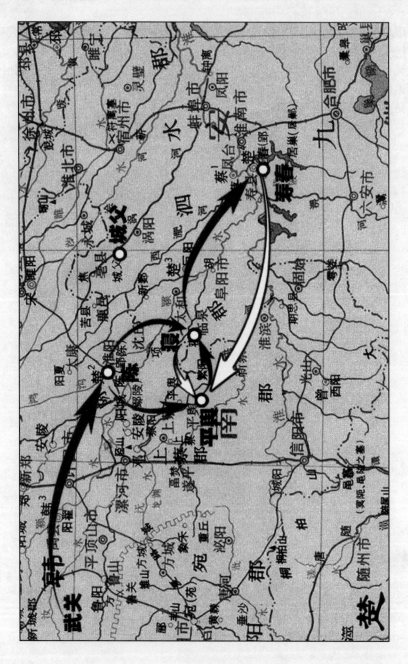

秦始皇二十三年（公元前224年），王翦乘胜进击，攻克楚都寿春，生擒楚王负刍，楚国投降。

楚将项燕立昌平君为楚王，据淮南一地反叛。

秦始皇二十四年（公元前223年），大将王翦、蒙武兴兵平叛，击败楚国，昌平君被杀，燕项自杀。遂定楚境。

楚国灭亡。

秦国在楚地设置楚郡。

灭燕、灭齐

灭楚一战，是秦国在统一战争中最后一场硬仗，嬴政的玩命打法获得了完胜。要收拾剩下的国家不过是秋风扫落叶罢了。

秦始皇二十五年（公元前222年），大将王贲攻克辽东，生擒燕王喜。燕国灭亡。

王贲顺势横扫代郡，生擒赵国残部之赵代王。

大将王翦继续向南推进，扫荡楚国长江以南地区，征服百越部落，设置会稽郡。

仅仅五个月的时间，秦军一路席卷大江南北，如入无人之境。

扫平五国之后，最后一个要倒霉的就是齐王建了。

秦始皇二十六年（公元前221年），大将王贲从燕地南下，攻进齐都临淄（山东临淄）。齐国军民竟没一个人敢拿起武器反抗。当年苏秦关于齐民怯战的预言不幸应验了。

秦人许诺封五百里地给齐王建，齐王建遂不再抵抗，举国投降。结果被嬴政软禁在共邑（河南辉县）的山上，活活饿死。

齐王建吃了四十四年的软饭，一直拒绝插手中原的事，对五国灭亡之前的绝望呼救置若罔闻，被饿死是他应得的结局。

多年来，齐王建信任丞相后胜，信任天天围在身边歌功颂德的宾客们，日日笙歌，沉溺于宾客们共同营造的美好假象中，无条件地相信齐、秦互不侵犯条约长期有效。于是兵不练、枪不修、炮不造，冷眼旁观中原战争舞马弄枪，杀声震天。

他哪里知道后胜的腰包里早已装满秦使者送来的金银珠宝，而那些宾客们无一例外都是秦国暗中潜伏下或是慢慢栽培起来的合格间谍。

齐举国投降之后，齐民的积怨无处发泄，发而为歌，讥讽住在山上享受饥寒交迫的齐王建：现在陪在你身边的是松树、柏树呢，还是那些曾经赶都赶不走的宾客们？

齐王建的母亲君王后临死前曾试图告诫儿子朝中之人谁可用、谁不可用。然而，就这么几个名字，田建竟然记不住，要去找纸笔记下来。

到这时君王后才忽然意识到，在多年前的某个夜晚，在自家的老宅里，她跟齐襄王那个死鬼在错误的地点发生了错误的事，才有了这个错误的孽种。但生米已煮成爆米花，已无可挽回了，遂丢下一句"我又忘了"，含恨去世。

齐王建断送了六国。

结束语：秦国的生气

当年，荀况西入秦国，为眼前的情景惊呆了：

百姓淳朴善良，官员恪尽职守，士大夫不周不比，朝政雷厉风行（《荀子·强国篇》）。

荀况连连惊叹，这个景象只有在传说中出现过。

而把传说变成现实的，恰是秦国高效能的行政效率。

商鞅变法后建立的赐爵制强调"不官无爵"，显示出官爵合一的特征。

自秦孝公开始，秦国向所有臣民开放官僚机构，以战功及才能作为选拔官吏的标准。

于是，在秦国官员的任命与擢升开始不论出身，只要战功卓著都能得到迅速提升。也正因如此，秦国吸引了大批外来优秀人才，成为实现统一大业的中坚力量和幕后推手。

事实上，在秦国内部因拉帮结派、争权夺利的现象也是存在的。但是这些小的派别没有机会与势力庞大的王公贵族纠集在一起，因为王室贵胄无一例外均已被商鞅削入平民之列。再加上秦王们的英明果敢，他们都形不成气候。

商鞅所创建的这一制度，其行政效能无疑是卓著的，其影响是非凡的。

更重要的一点是，这一套制度符合当时秦国发展的需要。

而六国的表现完全与此相反，官员的提升得翻族谱，阔祖先就阔用。有空缺的职位也绝不留给那些立功的人。衡量一切的标准是出身，显赫的出身和密集的关系网才是得到晋升的最关键因素。

因此，官员们自命不凡，甚至结党营私。内耗、懒惰、鼠目寸光、粗枝大叶、混日子……这些官场大忌都成了家常便饭。

最为致命的是，他们将这样的"优势"发挥到了军事联盟上。于是各怀鬼胎，推诿扯皮，有好处就上，没好处就溜，如同一盘散沙。

历史的经验表明，地大物博，人多势众，从来就不是强大的代名词。

所谓强大，应该是目光深远，洞察敏锐，决策正确，同仇敌忾。

美国国务卿希拉里上台伊始，使用了一个新鲜的词汇：智慧强权。将"智慧"放在"强权"之上，意在强调"智慧"的决定性作用。

秦国做到了这一点。

历史牢牢记住了这个年份：秦始皇二十六年（公元前221年），经过多年艰苦卓

绝的努力，秦国终于灭掉六国，实现了统一大业。

历史应该记住这七位秦王的名字，他们分别是：

秦孝公嬴渠梁，周显王七年（公元前362年）继位，周显王三十一年（公元前338年）逝世，在位二十四年。

秦惠文王嬴驷，秦孝公的儿子（除特别说明，以下都是父传子继），周显王三十一年（公元前338年）继位，周赧王四年（公元前311年）逝世，在位二十七年。

秦武王嬴荡，周赧王四年（公元前311年）继位，周赧王八年（公元前307年）逝世，在位四年。

秦昭襄王嬴稷，秦武王的异母弟。周赧王八年（公元前307年）继位，秦昭襄王五十六年（公元前251年）逝世，在位五十六年。

秦孝文王嬴柱，秦昭襄王五十六年（公元前251年）继位，秦孝文王元年（公元前250年）逝世，在位一年。

秦庄襄王嬴异人，秦孝文王元年（公元前250年）继位，秦庄襄王三年（公元前247年）逝世，在位三年。

秦王嬴政，秦庄襄王三年（公元前247年）五月二十三继位，秦始皇二十六年（公元前221年）统一全国。

沉舟侧畔千帆过，病树前头万木春。

是病树，就该被扫进历史的垃圾堆里。

是春天，就该让他享受草长莺飞。

秦国迎来了这样一个春天。尽管短暂，但影响深远。

这个春天有个响亮的名字——秦朝。